Martin Grassberger

Regenerativ

Martin Grassberger

Regenerativ

Aufbruch in ein neues ökologisches Zeitalter

Residenz Verlag

2. Auflage

Salzburg – Wien

Bibliografische Information der Deutschen Nationalbibliothek
Die Deutsche Nationalbibliothek verzeichnet diese Publikation in der Deutschen Nationalbibliografie; detaillierte bibliografische Daten sind im Internet über http://dnb.dnb.de abrufbar.

www.residenzverlag.com

Umschlaggestaltung: Thomas Kussin, Büro 8
Umschlagfoto: Zara Pfeifer
Typografische Gestaltung, Satz: Lanz, Wien
Lektorat: Maria-Christine Leitgeb
Gesamtherstellung: Druckerei Graspo, Zlin

ISBN 978 3 7017 3593 8

Inhalt

Teil 3

»Wanderer am Weltenrand«, Holzstich eines unbekannten Künstlers, erstmals erschienen 1888 in der dritten Ausgabe von Camille Flammarions Werk *L'atmosphère. Météorologie populaire.*

»Wir befinden uns nicht auf unserer Reise,
um die Welt zu retten, sondern um uns selbst zu retten.
Aber indem wir das tun, retten wir die Welt.«
– JOSEPH CAMPBELL

Für all jene, die sich auf der Reise befinden.

Und für Lisa.

Regeneration, die [Substantiv, feminin]

Erneuerung, Neubelebung, Entstehung, natürliche Wiederherstellung von verletztem, abgestorbenem Gewebe

regenerativ [Adjektiv]

auf Regeneration beruhend, sich neu bildend, (sich) erneuernd, nachwachsend, sich auf natürliche Weise regenerierend oder unbegrenzt zur Verfügung stehend

regenerieren [Verb]

sich erneuern, neu bilden, sich wiederherstellen, auffrischen, wieder voll gebrauchsfähig machen

Vorwort

Die letzten zwei Jahrhunderte waren von beispiellosem materiellen Fortschritt geprägt, und dennoch, so scheint es, haben wir es heute mit mehr unlösbaren Problemen zu tun als je zuvor. Auch unser Zuwachs an Wissen während des letzten Jahrhunderts sucht seinesgleichen in der Menschheitsgeschichte. Doch dieses exponentiell anwachsende, durch die Digitalisierung jederzeit und von jedem abrufbare Wissen kann den zunehmenden, ineinander verschachtelten gegenwärtigen Krisen ökologischer, gesundheitlicher, gesellschaftlicher, geopolitischer, ökonomischer und energiewirtschaftlicher Natur offenbar nur wenig entgegensetzen.

Der Anteil psychisch erkrankter, verzweifelter und desorientierter Menschen nahm während der letzten Jahrzehnte bedenklich zu. So waren psychische Erkrankungen zuletzt sogar bei den 10- bis 17-Jährigen die häufigste Ursache für Krankenhausbehandlungen in Deutschland. Gesellschaft und Politik wirken angesichts dieser Entwicklungen zunehmend polarisiert und handlungsunfähig.

Wissenschaft schafft eben »nur« Wissen, aber nicht automatisch Weisheit und Klugheit. Sie produziert vor allem Zahlen, die, so sie überhaupt aussagekräftig sind, zunächst richtig interpretiert werden müssen, um in sinnvollen Handlungsweisen zu münden. In einer zunehmend komplexer werdenden Welt scheint uns das immer schwerer zu fallen.

Die ganze Welt starrt heute auf atmosphärische Kohlenstoffkonzentrationen, Temperaturmesswerte, Infektions-, Reproduktions- und Impfzahlen, das Bruttoinlandsprodukt beliebiger Staaten und unzählige andere quantifizierbare Parameter. Was sich innerhalb des Lichtkegels der Wissenschaft befindet, scheint kristallklar, die auffällige Dunkelheit außerhalb dieses Lichtkegels wird weitgehend ignoriert. Unser Gehirn klammert sich verzweifelt an Zahlen, und wir sind zunehmend blind für andere Phänomene in Ökologie und Gesellschaft. Von Zahlen geblendet, können wir die Vielfalt von Natur, Kultur und deren Verbindungen nicht mehr sehen.

Es ist daher höchste Zeit, außerhalb dieses Lichtkegels zu blicken. Vielleicht finden wir etwas gänzlich anderes? Vielleicht geht es ja gar nicht um das unschuldige Element Kohlenstoff, seine Verursacher, die Quantifizierung und ständige Gegenverrechnung, sondern um »andere Qualitäten«?

Ich muss gestehen, dass mir das Schreiben an diesem Buch zu manchen Zeitpunkten äußerst schwergefallen ist. Jeder Autor hat vor seinem inneren Auge einen oder mehrere kritische Leser, mit denen er während des Schreibens in Dialog tritt. Manche dieser kritischen Stimmen haben von mir das Benennen einfacher und klarer Lösungen für unsere gegenwärtigen Probleme verlangt, wie sie auch von einigen Proponenten des technischen Fortschritts und des ökonomischen Wachstums gerne skizziert werden. Doch jedes Mal, wenn ich mich einer dieser vermeintlich universellen »Lösungen« genähert habe, spießte es sich mit der komplexen lebensweltlichen Realität, in der die Lösung des einen Problems in zahlreichen anderen, neuen Problemen mündet. Bewegt man sich hingegen außerhalb des Lichtkegels weit verbreiteter Ansichten, beginnt man unweigerlich unangenehme und zum Teil schmerzhafte Fragen zu stellen. Doch die moderne Gesellschaft vermeidet Schmerz und Verantwortung so gut es geht. Hier liegt vermutlich eine der so dringend notwendigen Antworten auf unsere gegenwärtige Situation. Wer Schmerz und Verantwortung meidet, verhindert innerliches Wachstum und transformative Prozesse.

Mit Recht wird man einwenden, dass ich viele wichtige Punkte vernachlässigt habe. Das liegt in der »Natur« der Sache. Einerseits, weil der Umfang eines Buches beschränkt ist, andererseits, weil ich wie jedes menschliche Individuum angesichts der Vielfalt und Komplexität der irdischen Lebensprozesse einen eingeschränkten Horizont besitze.

Das vorliegende Buch ist daher in erster Linie eine Einladung, die gewohnte und von vielen Menschen wenig hinterfragte Sichtweise auf unser Dasein loszulassen und sich neuen, zum Teil aber auch alten und vergessenen Ansichten über unsere Existenz auf diesem Planeten zu öffnen.

Der gegenwärtige Zustand des Anthropozäns erfordert, dass wir über unser bisheriges Denken hinausgehen und uns komplexem Systemdenken und ganzheitlichen Sichtweisen auf das Leben zuwenden. Dazu gehört auch die Akzeptanz, dass die Lösungen nicht immer in technischem Fortschritt und wirtschaftlichem Wachstum zu suchen sind. Tatsächlich ist es sogar ziemlich infantil, zu glauben, dass uns gerade Technologie und Wirtschaft aus unserem Chaos befreien sollen, wo sie uns doch zu weiten Teilen überhaupt erst in das gegenwärtige Dilemma gebracht haben.

Meine Hoffnung ist, dass mehr Menschen beginnen, sich tiefergehende Fragen zu stellen, um mit mehr Weisheit und Klugheit zu handeln. Weisheit bezeichnet ein tiefgehendes Verständnis von Zusammenhängen in Natur, Leben und Gesellschaft sowie die Fähigkeit, bei Problemen und Herausforderungen die jeweils schlüssigste und sinnvollste Handlungsweise zu identifizieren. Klugheit ist die Fähigkeit zu angemessenem Handeln im konkreten Einzelfall unter Berücksichtigung aller für die Situation relevanten Faktoren und Einsichten.

Wir haben bisher als Menschheit zwar Großes (und weniger Großes) geschaffen, aber die ganz große Herausforderung liegt in unserer unmittelbaren Zukunft, die keiner von uns kennt. Wir sollten uns daher nicht der Illusion hingeben, dass unsere Reise einfach sein wird. Doch jeder Tag des tiefergehenden Fragens birgt die Möglichkeit von neuen Antworten und Überraschungen.

Das Phänomen des endlosen Hervorbringens von Leben durch den Prozess des Lebens selbst ist das große Mysterium, das viele Antworten auf unsere gegenwärtige Situation bereithält. **Erst wenn wir wieder beginnen, zuzuhören und mit diesem Mysterium in Beziehung zu treten, wird die Regeneration unseres Lebens und dessen vielfältiger Grundlagen gelingen. Schritt für Schritt nähern wir uns dabei einem neuen ökologischen Zeitalter, dem Ökozän.**

Jedes Buch, das sich mit dem weitläufigen und zum Teil noch wenig verstandenen Thema der menschlichen Beziehung zur Natur und der Komplexität des Lebens auseinandersetzt, ist unweigerlich vom Wissen und vor allem von der Weisheit vieler anderer Autoren und Vordenker abhängig. Es ist daher auch bei diesem Buch der Fall, dass der Autor vor und während des Verfassens des Manuskripts auf den sprichwörtlichen »Schultern von Riesen« gestanden ist. Diesmal waren es die Pioniere der Systembiologie, der Ökologie, der Neurobiologie und Kognitionswissenschaft, des System- und Resilienzdenkens, der Komplexitätswissenschaft, des Regenerativen Designs, aber auch der vielen anderen Gebiete des menschlichen Daseins, die jetzt so dringend einer Regeneration bedürfen. Es sind dies Autoren wie Gregory Bateson, Donella Meadows, David W. Orr, Bill Reed, Carol Sanford, Ernst. F. Schumacher, John Tillman Lyle, Stephen R. Kellert,

Pamela Mang, Ben Haggard, Christian Daniel Wahl, Bill Mollison, David Holmgren, Fritjof Capra, James Lovelock, Lynn Margulies, Ludwig von Bertalanffy, Carl Gustav Jung, Janine Benyus, Wes Jackson, Paul Hawken, Richard Louv, Humberto R. Maturana, Francisco J. Varela, Frederic Vester, Brian Walker, Lance H. Gunderson, Crawford S. Holling, Norbert Wiener, Dave Snowden, Jeremy Lent, Otto Sharmer, Ian McGilchrist, Antonio Damasio, Christopher Alexander und viele andere.

Ich hoffe, mit diesem Buch dem regenerativen Denken und Gestalten sowie den damit verbundenen Grundlagen und Einsichten, soweit sie sich mir bisher erschlossen haben, eine breitere Öffentlichkeit im deutschsprachigen Raum zu ermöglichen.

Teil 1

1. Die Meta-Krise

Nichts bleibt, wie es war

»Wir leben in einer Welt, die sich nicht mehr selbst hinterfragt, die von einem Tag auf den anderen lebt und aufeinanderfolgende Krisen bewältigt ohne zu wissen, wohin es geht, und ohne zu versuchen, die Reiseroute zu planen.«

– ZYGMUNT BAUMAN (1925–2017), *In Search of Politics*

Es hat wohl keinen Zeitpunkt in der jüngeren Menschheitsgeschichte gegeben, der mit so viel Unsicherheiten und »Krisen« unterschiedlichster Art konfrontiert war wie unsere Gegenwart. Diese großen Unsicherheiten betreffen nicht nur eine Vielzahl **biologischer beziehungsweise ökologischer Probleme,** die wir uns vor allem während des letzten Jahrhunderts eingehandelt haben, sondern auch ein sehr **labiles und unsicheres Finanzwesen, kriselnde Gesundheitssysteme, unzählige geopolitische Krisen und augenscheinlich auch eine Energiekrise.** Zunehmend sprechen Wissenschaftler und Zukunftsforscher in diesem Zusammenhang auch vom **drohenden gesellschaftlichen Kollaps und zivilisatorischen Zusammenbruch.** Dass dieses medial zum Teil hysterisch verkündete Untergangsnarrativ nicht sehr hilfreich ist und sich wissenschaftlich auch nicht so exakt untermauern lässt, wie uns gerne weisgemacht wird, findet dabei nur selten Berücksichtigung.

In meinen letzten beiden Büchern habe ich mich vor allem auf unzählige neue wissenschaftliche Erkenntnisse, die den komplexen Lebensprozessen zugrunde liegen, gestützt, um die aktuelle Dringlichkeit des Handelns und der Transformation zu unterstreichen. Ich war der einigermaßen naiven Auffassung, dass nüchterne wissenschaftliche Ergebnisse die Menschen zur Einsicht und damit zum Handeln bewegen könnten. Doch spätestens seit ich auf das folgende Zitat des Umweltanwaltes an der *Yale University* und ehemaligen Chefberaters der Nationalen Umweltkommission unter zwei US-Präsidenten, *James Gustave Speth*, gestoßen bin, war mir klar, dass ich die wichtigsten Punkte in Bezug auf die Ursachen der vielen Krisen in unserer Umwelt bisher weitgehend unberührt gelassen habe:

»Früher dachte ich, dass die größten Umweltprobleme der Verlust der Artenvielfalt, der Kollaps der Ökosysteme und der Klimawandel wären. Ich dachte dreißig Jahre gute Wissenschaft könnte diese Probleme angehen. Ich habe mich geirrt.

Die größten Umweltprobleme sind Egoismus, Gier und Gleichgültigkeit, und um mit ihnen fertigzuwerden, brauchen wir einen kulturellen und spirituellen Wandel. Und wir Wissenschafter wissen nicht, wie man das macht.«[1]

Ja, das weiß die Wissenschaft – insbesondere die Naturwissenschaft – vermutlich wirklich nicht, beziehungsweise ist es auch nicht ihr zentraler Tätigkeits- und Aufgabenbereich, mit Egoismus, Gier und Gleichgültigkeit in der Gesellschaft umzugehen. An wissenschaftlichen Erkenntnissen mangelt es nämlich heute tatsächlich nicht, sondern vor allem an Verantwortungsbewusstsein und einem naturkompatiblen Selbstbild und Wertekanon vieler Menschen, allen voran deren politischer Repräsentanten.

Wie viele Menschen sich schlussendlich auf den Weg in ein neues ökologischeres Zeitalter machen werden, ist ebenso ungewiss wie der Ausgang des derzeitig stattfindenden globalen Wandels (um nicht zu sagen Umbruchs), denn die Zukunft war und ist immer offen.

Bereits der 1987 erschienene *Brundtland-Report* (*Our Common Future*) kam zu der Erkenntnis, dass die vielen Krisen, mit denen der Planet konfrontiert ist, ineinandergreifende Krisen sind, die Elemente einer einzigen Krise des Ganzen sind.

Heute, mehr als 35 Jahre später, scheint es bei genauerer Betrachtung tatsächlich so, als läge den unterschiedlichen, ineinander verschachtelten gegenwärtigen Krisen **eine ausgeprägte gesellschaftliche, psychische und moralische, auf den ersten Blick unsichtbare, Krise** zugrunde, die sich in unseren Köpfen und Kulturen still und heimlich breitgemacht hat.

Unbemerkt und nur wenig öffentlich diskutiert, sind wir in eine Krise geschlittert, die sich nur dem genauen gesellschaftlichen Beobachter offenbart. Nicht loslösbar von der Umwelt-, Politik-, Finanz- und Gesundheitskrise ist die größte aller Krisen, so scheint es mir jedenfalls, die sich in den Köpfen weiter Teile der Bevölkerung breitmachende **Sinnkrise**. Vielen

Menschen ist das Wofür im Leben weitgehend abhandengekommen. Die entstandene innere Leere kompensieren sie durch den Konsum von Waren und Inhalten aller Art. Diese allgemeine Sinnkrise erhält seltsamerweise bis heute kaum Aufmerksamkeit, wenn es um die zentrale Frage nach der gemeinsamen Ursache unserer Probleme geht.

Es ist diese, manchmal auch als »**Meta-Krise**« bezeichnete, Mutter aller Krisen, die offenbar damit zu tun hat, wie Menschen sich selbst und die Welt, in der sie leben, sehen und verstehen. Es ist eine allgemeine Moral-, Verständnis- und Bildungskrise in Verbindung mit einer Reihe psychologischer beziehungsweise psychopathologischer Dynamiken. Ökosysteme, Finanzsysteme, Gesundheitssysteme und Gesellschaftssysteme sind zwar zugegebenermaßen in großen erkennbaren Schwierigkeiten, aber es ist **die Psyche, die menschliche Dimension**, die sich offenbar in der schwierigsten Notlage, in der größten aller bisherigen Krisen befindet und damit alle anderen Krisen zumindest befeuert, wenn nicht gar ausgelöst hat.

Durch multimediales Dauerentertainment, Bullshit-Jobs und die Tretmühle des sogenannten Erfolgs, Hyperindividualisierung und Single-Dasein, oberflächliche virtuelle Bekanntschaften anstatt echter Beziehungen finden sich die Menschen zunehmend losgelöst von ihrem seit Jahrhunderttausenden bestehenden Bezugssystem einer lebendigen Umwelt. Resultierende Depressionen, Angststörungen und eine allgemeine innere Leere machen Menschen leicht manipulierbar und im Versuch, damit einen erträglichen Umgang zu finden, wiederum anfällig für weiteren sinnlosen Konsum.

Wir sollten uns daher als Spezies dringend die Frage stellen, wer und was wir sind, sowohl individuell als auch als Kollektiv, um unser Handeln und unsere Gesellschaft in Zukunft grundlegend verändern zu können. Die Meta-Krise ist sozioemotionaler, bildungspolitischer, epistemologischer und vor allem spiritueller Natur. Sie ist eine Wahrnehmungs- und Verständniskrise und somit eine Krise der menschlichen Psyche. Sie findet in unseren Köpfen statt und zieht sich durch alle Aspekte unseres Lebens.

Und noch etwas scheint mir in diesem Zusammenhang wichtig zu erwähnen: Globale Umweltveränderungen wie den Klimawandel und den Artenschwund bezeichnen wir häufig als »Probleme«, für die schleunigst »Lösungen« hermüssten. Ein typisches Beispiel ist die ewige, sehr stark vereinfacht geführte CO_2-Diskussion, die suggeriert, dass bei Erreichen einer

»Klimaneutralität« mit Netto-Null-Emissionen wieder alles gut wäre. Doch damit sitzen wir einem gewaltigen Selbstbetrug auf, denn derartig komplexe Phänomene lassen sich nicht so einfach wie ein Problem »beseitigen« oder »lösen«. Und selbst wenn es dafür eine Lösung gäbe, wäre mit Sicherheit nachher nicht wieder automatisch alles gut.

Das, womit wir uns konfrontiert sehen, entspricht viel eher einer **existenziellen Notlage** mit zahlreichen Gesichtern, und nicht nur einem simplen »Problem«. Bei Problemen existieren in der Regel auch Lösungen, um diese zu beseitigen, bei einer komplexen Zwangslage dieser Größenordnung verhält es sich gänzlich anders. Sie stellt uns langfristig vor **überlebenstechnische Herausforderungen.**

Wir sollten daher rasch Wege finden, um mit dieser deutlich zutage getretenen Zwangslage umgehen zu können, und beginnen, uns selbst als Teil dieser komplexen, interdependenten Realität in die Zukunft zu navigieren. Dieses Unterfangen ist herausfordernder, als nur ein »simples Problem« zu lösen, um danach zu dem alten »Normal« zurückkehren zu können und wieder weiterzumachen wie bisher.

Ich sehe daher die einzige Möglichkeit, der gegenwärtigen Situation dauerhaft zu entkommen, in einer tiefgreifenden **Transformation unseres menschlichen Selbstbilds**, einem **fundamentalen Wertewandel** und dem Aufbau resilienter sozial-ökologischer Systeme.

Des Kaisers neue Kleider

»Ein Mann, der die Wahrheit spricht, braucht ein schnelles Pferd.«

– Armenisches Sprichwort

Mittlerweile haben viele Menschen das Vertrauen in einen Großteil jener Personen verloren, die die Geschicke der Nationen, der Wirtschaft und wichtiger gesellschaftlicher Institutionen leiten. Sie sind gewissermaßen zum Symbol unserer gesellschaftlichen und zivilisatorischen Misere geworden und weisen nicht selten narzisstische, machthungrige und psychopathische Persönlichkeitszüge auf. Manchmal sind sie aber auch nur einfältig und dumm und aufgrund des sogenannten »Peter-Prinzips« in ihre Machtpositionen gelangt.[2]

Diese »Führungspersonen« wurden nicht selten durch Lobbying und ein desolates politisches Proporzsystem, erleichtert durch ein desinteressiertes, desorientiertes und geblendetes Wählervolk, in ihre Positionen gehievt, nur um bestehende Macht und Geldflüsse zu erhalten. Stabilität, Vertrauen, gerechtes, gar weises und friedvolles Handeln für eine lebenswerte Zukunft sehen jedenfalls anders aus. Der digital-finanzielle-militärische Komplex hat im globalen neoliberalen Wirtschaftssystem längst die Macht an sich gerissen.

Unser Gesellschafts*system*, unser Finanz*system* und unser Wirtschafts*system* sind, wie auch alle Öko*systeme* komplex strukturiert. **Komplexe Systeme** sind, wie wir später sehen werden, in ihrem Verhalten unvorhersehbar, wenn es zu größeren Störungen kommt beziehungsweise wenn die Systeme von vornherein instabil sind oder, wie im Falle unserer neoliberalen Ökonomie, auf falschen Grundvoraussetzungen basieren.

Unvorhersehbar bedeutet aber auch, dass sich nicht zwingend alles automatisch zum Schlechten wenden muss. Vor allem dann nicht, wenn wir einen achtsamen und aufmerksamen Umgang mit derartigen Systemen pflegen, um allenfalls rechtzeitig geeignet reagieren zu können oder um von vornherein für deren Stabilität und Resilienz zu sorgen.

Vermutlich sind daher auch Begriffe wie Meta-*Krise,* Poly-*Krise* oder Perma-*Krise* nicht sehr hilfreich, weil sie die negativen Aspekte unseres Daseins zu sehr betonen, Hoffnungslosigkeit verbreiten und die vielen noch offenen Möglichkeiten des Handelns und des menschlichen Potenzials ausblenden. Sinnbildlich bemerkenswert scheint mir hier, dass das chinesische Schriftzeichen für Krise aus jeweils einem Schriftzeichen der Begriffe »Gefahr« und »Chance« besteht. Wenn in diesem Sinne Krise einen Bruch in Kontinuität und Normalität bedeutet, können die sich zunehmend deutlicher manifestierenden Mängel unserer derzeitigen zivilisatorischen Systeme und die sich daraus ergebenden Probleme und individuellen Ent-Täuschungen (im Sinne des Wegfallens der Täuschung) auch als Portal aufgefasst werden, durch welches wir neue Wege in eine stabilere und gedeihliche Zukunft beschreiten können.

Und tatsächlich gibt es heute, im Jahr 2024, genügend Anlass, hoffnungsvoll zu sein. Denn noch nie haben so viele Menschen ihren Platz im Gefüge dieser Gesellschaft und dieser Welt sowie ihre Lebensinhalte und das offizielle Narrativ hinterfragt, wie im Zuge der Ereignisse der letzten

Jahre. Ein Teil unserer Gesellschaft, so scheint es zumindest, ist als Konsequenz dieser globalen Verwerfungen im Begriff aufzuwachen. Oder, um es mit den Worten des Kindes aus dem bekannten Märchen des dänischen Schriftstellers *Hans Christian Andersen* zu sagen, sie haben erkannt: *»Der Kaiser ist nackt!«*

Leider fällt es einem Großteil der Menschen immer noch recht schwer, ihren eigenen Sinneswahrnehmungen zu trauen, um diese offensichtliche Nacktheit zu erkennen.

Don't Panic!

»Wenn das gesamte Dasein des Menschen nur noch aus Angst besteht, verwandeln sich alle Strukturen seiner kreatürlichen Existenz von Segen in Fluch, von Heil in Unheil, von Glück in Unglück.«

– EUGEN DREWERMANN (deutscher Theologe, Psychoanalytiker und Schriftsteller, *1940)

»Krise ist ein produktiver Zustand. Man muss ihm nur den Beigeschmack der Katastrophe nehmen.«

– MAX FRISCH (Schweizer Architekt und Schriftsteller, 1911–1991)

Angst und Panik sind die schlechtesten Berater, wenn es darum geht, die richtigen Entscheidungen für die Zukunft zu treffen. Ungeachtet dessen tragen die tägliche mediale Berichterstattung durch Schockjournalismus und sensationsheischende Bilder fleißig dazu bei, die Bevölkerung in einen panischen, alarmierten, chronisch gestressten und zum Teil auch traumatisierten Ausnahmezustand zu versetzen.

Derartig verunsicherte und von sich selbst und der Welt entfremdete Menschen lassen sich zwar leicht manipulieren und zu Konformität und Konsum hinreißen, sind aber nicht in der Lage, mit kühlem Kopf die Situation zu erfassen und die anstehenden Herausforderungen eigenverantwortlich zu meistern.

Wenn dabei ein Gefühl der Unwirklichkeit gegenüber der Umwelt entsteht und Objekte, Menschen oder die gesamte Umgebung als fremd, unvertraut, unwirklich, roboterhaft, fern, künstlich und leblos erlebt werden, spricht man in der Psychologie von einer sogenannten ***Derealisation***. Es ist dieses häufig in Lethargie mündende, diffuse Gefühl, *aus der Welt gefallen zu sein*. Immer mehr Menschen werden von einer derartigen Derealisation, wie sie vor allem bei Reaktionen und Störungen nach Traumata vorkommt, erfasst und können sich in unserer komplex gewordenen, häufig sinnlos erscheinenden Welt nicht mehr zurechtfinden.

Der Vollständigkeit halber möchte ich noch das Phänomen der ***Depersonalisation*** erwähnen, eines Gefühls, das dem der Derealisation sehr nahekommt, sich allerdings auf die jeweilige Person selbst bezieht. Um das wörtlich gesprochene Not-wendende wahrnehmen und sich damit auseinandersetzen zu können, sind also das Fundament von innerer und äußerer Sicherheit, ein Gefühl von Halt sowie ausreichend Raum von Bedeutung. Fühlen sich Menschen in Anbetracht der Krisen und Wahnsinnigkeiten dieser Welt ohnmächtig oder von Angst gelähmt, sorgen erst diese Voraussetzungen dafür, leben zu können.

In diesem Buch möchte ich daher all jene vielleicht Geängstigten (aber nicht Gelähmten), die nach Orientierung in dieser volatilen und chaotischen Welt im Wandel suchen, mit den äußerst hilfreichen und lebenszentrierten Prinzipien und Entwicklungsmöglichkeiten des **regenerativen Denkens** und **Gestaltens** sowie den unterschiedlichen theoretischen Grundvoraussetzungen vertraut machen, von denen ich glaube, dass sie in den kommenden Jahren eine äußerst bedeutsame Rolle in der gesellschaftlichen Neuorientierung und der so notwendigen Entwicklung resilienter Strukturen spielen werden. Dafür müssen wir uns aber zunächst von indoktrinierten alten Denkmustern verabschieden. Wichtig ist in diesem Zusammenhang auch, zu verstehen, dass nach einer Phase des Chaos immer wieder Ordnung einkehrt. Aber darüber später mehr.

Regenerativ ist kein ausschließlich wissenschaftlich orientiertes Buch. Es will auch ein philosophisch beeinflusstes Buch der Möglichkeiten, der Transformation und der dafür notwendigen Paradigmen und Denkansätze zur **Schaffung regenerativer Kulturen** und einer sicheren und lebenswerten Zukunft sein. Es betrifft dich als Individuum gleichermaßen wie unsere Familien, Gemeinden, die Gesellschaft und schließlich die gesamte globale Menschheitsfamilie.

Ich habe diesmal im Unterschied zu meinen bisherigen Büchern versucht, soweit dies möglich war, auf komplizierte wissenschaftliche Erklärungen und Begriffe zu verzichten. Wissenschaftliche Studien und ihre

Erkenntnisse sind (zumindest für mich und viele andere) zwar äußerst faszinierend und wichtig, aber die reine Wissenschaft und ihr Methodenrepertoire konnten nie und werden auch in Zukunft nie all unsere zentralen Lebensfragen beantworten können. Teilweise scheint sogar das Gegenteil zuzutreffen: In ihrer Besessenheit, alle lebendigen Dinge bis in das kleinste Detail zu zerlegen und zu abstrahieren, haben viele heutige Wissenschaftler den Blick auf das große und komplexe System des Wunders Leben auf der Erde und seine zugrundeliegenden Prinzipien und Muster aus den Augen verloren.

Aus evolutionärer Sicht sind wir Menschen zwar verdammt gut ausgestattet, wenn es darum geht akute Bedrohungen abzuwehren – diese waren in der Vergangenheit häufig –, aber ziemlich schlecht, wenn es darum geht, sich langsam entwickelnde, schleichend am Horizont heraufziehende Bedrohungen wahrzunehmen und entsprechende vorbeugende Handlungen zu setzen. Gerade bei gesellschaftlichen Degenerationsprozessen, komplexen klimatischen Veränderungen, dem weit vorangeschrittenen Biodiversitätsverlust und der Akkumulation von Substanzen wie Mikroplastik und toxischen sowie hormonartig wirkenden chemischen Verbindungen in unserer Umwelt handelt es sich um langsame, graduelle, degenerative Prozesse, die, über kurze Zeiträume betrachtet, kaum wahrnehmbar sind. Erst die aufmerksame und bewusste Betrachtung über längere Zeiträume macht die fatalen Folgen dieses »leisen Sterbens« unserer Lebensgrundlage sichtbar.

Wir Menschen versuchen von Natur aus, Schmerz zu vermeiden und vergnügliche Aktivitäten und Kurzzeitbefriedigungen zu bevorzugen, die unser Belohnungssystem ansprechen. Evolutionsbiologisch tief verankert, handelt es sich dabei vermutlich um ein Überlebensprogramm, das allerdings mit den neuen aktuellen Herausforderungen nicht Schritt zu halten vermag und bei der Lösung unserer globalen Probleme wenig hilfreich, ja sogar kontraproduktiv ist. Dieses kurzzeitbefriedigungssuchende Verhalten des Menschen bildet auch die Grundlage für unsere gesamte degenerative Konsumkultur von Social Media bis Junk-Food und ist daher potenziell selbstzerstörerisch. Wir leben in einer Gesellschaft, in der schmerzhafte Auseinandersetzungen mit unserem Dasein, längst notwendig gewordene Konflikte und Kontroversen um jeden Preis vermieden werden. Der Philosoph *Byung-Chul Han* prägte für diese Gesellschaft der Algophobie, des Konformitätszwanges und Konsensdruckes den treffenden Begriff »Palliativgesellschaft«.[3]

Die Gefahr einfacher Lösungen

Wer nach raschen, simplen, linearen Lösungen und klassischen Checklisten oder Rezepten für die vielen gegenwärtigen Probleme sucht und damit deren Symptome bekämpfen will, wird vermutlich enttäuscht sein.

Tatsächlich hoffen und warten aber viele Menschen immer noch auf einfache und vor allem rasche Lösungen jener Gegenwartsprobleme, die uns so viel Unsicherheiten bescheren, um endlich wieder unbeschwert in ihr altes, gewohntes, »wohlverdientes und normales« Leben zurückkehren zu können. Abgesehen davon, dass rasche und einfache Lösungen ohnehin nicht existieren, scheint manchen leider auch jedes Mittel recht zu sein, wenn es um die Beseitigung von Schieflagen geht.

Das Lösen komplexer Probleme mit simplen linearen Methoden und um jeden Preis beziehungsweise *»koste es, was es wolle«* ist nämlich nicht nur illusorisch, sondern auch brandgefährlich.

Es sind immer wieder dieselben psychologischen Mechanismen, die bei angeblicher oder real drohender Gefahr von einer Gesellschaft und deren Individuen Besitz ergreifen. Leider geht das heute in einer multimedial vernetzten, krisengebeutelten Gesellschaft schneller und effizienter als noch vor hundert oder zweihundert Jahren. Wir sollten lernen, diese Mechanismen zu erkennen, um unsere idiosynkratischen Denk- und Handlungsmuster, die den fruchtbaren Boden für die **Manipulation der Massen** bilden, zu hinterfragen. Die entsprechenden Grundlagen vermitteln Werke wie *Die Psychologie des Totalitarismus* von Mattias Desmet, *Elemente und Ursprünge totaler Herrschaft* von Hannah Arendt sowie der offenbar zeitlose Klassiker *Propaganda: Die Kunst der Public Relations* von Edward Bernays, dessen Schriften auch Hitlers Hetzer Nummer eins, Joseph Goebbels, aufmerksam studierte.

Darüber hinaus vernebeln unmittelbar als akute Bedrohung wahrgenommene Krisen unseren Blick auf das Wesentliche, die langsam, still und leise voranschreitende Vernichtung unserer Lebensgrundlage im Namen von Wohlstand, Wachstum und Fortschritt. Allein die schieren Größenordnungen der heute aufgelaufenen vielfältigen ökologischen Probleme führen bei vielen Menschen zu dem lähmenden Gefühl der Machtlosigkeit und resultieren in maximaler Handlungsunfähigkeit.

Das alles müsste nicht sein, denn wie wir sehen werden, gibt es reichlich Potenzial und Möglichkeiten, wenn wir unseren Betrachtungswinkel ändern, reflektieren und schließlich zu uns selbst zurückfinden. Doch zuvor müssen wir noch der Realität ins Auge blicken und Klartext reden.

2. »Planetary Emergency«: Der (vorläufige) Höhepunkt des Anthropozäns?

Ob wir unser gegenwärtiges Zeitalter nun Anthropozän nennen oder den Begriff des Kapitalozäns vorziehen – es bleibt schlussendlich ein und dasselbe: das Zeitalter, in dem ein Großteil der Menschheit durch ihr zugrundeliegendes Welt- und Selbstbild, angefeuert durch eine konsum- und profitorientierte Lebens- und Wirtschaftsweise, die Erde an den Rand ihrer Grenzen gebracht hat. Dies ist uns vor allem besonders effektiv während der letzten hundert Jahre des exponentiellen Wachstums gelungen.

Der vorläufige traurige Höhepunkt unserer Zeit ist, dass uns erdrückende wissenschaftliche Erkenntnisse auf den verschiedensten Gebieten deutlich zeigen, dass wir in einen Notstand geraten sind, dessen Ausmaß sich nur schwer beziffern lässt und dessen Konsequenzen kein Datenmodellierer dieser Welt vorhersagen kann.

Vieles von dem, was uns jetzt immer deutlicher vor Augen geführt wird, ist bereits seit einigen Jahrzehnten bekannt. Dreißig Jahre nachhaltige Entwicklung (beziehungsweise deren halbherziger Versuch) haben an unseren grundlegenden Problemen nichts geändert. Rein gar nichts.

Bereits in dem vom *Club of Rome* 1972 publizierten MIT-Report *The Limits to Growth* wurden verschiedene mögliche Zukunftsszenarien der globalen Zivilisation skizziert. Unter anderem liest man dort, dass kurz vor dem Kollaps politischer Systeme und des Finanzmarkts und in der Folge der Zivilisation, wie wir sie kennen, **die Energiepreise ansteigen** und **gewaltsame Unruhen wegen der steigenden Lebensmittelpreise** ausbrechen werden. Nun ja, die deutlich gestiegenen Energiepreise haben wir bereits, die Preissteigerung bei Lebensmitteln ist ebenfalls im Gange, mit wenig Aussicht auf Entspannung. Aber ist das schon der Anfang vom Ende?

Seit ihrer Publikation vor mehr als fünfzig Jahren löste die MIT-Analyse (MIT steht für *Massachusetts Institute of Technology*) immer wieder hitzige Debatten aus und wurde bereits zum Zeitpunkt ihres Erscheinens von »Experten«, die sich große Mühe gaben, die Ergebnisse und Methoden falsch darzustellen, als unhaltbar verlacht.

Doch welche Befunde existieren, die nahelegen könnten, der Verlust fruchtbarer Böden und die ökologischen Krisen im Allgemeinen sowie der Biodiversitätsverlust im Speziellen seien *nicht* durch menschliche Aktivitäten während des letzten Jahrhunderts verursacht? Zumindest was die geopolitische und gesellschaftliche Krise betrifft, sind wir uns doch über deren Verursacher einig, oder etwa nicht? Es sind Krisen des menschlichen Zusammenlebens, daher kommen nur wir Menschen als Verursacher infrage, wiewohl natürlich auftretende klimatische und ökologische Faktoren immer wieder zur Verschärfung derartiger Situationen beitragen.

All jene, die die genannten Probleme leugnen oder kleinreden und immer noch am gegenwärtigen, auf fossilen Energieträgern, technischen Innovationen und grenzenlosem Wachstum basierenden Narrativ festhalten, möchte ich fragen: Was ist, wenn ihr euch doch irrt und die bisher erfolgreichen Wirtschaftsnationen sägen tatsächlich gerade an ihrem letzten Ast? Wäre nicht Vorsicht walten zu lassen und sich angesichts möglicher Katastrophen an das Vorsorgeprinzip zu halten vernünftiger? Angesichts der möglicherweise katastrophalen Folgen für nachfolgende Generationen …

»Prognosen sind schwierig, insbesondere wenn sie die Zukunft betreffen.« Auch wenn bis heute nicht klar ist, wem dieses Zitat zuzuschreiben ist, so steckt doch eine unumstößliche Wahrheit darin: Niemand kann sagen, was in der Zukunft passieren wird, niemand weiß, ob die eine oder andere unangenehme Prognose tatsächlich zutreffen wird. Manchmal treten Vorhersagen nicht ein, dann freuen sich die Skeptiker wie kleine Kinder. Manchmal treten prognostizierte Probleme deutlich schneller und härter ein, dann wird hilflos nach Erklärungen und Schuldigen gesucht. Und manchmal, das vergessen wir in unserer Hybris recht gerne, treten Dinge ein, mit denen niemand (auch kein Datenmodellierer oder »Zukunftsforscher«) gerechnet hat. Dann sind alle überrascht und ziemlich ratlos.

Mit Unsicherheiten umzugehen, scheint für unsere sicherheitsverliebte und kontrollsüchtige moderne Gesellschaft eine zunehmend schwierige Angelegenheit geworden zu sein. Doch die Unsicherheiten des Lebens waren während der gesamten Menschheitsgeschichte ein ständiger Begleiter, herbeigeführt von Naturkatastrophen bis zu Ernteausfällen. Vermutlich war das auch einer der Gründe, warum sich die Menschen einer höheren lenkenden Macht zuwandten, um sich von dieser durch Opfer, Gebete oder sonstige Rituale Beistand für einen sicheren Pfad in die Zukunft zu erhoffen. Man wusste, dass man von seiner Umgebung und der Natur gänzlich abhängig war.

Nun glaube ich nicht, dass wir drohendes Unheil durch Rituale, welcher Art auch immer, fernhalten könnten. Wir sollten aber wieder damit beginnen, mit der unausweichlichen Tatsache einer unsicheren Zukunft leben zu lernen. Wir sind, allen Verdrängungsmechanismen zum Trotz, von unserer Umwelt heute genauso abhängig wie die Menschen vor 100 000 Jahren. Allerdings haben wir heute die Möglichkeit, viele Parameter zu testen und Entwicklungen wissenschaftlich zu überprüfen.

Eine 2020 publizierte wissenschaftliche Überprüfung des ursprünglichen *Club of Rome/MIT Reports*, bei der die verschiedenen 1972 entworfenen Szenarien mit der seither stattfindenden Entwicklung und den aktuellen empirischen Daten verglichen wurden, kam zu dem Schluss, dass die ursprünglichen Modelle im Rückblick bis jetzt ausgesprochen zutreffend waren.[4]

Untersucht wurden die globalen Entwicklungen in Bezug auf zehn Schlüsselvariablen, nämlich Bevölkerung, Fruchtbarkeitsraten, Sterblichkeitsraten, Industrieproduktion, Nahrungsmittelproduktion, Dienstleistungen, nicht erneuerbare Ressourcen, Umweltverschmutzung, menschliches Wohlergehen und ökologischer Fußabdruck.

Die Studie weist deutlich darauf hin, dass das globale Wirtschaftswachstum ohne größere Änderungen des derzeitigen Ressourcenverbrauchs (*Business as usual-Szenario*), etwa um 2040 seinen Höhepunkt erreichen und dann sehr schnell zurückgehen wird, was vermutlich in einer **Kaskade von Zusammenbrüchen der globalen Ökonomie** und schlussendlich einem gesellschaftlichen Zusammenbruch münden wird.

Zusammenbruch bedeutet allerdings nicht, dass die Menschheit aufhören wird zu existieren, wie man immer wieder von falschen Propheten hören kann. Das halte ich für äußerst unwahrscheinlich. Es ist aber davon auszugehen, dass infolge des globalen wirtschaftlichen Niedergangs und den damit einhergehenden Verwerfungen unser bisheriger hoher Lebensstandard (von der Lebensmittelversorgung über die Sicherheit bis hin zum Gesundheitswesen) möglicherweise für immer, mit Sicherheit aber für sehr lange Zeit der Vergangenheit angehören wird.

Ein im ursprünglichen MIT-Report entworfenes Szenario, das ausschließlich auf technische Lösungen zur Bekämpfung der Probleme setzte, wurde ebenfalls einer kritischen Würdigung unterzogen. In diesem Szenario treten der wirtschaftliche Niedergang und eine Reihe anderer negativer Folgen, wenn auch ohne gesellschaftlichen Zusammenbruch, vor allem durch die hohen Kosten der technologischen Lösungen ein. Allerdings muss man sich bei diesem Szenario die grundsätzliche Frage stellen, warum wir teure (und Großteils noch nicht existierende) technische Lösungen benötigen, um zu demselben Ziel zu gelangen, wie es eine intakte Natur von selbst bewerkstelligen könnte. Anstatt beispielsweise teure und vermutlich wenig effiziente Bestäuberdrohnen zu entwickeln (eine schreckliche Utopie), wäre es doch eindeutig sinnvoller, mit geeigneten Renaturierungsmaßnahmen für eine Vielfalt bestäubender Insekten zu sorgen.

Jenes Szenario, das bedauerlicherweise am weitesten von den aktuellen empirischen Daten entfernt lag, war das einer »stabilisierten Welt«. In diesem sehr optimistischen Modell folgt die Zivilisation einem nachhaltigen Weg, der sowohl massive Investitionen in Bildung, Umweltschutz und öffentliche Gesundheit als auch technologische Innovationen umfasst. Hier wäre auch der geringste Rückgang des Wirtschaftswachstums zu erwarten.

Derzeit befinden wir uns am ehesten in Übereinstimmung mit dem *Business as usual*-Pfad, wobei, das sollten wir im Kopf behalten, vor einigen Jahrzehnten die Folgen von Klimaveränderungen und Biodiversitätsverlust noch eher unter- als überschätzt wurden.

Und dennoch lässt die quasi-religiöse Doktrin des allmächtigen Neoliberalismus offenbar nichts anderes zu als die zwanghafte Konzentration auf anhaltendes Wirtschaftswachstum um seiner selbst willen und um jeden Preis. Dieses besessene Streben nach unendlichem Wachstum in einer endlichen Welt ist der zentrale Schönheitsfehler, das schmutzige Detail in der bisherigen noch relativ kurzen Erfolgsgeschichte des *Homo sapiens*. Bemerkenswerterweise findet sich das Ziel des weiteren Wirtschaftswachstums auch in den viel zitierten 17 Nachhaltigkeitszielen der Vereinten Nationen wieder. Konkret heißt es dort unter Ziel 8: »*Dauerhaftes, breitenwirksames und nachhaltiges Wirtschaftswachstum* [...]«. Wollen wir wirklich Sklaven des endlosen Wirtschaftswachstums bleiben und damit die Chance auf ein freies, selbstbestimmtes Leben aufs Spiel setzen?

Mit Beschreiten des regenerativen Pfades für eine zunehmend stabilisierte Postwachstumswelt könnten wir nicht nur das Risiko des drohenden Zusammenbruchs deutlich verringern, sondern auch zu einer neuen, stabileren und gerechteren Zivilisation gelangen, die sich zudem langfristig innerhalb der planetaren Grenzen bewegt. Allerdings, darauf weist die aktuelle Studie ebenfalls mit aller Deutlichkeit hin, haben wir nur mehr wenig Zeit, um den Kurs zu ändern.

Der Kollaps hat längst begonnen

Das, was heute als »planetarer Notstand« bezeichnet wird, ist nicht erst gestern und völlig überraschend entstanden. Abgesehen vom 1972 publizierten Bericht des *Club of Rome* gab auch das 2005 veröffentlichte *Millennium Ecosystem Assessment* reichlich Anlass zur Sorge.[5]

Das damalige mediale Echo auf nichts weniger als eine, bis dato nie dagewesene, vollumfängliche wissenschaftliche Zusammenfassung des ernüchternden Zustands unserer Lebensgrundlage zur Jahrtausendwende unter der Beteiligung von mehr als 1300 weltweiten Wissenschaftlern ist bezeichnend für unser Dilemma: So berichtete beispielsweise die weltweit einflussreiche *New York Times* über das Erscheinen des wegweisenden Berichtes zum Zustand der globalen Ökosysteme mit einem kurzen Beitrag auf Seite 8, während auf der Titelseite desselben Tages über Michael Jackson und den tragischen Tod einer Frau, die jahrzehntelang im Wachkoma lag, berichtet wurde.

Diese Ignoranz ist insofern erstaunlich, als die Zusammenfassung des *Millennium Ecosystem Assessment* mit wenig erfreulichen, aber umso bedeutungsvolleren Ergebnissen aufwartete: Allein in den vergangenen fünfzig Jahren hat der Mensch die globalen Ökosysteme schneller, umfangreicher und nachhaltiger verändert als in vergleichbaren Zeitabschnitten der gesamten Menschheitsgeschichte davor. Ursachen für diese Veränderungen sind vor allem die nicht nachhaltige Erzeugung von Nahrung und der Zugriff auf die essenziellen, aber durch Missmanagement und Kurzzeitdenken immer knapper werdenden Ressourcen wie sauberes Trinkwasser, Holz und Treibstoff. Dies hat zu einem erheblichen und weitgehend irreversiblen Verlust der Vielfalt des Lebens auf der Erde geführt. Das Erscheinen dieses Berichtes ist mittlerweile gut zwanzig Jahre her.

Die regelmäßig stattfindenden internationalen Konferenzen und derzeitig politisch propagierten Maßnahmen gehen fälschlicherweise davon aus, dass der Kollaps irgendwann in der Zukunft liegen würde und bis jetzt noch nicht stattgefunden hätte. Das ist, wenn man obige Befunde liest, eindeutig ein großer und folgenschwerer Irrtum. Der Kollaps vollzieht sich langsam.

Neue Perspektiven und Handlungsmöglichkeiten entstehen dann, wenn wir beziehungsweise die Politiker dieser Welt akzeptieren, dass der **Beginn des viel zitierten »Kollapses« bereits in der Vergangenheit** liegt. Es ist ein im täglichen Alltag weitgehend unsichtbarer Prozess. Zudem sollten wir uns in Erinnerung rufen, dass Kollaps auch immer einen Verlust von Ordnung darstellt, wie wir ihn derzeit erleben. Allerdings, das ist quasi ein Naturgesetz, braucht es den Zusammenbruch eines Systems, damit es sich aus der frei gewordenen Energie wieder neu ordnen kann. Mit diesem universellen Phänomen werden wir uns später noch ausführlicher auseinandersetzen.

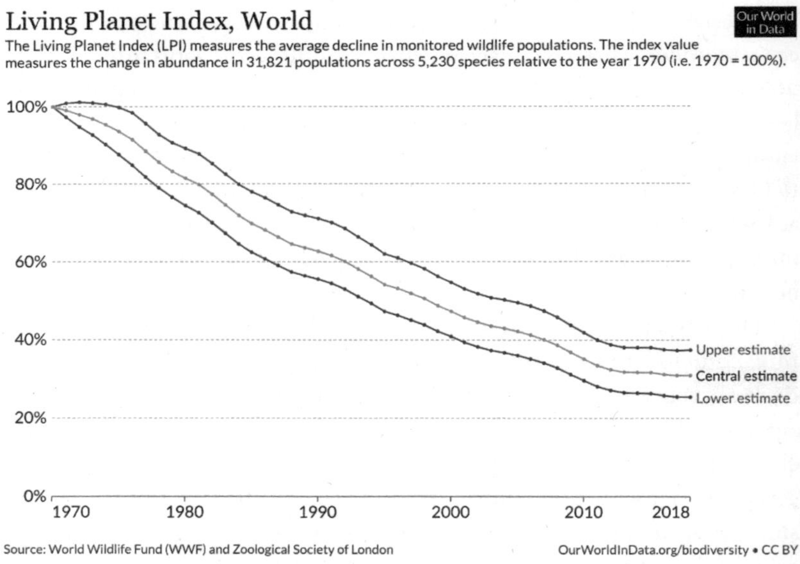

Abbildung 1 Living Planet Index. Während sich zwischen 1970 und 2018 die globale Bevölkerung verdoppelte, nahmen die erhobenen Tierpopulationen im gleichen Zeitraum um 69 Prozent ab. Der *Living Planet Index* (LPI) umfasst im neuesten Bericht 31 821 Populationen von 5230 Tierarten auf der ganzen Welt. Die Erhebung deckt allerdings nur Wirbeltierarten wie Säugetiere, Vögel, Fische, Reptilien und Amphibien ab. Viele taxonomische Gruppen wie Mikroorganismen, Insekten, Pilze, Korallen oder Pflanzen sind überhaupt nicht enthalten. Der LPI sagt nichts über die Anzahl der ausgestorbenen Arten aus, sondern zeigt, dass es zwischen 1970 und 2018 im Durchschnitt einen Rückgang der erhobenen Populationsgröße um 69 Prozent in den untersuchten Populationen gab.

Die akut gewordene **Biodiversitätskrise** zeigt sich für die meisten Menschen noch weniger deutlich als die Veränderungen der klimatischen Verhältnisse und das Problem absinkender Grundwasserspiegel mit zum Teil schlechter werdender Wasserqualität und drohendem Mangel an sauberem Trinkwasser. Das nimmt niemand so richtig wahr, solange es noch aus dem Wasserhahn sprudelt.

Laut *Living Planet Report 2022* haben menschliche Aktivitäten während der letzten fünfzig Jahre weltweit zum Verlust von ca. zwei Drittel (!) der erfassten Bestände an Säugetieren, Vögeln, Amphibien, Reptilien und Fischen geführt (**Abbildung 1**).[6] Eine deutsche Studie aus dem Jahr 2017 ergab einen Rückgang der Fluginsekten um 75 Prozent (!) innerhalb der letzten 27 Jahre.[7] Und das in einem Naturschutzgebiet.

Das sogenannte »Windschutzscheibenphänomen« bezeichnet die Beobachtung, dass etwa seit Beginn des neuen Jahrtausends weniger tote Fluginsekten auf den Windschutzscheiben und vorderen Stoßstangen von Fahrzeugen kleben bleiben. Diese traurige Realität wird auch in wissenschaftlichen Studien bestätigt. So fand eine dänische Studie zwischen 1997 und 2017 eine achtzigprozentige Reduktion von Insektenkadavern auf der Frontscheibe von Autos. Dabei korrelierte die Abnahme der Insekten, wenig verwunderlich, mit der Abnahme der Brutpaare verschiedener Schwalbenarten.[8]

Ein 2021 in der englischen Grafschaft Kent durchgeführtes Citizen-Science Projekt, das die toten Insekten auf den Nummernschildern von Autos quantifizierte, ergab, dass das Vorkommen von fliegenden Insekten während der letzten 17 Jahre um über siebzig Prozent gesunken ist.[9]

Vom Durchschnittsbürger nur selten bedacht, kommt das einer dräuenden Katastrophe gleich, denn der Wegfall der großen Basis einer komplexen Nahrungskaskade hat ökologische Auswirkungen ungeahnten Ausmaßes. Alle insektenfressenden Arten von Kleinsäugern, Vögeln, Amphibien und Reptilien werden ihrer Nahrungsgrundlage beraubt, was wiederum Folgen für die aufsteigende Nahrungskette hat. Insekten und andere wirbellose Tiere sind entscheidend für gesunde und funktionierende Ökosysteme. Sie bestäuben die meisten Kulturen der Welt, fungieren als natürliche Schädlingsbekämpfungsdienste, zersetzen organische Stoffe und recyceln Nährstoffe im Boden. Ohne sie würde das Leben auf der Erde zusammenbrechen.

Mit dem verzeichneten Insektenschwund in Übereinstimmung sind von 1980 bis 2016 in der EU rund 56 Prozent aller Feldvögel verschwunden, wie aus einem europaweiten Vogelmonitoring des *European Bird Census Council* hervorgeht.[10] Hunderte Millionen Tiere sind damit schlicht verschwunden. Der Naturschutzbund Deutschland geht für die Bundesrepublik von einem Schwund von mehr als vierzig Prozent der Feldvögel seit 1980 aus.[11]

Derart beunruhigende Studienergebnisse existieren zuhauf. Die Ergebnisse lassen sich durchaus mit dem, was der gewissenhafte Naturbeobachter jenseits des fünfzigsten Lebensjahres über die Jahrzehnte beobachtet, in Einklang bringen. Es ist in den letzten Jahren verdammt still geworden in vielen Gegenden. Tatsächlich mussten manche Studien feststellen, dass es in einigen Fällen sogar schneller bergab ging, als in früheren Schätzungen prognostiziert wurde. Die Aussichten sind im wahrsten Sinne des Wortes vernichtend.

Ein möglicher Grund, warum viele Menschen diese bedrohlichen Veränderungen nicht wahrhaben wollen, ist der simple Umstand, dass es Derartiges in einem solchen Umfang und in so kurzer Zeit seit Menschengedenken noch nie gegeben hat. Zudem fühlen sich nur mehr wenige Menschen mit der Vielfalt unserer belebten Mitwelt und der Natur verbunden. Wir können es uns offenbar schlicht nicht vorstellen, dass der Mensch in der Lage ist, derart gravierend in das globale System der Biosphäre einzugreifen. Abgesehen davon leben immer mehr Menschen in Städten, vollkommen separiert von der Fauna und Flora natürlicher Lebensräume.

Die zunehmende **Migration in die Städte** führt auch dazu, dass sich die Fläche, die bis 2060 verbaut wird, vermutlich verdoppeln wird, wobei diese Orte in der Vergangenheit in der Regel die fruchtbarsten Böden aufwiesen.

Die Vereinten Nationen rechnen bis 2050 mit mehr als 200 Millionen **Flüchtlingen**. Niemand kann die genaue Zahl vorhersagen. Dass ein derartiges Migrationsszenario aber sehr wahrscheinlich auch mit geopolitischen Problemen und sozialen Unruhen einhergehen wird, müsste jedem klar sein.

Die **steigenden Energiepreise**, die **globalen wirtschaftlichen Verwerfungen** und die damit einhergehenden Inflationsraten und Teuerungen hingegen haben wir spätestens seit den letzten Energiekostenabrechnungen oder sonstigen Kassenbons schmerzhaft realisiert. Die weltweite Finanzkrise des Jahres 2008 ging dagegen an vielen Menschen noch recht unbemerkt vorüber.

Weitere zunehmend virulente Probleme sind **der demografische Wandel** (mit einer auf dem Kopf stehenden Bevölkerungspyramide) und der zunehmende **Ressourcenmangel** auf einem begrenzten Planeten, steigende **soziale Ungleichheit, politischer Extremismus, Cyberterrorismus** und eine rasante wie **unkontrollierte Technologieentwicklung** samt dem neuen Fetisch der umfassenden Digitalisierung unseres Lebens bis in die Kindergärten und Volksschulen.

Während in den täglichen Nachrichten die Hiobsbotschaften des Klimawandels dominieren, findet der Umstand, dass die toxischen Nebenprodukte unseres technologischen »Fortschritts« bereits zu einer bedenklich lebensfeindlichen Umwelt geführt haben, selten Erwähnung. Das Gewicht von **Plastik** auf der Erde ist größer als das von allen Tieren am Land und im Wasser zusammengenommen. Eine tickende Zeitbombe sind vor allem jene Tausenden Chemikalien, die **antibiotische Wirksamkeit** besitzen, sowie unzählige **hormonaktive Substanzen** (sogenannte Endokrine Disruptoren). Letztere kommen in Kunststoffen, Elektronikartikeln, Baustoffen, Kosmetikprodukten, Textilien, industriellen Löse- und Schmiermitteln, Arzneimitteln und zahlreichen anderen Alltagsprodukten vor. Besonders problematisch ist das Vorkommen in vielen landwirtschaftlichen Pestiziden, denn sie werden weltweit nach wie vor in bedenklichen Mengen großflächig ausgebracht, reichern sich in Böden, Gewässern und der Atmosphäre an und gelangen auf diese Weise in Organismen wie Pflanzen, Tiere und den Menschen.[12]

Mittlerweile ist bereits einer von sechs Menschen weltweit von Unfruchtbarkeit betroffen,[13] und die Spermienanzahl junger Männer nahm zwischen 1973 und 2018 um mehr als fünfzig Prozent ab.[14] Über die katastrophalen Folgen der unkontrollierten Freisetzung antimikrobiell wirksamer chemischer Verbindungen für Böden, Pflanzen, Tiere und den Menschen habe ich bereits in meinen letzten beiden Büchern ausführlich berichtet.

Doch sind wir gegenüber all diesen Dingen machtlos? Brauchen wir neue wissenschaftliche Erkenntnisse oder zukünftige Erfindungen technischer oder elektronischer Natur, um all dieser Probleme Herr zu werden? Kann uns vielleicht gar nur die künstliche Intelligenz retten? Wie sieht es mit der viel gepriesenen Nachhaltigkeit aus?

Tatsächlich haben uns bisherige Nachhaltigkeitsbestrebungen nicht einmal in die Nähe eines Momentums gebracht, das annähernd zukunftstauglich sein könnte. Das zeigen uns die Daten zum Zustand der Biosphäre. Wir sollten daher der Tatsache ins Auge sehen, dass vollmundige Versprechen und Zukunftsziele, wie sie am Ende von internationalen Konferenzen gerne verkündet werden, bisher kaum das Papier wert waren, auf dem sie geschrieben standen.

Gehen wir vielleicht stattdessen zu den Wurzeln unserer Probleme zurück und fragen uns: Wie konnte es überhaupt so weit kommen? **Weder der Biodiversitätsverlust noch die meisten unserer anderen Probleme sind auf eine unvorhergesehene Naturkatastrophe zurückzuführen, gegen die wir machtlos gewesen wären. Sie sind die Folge menschlichen Handelns und haben daher eine klare Ursache.**

Die Obsession vom ewigen Wirtschaftswachstum

In natürlichen Systemen wächst zu Beginn alles, durchaus auch kompetitiv, bis das quantitative Wachstum irgendwann zum Stillstand kommt. In der Folge ist nur mehr qualitatives Wachstum zu beobachten. Das gilt für so gut wie alle Lebensformen innerhalb einer begrenzten Welt, beispielsweise auch für unseren menschlichen Körper. Nur die neoliberale Marktwirtschaft auf Basis des »Raubtierkapitalismus« möchte weiter und immer weiterwachsen, als gäbe es keine natürlichen Grenzen.

Dass aber auch wirtschaftliches Wachstum schließlich endlich sein *muss*, wird in Wirtschaftskreisen nicht gerne gehört. Auch dann nicht, wenn selbst der ehemalige Chefökonom der Weltbank und Wirtschaftsnobelpreisträger[15] Joseph Stiglitz zu diesem an sich wenig verwunderlichen Schluss kommt.

Er gibt unumwunden zu, dass das neoliberale Modell nicht funktioniert hat und kaputt ist. Stiglitz wies ebenfalls darauf hin, dass die miteinander verbundenen Krisen der Umweltzerstörung und des menschlichen Leids unserer heutigen Zeit zeigen, dass *»etwas grundlegend falsch ist mit der Art und Weise, wie wir wirtschaftliche Leistung und sozialen Fortschritt bewerten«.*[16]

Laut Joseph Stiglitz lässt das Bruttoinlandsprodukt (BIP) als Maß für wirtschaftliche Gesundheit eines Landes keinerlei vernünftige Einschätzung des tatsächlichen Zustandes der Wirtschaft oder der Welt samt der darin lebenden Menschen zu. Es sagt schon gar nichts über die Verteilung des »Wohlstands« innerhalb eines Landes aus. So können auch ganz wenige Superreiche und viele ärmere Menschen unter dem Strich ein hohes BIP ergeben. Und genau dahin geht seit Jahrzehnten die Entwicklung. In den 1950er- und 1960er-Jahren korrelierte die Zunahme des BIPs noch weitgehend mit dem individuellen Wohlstand und dem Wohlergehen der gesamten Bevölkerung. Dem ist schon lange nicht mehr so.

Ab den 1980er-Jahren begann sich eine Schere aufzutun, bei der zwar die Wirtschaft weiterwuchs, das Wohlergehen der Menschen aber nicht in gleichem Maße anstieg. Im Gegenteil: In vielen Bereichen nahm es sogar ab. Die Gewinnzuwächse seit der letzten Jahrtausendwende sind lediglich an die obersten zehn Prozent der Bestverdiener gegangen. Neunzig Prozent der Bevölkerung erleben im besten Fall nur Stagnation. All jene, die sich an »die Regeln« gehalten und hart gearbeitet haben, sind die Verlierer des derzeitigen Systems.

Die Karten liegen also zumindest seit Ende des letzten Jahrhunderts auf dem Tisch, und dennoch werden uns seither weiterhin regelmäßig die sinnlosen, weil wenig aussagenden Wachstumsprognosen von sogenannten Wirtschaftsexperten und Politikern über die Medien ausgerichtet. Ein Teil der Bevölkerung mag sich dabei vermutlich denken, dass das schon irgendwie gut gehen wird. Ich sage dir, dass es das nicht wird. Kann es gar nicht. Das wird dir jeder aufmerksame Beobachter, der nicht selbst Nutznießer dieses Systems ist, bestätigen. Wir werden belogen und zum Teil von Soziopathen regiert und gelenkt.[17]

Die meisten Nationen streben weiterhin Wirtschaftswachstum als das höchste erstrebenswerte Gut, als das Wohlstandsmaß und Maß für den Fortschritt schlechthin an. Der Grund dafür liegt nicht zuletzt in den damit verbundenen hohen Steuereinnahmen, hohen Sozialabgaben und erhofften hohen Beschäftigungsquoten.

Dass ein steigendes BIP nicht automatisch mit steigendem Wohlstand der Allgemeinbevölkerung und einer intakten Umwelt einhergeht, zeigt auch folgendes Beispiel: 2010 explodierte eine Ölbohrplattform, woraufhin sich 800 Millionen Liter Öl in den Golf von Mexiko ergossen. Ein kapitaler Umweltschaden. In der Folge stieg das US-amerikanische BIP, da Unsummen in die Schadensbehebung und -begrenzung investiert werden mussten.

Traurig, aber wahr: Die Zerstörung der Umwelt ist nicht selten auch gut fürs Geschäft.

In gleichem Maße führt auch eine steigende Anzahl kranker Menschen über ein florierendes Medizinsystem zu einem Anstieg des BIP. Das ist keine Polemik, sondern wirtschaftliche Realität. Denn das moderne medizinische System und alle Zulieferindustrien tragen maßgeblich zum BIP der Wirtschaftsnationen bei.

Auch aus ökologischer Sicht ist grenzenloses Wirtschaftswachstum nicht vertretbar. Denn bisher ist es in keinem Land der Welt gelungen, das Wirtschaftswachstum von Emissionen und Umweltschäden gänzlich zu entkoppeln. Das ist das Dilemma moderner Wirtschaftsnationen. Vielleicht sollten wir endlich zur Kenntnis nehmen, dass endloses Wachstum und Reduktion von Emissionen und Umweltschäden schlicht inkompatibel sind.

Unser Wirtschaftssystem wird sich den ökologischen Anforderungen und den menschlichen Bedürfnissen anpassen müssen, ob es den Top Ten der Wirtschaftseliten oder den vermeintlichen Experten passt oder nicht. Warum uns das wirre und monomane Gerede vom ewigen Wachstum und die Besessenheit von Zahlen nicht ganz ohne Grund an wahnhafte Halluzinationen psychisch Erkrankter erinnern, werden wir später noch sehen.

Illusion Fortschritt

»Die aufregendsten Durchbrüche des 21. Jahrhunderts werden nicht aufgrund der Technologie stattfinden, sondern aufgrund eines sich erweiternden Konzepts dessen, was es bedeutet, Mensch zu sein.«

– John Naisbitt (Zukunftsforscher, 1929–2021)

In schwierigen Zeiten wie diesen treten natürlich auch viele Apologeten des bedingungslosen Fortschritts in Erscheinung, die uns ihre wunderbar einfach erscheinenden (Er-)Lösungen in Form von modernen (und vielfach unerprobten und daher potenziell gefährlichen) Technologien aufdrängen beziehungsweise verkaufen möchten. Während es in der Geschichte der Menschheit immer wieder sinnvolle technische Erfindungen und einen damit verbundenen echten Fortschritt gab (zum Beispiel durch den Buchdruck, die Eisenbahn oder den Computer), ist es ein fahrlässiger Irrglaube, unsere Zukunft ausschließlich von (vielleicht) kommenden Erfindungen, technischen Innovationen und damit von den sogenannten Fortschrittskriterien (größer, schneller, weiter, höher etc.) abhängig machen zu wollen.

Gentechnik (vor allem die neue »grüne«), Geo-Engineering, neue Pandemieverträge, neue Energielösungen, Nanomaterialien, E-Mobilität, künstliche Intelligenz, Transhumanismus und die digitale Vernetzung aller Menschen im virtuellen Metaversum sollen der Menschheit den ersehnten Fortschritt bringen und die Gesellschaft sogar vor dem zivilisatorischen Kollaps erretten. Nur eine weitere Intensivierung der mit synthetischer Chemie und toxischen Substanzen angetriebenen industriellen Landwirtschaft könne die ansteigende Weltbevölkerung ernähren. Das sind die engstirnigen und mithilfe der Medien zur Wahrheit erhobenen Narrative unserer Zeit.

Du kennst vermutlich alle diese glitzernden Versprechen, die oft schön verpackt und zum Teil mit auf den ersten Blick durchaus überzeugenden Argumenten durch die unzähligen medialen Kanäle daherkommen. Viele Menschen wollen diese Versprechungen der »Rettung durch technischen Fortschritt« nur allzu gerne glauben, denn dann müssen sie an sich selbst und ihrem Lebensstil nur wenig oder gar nichts ändern. Alles kann dann bleiben, wie es ist. Wie betörend einfach!

Tatsächlich hat uns der Fortschritt im Verlauf des letzten Jahrhunderts eine stetig ansteigende **Lebenserwartung** eingebracht. Allerdings ist diese nicht auf den Fortschritt in seiner Gesamtheit zurückzuführen, sondern auf einzelne Aspekte desselben wie beispielsweise Kanalisationen, sauberes Trinkwasser, eine verbesserte Alltagshygiene und die eine oder andere medizinische Innovation. Das ist unbestreitbar.

Manche scheinen aber geradezu einer **Fortschrittsbesessenheit** verfallen zu sein, ohne dabei das große Ganze im Auge zu behalten und die möglichen Technikfolgen abzuschätzen. So basiert die derzeit propagierte Idee, wir könnten auf anderen Planeten menschliche Kolonien ansiedeln (beispielsweise auf dem Mars), im Wesentlichen auf der vollständigen Ignoranz der Proponenten solcher Ideen gegenüber dem komplex gewobenen Netz des Lebens auf der Erde. Langfristig gesundes menschliches Leben ohne unsere seit Jahrmillionen angestammte Umwelt, die Biosphäre, ist unmöglich! Das sagen uns auch die wissenschaftlichen Ergebnisse der letzten Jahrzehnte. Es ist schlicht ein **technischer Machbarkeitswahn**, der derartige Milliardenprojekte vorantreibt. Die Kosmonauten und Astronauten der internationalen **Raumstation ISS** klagen etwa bereits nach einem halben bis einem Jahr (!) Aufenthalt im All über zum Teil erhebliche Gesundheitsprobleme, die zu einem beträchtlichen Teil auf die fehlende mikrobielle Exposition in der vegetationsfreien Raumstation zurückzuführen sind. Die Folgen sind Störungen des Mikrobioms mit Symptomen wie Verdauungsstörungen, psychische Beeinträchtigungen, Allergien etc. Die fehlende Gravitation lässt zudem Muskeln und Knochenstruktur schwinden.

Bezeichnen wir diese besessene Suche nach neuen bewohnbaren Planeten doch als das, was sie ist: **eine wahnhafte Vorstellung** ein paar weniger abgehobener Milliardäre, die erst durch das stete mediale Echo und ein paar Science-Fiction-Filme schon beinahe als neue Normalität in unsere Köpfe Einzug gehalten hat. Der Rest der Menschheit hat nichts davon, außer Ablenkung und etwas seichte Unterhaltung. Erheblich vernünftiger und für die meisten Menschen naheliegender wäre es doch, die große Nummer eins, unseren Heimatplaneten Erde, nicht vor die Hunde gehen zu lassen.

Der Technikglauben hat viele Gesichter. Aber glaubt jemand allen Ernstes, dass Elektroautos, Solarpaneele, kurzfristige Geldspritzen in das marode Finanzsystem oder die Gentechnik **die im Verborgenen liegenden Wurzeln unserer Misere** nachhaltig beseitigen könnten? Dass immer größer ausfallende Lieferungen der fortschrittlichsten Waffensysteme und geopolitische Drohgebärden den Frieden bringen könnten?

Natürlich kann ein zunehmender Ausbau erneuerbarer Energien, insbesondere aus der Sonne, dem Wasser und dem Wind, einem stetig steigenden Bedarf an fossilen Brennstoffen und den resultierenden Emissionen etwas entgegensetzen. Fortschritte auf diesen Gebieten sind eine gute und hilfreiche Sache. Doch auch diese Technologien benötigen Rohstoffe, die zum Teil alles andere als nachhaltig, umwelt- und menschenfreundlich gewonnen werden und die in ihrem Vorkommen ebenso endlich sind.

CO_2-Reduktionismus

Was mit Sicherheit zu wenig sein wird, ist der derzeitige geradezu kindliche Irrglaube, wir könnten ein möglicherweise drohendes Unheil mit dem Einsatz von erneuerbaren Energien abwenden. **Unsere Probleme gehen weit über das Zuviel an Emissionen hinaus!**

Selbst wenn es heute, jetzt sofort, eine technische Erfindung gäbe, die unsere atmosphärischen Emissionen auf null reduzieren könnte, wären wir dann von all unseren gegenwärtigen Problemen befreit und könnte dann alles weitergehen wie bisher? Die eindeutige Antwort auf diese Frage zeigt uns, dass das tägliche mediale Geschrei und Spektakel rund um das Treibhausgas CO_2, seine Äquivalente und die drohende »Klimahölle« nur einen einzigen isolierten Aspekt unseres großen Problems ineinander verschachtelter Krisen anspricht. Dieser Umstand findet nur selten Erwähnung. Da werden lieber Scheindebatten über Tempolimits geführt oder in Pressekonferenzen zu kurz greifende Energiesparlösungen angepriesen wie etwa, man solle beim Kochen doch bitte den Deckel auf den Topf tun.

Wie wir es auch drehen und wenden wollen, irgendwie scheint die Geschichte unseres Fortschritts an ein vorläufiges Ende gekommen zu sein. Eine gewisse Unsicherheit hat sich während der letzten Jahre breitgemacht, denn unsere seit einigen Jahrhunderten aufrechterhaltene Illusion scheint sich zunehmend aufzulösen. Die Symptome sind eindeutig. Die Versprechen der Institutionen des Fortschritts wurden nicht oder nur sehr bedingt eingelöst. Selbst die Lebenserwartung in den reichen Nationen steigt nicht mehr an, sondern geht in einigen Ländern bereits wieder zurück. Die verbleibende Lebenszeit ist durch eine immer länger werdende Zeitspanne chronischer Krankheiten gekennzeichnet. Die großen Erzählungen des Fortschritts stellen sich zunehmend als Bluff und als Trugbild heraus. Schlussendlich **müssen wir feststellen, dass wir gewissermaßen Opfer unseres eigenen Fortschritts geworden sind.**

Kein menschliches Schicksal verkörpert die Illusion und die Tücken des technischen Fortschritts mehr als das tragische Leben des Chemikers *Thomas J. Midgley* (1889–1944). Er beglückte die Menschheit sowohl mit der Erfindung von verbleitem Benzin als auch mit vermeintlich sicheren Treibgasen und Kältemitteln aus Fluorchlorkohlenwasserstoffen (FCKW). Während Midgley zu seinen Lebzeiten viele prestigeträchtige Auszeichnungen erhielt, gelten seine beiden einst als fortschrittlich qualifiziertenen Erfindungen, die er für den Einsatz in Autos und Kühlschränken entwickelte, heute als zwei der schädlichsten chemischen Verbindungen der Welt. Im Laufe der 70er- und 80er-Jahre des 20. Jahrhunderts stellte sich heraus, dass die Freisetzung von FCKW in die Atmosphäre in erheblichem Maße für den Abbau der Ozonschicht in der Stratosphäre (Ozonloch) verantwortlich ist und verbleites Benzin und die damit verbundene weltweite Kontamination und Bleiexposition durch das Schwermetall zu einer Reihe von schweren Gesundheitsschädigungen führte, insbesondere bei Kindern. Laut einer 2022 in der Zeitschrift *Proceedings of the National Academy of Sciences* publizierten Studie sind allein in den USA heute noch geschätzte 170 Millionen Menschen von den lange nachwirkenden Folgen der Bleiexposition betroffen.[18] Übrigens, dass Blei toxisch ist, wusste man bereits in den 1920er-Jahren.

1940 erkrankte Thomas Midgley an Polio und entwickelte eine ausgeprägte Lähmung. Als Erfinder mit 170 angemeldeten Patenten entwickelte er kurzerhand ein innovatives Gurtesystem aus Seilen und Umlenkrollen, das ihm helfen sollte, aus dem Bett zu kommen. Diese letzte seiner Erfindungen stand ebenfalls unter keinem guten Stern. Am 2. November 1944 wurde Midgley durch seine eigene Erfindung stranguliert.

Ich möchte keinesfalls als generell fortschrittsfeindlich verstanden werden. Im Gegenteil: Dieses Buch *ist* eine Hoffnung auf Fortschritt und Wandel. Denn Fortschritt ist ein abstrakter Begriff und besteht beileibe nicht nur aus technischen Innovationen. Die Beseitigung der tiefer liegenden Ursachen unserer aktuellen ökologischen Probleme, ein Friedensschluss mit den Mitmenschen und der Natur, ein gutes und angstfreies Leben in Gesundheit und weitgehender Harmonie mit unserer Umwelt, eine Welt, in der Habgier, Korruption, Rücksichtslosigkeit und politische Agitation sowie Manipulation durch Soziopathen auf ihre Plätze verwiesen werden, wäre wohl der größte *Fortschritt* (sic!), den wir uns heute vorstellen können.

Aber auch als Ökofundamentalist oder radikaler Klimaschutzfanatiker möchte ich nicht verstanden werden. Derartiges liegt mir genauso fern wie das Propagieren abstruser politischer Ideen. Ich gehöre auch keiner Partei an.

Um aus unserem gegenwärtigen Dilemma, einer durchaus bedrohlichen Situation, wieder herauszukommen, besitzen wir schon längst alle Ausstattungen, Technologien und Fähigkeiten, individuell wie gesellschaftlich. Die von vielen erhofften simplen Lösungen existieren nicht – so viel sollte mittlerweile klar sein …

Die von mir vorgebrachten Ansätze liegen vor allem im **grundsätzlichen Verständnis komplexer sozial-ökologischer Systeme**, in einer **kulturellen und spirituellen Transformation** sowie in einer **Renaissance der**

menschlichen Vernunft und viel weniger in technischen Lösungen, die irgendwann in einer ungewissen Zukunft erfunden werden könnten. Ich habe dabei bewusst das Wort »Ansätze« gewählt und nicht von »Lösungen« gesprochen, da es diese für die unzähligen ineinander verschachtelten und interdependenten Probleme auf globaler wie regionaler Ebene meiner Ansicht nach nicht geben kann. Die von manchen lauthals angepriesenen technischen Lösungen kommen im besten Fall einer Symptomlinderung oder Kosmetikbehandlung gleich – wenn überhaupt.

Ich halte es jedenfalls für eine große Torheit, zu glauben, dass wir die Zukunft ohne eine tiefgreifende Transformation unseres Selbst- und Weltbilds, ohne einen fundamentalen inneren Paradigmenwechsel meistern könnten. Der technische Fortschritt bringt uns zwar manchmal durchaus Erleichterungen und Hilfestellungen, aber er wird unsere Probleme nicht nachhaltig lösen können. Wir müssen zu den tiefer liegenden Ursachen unserer Probleme vordringen, diese erkennen und beseitigen. Was vor uns liegt, braucht ein Abschließen des Alten und ein neues Verständnis von uns selbst und unserem Daseins auf dieser Erde. Nicht weniger, aber auch nicht mehr.

3. Politik und die Demokratisierung von Wissenschaft

»Lassen Sie uns das klar sehen: Die Arbeit der Wissenschaft hat nichts mit Konsens zu tun. Konsens ist das Geschäft der Politik. Die Wissenschaft hingegen erfordert nur einen Untersucher, der zufällig recht hat, was bedeutet, dass er oder sie Ergebnisse hat, die durch Vergleich mit der realen Welt überprüfbar sind. In der Wissenschaft ist Konsens irrelevant. Was relevant ist, sind reproduzierbare Ergebnisse. Die größten Wissenschaftler der Geschichte sind großartig, gerade weil sie mit dem Konsens gebrochen haben. Es gibt keine Konsenswissenschaft. Wenn es ein Konsens ist, ist es keine Wissenschaft. Wenn es Wissenschaft ist, ist es kein Konsens. Punkt.«

– Michel Crichton (US-amerikanischer Schriftsteller, Drehbuchautor, Regisseur, Arzt und Filmproduzent; 1942–2008)

»Wir müssen unbedingt Raum für Zweifel lassen, sonst gibt es keinen Fortschritt, kein Dazulernen. Man kann nichts Neues herausfinden, wenn man nicht vorher eine Frage stellt. Und um zu fragen, bedarf es des Zweifelns.«

– Richard P. Feynman (US-amerikanischer Physiker und Nobelpreisträger; 1918–1988)

»Je größer der Zweifel, desto größer das Erwachen; je kleiner der Zweifel, desto kleiner das Erwachen. Kein Zweifel, kein Erwachen.«

– Garma C. C. Chang, *The Practice of Zen* (buddhistischer Gelehrter und Philosoph; 1920–1988)

Ein großes Problem unserer Zeit ist die zunehmende »**Demokratisierung** von **Wissenschaft** durch Politik, Medien und sogenannte »Faktenchecker«.

Phrasen wie »*Die überwiegende Mehrheit der Experten ist sich einig ...*« oder »*Es besteht weltweit unter 99 Prozent der Wissenschaftler Konsens, dass ...*« spiegeln diese abstruse Auffassung vom wissenschaftlichen Erkenntnisprozess wider. Im Endeffekt bedeutet das: Wenn die Mehrheit einen Umstand in einer gewissen Weise sieht, dann ist dieser Umstand damit zum unumstößlichen Faktum und zur neuen Realität geworden.

Während das Prinzip »die Mehrheit entscheidet« einen unverzichtbaren und wesentlichen Eckpfeiler einer Demokratie darstellt, trifft dies keinesfalls auf die Wissenschaft in all ihren Facetten zu. Eher im Gegenteil. »Die Mehrheit hat recht« ist eine recht infantile Auffassung von Wissenschaft, die mit etwas Kenntnis in Wissenschaftsgeschichte auch recht schnell widerlegt werden kann. Gerade epochale oder zumindest revolutionäre Entdeckungen und Erkenntnisse wurden, wenn sie das bisherige Weltbild infrage stellten oder das Establishment brüskierten, selten sofort von einer Mehrheit der wissenschaftlichen Gemeinde akzeptiert. Ich möchte dies an einem der vielen Beispiele aus der Wissenschaftsgeschichte verdeutlichen.

Mitte des 19. Jahrhunderts betrug die Sterblichkeit junger Mütter an geburtsbedingtem Kindbettfieber in Wiens Geburtskliniken 5 bis 15 Prozent, mancherorts sogar bis zu dreißig Prozent. Von Händedesinfektion war damals keine Rede, sterile Latexhandschuhe waren noch nicht verfügbar. Zu dieser Zeit publizierte ein relativ unbekannter junger Arzt namens Ignaz Semmelweis unter dem Titel *Die Ätiologie, der Begriff und die Prophylaxe des Kindbettfiebers* das, was wir heute ein Musterbeispiel für eine methodisch korrekte Überprüfung wissenschaftlicher Hypothesen bezeichnen würden. Nachdem er, durch einige Beobachtungen ermutigt, seine Studenten anwies, Hände und Instrumente nach der Leichensektion mit Chlorlösung zu desinfizieren, sank die Sterblichkeitsrate unter den Wöchnerinnen innerhalb weniger Monate von 12,3 Prozent auf zwei bis drei Prozent. Als er erkannte, dass auch andere Patientinnen eine infektiöse Quelle darstellten, ordnete er vor jeder Untersuchung eine Händedesinfektion an, was die Sterblichkeitsrate schließlich auf 1,3 Prozent senkte. Revolutionär!

Sollte man zumindest aus heutiger Sicht meinen. Denn erstaunlicherweise wurden seine Ergebnisse von den führenden Medizinern seiner Zeit (darunter auch der berühmte Pathologe Rudolf Virchow) nicht anerkannt, sondern vielmehr mit Hohn, Spott und persönlichen Angriffen zunichtegemacht. Viele Ärzte und Studenten hielten damals Sauberkeit für unnötige Zeitverschwendung und wollten nicht wahrhaben, dass sie selbst die Verursacher des Kindbettfiebers waren. Trotz Unterstützung einzelner Kollegen schafften es seine Gegner durch Anfeindung und Intrigen sogar, die Verlängerung seiner Assistenzarztstelle zu verhindern, und Semmelweis musste 1849 das Allgemeine Krankenhaus in Wien verlassen.

Leider endet die Semmelweis-Geschichte hier nicht. Im Jahre 1865 erkrankte der mittlerweile 47-jährige *»Retter der Mütter«*, wie er postum (!) genannt wurde, an schweren Depressionen und wurde ohne Diagnose von Ärztekollegen in die Döblinger Landesirrenanstalt bei Wien eingewiesen, wo er nach zweiwöchigem Aufenthalt unter bis heute nicht gänzlich geklärten Umständen verstarb.

Das auch heute noch weit verbreitete Phänomen der unmittelbaren Ablehnung einer wissenschaftlichen Erkenntnis durch die Mehrheit ohne weitere, tiefergehende Überlegungen oder Überprüfungen des Sachverhalts wird treffend wie traurig als »Semmelweis-Reflex« bezeichnet.

Glücklicherweise leben wir heute in einer Zeit, in der wir mit Fug und Recht behaupten können, in vielen Belangen der Wissenschaft (wie beispielsweise der medizinischen Antisepsis) einen breiten Konsens vorzufinden. Aber Vorsicht! Wissenschaftliche Erkenntnis ist eine Materie, die sich stets im Fluss befindet. Und genau hier liegt das Problem, um nicht zu sagen die Gefahr der öffentlichen Demokratisierung von Wissenschaft, wie wir sie heute, insbesondere aber seit der letzten Pandemie und im Zuge der Klimawandeldebatte mit breiter Unterstützung vieler Medien zunehmend erleben müssen. Wenn die Mehrheit über wahr oder falsch entscheidet und in der Folge jegliche Abweichung von dem entstandenen Narrativ böswillig und menschenverachtend verfolgt wird, dann kommt der wissenschaftliche Erkenntnisprozess zum Stillstand oder läuft Gefahr, in einer Sackgasse zu münden. Plötzlich existieren Fragen, die nicht mehr gestellt werden, und Ansichten, die nicht mehr geäußert werden dürfen. Das Narrativ wird zum Dogma erhoben. Eine vernünftige und unaufgeregte gesellschaftliche und wissenschaftliche Auseinandersetzung wird damit unmöglich.

Warum wir oder vielmehr unsere Gehirne so sehr von Zahlen und Details besessen sind, und was das mit unserem Selbst- und Weltbild zu tun hat, werden wir später noch sehen. Im Fall der ungerechtfertigten und falschen Demokratisierung von Wissenschaft und ihrer Erkenntnisse müssen wir jedoch schleunigst einen Ausweg finden, sonst gefährden wir unser gemeinschaftliches Fortkommen erheblich. Angesichts der gegenwärtigen Herausforderungen müssen wir uns auch mit sogenannten Minderheitsmeinungen und widersprüchlichen wissenschaftlichen Erkenntnissen auseinandersetzen und nicht, wie zuletzt üblich geworden, Minderheiten mit kritischen Ansichten vom öffentlichen Diskurs ausschließen oder gar gesellschaftlich ächten. Nicht nur einmal wurde in der jüngeren Vergangenheit auf diese Weise durchaus berechtigte Kritik zu einem gedanklichen Sperrgebiet gemacht.[19] Ein Blick in die Wissenschaftsgeschichte lehrt uns, dass das nicht nur überheblich, sondern auch ein großer Leichtsinn ist.

Nichtwissen

Ich will in diesem Buch nicht erklären, wie die Welt *wirklich* ist, oder was man zu glauben oder tun hat. Ich möchte versuchen, tiefer anzusetzen, damit wir alle beginnen, die richtigen Fragen zu stellen, um **miteinander und aneinander zu lernen, in einer Welt der Unsicherheiten und des überproportionalen Nichtwissens zu leben** und diese zur Kenntnis zu nehmen.

Eine **systemische Sicht auf das Leben und unser Dasein** kann uns im Zustand der individuellen und gesellschaftlichen Orientierungslosigkeit helfen, brauchbare Antworten zu finden. Wir werden aber auch lernen müssen, mit unserem Nichtwissen (etwa bezüglich des Ausganges unserer Unternehmungen) umzugehen und diesen Zustand wieder als normal anzusehen.

Bereits in der Schule wurde unser Nichtwissen mit einem »Ungenügend« abgestraft und war daher nie eine gesellschaftlich akzeptierte Option. Es wurde uns früh beigebracht, »zu wissen«, einen Lebensplan zu haben und an einer beliebigen Skala quantifizierbare Meriten vorzuweisen. Immerhin leben wir heute in einer proklamierten »Wissensgesellschaft«.

Doch die vier wichtigsten Wörter in der Wissenschaft lauten seit je her *»Ich weiß es nicht«*. Nicht zu wissen, ist wunderbar, denn es impliziert schlussendlich ein Universum von Möglichkeiten – vor allem die Möglichkeit der neuen Entdeckungen und Überraschungen.

Wie unser Weltbild entsteht

»Krieg ist Frieden; Freiheit ist Sklaverei;
Unwissenheit ist Stärke.«

– George Orwell (1903–1950), *1984*

»Man muss die Bürger mit einer Flut von Informationen überziehen, sodass sie die Illusion der Informiertheit haben.«

– Paul Lazarsfeld (österreichisch-amerikanischer Soziologe und Kommunikationsforscher, 1901–1976)

Die Frage nach der Realität der Welt beziehungsweise unserer Wahrnehmung von ihr hat die Menschheit und im Speziellen die Philosophie schon seit Ewigkeiten beschäftigt. Eng damit verknüpft ist schließlich auch die Frage der **Entstehung unseres Selbstbilds und in der Folge auch unseres allgemeinen Menschenbilds.**

Was die Frage unserer Realitätswahrnehmung betrifft, will ich hier einmal fernab der Philosophie behaupten, dass vor allem das, was wir täglich über diverse Medienkanäle ausgerichtet bekommen, maßgeblich zu unserer Auffassung von der Gegenwart und dem Zustand der Welt, in der wir leben, beiträgt.

Die Medien und vor allem der unkritische **Sensationsjournalismus** spielen dabei eine überaus traurige Rolle. Denn um sich Aufmerksamkeit und daher wirtschaftliche Rentabilität zu sichern, müssen die täglichen Überschriften und Meldungen der Superlative griffig, bedrohlich und sensationell sein. Sie speisen sich aus persönlichen Tragödien und anderen schlimmen Ereignissen wie beispielsweise kriegerischen Auseinandersetzungen, Umweltkatastrophen, politischer Korruption, tatsächlichen oder vermeintlichen Hitzerekorden und zum Teil recht unschönen Disputen. Ohne Dramatik, Erregungskultur und Sensationen lässt sich in dem überfrachteten wie kurzlebigen Medienzirkus die Aufmerksamkeit der Massen offenbar nicht (mehr) erheischen.

Eine derartig alarmistische und in ihrem Wesen unehrliche Berichterstattung zum Erheischen von Aufmerksamkeit wäre eigentlich nicht nötig, denn unsere Realität ist in vielen Belangen schwierig genug. Nur ein besonnener und differenzierter (!) Zugang zur Faktenlage sowohl durch die Medien als auch durch deren aufgeklärte Konsumenten kann verhindern, dass nicht demokratisch legitimierte beziehungsweise antidemokratische Kräfte gegenwärtige (und zukünftige) Notlagen für ihre unrühmlichen Zwecke missbrauchen.

Übertriebene, sensationslüsterne und falsche Darstellungen sowohl vonseiten der Politik als auch durch die Medien führen, wenn sich die Wahrheit schließlich doch abzeichnet, zu einem beträchtlichen Vertrauensverlust innerhalb der Bevölkerung. Den können wir nicht brauchen. Denn einmal verlorenes Vertrauen lässt sich nur mühsam wieder erlangen. Zudem führen Panik und Hoffnungslosigkeit zu einer Reihe von Coping-Reaktionen wie Leugnung, unüberlegten oder vorschnellen Handlungen oder gar Handlungsunfähigkeit. Auch das können wir angesichts der bevorstehenden gesamtgesellschaftlichen Aufgabe keinesfalls gebrauchen.

Jene menschlichen Abgründe und katastrophalen Zukunftsszenarien, die der Bevölkerung nicht über die stündlichen Nachrichten ausgerichtet werden, erreichen die Menschen schließlich über das (ebenfalls freiwillig gewählte) abendliche Fernsehprogramm oder den Streaming-Dienst in Form von fiktionalen TV-Dramen oder Kinofilmen. Wohin man seinen Blick auch wendet, es sind vorwiegend schlechte Nachrichten und wenig Hoffnung verheißende Inhalte, die der Bevölkerung rund um die Uhr vorgesetzt werden. Noam Chomsky bezeichnete dies einmal als einen *»direkten Angriff auf unser menschliches Bewusstsein«*.

Doch entspricht das vollumfänglich dem ganzen Spektrum der Möglichkeiten des menschlichen Daseins, sprich unserer Realität? Vor allem: Was hat das alles in seiner Gesamtheit für eine Auswirkung auf die Psyche und das Bewusstsein der Menschen und damit ihre Handlungsfähigkeit in schwierigen Zeiten?

Den Lehrsatz *»›Hund beißt Briefträger‹ ist keine Nachricht. ›Briefträger beißt Hund‹ ist eine Nachricht«*, hört vermutlich jeder Journalist während seiner Ausbildung. Dieses zentrale Medienparadigma ist der Grund, warum die alltäglichen Nachrichten kein realistisches und repräsentatives Abbild von der Wirklichkeit bieten. Flugzeugabstürze, Autounfälle und Tötungsdelikte sind aber im Vergleich zum unspektakulären Alltag extrem seltene Ausnahmen (also die Minderheit) in unserer Gesellschaft, und dennoch wird bevorzugt darüber berichtet und nicht über das alltägliche und normale gute und altruistische Leben ohne Tod und Katastrophen aller Art. Mediale Verzerrungen dieser Art zählen zu den wesentlichen Faktoren, die das Welt- und Menschenbild großer Teile der Bevölkerung beeinflussen.

Fest steht, dass wir dringend ein Ende des vorherrschenden penetranten Sensationsjournalismus brauchen. Fest steht aber auch, dass die Welt in ihrer Gesamtheit nicht so ist, wie sie uns über die diversen Medienkanäle gezeichnet wird.

Das *Marshmallow-Experiment* – und was wir daraus lernen können

> *»Alle Probleme der Menschheit rühren von der Unfähigkeit des Menschen her, allein in einem Raum still zu sitzen.«*
> – Blaise Pascal

Das sogenannte *Stanford-Marshmallow-Experiment*[20] ist eine bekannte sozialpsychologische Studie aus den 1970er-Jahren zum Phänomen der »verzögerten Befriedigung oder Belohnung« (engl. *delayed gratification*). In dieser Studie wurde jeweils einem Kind die Wahl zwischen einer kleinen, aber sofortigen Belohnung oder zwei kleinen Belohnungen angeboten, wenn es eine gewisse Zeit lang warten konnte. Während dieser Wartezeit ließ der Forscher das Kind für etwa 15 Minuten in einem Raum mit einem einzigen Marshmallow sitzen und kehrte dann zurück. Konnte ein Kind während dieser Zeit der Versuchung widerstehen und ließ das Marshmallow unversehrt, war die Belohnung ein weiteres Marshmallow.

Die zu überprüfende Arbeitshypothese der Wissenschaftler war, dass allein die Konzentration und Aufmerksamkeit auf die Belohnung, die direkt vor ihnen lag, die Wahrscheinlichkeit des längeren Wartens (Verzögerung der Befriedigung) erhöhen würde. Wie so oft in der Wissenschaft zeigten die Ergebnisse das exakte Gegenteil von dem, was ursprünglich angenommen wurde. Allein die Konzentration auf die zu erwartende Belohnung vor ihnen in Form einer beliebten Süßigkeit steigerte die Frustration der Kinder und verringerte dadurch deren Fähigkeit, der Versuchung auf Kurzzeitbefriedigung zu widerstehen.

Die Ergebnisse schienen vielmehr darauf hinzudeuten, dass das Nichtdenken an eine Belohnung die Fähigkeit verbessert, die sofortige Befriedigung zu verzögern. Immerhin konnte ein Drittel der Kinder in diesem psychologischen Experiment der Versuchung widerstehen, ihrem Impuls nach Kurzzeitbefriedigung nachzugeben. Ihr Geheimnis? Sie versuchten alles, um nicht an die Belohnung zu denken, sondern lenkten sich durch andere Aktivitäten ab. Einige Kinder bedeckten lediglich ihre Augen mit ihren Händen oder wendeten ihren Blick von der Belohnung vor ihnen ab, andere sprachen mit sich selbst, sangen, erfanden Spiele mit ihren Händen und Füßen oder versuchten sogar, während des Wartens einzuschlafen.

Äußerst aufschlussreich waren auch die Folgestudien in den darauffolgenden Jahrzehnten. So fanden die Forscher heraus, dass jene Personen, die als Kind länger auf die Belohnung warten konnten, im späteren Leben tendenziell auch bessere Ergebnisse hinsichtlich des Bildungsabschlusses, der Gesundheit, des Körpergewichts und anderer Parameter aufwiesen.[21]

Bei einer Wiederholung des Marshmallow-Experiments zeigte sich, dass die Entscheidungen der Kinder zudem sehr kontextabhängig waren. Je ärmer die Verhältnisse, aus denen das Kind stammte, desto eher gab es der Versuchung nach.

Eine weitere besonders aufschlussreiche Wiederholung der Studie aus dem Jahr 2012 an der University of Rochester widmete sich ebenfalls dem Kontext.[22] Die Studienleiter unterteilten die Kinder in zwei Gruppen: Bei einer Gruppe wurde vor dem Marshmallow-Test ein gegebenes Versprechen gebrochen, was zu einem **geringen Vertrauen** der Kinder in den Versuchsleiter führte. Bei der zweiten Gruppe wurde das Versprechen auch eingelöst. In diesem Fall vertrauten die Kinder dem Versuchsleiter eher, dass er zurückkommen würde, um ihnen ein zweites Marshmallow zu geben. Das Ergebnis: Die Kinder mit Vertrauen in den Versuchsleiter warteten bis zu viermal länger als jene, deren Vertrauen durch ein gebrochenes Versprechen bereits erschüttert war.

Die Schlüsse aus diesen sozialpsychologischen Experimenten sind ebenso vielfältig wie bedeutungsvoll. Zum einen haben wir gesehen, dass der **Verzicht auf Kurzzeitbefriedigung** und damit der **Langzeiterfolg** wahrscheinlicher wird, wenn die Belohnung nicht als einziges Ziel vor Augen wahrgenommen wird, sondern wenn, stark vereinfacht ausgedrückt, **der Weg als das Ziel** gesehen wird.

Zum anderen zeigt sich in den Experimenten deutlich, dass **Vertrauen in den Versuchsleiter** und damit in die in der Zukunft liegende Belohnung von maßgeblicher Bedeutung für den Verzicht auf Kurzzeitbefriedigung zu sein scheint. Armut führte hingegen zu der Auffassung: *Lieber gleich als später.*

All das lehrt uns, sofern es zulässig ist, aus diesen Experimenten auf die Gesellschaft als Ganzes zu schließen, dass eine vorherrschende Mangelkultur in Verbindung mit einem **geringen Vertrauen in die Zukunft und die Politik** (dass sich ein Verzicht auf die unmittelbare Befriedigung von Bedürfnissen auszahlen würde) eher Kurzzeitverhalten fördert. Prinzipiell ist der Mensch aber durchaus des vorausschauenden Langzeitplanens und -handelns fähig, vor allem dann, wenn die Rahmenbedingungen dies zulassen. Der US-amerikanische Psychologe Martin Seligman nannte den Menschen daher in einem gleichnamigen Buch *Homo prospectus*, also den *vorausschauenden Menschen.*[23] In diesem bemerkenswerten Konglomerat aus den Forschungsgebieten der Philosophie, der Statistik, der Entscheidungstheorie, der Psychologie und der Neurowissenschaften legen Seligmann und seine Mitautoren dar, wie vor allem **die erfolgreiche menschliche Fähigkeit zur Prospektion** die Menschheit zu dem machte, was sie heute ist.

Auch wenn manche Tiere wie Eichhörnchen ihre Wintervorräte vergraben und das den Eindruck erweckt, es handle sich um vorausschauendes Handeln, so ist es doch nicht mehr als ein Instinkt, dem diese Tiere folgen. Das außergewöhnliche Tier Mensch ist hingegen tatsächlich **fähig, die Zukunft zu antizipieren und zu imaginieren.** So gehen wir beispielsweise noch zu Lebzeiten zum Notar, um unsere Hinterlassenschaft für den Fall unseres Ablebens zu regeln. Wir pflanzen Bäume und bauen Häuser, die uns selbst während unserer kurzen Existenz möglicherweise nicht mehr zugutekommen. Das vorausschauende und transgenerationale Handeln ermöglichte in der Vergangenheit erst die Herausbildung von erfolgreichen Zivilisationen.

Jedoch lassen die täglichen Nachrichten im Zuge der vielfältigen Krisen, Kriege und der unzähligen anderen globalen Brennpunkte unsere Gedanken zu stark auf die unmittelbare Gegenwart und ihre Probleme fokussieren. Das Vertrauen auf eine bessere Zukunft, in die verschiedensten Institutionen und in die Politik ist aufgrund zahlreicher gebrochener Versprechen heute auf einem historischen Tiefststand.

4. Die Gefahr unseres unglaublich mangelhaften Kognitionsapparats

»Was ist das Schwerste von allem? Was dir am leichtesten dünkt. Mit den Augen zu sehen, was vor dir liegt.«

– Johann Wolfgang von Goethe

Eine **kognitive Verzerrung**, auch **Bias** genannt, bezeichnet in der Wissenschaft eine systematische Abweichung des logischen und rationalen Denkens von der Realität und ist die Ursache für so viele irrationalen Entscheidungen und damit auch Probleme des *Homo sapiens*. Mit der Untersuchung kognitiver Verzerrungen beschäftigen sich vor allem die Sozialpsychologie und die Kognitionswissenschaften, wobei die Liste aller bisher identifizierten Schwachstellen unseres Wahrnehmungs- und Denkapparates, die die Psychologie, zum Teil begleitet von kleineren und größeren Kontroversen, definiert hat, den Rahmen dieses Buches bei Weitem sprengen würde. Dennoch möchte ich, angesichts von so viel Irrationalität auf dieser Welt, kurz auf dieses Thema eingehen.

Das grundlegende Problem ist, dass *wir alle* diesen vielfältigen kognitiven Verzerrungen bezüglich Wahrnehmung, Logik und Kausalitätsdenken unterliegen und uns dieser im Allgemeinen nicht im Geringsten bewusst sind. Sie sind aber die wesentlichen Ursachen für unser häufig irrationales Verhalten im Umgang mit der Welt, unseren Problemen und uns selbst. Sie sind keine spezifische Schwäche einzelner Individuen, sondern wieder einmal unser kollektives evolutionäres Erbe. Was in der Vergangenheit Überleben und Fortpflanzung in kleinen Menschengruppen sicherte, ist in einer immer schneller werdenden, global vernetzten Gesellschaft zunehmend problematisch. Wenn wir uns aber dieser grundlegenden Problematik beziehungsweise Schwäche unserer Wahrnehmung bewusst werden und unser Denken reflektieren, dann sinkt die Wahrscheinlichkeit, ihr zu unterliegen.

Jeder kennt die Aesop'sche Fabel vom Fuchs, der die süßen Trauben nicht erreichen kann, weil sie zu hoch hängen. Der Fuchs muss die als unangenehm empfundene Dissonanz zwischen dem kognitiven Element »begehrenswerte süße Trauben« und dem faktisch gegenteiligen Element des »Nicht-erreichen-Könnens« irgendwie überwinden. Die Beendigung des negativen Gefühlszustands gelingt ihm bekanntermaßen durch die Rationalisierung (oder vielmehr den Selbstbetrug): *»Sie sind noch nicht reif; und sauer will ich sie nicht pflücken.«*

Wenn also eine Tatsache wie etwa die Umweltzerstörung durch beständiges Wirtschaftswachstum und ihre wahrscheinlich fatalen Folgen nicht akzeptabel ist, da sie das eigene Weltbild angreift, ignoriert man sie schlicht und einfach oder flüchtet sich in x-beliebige Nachhaltigkeitsversprechen (siehe Klimakonferenzen). Wir erleben ständig ähnliche Situationen, die in uns das unangenehme Gefühl der Dissonanz auslösen. Die meisten Menschen wissen oder erahnen zumindest, dass ihr imperialer Lebensstil samt Konsum nicht nachhaltiger Produkte über kurz oder lang unsere Lebensgrundlage vernichtet. Das schafft reichlich **kognitive Dissonanzen**, die das positive Selbstbild und das Ego bedrohen.

Während zahlreiche Strategien zur **Dissonanzreduktion** existieren, sind vor allem das Leugnen oder Abwerten von Informationen oder gar die selektive Beschaffung (und Interpretation) von dissonanzreduzierenden alternativen Informationen besonders beliebte Strategien unseres Gehirns.

Man sollte beispielsweise annehmen, dass Menschen, die erheblich weiter stromabwärts eines Staudamms leben, erheblich weniger Angst vor einem Dammbruch haben als jene, die unmittelbar unter dem Staudamm wohnen. Erstaunlicherweise ist das Gegenteil der Fall, wie Jared Diamond in seinem Buch *Kollaps* beschreibt. Die am gefährdetsten lebenden Bewohner unmittelbar unterhalb des Staudamms leben vordergründig äußerst unbekümmert im Zustand der ständigen unbewussten Verleugnung und Unterdrückung, um ihren Verstand angesichts der potenziellen Gefahr nicht zu verlieren.

Der sogenannte **Bestätigungsfehler** (engl. ***confirmation bias***) führt dazu, dass unser Gehirn selektiv nach Informationen sucht beziehungsweise diese in einer Weise interpretiert, die unsere ursprünglichen Erwartungen und unser selbst gestricktes Weltbild bestätigen (und die gleichzeitig bestehende Dissonanz verschwinden lassen). Dieses »Suchen, Finden und Interpretieren« war noch nie so leicht wie in Zeiten des Internets. Und auch noch nie so gefährlich, denn in den unendlichen Weiten des World Wide Webs haben die Ansichten und Glaubensbekenntnisse von x-beliebigen *Bloggern* und *Influencern* (man beachte die Wortwahl!) mehr Reichweite und unter Umständen auch mehr Überzeugungskraft als die komplexen und relativierenden Ausführungen manch besonnener Wissenschaftler. Unser Gehirn liebt es, sich mit Rosinenpickerei zu beruhigen und kognitive Dissonanzen zu vermeiden. Dazu braucht es sich im von Algorithmen getriebenen Social-Media-Zeitalter gar nicht viel anzustrengen, denn die Informationen werden je nach Gruppenzugehörigkeit und »Blase« vorselektiert dargeboten.

Das bringt uns zur nächsten »Schwachstelle« unseres Gehirns, der sogenannten **Eigengruppenverzerrung** oder ***ingroup bias***. Wir fühlen uns zu Angehörigen der »eigenen Gruppe«, sei es im Sportverein oder in einer virtuellen Blase, stärker hingezogen, vertrauen ihnen mehr und halten sie für überlegener im Vergleich zu Personen der »Outgroup«. Was in unserer evolutionären Entwicklungsgeschichte hilfreich war und durch die resultierende Kooperation das Überleben des Einzelnen sicherte, lässt in einer globalisierten Medien- und Internetgesellschaft die Kooperation schwinden und nach dem Motto *Wir und die anderen* neue Konflikte entstehen. Doch anstatt Silodenken und stereotype Vorurteile zu feiern, sollten wir nicht vergessen, dass wir alle in einem Boot sitzen und nicht mehr in einer kleinen umherziehenden Gruppe von Individuen leben. Die Welt hat sich weitergedreht.

In prähistorischen Zeiten waren Mitläufertum und Konformität mit der Gruppe die Lebensversicherung jedes einzelnen Stammesmitglieds. Heute sind dieselben Qualitäten die Ursache für menschliche Schauerlichkeiten und zunehmende Irrationalität. Da wir ausgeprägt soziale Wesen sind, werden unser Verhalten und unsere Entscheidungen maßgeblich durch einen gewissen sozialen Druck geprägt, der gruppenkonformes Verhalten belohnt. Dieses als **Gruppendenken** bekannte Harmoniephänomen lässt Menschen in Parteien, Religionsgemeinschaften, NGOs, diversen Peergroups oder sonstigen dubiosen »Neigungsgruppen« mitunter realitätsferne Entscheidungen treffen. Im Extremfall führt Gruppendenken zur völligen Unterwerfung eines Individuums unter das Denken einer Gruppe, zu der die Einzelperson gehört oder gehören will. Kritisches, hinterfragendes Denken findet dann gar nicht mehr statt. Interessanterweise scheinen zum Dogma erhobene, wirklichkeitsferne Denkvorstellungen eine hohe Anziehungskraft auf viele Menschen zu besitzen. Die Sozialpsychologie hat für diesen typisch menschlichen Herdentrieb bei gesellschaftlichen, politischen, wirtschaftlichen oder sonstigen Strömungen die Begriffe **Mitläufereffekt** und **Konformitätseffekt** geprägt.

Werden zum Beispiel im Zuge einer bevorstehenden Wahl erste Prognosen des Wählerverhaltens veröffentlicht, beginnen einige Wähler, ihre Wählerstimme nicht mehr dem ursprünglich präferierten Kandidaten zu geben, sondern dem vermeintlichen Gewinner dieser Wahl. Auch viele noch unentschlossene Wähler folgen der breiten Masse und geben ebenfalls dem prognostizierten Gewinner ihre Stimme. Die meisten Menschen wollen einfach zu der Mehrheit, der Gruppe der vermeintlichen Gewinner, gehören. Dieses prinzipiell zwar durchaus nachvollziehbare Phänomen ist einigermaßen beunruhigend, wenn wir anstatt eines Sportwettkampfes oder einer Wahl unsere eng vernetzte, globalisierte Welt betrachten, in der die politische und mediale Manipulation auf der Tagesordnung steht. Wie manipulierbar Menschen unter gewissen Umständen sind, hat auch das *Konformitätsexperiment nach Asch* gezeigt.

1951 publizierte der Sozialpsychologe Solomon Asch (1907–1996) die Ergebnisse einer Studie,[24] die erschreckend deutlich offenbarte, wie sehr der Gruppenzwang eine Person in ihrer Haltung beeinflussen kann: Einer Gruppe von freiwilligen Versuchsteilnehmern wurde eine Karte mit einer Linie gezeigt. Daneben lag eine Karte mit drei weiteren verschieden langen Linien (**Abbildung 2**). Die Versuchsteilnehmer wurden bei jedem Durchgang vom Versuchsleiter dazu aufgefordert einzuschätzen, welche dieser drei Vergleichslinien gleich lang wie die Referenzlinie war. Was die tatsächlich einzige Versuchsperson in jeder Runde des Experimentes nicht wusste, war, dass die anderen Versuchsteilnehmer in Wahrheit Vertraute des Versuchsleiters waren.

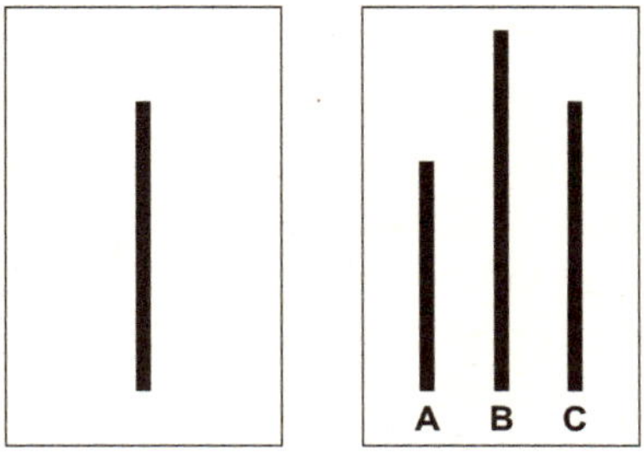

Abbildung 2 Referenzlinie und Vergleichslinien des ursprünglichen Konformitätsexperiments nach Asch.

In einem Arm der Studie machten die Vertrauten des Versuchsleiters hinsichtlich der richtigen, also gleich langen Linie (C) wahrheitsgemäße Angaben. Unter diesen Bedingungen machte die jeweilige Versuchsperson in weniger als einem Prozent der Fälle Fehler. Im experimentellen Arm der Studie machten die Vertrauten hingegen nur in einem Drittel der Fälle richtige Angaben. In zwei Drittel der Durchgänge gaben die Vertrauten des Versuchsleiters öffentlich ein absichtlich falsches Urteil ab. Das Erschreckende dabei ist, dass nur ein Viertel (!) der Versuchspersonen trotz der Manipulation durch die Gruppe bei ihrer Meinung geblieben ist und keinen Fehler gemacht hat. Der Großteil der Probanden passte sich trotz offensichtlicher Fehlentscheidung der Gruppe der Mehrheit an. Das sollte uns zu denken geben. In späteren Wiederholungen der Studie zeigte sich wenig überraschend, dass das Streben der einzelnen Versuchsteilnehmer nach Konformität umso größer ausfiel, je größer die Gruppe, sprich der Mehrheitsdruck, war. Wie viel von dem, was wir während des letzten Jahrhunderts, aber auch in den letzten Jahren auf der Welt erlebten und weiterhin erleben werden, ist eine große Version des Asch-Experiments?

Im Falle des Konformitätsexperiments nach Asch war es lediglich das individuelle Bedürfnis nach Übereinstimmung mit der Gruppe, die die Versuchsteilnehmer freiwillig zur Aufgabe ihrer eigenen Meinung brachte. Es gab darüber hinaus keinerlei Anreize oder angedrohte Strafen, die die Probanden beeinflussen hätten können. Was passiert, wenn Menschen darüber hinaus noch rigide, auferlegte Regeln einer Autorität befolgen müssen und ihnen ihre Menschlichkeit und Individualität genommen wird, zeigen uns die verstörenden Ergebnisse des bekannten *Milgram-Experiments* und des bis heute kontrovers diskutierten *Stanford-Prison-Experiments*.

Die meisten Menschen vertrauen Personen mit einer gewissen Expertise oder Autorität blind und hängen dabei ihr kritisches Denken an den sprichwörtlichen Nagel. Auch diese verbreitete gesellschaftliche Tendenz zur **Obrigkeitshörigkeit und Autoritätsgläubigkeit**, die sogenannte **authority bias**, ist ein bekanntes Phänomen der Sozialpsychologie. Jedoch nur, weil jemand in einer hierarchisch überlegenen Position steht oder einen akademischen Titel besitzt, ist er keinesfalls frei von Fehlern oder im Besitz der Wahrheit.

Noch einen klassischen Fehlschluss möchte ich im Zusammenhang mit unserer fehleranfälligen Sicht auf die Komplexität des Lebens erwähnen.

Treten zwei Ereignisse nacheinander auf, wird nicht selten ohne genauere Prüfung davon ausgegangen, dass das Ereignis A die Ursache von Ereignis B ist. ***Post hoc ergo propter hoc*** ist die fachliche Bezeichnung für dieses häufige Phänomen, bei dem einer Scheinkorrelation ein nicht vorhandener Kausalzusammenhang unterstellt wird und das immer wieder mit einem zusätzlich verstärkend wirkenden Bestätigungsfehler auftritt.

Der unsichtbare Gorilla und die 17 Prozent

In einer aufsehenerregenden Studie baten die Psychologen Christopher Chabris und Daniel Simons freiwillige Studienteilnehmer, sich einen 60-Sekunden-Film einer Basketball spielenden Gruppe von Studenten anzusehen, und forderten sie auf, die Anzahl der gemachten Ballpässe zu zählen.[25] Etwa in der Hälfte des Films erscheint eine Person in einem Gorillakostüm, trommelt sich auf die Brust und schlendert wieder langsam aus dem Bild. Das unglaubliche Ergebnis war, dass fast die Hälfte der Versuchsteilnehmer den Gorilla übersahen, obwohl dieser eindeutig zu erkennen gewesen wäre. Der Grund hierfür war selbstverständlich, dass ihre Aufmerksamkeit vollständig auf das Zählen der Ballpässe gelenkt war und sie daher alles andere weitgehend ausgeblendet hatten.

Diese nicht beabsichtigte Unachtsamkeit gegenüber anderen Dingen wird in der Psychologie als **Unaufmerksamkeitsblindheit** (engl. *inattentional blindness*) bezeichnet. Jeder von uns ist diesem Phänomen grundsätzlich ausgesetzt, weil unser kognitiver Apparat nun einmal nicht perfekt ist beziehungsweise weil sich die hochgradig fokussierte Konzentration auf eine Sache und die Ausblendung aller anderen Dinge offenbar evolutionär als vorteilhaft herausgebildet hat. Interessanterweise entgehen unserer visuellen Wahrnehmung auch größere Veränderungen in einer visuellen Szenerie, wenn wir nicht explizit darauf achten (sogenannte **Veränderungsblindheit**). Das wirft einerseits die bedeutsame Frage auf, wie sich die Wirklichkeit beziehungsweise Realität in unserem Bewusstsein abbildet (man denke etwa an die Verlässlichkeit von Zeugenaussagen), andererseits ist es der Grund dafür, dass Zaubervorstellungen und die dargebotenen Illusionen »funktionieren« und man den neuen Haarschnitt seiner Frau wieder einmal nicht bemerkt hat.

In einer ähnlich interessanten Versuchsanordnung wurden 24 erfahrene Fachärzte für **Radiologie** gebeten, eine Serie von Röntgenbildern des Brustkorbes auf das Vorhandensein allfälliger krebsverdächtiger Knoten hin zu befunden.[26] In eine der Röntgenaufnahmen wurde das Bild eines Gorillas kopiert, das 48-mal größer als ein durchschnittlicher Tumorknoten im Frühstadium war und daher auch von jedem Laien gesehen und erkannt werden konnte. Das erstaunliche Ergebnis der Studie war, dass 83 Prozent (!) der radiologischen Experten den Gorilla nicht sahen. Dass ihn die Mehrheit jedoch mit Sicherheit erblickt haben muss, konnte durch Eye-Tracking-Technologie objektiviert werden. Es war wieder einmal die gute alte Unaufmerksamkeitsblindheit am Werk.

Gerade in schwierigen Zeiten und Krisen sollten wir alles daransetzen, ein gesellschaftliches Klima zu schaffen, das jenen 17 Prozent, die den »Gorilla« gesehen und erkannt hatten, zuhört und sie mitteilen lässt, was sie sehen, *bevor* sie gegebenenfalls von den restlichen 83 Prozent beeinflusst, desavouiert und verunglimpft werden oder ihrem Bedürfnis nach Konformität nachgeben. Es sind diese häufig auch als »Outliers« bezeichneten Individuen, die die Dinge anders sehen als der Rest und dadurch in der Lage sind, mögliche Gefahren rechtzeitig zu erkennen, während sich die Mehrheit auf möglicherweise unwesentliche vordergründige Dinge fokussiert. Ihnen sollte in Zeiten wie diesen unsere Aufmerksamkeit gehören.

Derzeit liegt unsere kollektive Aufmerksamkeit auf dem täglich medial sichtbar gemachten Teil der Meta-Krise. In post-Corona-Zeiten sind das insbesondere der Klimawandel und die geopolitische Lage mit all den unberechenbaren kriegerischen Konflikten. Kein Wunder also, dass wir dabei wieder viele andere, möglicherweise erheblich bedeutendere Phänomene und Prozesse (manche davon kennen wir möglicherweise noch gar nicht) übersehen.

5. Zivilisatorischer Kollaps?

»Wenn der Mensch nicht über das nachdenkt, was in ferner Zukunft liegt, wird er das schon in naher Zukunft bereuen.«
– KONFUZIUS (chinesischer Philosoph, 551–479 v. Chr.)

Ist der zivilisatorische Kollaps unausweichlich? Um diese Frage kurz und bündig zu beantworten: Nein, das ist er meines Erachtens ganz und gar nicht, zumindest, wenn darunter der vollständige und globale Untergang der Spezies Mensch verstanden wird. Wir sind zwar durch unser rücksichtsloses Wirtschaften während der letzten Jahrzehnte in eine durchaus bedrohliche Situation geraten, da wir, um des bedingungslosen Wachstums willen, auf unsere belebte Mitwelt kaum Rücksicht genommen haben. Dennoch ist der totale Kollaps unserer Zivilisation keinesfalls alternativlos, wie uns manche durch hysterische Propaganda glauben machen wollen. Auf kleinerer Ebene werden wir aber mit ziemlicher Sicherheit in den nächsten Jahren und Jahrzehnten eindrucksvolle Zusammen- und Umbrüche beobachten können. Das ist nicht nur unausweichlich, sondern, wie wir später noch sehen werden, sogar äußerst wünschenswert. Wir sollten uns aber, quasi als *Reality Check*, kurz ansehen, aus welchen Gründen Zivilisationen vor uns zum Teil relativ rasch zusammengebrochen sind, um nicht die gleichen folgenschweren Fehler zu begehen.

Das **Römische Reich** zum Beispiel war das Opfer vieler Entwicklungen, darunter geopolitische Überexpansion, Klimawandel, Umweltzerstörung und schlechte politische Führung. Die Heimsuchung Roms durch die Westgoten 410 und die Vandalen 455 zwang das Römische Reich schließlich endgültig in die Knie. Das Beispiel Roms zeigt, dass weder Fortschritt und technologische Überlegenheit noch die Größe eines Reichs die Dynamik eines Kollapses verhindern können.

Die gesamte zivilisatorische menschliche Vergangenheit ist von ähnlichem Versagen geprägt. Was kann uns der Aufstieg und Fall historischer

Zivilisationen über unsere eigene sagen? Sehen wir heute ähnliche Muster, oder ist Kollaps nur ein trauriges Phänomen der Vergangenheit?

Generell lässt sich ein Zusammenbruch als relativ **schneller Niedergang von Bevölkerung, Identität und sozioökonomischer Komplexität** definieren, in dessen Folge **die Regierung die Kontrolle über ihr Gewaltmonopol verliert**. Dieses Schicksal ereilte bis jetzt noch jede Zivilisation. Warum sollte unsere heutige Situation also eine Ausnahme bilden? Noch dazu, wo frühere Zivilisationen nur auf ein gewisses geografisches Gebiet begrenzt waren und daher in ihrem Niedergang den Rest der Welt weitgehend unbehelligt ließen. Heute sind wir in den meisten Belangen wirtschaftlich und militärisch global engmaschig vernetzt. Die Kette von negativen Ereignissen könnte daher viel schneller ablaufen und zudem den ganzen Globus erfassen.

Jetzt, im 21. Jahrhundert, haben wir den bisherigen Höhepunkt des technologischen Fortschritts erreicht, was noch lange nicht bedeutet, dass wir gegenüber Gefahren, die frühere Zivilisationen zum Scheitern brachten, immun sind. Im Gegenteil: Dank des unaufhaltsamen Fortschritts kommen viele neue Variablen hinzu, die potenziell unerwartete und weitreichende Folgen haben können.

Es wäre also durchaus vernünftig, nach möglichen Trends in unserer gegenwärtigen globalisierten Zivilisation zu fahnden, von denen wir wissen, dass sie historischen Zusammenbrüchen vorausgingen. Möglicherweise finden wir sogar deutliche Parallelen.

Der Untergang von zahlreichen Zivilisationen (zum Beispiel der Mayas, des Römischen Reichs und der Anasazi) ging mit **klimatischen Veränderungen** einher, die zu Trockenperioden, Ernteausfällen, Hungersnöten und Desertifikation führten, worauf die betroffenen Zivilisationen mangels diesbezüglichen Wissens nicht vorbereitet waren. Ein weiteres häufiges Phänomen war der **ökologische Kollaps infolge von Übernutzung der Ressourcen** durch eine wachsende Bevölkerung. **Sozialer Zerfall** einer Gesellschaft war in der Vergangenheit regelmäßig die Folge von **ungleich verteiltem Reichtum, von Oligarchie und zentralisierter Macht**, deren Führer sich immer weiter vom Volk entfernten. Ein kollabierendes soziales Gefüge verursacht aber nicht nur individuelle soziale Not, sondern behindert auch die Fähigkeit einer Gesellschaft, auf ökologische, soziale und wirtschaftliche Probleme angemessen zu reagieren.

Auch die **zunehmende Komplexität** von entwickelten Zivilisationen dürfte in vielen Fällen zu deren späterem Untergang beigetragen haben. Um die entstandene Komplexität zu kontrollieren, brauchte es einen immer **aufgeblaseneren Verwaltungsapparat**, der ab einem gewissen Punkt ineffizient wurde und mehr Probleme verursachte, als er imstande war zu lösen.

Ein recht ähnliches **Phänomen der abnehmenden Effizienz beziehungsweise Rentabilität** finden wir, wenn wir die Nutzung von Energieträgern betrachten. Im Römischen Reich betraf dies vor allem die zunehmende Energie, die aufgewendet werden musste, um die Getreiderente einzufahren. Ab einem gewissen Punkt benötigte man mehr Energie für Anbau, Ernte und Transport, als man dadurch erwirtschaften konnte.

Und schließlich zählten auch unvorhersehbare **tödliche Epidemien** mit all ihren gesellschaftlichen Folgen zu den Mitauslösern von zivilisatorischen Untergängen. Die Ursachen waren und sind somit vielfältig, und aller Wahrscheinlichkeit nach war es **immer eine Kombination aus mehreren Faktoren**, die Dekadenz und Verfallserscheinungen auslösten. Die durchschnittliche Lebensdauer vergangener zivilisatorischen Hochkulturen betrug etwa 300 Jahre.

Verallgemeinernd könnte man sagen: **Wenn die Stressoren, die eine Gesellschaft heimsuchen, deren Bewältigungskapazität beziehungsweise deren Resilienz überschreiten, ist der Kollaps unausweichlich.** Wann ein solcher Kipppunkt erreicht ist, lässt sich leider nicht mit Sicherheit vorhersagen.

Wir können also Folgendes festhalten: Während in vielen Fällen vermutlich der sogenannte **Ökozid**, also die Ausbeutung von Ressourcen und die **Vernichtung der natürlichen Lebensgrundlage**, den Untergang von Kulturen besiegelte, ging der Niedergang offenbar häufig zusätzlich auch mit der **zunehmenden Dekadenz und Dominanz der herrschenden Eliten** einher. Was das betrifft, haben beispielsweise die Maya eine Menge mit den alten Römern gemeinsam. Diese Ungleichheit führte noch jedes Mal zu sozialer Instabilität, die häufig den gesellschaftlichen Kollaps einleitete. Auch nicht vorhersehbare klimatische Veränderungen haben neben Seuchen, kriegerischen Auseinandersetzungen und Missernten vermutlich immer wieder zum Verschwinden von Hochkulturen beigetragen.

Aber: Im Unterschied zu früheren zivilisatorischen Auslöschungen wissen wir heute dank **Forschung und Geschichtsschreibung** einigermaßen gut, wie sich die einzelnen Bausteine eines derartigen Kollapses miteinander verbinden, um schließlich im großen, recht unerfreulichen Finale zu enden. Wir hätten daher mehr denn je die Möglichkeit, die **Zusammenhänge und Warnsignale** zu erkennen und einsichtsgemäß vorausblickend zu handeln. Schlussendlich sollten wir dann nicht überrascht sein und lange Gesichter machen, wenn sich die projizierten Szenarien des Biodiversitätsverlusts, der Boden-, Wasser- und Ressourcenverknappung sowie der Umweltverschmutzung tatsächlich in ihrer schlimmsten Ausprägung manifestieren.

Derzeit beobachten wir, wie viele der oben genannten Phänomene beinahe zeitgleich immer deutlicher zutage treten. Übernutzung der globalen Ressourcen, Ökosystemkollaps, Abnahme der Fruchtbarkeit von Böden, klimatische Veränderungen, soziale Ungleichheit, zunehmende gesellschaftliche Komplexität mit überbordender Bürokratie, Dekadenz, Rentabilitätsabnahme der Förderung fossiler Energieträger etc.

Doch noch ist keineswegs alles verloren, und es gibt berechtigte Gründe, optimistisch zu sein. Die Geschichte muss sich nicht wiederholen. Denn, um den spanischen Philosophen und Schriftsteller George Santayana (1863–1952) zu zitieren, *»Nur wer sich nicht der Vergangenheit erinnert, ist dazu verurteilt, sie zu wiederholen«*.

Die Verkündigung halbherziger Nachhaltigkeitsprogramme wird uns nicht retten. Davon bin ich nach Jahrzehnten der offiziell kommunizierten Nachhaltigkeitsbemühungen überzeugt. Wir müssen den genannten Entwicklungen etwas Neues entgegensetzen. Etwas, das die Eckpfeiler einer stabilen Zivilisation wieder aufbaut und damit deren Resilienz stärkt.

Unser Hang, das Heil in technischen Lösungen zu suchen, ist dabei ein zweischneidiges Schwert. Immerhin hat uns der technologische Fortschritt zu einem beträchtlichen Teil erst in die gegenwärtige Misere gebracht, und jede neue und unerprobte Technologie bringt wieder nicht abschätzbare, potenziell gefährliche Folgen mit sich. Wir brauchen vielmehr einen Paradigmenwechsel in unserem Zugang zu unserer Lebensgrundlage, der Biosphäre, zu den Prinzipen des vielfältigen Lebens um uns herum und schließlich zu uns selbst.

Um für uns und zukünftige Generationen wieder eine stabile Lebensbasis zu schaffen, sollten wir zudem umgehend damit beginnen, alle **Resilienzfaktoren unserer Zivilisation** zu regenerieren. So baut eine stabile

Zivilisation auf den **Prinzipien der Gerechtigkeit und Fairness** auf und gewährleistet den Zugang zu Bildung, Gesundheitsversorgung, Chancengleichheit und Schutz vor Diskriminierung. Sie berücksichtigt vor allem auch die **ökologischen Auswirkungen** ihrer Aktivitäten und strebt nach einem **nachhaltigen Umgang mit natürlichen Ressourcen**, um zukünftigen Generationen eine gesunde Umwelt zu hinterlassen. Das betrifft vor allem die **Landwirtschaft** und die eng damit verknüpfte **Versorgung der Bevölkerung mit ausreichend gesunden Lebensmitteln**. Eine gut informierte Gesellschaft mit Zugang zu **Bildungsmöglichkeiten** fördert in einem **offenen Debattenraum kritisches Denken** und **persönliche Entwicklung**. Auch die konsequente Einbeziehung der Bürger in politische Entscheidungsprozesse, **Meinungsfreiheit** und eine **offene politische Kultur** sind wesentliche Elemente einer stabilen Zivilisation. Eine **starke Gemeinschaft** und soziale Bindungen fördern Zusammenhalt, Solidarität und gegenseitige Unterstützung. **Eine auf menschlichen Werten beruhende und die Natur berücksichtigende Wirtschaftsführung**, die soziale Gerechtigkeit, Arbeitsrechte und die Verteilung von Ressourcen berücksichtigt und nicht nur auf kapitalistisches Wachstum schielt, ist entscheidend für das Wohlstandsniveau und die Stabilität jeder Zivilisation. Eine Gesellschaft, die auf die **Gesundheit** und das **Wohlbefinden** ihrer Bürger achtet, schafft eine stabile Basis für Produktivität und persönliche Entfaltung. Ein rechtlicher Rahmen (**Rechtsstaatlichkeit und Menschenrechte**), der die Rechte und Freiheiten der Individuen schützt, ist essenziell für eine stabile und gerechte Zivilisation. Und schließlich tragen die **Wertschätzung und der Schutz kultureller Identität und Vielfalt** zur sozialen Kohäsion und zur kulturellen Bereicherung bei.

All das sind die vielfältigen, eng miteinander verknüpften Eckpfeiler, die in ihrem Zusammenwirken die Resilienz und damit das langfristige Bestehen einer Gesellschaft ausmachen. Es ist unschwer, zu erkennen, dass in all diesen Punkten dringender Handlungsbedarf besteht. Anstatt diese Ressourcen weiterhin achtlos auszubeuten und so zur Beschleunigung des Degenerationsprozesses beizutragen, müssen wir sie regenerieren!

Bevor wir uns nach einigen konkreten regenerativen Wegen in eine stabilere Zukunft umsehen, müssen wir uns aber vorher noch mit so manchen Begrifflichkeiten und den fundamentalen Eigenschaften komplexer lebendiger autoregulativer Systeme auseinandersetzen.

Eines dieser komplexen Systeme ist übrigens der Mensch selbst. Es ist meiner Auffassung nach die größte von allen uns bevorstehenden Aufgaben, zu verstehen, wie **unser Gehirn** funktioniert und unsere Umwelt wahrnimmt. Denn es sind unser kognitiver Apparat und seine Vorstellungen vom Selbst und von der Welt gewesen, die uns schließlich in das derzeitige »Schlamassel« gebracht haben. **Alle Krisen, denen wir derzeit auf der Erde ins Auge blicken müssen, basieren neben den vielfältigen geschilderten Gefahren der kognitiven Verzerrung vor allem auf einer fragmentierten, reduktionistisch-mechanistischen Sichtweise auf das Leben in all seinen Ausformungen. Wer aber die Welt als toten Automatismus, als primitive Maschine denkt, wird früher oder später auch Entsprechendes vorfinden.**

Teil 2

6. Der Schlüssel zu unserer Situation: Das menschliche Gehirn

»Mit dem Verstand alleine werden wir unsere Probleme nicht lösen.«
– Carl Gustav Jung (1875–1961)

Um zu verstehen, wie wir Menschen sowohl als Individuum als auch als (globalisierte) Gesellschaft ticken, sollten wir uns unbedingt den Mechanismen menschlicher Kognition und menschlichen Verhaltens zuwenden. Es liegt auf der Hand, dass wir hier ansetzen müssen, wenn wir mit der Vielzahl an gegenwärtigen Problemen und »Krisen« fertigwerden wollen. Ich wage zu behaupten, dass die wenigsten Menschen wirklich verstehen (wollen), warum sie die Dinge tun, die sie tun. Wir agieren als Individuen und als Gesellschaft affektgetrieben und »vorhersagbar irrational«, wie es der US-amerikanisch-israelische Psychologe Dan Ariely in seinem Bestseller *Predictably Irrational*[27] so treffend beschreibt.

Einen wesentlichen Beitrag zum Verständnis unseres Verhaltens liefern dabei wohl unser komplexes Gehirn und seine über die Jahrmillionen entwickelten Funktionen. Verstehen wir, wie es funktioniert, dann können wir vielleicht auch verstehen, was die Ursachen für unsere vielen derzeitigen Krisen sind, warum viele Menschen den derzeitigen Entwicklungen fast lethargisch und passiv gegenüberstehen und manche den desolaten Zustand der Erde, unseres Lebenserhaltungssystems, gänzlich leugnen. Die Erkenntnisse können uns aber auch helfen, aus diesem Drama auszubrechen, wenn wir für die große Transformation bereit sind.

Die Hirnforschung ist ein durchaus anspruchsvolles Gebiet der Wissenschaft, denn immerhin versucht sie, unser komplexes Verhalten, unser Denken und nicht zuletzt unsere vielfältigen Emotionen und zahlreiche psychiatrische Erkrankungen mit der Neuroanatomie des menschlichen Gehirns abzugleichen und mittels zahlreicher Methoden verstehen zu lernen. Das gerade hier Reduktionismus fehl am Platz ist, liegt aber auf der Hand.

Körper, Geist und Descartes' Irrtum

> *»Ich glaube nicht, dass die Welt nur rein materialistisch verstehbar ist.«*
>
> – Anton Zeilinger (*1945, österreichischer Quantenphysiker, Nobelpreis für Physik 2022)[28]

»Cogito, ergo sum.« – *»Ich denke, also bin ich.«* Diese Feststellung des französischen Philosophen *René Descartes* (1596–1650) wurde zu einem grundlegenden Element der westlichen Philosophie und in der Folge unseres westlichen naturwissenschaftlichen Welt- und Menschenbilds. Descartes' Theorie über die Trennung zwischen Geist und Körper (»Geist-Körper-Dualismus«, auch bekannt unter der Bezeichnung »cartesischer Dualismus«) beeinflusst bis heute die westliche Denkweise bezüglich lebendiger Systeme. Nicht nur die Auffassung vom Menschen als Maschine (»Gliedermaschine«) geht darauf zurück. Descartes bestritt auch, dass Tiere Vernunft oder Intelligenz hätten. Er argumentierte, dass es Tieren zwar nicht an Empfindungen oder Wahrnehmungen mangelte, diese könnten aber rein mechanistisch erklärt werden. Während »menschliche Maschinen« beziehungsweise »Menschenautomaten« neben ihrem Körper (*res extensa*) so etwas wie eine Seele oder einen Geist (*res cogitans*) besitzen und daher in der Lage sind, Schmerz und Angst zu fühlen, würden Tiere, weil sie keine Seele haben, eben weder Schmerz noch Angst fühlen. Das erlaubte in der Folge natürlich auch die ungestrafte Misshandlung derartiger »tierischer Maschinen«. Da der Mensch im Unterschied zum Rest des Tierreichs laut Descartes die Fähigkeit zur Sprache und einen Geist besitze, habe er demnach auch die Befähigung, »Herr und Eigentümer der Natur« zu sein.

Erstaunlicherweise suchen Hirnforschung und Kognitionswissenschaften bis heute das Substrat unseres Geistes in elektrischen und chemischen Vorgängen des Gehirns. Ein Musterbeispiel materiell-reduktionistischen Denkens. Descartes ist sicher ein bis heute relevanter Denker, dem die Philosophie viel zu verdanken hat, dennoch halte ich es in diesem Zusammenhang mit dem österreichischen Quantenphysiker und Nobelpreisträger Anton Zeilinger, der meines Erachtens zurecht bezweifelt, dass ein rein materialistisches Weltbild ausreichen könnte, um unser Gehirn, den Geist und die Welt um uns herum zu verstehen.

Die Rolle der Emotionen

Bis heute haben wissenschaftliche Erkenntnisse recht wenig mit Emotionen zu tun. Im Gegenteil, man versucht, Emotionen bewusst aus dem Spiel zu lassen, denn Wissenschaft hat schließlich objektiv zu sein. Dass dieser Zugang für das Treffen wichtiger zukunftsbezogener Entscheidungen möglicherweise äußerst problematisch sein könnte, möchte ich im Folgenden erläutern.

Mitte der 1990er-Jahre lieferte der Neurowissenschaftler António Damásio mit dem Buch *Descartes' Error: Emotion, Reason and the Human Brain*[29] die wissenschaftliche Grundlage für ein gänzlich anderes Verständnis unseres Gehirns und seiner Fähigkeit, sinnvolle Entscheidungen für die Zukunft zu treffen. Denn die überlebenswichtige Aufgabe, in der überwiegenden Zahl der Fälle die »richtige« Entscheidung zu treffen, sei, so der Autor, im Zuge der menschlichen Evolution und damit des menschlichen Gehirns ein wesentlicher Selektionsvorteil gewesen. Die von René Descartes postulierte dualistische Trennung von Geist vom Körper beziehungsweise die Trennung von Rationalität und Emotion sei daher ein folgenschwerer Irrtum.

Aus evolutionsbiologischer Sicht ist dieses Argument absolut nachvollziehbar. Zum einen, weil die menschliche Evolution ohne mehrheitlich »richtige« Entscheidungen des Individuums nicht sonderlich erfolgreich verlaufen wäre, zum anderen, weil wir davon ausgehen müssen, dass die Fähigkeit zu Emotionen und (körperlichen) Gefühlen entwicklungsgeschichtlich deutlich älter ist als unsere Fähigkeit zur rationalen Kognition. Denken erfordert demnach die Führung durch Emotionen und Gefühle, die wiederum vom Körper und seinen sinnlichen Wahrnehmungen vermittelt werden.

Alle sensorischen Eindrücke werden zunächst in unserem limbischen System, einer entwicklungsgeschichtlich sehr alten Struktur unseres Gehirns, bestehend aus Amygdala und Hippocampus, verarbeitet und emotional bewertet, bevor sie einer weiteren kritischen Begutachtung in unserer erheblich später entwickelten Großhirnrinde unterzogen werden. Daher sind wir zunächst **ein fühlendes und emotionales Wesen** mit einer später hinzugekommen rationalen Großhirnrinde und keine rationale Maschine, die zufällig auch Gefühle hat. Das wird in der modernen Selbstbetrachtung des *Homo sapiens* gerne vergessen.

Damásio beginnt seine Beweisführung durch historische Berichte und Fallstudien von Personen, deren Entscheidungsfähigkeit durch Hirnverletzungen oder Hirnerkrankungen beeinträchtigt wurde. So ist zum Beispiel der bekannte Fall des Eisenbahners *Phineas Gage* aus dem 19. Jahrhundert, dessen Hirnschädel im Bereich des sogenannten präfrontalen Kortex im Zuge eines Unfalls von einem Eisenprofil durchbohrt wurde, besonders eindrucksvoll. Gage überlebte zwar den Unfall, war aber in der Folge ein gänzlich anderer Mensch. Seine Fähigkeit zu Sprache, Aufmerksamkeit und Gedächtnis blieb aufrecht, seine emotionale Veranlagung veränderte sich hingegen fundamental. Darüber hinaus schien Gage nicht mehr in der Lage zu sein, vernünftige Entscheidungen zu treffen und die Zukunft zu antizipieren. Offenbar resultierte die Zerstörung spezifischer Hirnareale des präfrontalen Kortex in einer Entkoppelung von rationalem Denken und seinen Emotionen. Damásio leitete aus diesem und zahlreichen anderen Fällen wissenschaftlich nachvollziehbar ab, dass **Emotionen offenbar eine biologische Grundvoraussetzung für vernünftige Entscheidungsfindungen** sind.

Emotion und rationale Vernunft sind demnach keinesfalls als isolierte Funktionen zu betrachten, wie es der cartesische Dualismus versteht, sondern stellen ein zwingend voneinander abhängiges System innerhalb des menschlichen Organismus dar. **Es besteht eine Interdependenz zwischen unseren Gefühlen und Emotionen und unserer Bewertung von zukunftsorientierten Strategien und Entscheidungsprozessen.**

Diese Erkenntnis ist fundamental, wenn wir bedenken, welchen negativen Eindrücken die meisten Menschen heute im 21. Jahrhundert durch die multimediale Omnipräsenz ausgesetzt sind und welche Emotionen dies in einem Großteil der Menschen hervorruft. Die tägliche und stündliche »Speisekarte« der Nachrichten besteht quasi ausschließlich aus bedrückenden, angstmachenden und wenig Hoffnung vermittelnden Horrorszenarien, von der Klimahölle und ihren unterschiedlichen Manifestationen über furchtbare Einzelschicksale, Kriegsberichterstattung, Terrorismus und Pandemiegeschehen bis hin zu Atomkrieg und Weltuntergang. Die journalistische Wortwahl ist dabei häufig unnötig dramatisierend.

Nicht, dass es in vielen dieser Bereiche keine negativen Entwicklungen gäbe, das ist unbestritten, aber die sensationsgierige, verzerrte und nicht selten auch falsche Darstellung durch die Medien führt bei einem rasant anwachsenden Teil der Bevölkerung zu zusätzlichen Belastungsreaktionen, Symptomen der Angst und der Ohnmacht sowie zu generalisierten Angststörungen und Depressionen. Auch dass der einzelne Mensch praktisch an allen negativen Ereignissen aus der ganzen Welt teilnehmen »muss«, obwohl ihn vieles davon in keiner Weise persönlich betrifft, ist problematisch. Ein weiterer Amoklauf in einer US-amerikanischen Schule ist zwar als Symptom einer fortgeschritten degenerierten Gesellschaft ein äußerst tragisches Ereignis, hat aber für Menschen in anderen Regionen dieser Erde keinerlei unmittelbare Bedeutung. Dennoch werden die dramatischen Bilder samt denen von verzweifelten Angehörigen frei Haus in die Wohnzimmer aller Menschen geliefert. Das schadet nicht nur der kollektiven Psyche, sondern könnte auch unsere Entscheidungsprozesse maßgeblich beeinträchtigen.

Wir können festhalten, dass Gefühle und Emotionen grundsätzlich für die Entscheidungsfindung von entscheidender Bedeutung sind. Emotionen sind quasi die evolutionär bedingten Frühwarnsignale, die uns der Körper gibt. Ohne sie kann der Einzelne keine Option gegenüber einer anderen hinreichend bewerten und ist in einer ständigen Schleife der rationalen Überlegung und Abwägung von Alternativen gefangen. Die Wahrscheinlichkeit richtiger Entscheidungen wird dadurch erheblich reduziert. Nun mangelt es den meisten von uns nicht an Emotionen. Im Gegenteil, wir sind gebeutelt von Emotionen, in der Regel von deutlich mehr negativen als positiven.

Ich behaupte daher, dass ein wesentlicher Grund für unsere Lethargie und häufig paradoxen (Fehl-)Entscheidungen (und damit Handlungen) angesichts der bevorstehenden Aufgaben der Menschheit zu einem beträchtlichen Anteil auf das Konto des obsessiven Medienkonsums und dessen oft wenig Hoffnung verheißende Inhalte geht. Wir können mit dieser negativen Informationsflut schlicht nicht umgehen, dafür hat uns die Evolution nicht ausgestattet. Zudem wird es für den Einzelnen immer schwieriger, Wahres von Falschem zu unterscheiden, geschweige denn das Gesehene und Gehörte richtig einzuordnen.

Fakten, Fakten, Fakten

Damit wir nicht von unseren Emotionen, die möglicherweise auf Falschmeldungen beruhen, hinweggespült werden, bemühen viele Medien neuerdings sogenannte Faktenchecker, um den Wahrheitsgehalt von Meldungen und etwaigen Verschwörungstheorien abzuklären. Es geht mir in diesem Zusammenhang vielmehr um die dahinterliegende Auffassung, man könne allein durch die Reduktion auf beliebige Fakten, durch **analytisches und rationales Zergliedern** der Details ein vollständiges Bild einer möglicherweise durchaus komplexen Angelegenheit bekommen. Ich meine damit nicht die Frage, ob Politiker X nun Bestechungsgelder der Firma Y angenommen hat oder nicht, oder ob sich eine Person zu einem speziellen Zeitpunkt an einem gewissen Ort aufgehalten hat oder nicht. Diese Fakten lassen sich in der Regel tatsächlich leicht checken und auf ihren Wahrheitsgehalt überprüfen. Wenn es aber um komplexere Fragestellungen geht wie etwa den Zustand der Biosphäre, unsere gemeinsame Zukunft und wie wir diese gestalten sollten beziehungsweise was wir als Gesellschaft unternehmen oder besser unterlassen sollten, um eine gerechtere und nachhaltige Zukunft zu ermöglichen, hilft die reduktionistisch-analytische Zergliederung von einzelnen Fakten recht wenig. Hinzu kommt der sogenannte Dunning-Kruger-Effekt, von dem auch viele Experten, Faktenchecker und Politiker betroffen sind. Personen die dem Dunning-Kruger-Effekt unterliegen, neigen dazu, ihre eigenen Fähigkeiten und ihr Wissen zu überschätzen, wenn deren tatsächliches Wissen eher gering, also das Ausmaß ihrer Inkompetenz besonders groß ist. Dieses psychologische Phänomen scheint in letzter Zeit eine Renaissance in pandemischen Ausmaßen zu erleben.

Allein die Existenz der Institution der Faktenchecker zeigt uns, dass wir in einer **Welt des rationalen analytischen Reduktionismus** angekommen sind. Natürlich sind Fakten und Tatsachen die Basis für unser tägliches Fortkommen. Das steht außer Zweifel. Auch der reine Glaube an etwas oder ein unbestimmtes Gefühl bringen uns nicht weiter. Es scheint das harmonische Zusammenspiel objektiver Wahrnehmungen mit unseren Emotionen zu sein, das uns seit Anbeginn der Menschheit offenbar äußerst hilfreiche Dienste geleistet hat. Sonst wären wir nicht hier.

Wir haben also gesehen, dass kognitive Defizite wie mangelnde Entscheidungsfähigkeit entstehen, wenn Gefühle und rationaler Verstand anatomisch entkoppelt werden. Zudem erhöht sich die Wahrscheinlichkeit falscher Entscheidungen, wenn die (häufig negativen) Gefühle keine Entsprechungen in der lebensweltlichen Realität von Menschen aufweisen. Genauso wie rationale Entscheidungen emotionalen Input erfordern, benötigt die linke Gehirnhälfte den Input aus der rechten. Warum das für unsere Zukunftsentscheidungen ebenso von herausragender Bedeutung sein dürfte, möchte ich im Folgenden ausführen.

Split-Brain: Von wegen »symmetrisch«

»Ein Mensch ist ein räumlich und zeitlich beschränktes Stück des Ganzen, was wir ›Universum‹ nennen. Er erlebt sich und sein Fühlen als abgetrennt gegenüber dem Rest, eine optische Täuschung seines Bewusstseins. Das Streben nach Befreiung von dieser Täuschung ist der einzige Gegenstand wirklicher Religion. Nicht das Nähren der Illusion, sondern nur ihre Überwindung gibt uns das erreichbare Maß inneren Friedens.«

– Albert Einstein an Dr. Robert S. Marcus, 1950

Eine auffallende Eigenschaft unseres Gehirns (und beispielsweise der Gehirne aller Säugetiere und Vögel) ist seine Teilung in zwei symmetrisch imponierende Hälften, die über eine spezielle Struktur, den sogenannten *Corpus callosum*, miteinander verbunden sind. Während die einzelnen Hirnhälften in ihrem Inneren unheimlich komplex verschaltet sind, ist die Verbindung zwischen den beiden Hälften relativ überschaubar, denn sie besteht »nur« aus etwa 200 Millionen vorwiegend inhibitorisch (hemmend) wirkenden Nervenfasern. Die beiden symmetrischen Hirnhälften scheinen sich also gegenseitig gewissermaßen durch Hemmung zu kontrollieren. Warum?

Tatsächlich ist unser Gehirn bei genauerer Betrachtung alles andere als symmetrisch. Die angesprochene Symmetrie bezieht sich bestenfalls auf den äußeren anatomischen Aspekt. **Funktionell unterscheiden sich die beiden Hirnhemisphären nämlich durchaus. Das ändert, wie wir sehen werden, *alles*.**

Bereits in den 1950er- und 1960er-Jahren führte der US-amerikanische Neurobiologe Roger Sperry Experimente an unterschiedlichen Säugetierarten durch, um funktionelle Unterschiede zwischen den beiden Hemisphären des Gehirns zu untersuchen. Von besonderem Interesse war für Sperry der sogenannte *Corpus callosum*, eine im Deutschen auch als *Balken* bezeichnete Struktur des Gehirns, die beide Hemisphären des Gehirns miteinander verbindet. Mittels neurochirurgischen Eingriffs durchtrennte er dieses große Bündel von Nervenfasern (zunächst nur bei Katzen und Affen), um die Funktion jeder Seite des Gehirns getrennt zu untersuchen. Da die beiden Hirnhälften nach Durchtrennen des *Corpus callosum* unabhängig und erstaunlicherweise auch unterschiedlich funktionierten, nannte er diesen Zustand »*Split Brain*«, also gespaltenes Gehirn.

Später durchtrennte Sperry auch den *Corpus callosum* bei einigen seiner Patienten, die an behandlungsresistenter Epilepsie litten, da er in der Unterbrechung der fehlerhaften Nervenerregung auf die andere Hirnhälfte eine brauchbare Behandlungsoption vermutete. Dabei zeigte sich als Nebenresultat, wenig verwunderlich, dass die zwei Hemisphären auch bei dem Säugetier Mensch unterschiedliche Funktionen aufwiesen. In der Neurowissenschaft spricht man in diesem Zusammenhang von der »Lateralisierung des Gehirns«. So erkannte man beispielsweise, dass die linke Hemisphäre Sprache interpretiert, die rechte hingegen nicht. Zudem zeigten Patienten, die ein durchtrenntes *Corpus callosum* aufwiesen, eine interessante gespaltene Persönlichkeit. Nach Trennung der beiden Hirnhälften kam es auch häufig zu zwei miteinander unvereinbaren Willenshandlungen. So berichten manche Split-Brain-Patienten, dass eine Hand die Hose rauf, die andere sie wieder runterzog, oder dass eine Hand ein Kleidungsstück aus dem Kleiderschrank nahm, während es die andere wieder zurücklegte. Beide Hemisphären verfolgten also ihre eigene Agenda mangels Synchronisation durch den Balken. Sperrys Erkenntnisse waren so fundamental für die Neurowissenschaft und die Medizin, dass ihm für seine Split-Brain-Forschung 1981 der Nobelpreis für Physiologie und Medizin verliehen wurde.

Schon in Zeiten meines Medizinstudiums fand ich den Umstand äußerst bemerkenswert, dass Patienten, die an **Schizophrenie** leiden, eine reduzierte interhemisphärische Verbindung aufweisen und somit an einem sogenannten Diskonnektionssyndrom (Unterbrechung der Kommunikation beider Gehirnhemisphären) leiden. Schizophrenie ist eine psychische Erkrankung, die das Denken und die Gefühlswelt der Betroffenen erheblich stört und unter anderem zu **Realitätsverlust, Trugwahrnehmungen und Wahnvorstellungen** führt (!). Die bei Schizophrenie ebenfalls häufig vorliegenden massiven **Aufmerksamkeitsstörungen** in Verbindung mit akustischen **Halluzinationen** weisen auf eine **linkshemisphärische Dominanz** hin. Interessanterweise spielen bei fast allen psychiatrischen und vielen neurologischen Erkrankungen Störungen der Balance der beiden Hirnhemisphären eine wesentliche Rolle. Um unsere Umwelt weitgehend korrekt wahrnehmen zu können, benötigen wir also offenbar nicht nur beide Hirnhemisphären, sondern auch und vor allem eine harmonische Kommunikation zwischen den beiden Hälften.

Weshalb ich all das ausführe, wo wir doch eigentlich in ein neues ökologisches Zeitalter aufbrechen wollten? Ganz einfach: Ohne tieferes Verständnis über das Zustandekommen unseres Selbst- und Weltbilds und der zugrundeliegenden kognitiven Funktionsweisen wird diese Reise, davon bin ich überzeugt, nicht von Erfolg gekrönt sein. Lass uns also noch etwas tiefer in diese Materie eintauchen. Es lohnt sich.

Die verschwindende Welt der rechten Hemisphäre

Ein Meilenstein für mein Verständnis des Zusammenhangs zwischen unserem evolvierten komplexen Kognitionsapparat und unserer nicht mehr zu leugnenden zivilisatorischen Misere war zunächst das Erscheinen des Buches *The Master and His Emissary: The Divided Brain and the Making of the Western World*[30] von dem britischen Psychiater, Schriftsteller und ehemaligen Literaturwissenschaftler *Ian McGilchrist* im Jahr 2009. Es ist wohl dem schieren Umfang dieses komplexen Meisterwerks geschuldet, dass das Buch, obwohl ein internationaler Bestseller, bis heute noch nicht ins Deutsche übersetzt worden ist. Um so mehr wird das vermutlich auf das 2021 erschienene zweibändige und 1500 Seiten umfassende Nachfolgewerk mit dem Titel *The Matter With Things: Our Brains, Our Delusions and the Unmaking of the World*[31] zutreffen. Dieser letzte Meilenstein, McGilchrists

Lebenswerk, hätte es aufgrund seiner inhaltlichen Tragweite nicht nur verdient, in alle Sprachen übersetzt zu werden, sondern sollte als Grundlage in die Curricula jedes sogenannten Bildungssystems dieser Erde aufgenommen werden, denn es ist in seiner Aussage fundamental wie transformativ. Es erklärt hieb- und stichfest, basierend auf neurowissenschaftlichen Erkenntnissen, warum uns unsere Wahrnehmung, unser Verhalten und unsere Denkweise dorthin gebracht haben, wo wir heute stehen: an den Rand eines zivilisatorischen Abgrunds.

Im Wesentlichen beruhen McGilchrists Bücher auf der trivialen und wohl kaum zu widerlegenden Feststellung, dass unsere Realitätswahrnehmung auf der Funktion (oder eben Fehlfunktion) unseres Gehirns und des damit verbundenen gesamten Nervensystems fußt. Daran knüpfte und knüpfen sich nicht zuletzt die Entwicklung unserer gesamten Zivilisation und der Zustand unserer Welt beziehungsweise wie wir diese beurteilen. Denn wir Menschen waren es (und sind es immer noch), die mit ihren Gedanken und den daraus resultierenden Handlungen beziehungsweise Unterlassungen maßgeblich die Geschicke unseres Planeten bestimmt haben. Das trifft insbesondere auf das gegenwärtig ausgerufene Zeitalter des Anthropozäns und den technischen Fortschritt zu.

Und hier kommen noch einmal unsere beiden Hirnhälften ins Spiel. Denn ihnen kommt eine große, wenn auch, wie bereits erwähnt, unterschiedliche Rolle in der Wahrnehmung unserer Welt zu (Abbildung 3). **Stark vereinfacht ausgedrückt, dient die linke Hirnhälfte der unverzichtbaren und lebensnotwendigen Wahrnehmung von minutiösen Details in unserer Umwelt. Sie hilft uns quasi beim Hineinzoomen und Abstrahieren, während uns die rechte Hirnhälfte beim Herauszoomen hilft, um den Überblick zu behalten und unsere Wahrnehmungen im Zusammenhang mit dem größeren Kontext zu verstehen.** Es versteht sich von selbst, dass wir für die Bewältigung des Alltages die Dienste beider Hemisphären benötigen, um die wahrgenommenen Details (links) in einen größeren Zusammenhang (rechts) einbetten zu können. Allerdings, so die zentrale Beweisführung des Autors, **scheint in unserer Gesellschaft während der letzten Jahrhunderte die linke Hemisphäre schleichend die Dominanz übernommen und damit maßgeblich zu unserer gegenwärtigen mechanistischen, materialistischen und reduktionistischen Weltsicht beigetragen zu haben.** Sie ist es auch, die für das überall präsente und alles dominierende Ego vieler Menschen und deren Zustand der Loslösung vom Rest ihrer Umwelt und der Natur verantwortlich ist.

In *The Master and His Emissary* bezeichnet McGilchrist unsere zwei Hemisphären als »Meister« und »Gesandten«. Der Meister in Form der weisen und ganzheitlich wahrnehmenden rechten Hemisphäre sei, so McGilchrist, immer wichtiger als der Gesandte, die detailverliebte linke Hemisphäre. Wenn allerdings der Gesandte glaubt, selbst Meister und Herr der Lage zu sein, dann ist die Katastrophe praktisch unausweichlich. Alles nur Theorie, oder gibt es dafür praktische Belege?

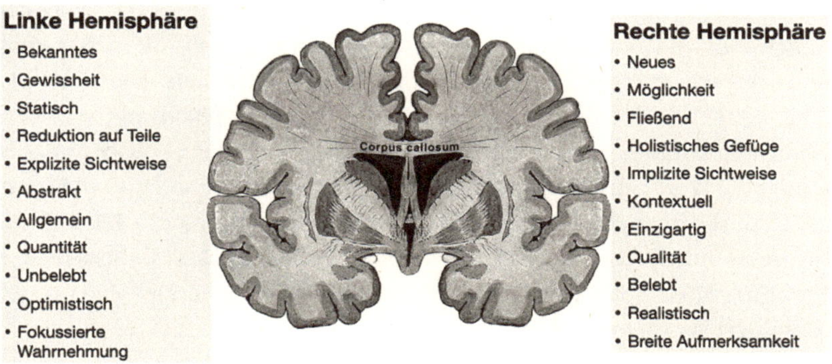

Abbildung 3 Die unterschiedliche Wahrnehmung unserer Umwelt durch die rechte und linke Hirnhemisphäre. Während die linke Hemisphäre analysiert, abstrahiert, vereinfacht und kategorisiert, um den Alltag zu meistern, ergeben ihre Wahrnehmungen für sich genommen keinen Sinn. Sie entspricht einem autistischen Lexikon von statischen und leblosen Definitionen, Diagrammen und Regeln ohne Sinn für den Kontext. Hingegen analysiert die rechte Hemisphäre eingehende Reize analog-gestalthaft, bettet die Wahrnehmungen in einen übergeordneten Kontext ein und sieht die Welt als ein lebendiges komplexes Gefüge, in dem nichts voneinander getrennt zu sein scheint, in dem alles fließt und sich ständig ändert. Wir benötigen zweifelsohne ein balanciertes Zusammenspiel beider Hemisphären, um uns in der Welt zurechtzufinden.

Der Schlaganfall einer Hirnforscherin

Prinzipiell ist unser Gehirn aufgrund seiner sogenannten **Neuroplastizität** zu unglaublichen Umformungen fähig. Fällt ein Hirnareal mit seiner spezifischen Funktion aus, kann ein anderes Hirnareal diese Funktionen unter optimalen Umständen im Laufe der Zeit bis zu einem gewissen Grad übernehmen, entsprechendes regelmäßiges Training vorausgesetzt. Aber gerade der plötzliche Ausfall eines bestimmten Hirnrindenareals, etwa durch ein Schädel-Hirn-Trauma oder eine Erkrankung wie zum Beispiel einen Schlaganfall, gibt der Wissenschaft Aufschluss über die Funktion dieses Areals unter normalen Bedingungen.

Besonders plastisch schilderte die US-amerikanische Neuroanatomin und Hirnforscherin Jill Bolte Taylor in ihrem Buch und dem gleichnamigen TED-Talk *My Stroke of Insight*[32] die Folgen und insbesondere ihre Empfindungen nach einem Schlaganfall im Bereich der linken Großhirnrinde. Nach dem schlaganfallbedingten Ausfall eines beträchtlichen Teils ihrer linken Hirnhemisphäre erlebte Taylor die Welt um sich herum plötzlich ungewohnt ganzheitlich und voller tiefer Empfindungen, die sich verbal nur sehr schwer oder überhaupt nicht ausdrücken ließen. Die noch intakten Anteile ihrer durch den massiven Schlaganfall geschädigten linken Hemisphäre hätten sich, so Taylor, unmittelbar nach dem Ereignis immer wieder zu Wort gemeldet und den Ernst der Lage »verstanden«, **während gleichzeitig ihre zunehmend dominanter werdende rechte Hirnhälfte für unaussprechliche Gefühle der Freude, der friedlichen Euphorie, der Verbundenheit mit allem Irdischen und des tiefen inneren Friedens gesorgt** habe, so Taylor.

Und genau diesen Umstand einer nicht in Worte zu fassenden, ganzheitlich empfundenen Verbundenheit mit allem Irdischen sehe ich als besonders aufschlussreich, denn diese Qualität scheint bei unserer offenbar linkshemisphärisch dominierten, analytischen und faktenbesessenen Weltsicht gänzlich abhandengekommen zu sein!

Unsere linke Hemisphäre denkt linear und methodisch. Sie ist ein wunderbar funktionierender serieller Prozessor, der die Dinge linear nacheinander abarbeitet. In ihr geht es um Vergangenheit und Zukunft. Sie ist so konzipiert, dass sie die riesige Collage der vielfältigen gegenwärtigen Eindrücke aufnimmt, um daraus Details und weitere Subdetails zu diesen Details auszuwählen und diese dann zu kategorisieren und zu organisieren. Die Informationen werden mit den gemachten Erfahrungen der Vergangenheit abgeglichen, um mögliche Zukunftshandlungen auszuloten.

Das Auffälligste ist aber, dass die linke Hemisphäre in Sprache denkt. Sie ist die Quelle des ewigen Geplappers in unserem Gehirn. Es ist die Stimme, die in der Früh, während ich in den Spiegel sehe, zu mir sagt:

»Hey, du siehst heute aber etwas verkommen aus, du solltest dich rasieren. Du hast heute um 09:00 Uhr eine Besprechung, da solltest du halbwegs gepflegt aussehen. Verdammt, 09:00 Uhr, ich muss mich beeilen. Wenn nur kein Stau ist …« Es ist aber vor allem diese berechnende kleine Stimme, die zu mir sagt: *»Ich sollte …, ich muss …, ich brauche. Ich bin.«* **Es ist dieses »*Ich bin*«, das dich und mich zu einem eigenständigen getrennten Individuum macht, getrennt von der Umgebung, dem Rest der Menschheit und der Welt. Unsere linke Hemisphäre trennt uns schließlich vom gesamten Universum.** Wenn du dir jetzt sagst, du hättest diese Stimme in deinem Kopf nicht, dann muss ich dich enttäuschen. Es war nämlich genau diese Stimme, die dir das gesagt hat. Es war auch dieser Teil des Gehirns, der bei Jill Bolte Taylor am Morgen ihres Schlaganfalls Schritt für Schritt quasi off-line ging und ihr die geschilderten holistischen Wahrnehmungen ermöglichte.

Akademische und mediale »Linkshemisphärenlastigkeit«

Taylor verband mit ihrer tiefen Einsicht und den einhergehenden Empfindungen der sogenannten Realität in der Folge auch eine spirituelle Komponente. Es ist eigentlich keine sehr große Überraschung, dass derartige Äußerungen wiederum einigen Kritikern aus der medizinisch-wissenschaftlichen Gemeinde sauer aufstießen, denn ihrer Meinung nach hätten diese »Verbindungen zur Esoterik« in der wissenschaftlichen Welt absolut keinen Platz.

Meines Erachtens ist das aus zweierlei Gründen äußerst bemerkenswert und problematisch. Erstens diskreditieren viele Exponenten unserer wissenschaftlichen Institutionen, gestützt durch ein starkes linkshemisphärisches Ego, reflexartig die subjektiven Feststellungen und Erfahrungen anderer, ohne den geringsten Versuch, diese zu verstehen. Andererseits werden in der evidenzbasierten Wissenschaft sogenannte *soft facts*, die sich nicht sofort wissenschaftlich objektivieren, messen und von außen nachvollziehen lassen, schnell als »esoterisch« abgelehnt, obwohl sie zweifelsohne von Individuen als erlebte Realität geschildert werden. Es handelt sich schlicht um einen Bereich des menschlichen Daseins, der den Faktencheckern und

Statistikern nicht zugänglich ist. Ganzheitliche Gefühle wie Freude, Liebe, Einssein und Verbundenheit entziehen sich der zwanghaften wissenschaftlichen Kontrolle unserer modernen faktenverliebten Gesellschaft.

Gerade in der akademischen Welt und in vermeintlich wissenschaftlichen Diskussionsforen treffen wir häufig auf das weit verbreitete Problem des Recht-haben-Wollens auf Basis des eigenen zum Teil vielleicht sogar recht umfangreichen Detailwissens auf einem zumeist recht begrenzten Fachgebiet anstatt eines systemisch-holistischen Denkansatzes unter Einbeziehung der rechten Hemisphäre. **Subjektive Erfahrungstatsachen** werden in der modernen Wissenschaft aufgrund ihrer mangelnden Nachweisbarkeit und Reproduzierbarkeit abgelehnt. **Dadurch wird das tatsächlich Erlebte zum Esoterischen stilisiert.** Verrückt, nicht?

Folgt man dieser beschränkten Auffassung von linkshemisphärischer Realität müsste man eigentlich jedem reduktionistisch-mechanistisch argumentierenden Wissenschaftler die Fähigkeit der Liebe zu Kindern oder Partnern absprechen, denn das dürfte es nach evidenzbasierten Kriterien (mangelnde Beweisbarkeit) eigentlich nicht geben. Auch der individuelle Glauben an eine wie auch immer geartete spirituelle höhere Instanz wäre dann mit einem modernen Wissenschaftsverständnis unvereinbar.

Genau hier liegt das **Problem unseres beschränkten reduktionistischen, wissenschaftsdominierten Weltbilds am Anfang des 21. Jahrhunderts**: Alles wird auf Zahlen und mechanistische Fakten reduziert, von Corona über die Wirtschaft bis zum Klimawandel. Wer die »besseren« Zahlen hat, gewinnt den öffentlichen Diskurs, der sich als wissenschaftlich ausgibt. Was sich nicht in Zahlen und entsprechenden Grafiken darstellen lässt, existiert schlicht nicht.

Aber noch einmal, damit hier kein Missverständnis aufkommt: Ich bin selbst ein großer Fan gut gemachter wissenschaftlicher Studien, die spannende Fragen stellen. Meistens resultieren aus solchen Studien zahlreiche weitere gänzlich neue Fragen. Man erkennt gewissermaßen aufgrund der neuen Ergebnisse, was man alles noch nicht weiß. Ich weiß aber auch, dass mit den generierten Resultaten immer nur ein äußerst geringer Teil der komplexen Lebensrealität verstanden werden kann. Auch mit dieser Unsicherheit, der **Tatsache des überwiegenden Nichtwissens**, werden wir leben lernen müssen. Nicht umsonst hat die Evolution unsere rechte Hemisphäre mit gänzlich anderen Funktionen ausgestattet. Ihre Aufgabe ist es, detaillierte Beobachtungen in Verbindung mit den damit entstehenden Emotionen in **ein größeres namenloses Ganzes** jenseits von reduktionistischen Worten zu integrieren.

Paradoxerweise laufen wir als Gesellschaft immer mehr scheinbaren Glücksmomenten und persönlicher Sicherheit nach und werden dabei immer unglücklicher und erschaffen dadurch eine Welt der zunehmenden Unsicherheiten. Wir erfinden Technologien wie Computer und das Internet, die uns eigentlich helfen sollten, das Leben zu erleichtern, haben aber gleichzeitig immer weniger Zeit, die uns bleibt, für uns selbst, unsere Familien und unsere sozialen Beziehungen. Wir vereinheitlichen und diktieren schulische und universitäre Curricula nach PISA-Vorgaben im Bestreben nach »Verbesserung«, zugleich werden das selbstständige Denken und die Problemlösungsfähigkeiten junger Menschen immer schlechter. Wir setzen Antibiotika ein, desinfizieren und sterilisieren mehr denn je und entwickeln dabei eine Vielzahl von Erkrankungen, die entweder auf einer Störung unseres Mikrobioms beruhen oder durch multiresistente Erreger ausgelöst werden. Westliche Nationen investieren immer größere Summen in die militärische Bekämpfung von Terrorismus, doch schließlich fördert dies den fundamentalistischen Terror, anstatt ihn einzudämmen.

Es scheint also paradoxerweise am Ende durch die ausschließlich analytische linkshemisphärische Betrachtung der Probleme regelmäßig das Gegenteil unserer eigentlichen Intentionen herauszukommen. **Geht uns das Verständnis für die Zusammenhänge in der Welt verloren, dann geht damit schließlich auch der tiefere Sinn des Lebens verloren.**

Ein bekanntes Phänomen in der Psychologie ist der Umstand, dass Menschen umso unsicherer, gestresster und unglücklicher werden, je mehr Auswahlmöglichkeiten ihnen geboten werden. Das trifft vor allem in einer Gesellschaft zu, in der angeblich jeder sein kann, was er oder sie sein möchte. Es existieren unendlich viele Möglichkeiten ohne jegliche Einschränkung: heute so, morgen so. Tatsächlich ist es eine schreckliche Fantasie, alles sein zu können, was man möchte, obwohl es uns so dargelegt wird, als sei es ein emanzipatorischer oder fortschrittlicher Befreiungsschlag.

Es ist die linke Hälfte unserer Gehirne, die stets bestrebt ist, die rationale Kontrolle über das gesamte Leben auszuüben. Sie will Selbstverwirklichung, Reichtum und Sicherheit und agiert dabei schrecklich linear, reduktionistisch und egoistisch, ohne dabei das größere Gesamtbild zu erkennen. **Das ist das Drama des modernen aufgeklärten Menschen in einer Welt, die von Wissenschaft und Fakten dominiert ist.** Bereits der große deutscher Physiker und Begründer der Quantenphysik, Max Planck (1858–1947), hat festgehalten: *»Die Wissenschaft kann das letzte Geheimnis der Natur nicht lösen. Und das liegt daran, dass wir selbst letztlich Teil des Geheimnisses sind, das wir zu lösen versuchen.«*

Balance

Unter idealen harmonischen Bedingungen macht die linke Hirnhälfte zunächst detaillierte Wahrnehmungen und zerlegt beziehungsweise abstrahiert diese. Die rechte Hirnhälfte setzt in der Folge das Puzzle wieder zusammen und bettet die grundsätzlich unverzichtbare abstrakte Analytik der linken Seite in das große Gesamtbild ein, um dem »großen Ganzen« Sinn und Bedeutung zu verleihen. Diese Hemisphärenkooperation dürfte über lange evolutionäre Zeiträume unser Überleben gesichert haben und hat sich damit ähnlich wie die Integration von Gefühlen bei der Entscheidungsfindung bestens bewährt.

Für die Bewältigung unseres Alltages benötigen wir die Funktionen beider Hirnhälften. Nehmen wir das Beispiel des Erlernens eines Instrumentes. Zunächst lernen wir die Noten der einzelnen Takte und zerlegen dabei die Partitur analytisch in ihre Einzelteile, die wir unendlich oft wiederholen und dadurch üben. Wenn wir das Stück aber einmal beherrschen und beispielsweise einen Bühnenauftritt bestreiten, dann sehen (oder vielmehr spüren) wir das große Ganze und würden nicht im Geringsten auf die Idee kommen, ausschließlich der fragmentierten notenbasierten Sicht zu folgen. Wie würde das Klavierstück klingen, wenn der Pianist bei jeder Note überlegen müsste? Es funktioniert intuitiv und ganzheitlich. Reduktionistische Analytik wäre dem Erfolg hinderlich. Frag einen Künstler!

Eine bemerkenswerte Eigenschaft unseres Gehirns ist zudem seine Anpassungsfähigkeit. Die Abschnitte und Regionen, die häufig benutzt und dadurch trainiert werden, werden ausgebaut und dadurch dominanter. Jene Areale, die wenig oder gar nicht aktiviert werden, verkümmern quasi im Lauf der Zeit. Das trifft insbesondere auf die Zeit der Kindheit,

Pubertät und des jungen Erwachsenenalters zu. Während in der Kindheit unzählige Eindrücke aufgenommen und verarbeitet werden, legt die sich entwickelnde Hirnrinde ein Übermaß an Verbindungen (Synapsen) an. Jene, die das Gehirn aufgrund der vorherrschenden Umweltanforderungen als überflüssig betrachtet, werden im Zuge der Großbaustelle Pubertät wieder abgebaut.

Hier könnte daher auch ein zentraler Ansatzpunkt liegen: **In unserer modernen Bildungsgesellschaft werden vor allem die linkshemisphärischen Eigenschaften von der Kindheit an konsequent gefördert, während rechtshemisphärische Eigenschaften in großem Umfang vernachlässigt werden.** Dieser Umstand ist, auch nach Auffassung von McGlichrist, eine der zentralen Ursachen für unser gegenwärtiges Dilemma. Tatsächlich sind McGilchrists wissenschaftliche und philosophische Ausführungen zu allen Belangen unseres Daseins dermaßen dicht, konsistent und erdrückend und lassen sich an unzähligen lebensweltlichen Beispielen eindeutig nachvollziehen, dass aus meiner Sicht kein vernünftiger Zweifel an diesem Zusammenhang besteht.[33]

Wir erschöpfen derzeit unsere menschlich-kognitiven Ressourcen auf die gleiche Weise, wie wir die Ressourcen der Erde erschöpfen. Unsere Zukunft hängt davon ab, beide Krisen dringend zu überwinden.

Zwischenfazit

Ich komme zu dem Schluss, dass unser gegenwärtiges hyperreduktionistisches Weltbild für die derzeitigen globalen Krisen und Probleme zentral verantwortlich ist. Dabei müssen wir schließlich auch zur Kenntnis nehmen, dass ein zwanghaftes Festklammern an dieser beinahe ausschließlich linkshemisphärischen Weltsicht darin resultieren wird, dass wir unsere Probleme wohl in absehbarer Zukunft nicht in den Griff bekommen werden und gleichzeitig die Abwärtsspirale im Ökologischen, Politischen, Menschlichen und Sozialen weitergehen wird.

Funktioniert nur mehr oder überwiegend die linke Hemisphäre, kann die Wahrnehmung der Welt durchaus von **wahnhaften Halluzinationen** begleitet werden. Der Wahn kann eine Person, eine Gruppe von Menschen oder die ganze Gesellschaft in Form einer **Massenpsychose** erfassen.

Die rechte Hemisphäre »weiß« intuitiv, dass alles mit allem verbunden ist, und verankert uns im realen Leben, mit der Erde und mit unseren Mitmenschen. Sie ist für Empathie und »das große Ganze« verantwortlich. Würden wir der rechtshemisphärischen Einsicht bedingungslos folgen, würde das die Art und Weise, wie wir die Welt sehen, für immer ändern. Tatsächlich aber haben wir unsere tägliche Lebensumwelt so strukturiert, wie es der linken Hemisphäre entspricht: zahlenlastig, faktenbasiert, rechtwinkelig, linear, vereinfacht, steril und funktionell.

Vieles, was wir in den täglichen Nachrichten aus Politik und Wirtschaft hören, ist eben genau das: **eine Verleugnung der Wahrnehmung unserer Realität und die Überrepräsentierung des Reduktionistischen beziehungsweise das Pressen der Realität in unsere übersimplifizierten Annahmen und Modelle. Dadurch nehmen wir den Dingen das Leben und erschaffen uns eine verarmte Version der realen Welt.** Wir billigen Theorien und Modellen mehr Wahrheitsgehalt zu als der erlebten Realität, auch wenn Letztere gänzlich andere Ergebnisse liefert. Die vorherrschende Linkshemisphärendominanz entspricht in ihrer Essenz dem **Triumph der Theorie und der Modellbildung über die Praxis der erlebten Realität und des In-Beziehung-Seins.**

Die linke Hälfte unseres Gehirns neigt dazu zu glauben, alles unter Kontrolle zu haben und damit aufkommende Probleme unterdrücken oder gar lösen zu können. Wir konstruieren uns im Namen des Fortschritts eine Welt, wie sie uns gefällt, und übersehen dabei die reale Welt in all ihren Facetten. In diesem Zusammenhang ist auch die sogenannte künstliche Intelligenz zu sehen. Es handelt sich um eine ausschließlich linkshemisphärische, gefühllose Konstruktion mit durchaus vernichtendem Potenzial. Schließlich können auch Egoismus und Narzissmus auf eine Linkshemispährendominanz zurückgeführt werden.

Regeln, Gesetze, Checklisten, Prozeduren und institutionelle, bürokratische Zwänge haben uns in unserer modernen westlichen Welt fest im Griff. Uns scheint die rechtshemisphärische Fähigkeit zu intuitivem Handeln gänzlich abhandengekommen zu sein. Das bedingungslose Leben nach Gesetzen, Regeln und sonstigen Vorgaben ist auch die Ursache dafür, dass es immer schwieriger wird, gute Lehrer oder ambitionierte Ärzte zu rekrutieren. Unser Weltbild wird immer simpler und einfacher, aber nicht, weil wir der Wahrheit näherkommen, sondern weil wir uns von der Wahrheit immer weiter entfernen.

Wenn man eine abstrakte Karte oder einen Plan von einer Region besitzt, ist das zwar grundsätzlich sehr hilfreich, um sich grob zurechtzufinden, es sagt einem aber dennoch herzlich wenig über den tatsächlichen Zustand der Welt, die Lebensqualität in der Region oder die Menschen und Tiere, die dort zu finden sind. Es ist eine reduktionistische Karte, mehr nicht. Ähnlich kann man sich die Betrachtung der Welt durch den ausschließlichen Blick der linken Hemisphäre vorstellen.

Unser gegenwärtiges Welt- und Wissenschaftsbild ist besessen vom Zerlegen und Betrachten der Einzelteile. Auch die bürokratische Überreglementierung ist ein Ausdruck der linkshemisphärischen Dominanz in unserer Gesellschaft. Nichts ist mehr spontan, frei von Zwängen und organisch. Abgeschnitten von der Natur, ist der linkshemisphärendominierte Mensch nicht mehr in der Lage, sich an den komplexen Mustern des Lebens zu erfreuen, ohne es sogleich in seine Einzelteile zerlegen zu wollen. Ebenso bedauerlich ist es, dass wir unsere Jugend in Schulen und Universitäten mit Lehrplänen schicken, die zumindest 200 Jahre alt sind und fast ausschließlich die linke Hemisphäre aktivieren. Wir sind Großteils zu abstrakt-kognitiven Individuen und reduktionistischen Materialisten geworden. Wir sind exakt zu dem geworden, was uns die Aufklärung ursprünglich verkündet hat: zu simplen reduktionistischen Maschinen.

Der Weg, der uns aus dieser Misere herausführt, ist, zur Kenntnis zu nehmen, dass wir noch relativ wenig über die Natur und unser Dasein wissen. Das wird automatisch mit einer gewissen Bewunderung für die Dinge, und wie sie sind, einhergehen, ohne sie dafür bis ins Detail verstehen zu müssen. Die Komplexität und Schönheit der Dinge in unserer Mitwelt ganzheitlich zur Kenntnis zu nehmen und sich an ihnen zu erfreuen, sollte ein zentraler Bestandteil der Bildungsstätten der Zukunft sein.

Die größte Gefahr lauert immer dort, wo wir sie am wenigsten vermuten. Die wohl im höchsten Ausmaß zerstörerische Macht ist unsere **arrogante Einbildung der Allwissenheit** und unser blinder Fortschritts- und Technikglauben. Die gesellschaftlich vorherrschende Linkshemisphärendominanz ist wesentlich verantwortlich für das zunehmende Streben nach Kontrolle, Macht, Reichtum und die Gier im Allgemeinen. Das Traurige dabei ist, dass unsere linke Hemisphäre offenbar weit weniger Intelligenz aufweist und weniger mit Weisheit in Verbindung steht als die rechte.

Abbildung 4 Kaninchenente-Illusion: Dieses Bild lässt sich je nach Betrachtung sowohl als Ente als auch als Kaninchen interpretieren. Die linke Hirnhälfte besteht auf der einen oder anderen Sichtweise (ausschließend, exklusiv, zwanghaft und diktatorisch), die rechte Hirnhälfte hingegen sagt, es kann beides sein, es hängt nur davon ab, wie man es betrachtet (inklusive Sichtweise).

Schließlich scheint alles eine Frage unserer Aufmerksamkeit zu sein. Sie bestimmt maßgeblich, wie unser Weltbild entsteht. **Je nachdem, worauf wir unsere Aufmerksamkeit lenken, sehen wir gänzlich unterschiedliche Dinge** (vgl. Abbildung 4). Die linke Hemisphäre hat einen sehr engen Blickwinkel, der stets auf Details ausgerichtet ist, die sie sehr gut wahrnehmen kann. Sie fokussiert und greift zu. Bei der Mehrzahl der Menschen geschieht dies mit der rechten Hand, die durch das motorische Areal der linken Hemisphäre gesteuert wird. Die **rechte Hemisphäre** hingegen besitzt eine **beständige breite, offene und wachsame Aufmerksamkeit (Vigilanz)**, die ohne Vorurteile auf eine integrative Art und Weise ständig nach allem, was in der Umgebung passiert, Ausschau hält.

Auf der einen Seite haben wir es also mit einer sehr detailverliebten Aufmerksamkeit zu tun, die in unserer Wahrnehmung eine Welt von unzähligen winzigen Fragmenten erzeugt, die nicht miteinander verbunden zu sein scheinen. **Eine Welt, die sich aus einzelnen Dingen zusammensetzt, die mechanisch, nützlich, unbelebt, auf ihre Teile reduziert, abstrahiert, dekontextualisiert und leblos ist.**

Auf der anderen Seite besitzen wir eine rechte Hemisphäre, die versteht, dass nichts voneinander getrennt existiert und dass letztendlich **alles auf einer gewissen Ebene nahtlos miteinander verbunden, komplex und lebendig ist, dass alles fließt und sich ständig ändert,** anstatt fest, statisch und isoliert zu sein. **Die rechte Hemisphäre sieht die Welt, in der wir leben und die alle Qualitäten besitzt, die das Leben lebenswert machen.** Die Welt der linken Hemisphäre gleicht eher einer zweidimensionalen Karte, einem Schema, einem Diagramm oder einer abstrakten Theorie.

Es ist schon recht bemerkenswert, dass die Qualitäten der rechten Hemisphäre stark mit den Errungenschaften (und künstlerisch-schöpferischen Hinterlassenschaften) einer aufstrebenden, prosperierenden Kultur wie etwa dem antiken Griechenland oder dem Römischen Reich in Einklang zu bringen sind, während gegen Ende dieser Hochkulturen linkshemisphärische Eigenschaften wie strenge Regeln, Verfahren und eine alles zu kontrollieren versuchende Bürokratie die Oberhand übernahmen. Auch in der Blüte der Renaissance im 15. und 16. Jahrhundert, in der es in so vielen Aspekten des Lebens große Schritte nach vorne gab, finden wir deutliche Anzeichen für eine maßgebliche Mitgestaltung der rechten Hemisphäre. Das Goldene Zeitalter der Renaissance gilt als ein einzigartiges historisches Phänomen, im Zuge dessen der Mensch begann, intensiv über sich selbst nachzudenken. Verstand und Sinne wurden zu Instrumenten, mit denen die Menschen das bisherige Weltbild infrage stellten. Es war die Zeit der Entdecker und Gelehrten, aber auch der Künstler und Mäzene. Kunst und Kultur, Architektur, Malerei und Musik erlebten eine Revolution, Literatur und Wissenschaft setzten ungeahnte schöpferische Kräfte frei.

Gegen Ende des 17. Jahrhunderts schien sich jedoch im Zuge der Aufklärung die Auffassung breitzumachen, dass die neue reduktionistische Wissenschaft alle Probleme lösen und der Mensch sich und seine mechanisch wahrgenommene Umwelt kontrollieren könne. Seit dieser Zeit ist mit kurzen Unterbrechungen wie etwa der Periode der Romantik eine stetig zunehmende linkshemisphärische Qualität in all unserem zivilisatorischen Tun zu verzeichnen. Schon der britische Philosoph und Mathematiker Alexander North Whitehead (1861–1947) bemerkte in diesem Zusammenhang: *»Eine Zivilisation blüht, bis sie anfängt, sich selbst zu analysieren.«*

Spätestens seit der industriellen Revolution verankerte sich die fragmentierte, maschinenartige Sichtweise auf das Leben, das es von da an zu

optimieren und zu beherrschen galt, in unserem kollektiven Unterbewusstsein. Von dort aus treibt diese Auffassung ihr Unwesen, insbesondere in der alles bestimmenden kapitalistischen Wirtschaft, und zwar bis heute. Die verbreitete wie naive Auffassung, dass alle sozialen, politischen, wirtschaftlichen und kulturellen Probleme nur sinnvoll mithilfe der reduktionistischen naturwissenschaftlichen Methode erforscht werden und auf Basis der gewonnenen Ergebnisse durch Technologie gelöst werden können, nennen wir **Szientismus.** Unser zunehmend wahnhaftes linkshemisphärisches Denken hat tatsächlich das realistische Potenzial, unsere Zivilisation in Analogie zu all den früheren untergegangenen Zivilisationen zu zerstören.

Die rechte Hemisphäre fördern

Wie bereits erwähnt, wird die rechte Hirnhälfte mehr mit kreativen, intuitiven und ganzheitlichen Wahrnehmungs- und Denkprozessen in Verbindung gebracht. Um die rechte Hemisphäre und ihre Eigenschaften zu fördern beziehungsweise um eine Balance zwischen beiden Hemisphären herbeizuführen, existieren verschiedene Ansätze und Aktivitäten, die dabei hilfreich sein können. Es ist aber dabei stets zu bedenken, dass das menschliche Gehirn komplex strukturiert ist und die Aktivierung der rechten Hirnhälfte nicht isoliert von der linken Hirnhälfte geschieht. Viele Aktivitäten können tatsächlich beide Hemisphären stimulieren und eine bessere Balance zwischen beiden fördern.

So können **Meditationstechniken** und andere spirituelle Praktiken die Verbindung zur rechten Hirnhälfte stärken, da sie Achtsamkeit, Intuition und innere Reflexion fördern.

Regelmäßige **intensive Naturerfahrungen**, das Beobachten von Pflanzen, Tieren und Landschaften und die Freude an den Erscheinungsformen der Natur und am Leben an sich können deine Sinne und die rechtshemisphärische Funktion anregen und deine Verbundenheit zur Umwelt stärken.

Engagiere dich in **künstlerisch kreativen Aktivitäten** wie Malen, Zeichnen, Skizzieren, Fotografieren, Töpfern etc. Auch **Musik und Rhythmus** können die kreative Seite deines Gehirns stimulieren. Höre das Wunder von Musik, egal, ob sie genialer menschlicher Komposition und virtuoser

Aufführung entsprungen ist, oder ob sie der Natur entspringt, spiele ein Musikinstrument, oder tanze zu deinen Lieblingssongs.

Engagiere dich in Aktivitäten, die **improvisatorisches Denken** erfordern, wie Improvisationstheater, freies Schreiben oder spontanes Malen. Diese Übungen helfen, deine spontanen kreativen Gedanken zu fördern.

Übe dich in **Visualisierung und Vorstellungskraft** und stelle dir lebendige und gedeihliche Szenarien, Geschichten oder Bilder in deinem Geist vor. Das fördert ebenfalls die Fantasie und das kreative Denken.

Löse Rätsel, Puzzles oder vertiefe dich in **Spiele**, die räumliches Denken, Mustererkennung und kreative Lösungsansätze erfordern.

Beschäftige dich mit **Ästhetik** und betrachte Kunstwerke, Design oder Architektur, um deine Wahrnehmung von Formen, Farben, Mustern und Strukturen zu erweitern.

Probiere ergebnisoffen **neue Aktivitäten**, erlebe neue Dinge und mache Erfahrungen, die du bisher noch nicht gemacht hast.

Übe dich in **nicht-linearem Denken**, indem du dich selbst herausforderst, Dinge anders zu sehen und Verbindungen herzustellen, die auf den ersten Blick nicht offensichtlich sind. Spüre den Moment und verliere dich in der unendlichen Weite des Augenblicks.

Wichtig bei den vorgeschlagenen Aktivitäten ist deine Haltung: zu meditieren, nur um noch mehr Arbeit leisten zu können, oder Kunst- und Kulturangebote zu »konsumieren« ist nicht das Ziel. Vielmehr geht es um Zuwendung und Aufbau von Nähe, in Beziehung zu treten mit dem, was sich mir zeigt, und sich wertfrei hinzugeben und sich beeindrucken zu lassen!

Am wichtigsten aber ist, sich vor dem, was kommt beziehungsweise kommen könnte, nicht zu fürchten. Denn die Zukunft wird kommen, und der Weg wird unter unseren Füßen entstehen, während wir ihn gehen.

Komplexe Probleme

Da es sich bei unserem Gehirn um ein komplexes System par excellence handelt, ist es kaum erstaunlich, dass wir von vielen seiner Funktionen noch sehr wenig wissen. Es wäre eine Illusion, zu glauben, dass sich dieser Umstand in absehbarer Zeit ändern wird. Umso absurder sind die Versuche von Transhumanisten, eine digitale Verbindung zu unserem Gehirn herstellen zu wollen.

Bis heute hält sich die unzulängliche, materiell-reduktionistische Vorstellung, unser Gehirn sei eine Art elektromechanische Maschine, ähnlich einem Supercomputer, dessen Funktion man eines Tages verstehen und mit Erfindungen wie Elon Musks *Neuralink*-Projekt anzapfen und hacken könne. Ein typisches Beispiel für die menschliche Hybris und die überall vorherrschende unzulängliche reduktionistische Weltsicht, denn Computerprogramme können nicht intuitiv handeln, und unser Gehirn funktioniert nicht wie ein Computer. Da die Hirnforschung im Wesentlichen aber immer noch mit reduktionistisch-mechanistischen Annahmen aus dem 19. Jahrhundert arbeitet und damit versucht, die Funktion unseres Gehirns zu verstehen, steckt sie heute in einer Sackgasse.

Es ist gänzlich absurd, unser komplexes Hirn, Resultat eines viele Millionen Jahre dauernden Evolutionsprozesses, mit den heute zur Verfügung stehenden simplen und reduktionistischen Methoden der Neuroanatomie, Elektroenzephalografie (EEG) und funktionellen Magnetresonanztomografie (fMRI) vollständig erfassen zu wollen. Die linkshemisphärendominante reduktionistische Forschung ist zwar äußerst interessant und erlaubt den einen oder anderen erstaunlichen Einblick (auch in unser eigenes Gehirn), aber das große Ganze wird vermutlich ewig ein Geheimnis bleiben. Selbst unser Verständnis der Quantenphysik und ihrer Rolle bei den Vorgängen des Lebens steckt heute, hundert Jahre nach Werner Heisenbergs erster mathematischer Formulierung der Quantenmechanik, noch in den sprichwörtlichen Kinderschuhen.

Da wir uns jetzt mit unserem Gehirn schon ausführlich auseinandergesetzt haben und feststellen mussten, dass es sich dabei ganz offensichtlich um ein äußerst komplexes Konstrukt handeln dürfte, das noch dazu maßgeblich für den Verlauf unseres Lebens und unseres gemeinschaftlichen zivilisatorischen Projektes verantwortlich ist, sollten wir uns etwas genauer mit dem Thema Komplexität auseinandersetzen.

Denn **wie unser Gehirn sind auch zahlreiche andere Systeme, die wir glauben verstehen, manipulieren und beherrschen zu können, äußerst komplex aufgebaut. Darunter beispielsweise unser Körper (von der kleinsten Zelle bis zum Zusammenspiel der Organe), das Klima und assoziierte Wettersysteme, die Ökosysteme (egal, ob im Boden, ober-**

irdisch, in den Weltmeeren oder in unserem Darm), das Wirtschafts- und Finanzsystem und die globale Gesellschaft selbst.

Interessant, nicht wahr? All die Dinge, die uns zunehmend unlösbar erscheinende Probleme bereiten, sind als komplexe adaptive Systeme organisiert. Noch dazu sind alle diese Systeme eng untereinander verknüpft beziehungsweise ineinander verschachtelt.

Ich halte es daher für unumgänglich, sich mit den Eigenschaften komplexer Systeme eingehender auseinanderzusetzen, bevor wir uns auf die Suche nach einem regenerativen Pfad in ein neues ökologisches Zeitalter machen, denn Komplexität ist keine Metapher, sondern Realität.

7. Komplexität verstehen und damit umgehen

»Die großen Probleme der Welt sind das Ergebnis der Differenz zwischen der Funktionsweise der Natur und der Denkweise der Menschen.«

– Gregory Bateson (angloamerikanischer Biologe, Sozialwissenschaftler, Kybernetiker und Philosoph, 1904–1980)

»Die Natur ist das erfolgreichste Unternehmen, das je gegründet wurde.«

– Frederic Vester (deutscher Biochemiker, Systemforscher und Umweltexperte, 1925–2003)

Wir lesen und benutzen die Begriffe »komplex« und »Komplexität« beinahe täglich, ohne uns über deren Bedeutung Gedanken zu machen. Im Alltag verwenden wir den Begriff »komplex« meistens für komplizierte Dinge und Zusammenhänge, die wir nicht oder nur unzureichend verstehen. Manche behaupten beispielsweise beim Blick unter die Motorhaube ihres Autos oder in ein Uhrwerk, ihnen sei das »alles zu komplex« und sie benötigten daher einen Mechaniker oder Uhrmacher. Doch sind Autos, respektive Motoren oder Uhren, tatsächlich komplexe Systeme? Welche Eigenschaften muss ein System aufweisen, damit wir es als ein »komplexes System« bezeichnen dürfen?

Grundsätzlich handelt es sich bei komplexen Systemen um **Netzwerke**. Die Grundelemente dieser Netzwerke sind **diverse (vielfältige) Teilnehmer**, die unterschiedlich miteinander **verbunden** beziehungsweise verknüpft sind. Das Verhalten der einzelnen Teilnehmer (zum Beispiel Nervenzellen oder verschiedene Lebewesen) ist von gegenseitiger, wenn auch unterschiedlich ausgeprägter **Abhängigkeit** bestimmt. Man bezeichnet sie daher auch als **interdependent**. Einzelne Elemente eines Systems passen sich ständig an die sich ändernden Gegebenheiten an, sprich sie sind **adaptiv.**

So ist zum Beispiel die **globale Wirtschaft** divers und besteht aus unzähligen Groß- und Kleinunternehmen in den unterschiedlichsten Märkten. Sie sind über den Handel miteinander verbunden und bis zu einem gewissen Grad voneinander abhängig. Jedes Einzelunternehmen passt sich an die veränderlichen Gegebenheiten des Markts (zum Beispiel geänderte Nachfrage) an und beeinflusst so das gesamte Wirtschaftssystem, wenn auch zum Teil sehr minimal.

Ökologische Systeme bestehen aus einer mehr oder minder großen Vielfalt von Arten, die zum Beispiel durch Nährstoffkreisläufe und gegenseitiges Fressen und Gefressen-Werden miteinander verbunden sind. Sie sind in ihrem Vorhandensein ebenfalls mehr oder weniger voneinander abhängig. So sind etwa Fledermäuse nur vorhanden, wenn es ausreichend Insekten als Nahrung gibt. Manche Pflanzen können hingegen nur existieren, wenn ganz spezielle bestäubende Insekten vorhanden sind – und vice versa. Die Populationen der einzelnen Arten passen sich selbst an die veränderlichen Umweltbedingungen, zum Beispiel Konkurrenz oder Nahrungs- beziehungsweise Nährstoffverfügbarkeit, an. Existieren beispielsweise in einem Jahr viele Nagetiere, können sich auch die Populationen der von dieser Beute abhängigen Greifvögel vermehren. Werden es aber zu viele Greifvögel, dann brechen in der Folge die Populationen der Nagetiere ein. Über längere Zeiträume betrachtet, reguliert sich ein derartiges System immer wieder von selbst. Es ist aber **niemals statisch** oder im viel zitierten wie abstrakten »Gleichgewicht«, sondern **pulsiert ständig.**

In den geschilderten Beispielen spielt die **Vernetzung der einzelnen Elemente** eine große Rolle. Im Falle der Wirtschaft ist es die Vernetzung von Lieferanten, Produzenten, Abnehmern und Endkunden. In Ökosystemen ist es das Nahrungsnetz, wobei die Arten auch geografisch miteinander verbunden sind.

Darüber hinaus reagieren diese Netzwerke auf **Umgebungsreize**, um sich den ständig neuen Situationen anzupassen und sich bei Bedarf neu zu organisieren. Ein ebenso besonderes Merkmal von komplexen Systemen ist, dass sie in ihrem Verhalten aufgrund ihrer sogenannten **Nichtlinearität** nur sehr **schwer bis gar nicht vorhersagbar** sind.

Auf der anderen Seite sind viele komplexe Systeme auffällig **robust und im Idealfall kaum störungsanfällig**. Sie verdanken ihre **Robustheit** (ihre Stabilität, von außen betrachtet) ihrer raschen **Anpassungsfähigkeit** (Adaptation). Sollten dennoch Störungen auftreten, können sich komplexe Systeme wie zum Beispiel vielfältige Ökosysteme recht **rasch regenerieren**, in der Regel durch sogenannte **Bottom-up-Phänomene** (engl. *von unten nach oben, aufwärts*).

Eine weitere Eigenschaft von komplexen Systemen ist deren Fähigkeit zu sogenanntem **emergentem Verhalten** beziehungsweise zum Phänomen der **Emergenz**. Vom lateinischen *emergere* (*auftauchen, herauskommen*) abgeleitet, bezeichnet Emergenz die Fähigkeit zur **Herausbildung vollkommen neuer Eigenschaften**. Emergenz kann in vielen Formen vorliegen, unter anderem in Form von **Selbstorganisation**. Das Erstaunliche dabei ist, dass diese Re- beziehungsweise Selbstorganisation funktioniert, *ohne* dass es dabei einen übergeordneten Taktgeber oder Regisseur gäbe!

So sind die sich rasch ändernden Muster von Fisch- oder Vogelschwärmen in ihrer unvorhersagbaren Eleganz äußerst schön anzusehen und wirken, als würden sie nach einer Choreografie ablaufen, dennoch existieren erstaunlicherweise weder ein Dirigent noch eine zentrale Kontrolle. Bei den Zellen der Organe unseres Körpers verhält es sich ähnlich. Ganz im Unterschied zu einer marschierenden Musikkapelle. Auch der Applaus nach einem Konzert kann ein emergentes Phänomen werden. Während zu Beginn noch jeder Besucher chaotisch vor sich hin klatscht, entsteht mit der Zeit ein gemeinsamer Rhythmus des Händeklatschens, ganz ohne zentrale Kontrolle in Form eines Taktgebers.

Komplexe Systeme sind zudem unheimlich produktiv und können dabei unglaubliche Neuerungen entstehen lassen. So beruhen unser Bewusstsein und alle anderen Funktionen unseres Gehirns auf der Komplexität und Vernetzung unzähliger miteinander kommunizierender Nervenzellen. Diese Neuronen bilden ganz von selbst Verbindungen (sogenannte Synapsen) aus und organisieren sich auf diese Weise im Laufe der Entwicklung eines Menschen zu einem komplexen, fühlenden und individuell denkenden Gehirn, das durch die Betrachtung auf Ebene seiner Einzelteile (Neuronen und Gliazellen) nicht verstanden werden kann. Wie so oft ist »*das Ganze mehr als die Summe seiner Teile*«. Das wusste bereits Aristoteles.

Auch das Leben selbst ist ein emergentes Phänomen, das durch den geheimnisvollen Prozess der **Autopoiesis** (Selbsterneuerung) entstanden ist und sich seither immer weiterentwickelt. So definierte der bekannte Evolutionsbiologe Ernst Mayr (1904–2005): »*Emergenz ist in Systemen das Auftreten von Merkmalen auf höheren Organisationsebenen, die nicht aufgrund bekannter Komponenten niedrigerer Ebenen hätten vorhergesagt werden können.*«[34]

Im Folgenden sind die wichtigsten Eigenschaften von komplexen, dynamischen Systemen noch einmal zusammengefasst. Sie sollten stets Berücksichtigung finden, wenn versucht wird, in lebendige, komplexe Systeme einzugreifen.

- Komplexe Systeme bestehen aus einzelnen Elementen, die untereinander in Wechselwirkung stehen.
- Die Wirkzusammenhänge der Systemkomponenten sind im Allgemeinen nicht linear.
- Als offene Systeme stehen sie in Kontakt mit ihrer Umgebung.
- Die Wechselwirkungen zwischen den Systemkomponenten sind lokal, ihre Auswirkungen in der Regel aber global.
- Einzelne Systemelemente passen sich an wechselnde Gegebenheiten an; sie sind adaptiv.
- Sie können durch Rückkoppelungsprozesse selbstverstärkend wirken.
- Sie sind selbstregulierend und -organisierend (Autonomie).
- Mehrere Elemente eines Systems können das Gleiche tun (Redundanz).
- Sie sind (im Idealfall) robust gegen Störungen (Robustheit).
- Sie lassen sich in ihrem Verhalten nicht vorhersagen (Indeterminiertheit).
- Sie neigen unter gewissen Umständen zu »großen Ereignissen«.
- Sie bringen infolge des Zusammenspiels der Elemente neue Eigenschaften oder Strukturen hervor (Emergenz).

Das mag alles nach langweiliger Wissenschaftstheorie klingen, ist aber für die Beurteilung der Welt von heute von immenser Bedeutung. Denn wenn wir uns über die vielfältigen Probleme unserer Zeit Gedanken machen (diese betreffen vorwiegend komplexe Systeme) und unsere Zukunft verantwortungsvoll gestalten wollen, sollten wir diese quasi zeitlosen Eigenschaften *immer* mitberücksichtigen.

Leider werden in der öffentlichen Diskussion etwa zum Klimawandel, zum Finanzsystem, zur Biodiversitätskrise, zu diversen chronischen Krankheiten oder zur Entwicklung einer pandemisch verlaufenden Viruserkrankung alle oder viele dieser Punkte nicht berücksichtigt. Das gilt auch für viele der reflexartig ergriffenen Maßnahmen, um »mit den Problemen fertigzuwerden«. Häufig wird diese »Problemlösung« als kriegerische Handlung kommuniziert: Der Kampf gegen das Virus, Bekämpfung des Klimawandels, der Krieg gegen den Krebs (»*War on cancer*«, wie von Präsident Nixon 1971 proklamiert). Selbst der seit den Geschehnissen vom 11. September 2001 von den USA geführte »*War on Terror*« ist ein Musterbeispiel für die nicht abschätzbaren und oft kontraproduktiven Folgen linearer »Problemlösungsstrategien« für komplexe Systeme.

In den zahlreichen reduktionistisch-mechanistisch dominierten Diskussionen und Berichterstattungen finden wir erstaunlich oft Personen, die von ihren simplen linearen Lösungen oder Prognosen geradezu beseelt zu sein scheinen, und zwar selbst dann, wenn bisher keine der modellierten Prognosen oder versprochenen Erfolge eingetroffen sind.

Denken wir nur an das plötzliche Eintreten von gravierenden Ereignissen wie Börsencrashs oder den Zusammenbruch der Märkte beziehungsweise an globale Wirtschaftskrisen. Weder ihr Zeitpunkt noch ihr Ausmaß können wissenschaftlich vorhergesagt werden, und dennoch glauben viele Menschen den regelmäßigen beschwichtigenden Prognosen mancher Experten. Andere eindrucksvolle Beispiele für kaum vorhersagbare große Ereignisse sind unter anderem Pandemien, größere Verkehrsstaus, Überflutungen, kriegerische Ereignisse oder die nicht auszudenkenden Folgen unbekannter klimatischer Kipppunkte.

Ja, es klingt zunächst tatsächlich paradox: Einerseits sind komplexe Systeme häufig über längere Zeiträume äußerst robust (*Business as usual*, das freut uns), andererseits sind sie unter gewissen Bedingungen (die wir in der Regel nicht genau kennen) dann doch in der Lage, unvorhergesehene große Ereignisse mit häufig schwerwiegenden oder gar katastrophalen Konsequenzen zu produzieren. Wir sind dann jedes Mal über die eingetretene Katastrophe überrascht und suchen nach den Schuldigen.

Komplexe Systeme sind unsere Lebensgrundlage, aber gleichzeitig auch unser größtes Risiko. Sie sind einerseits robust, andererseits neigen sie zu großen Ereignissen, wenn sie einmal aus dem Gleichgewicht geraten.

Sie bewegen sich **zwischen Ordnung und Chaos.** Auch das wissenschaftliche Zerlegen solcher Systeme ist nur bedingt hilfreich, denn sie lassen sich nicht aus der isolierten Analyse des Verhaltens einzelner Systemkomponenten erklären.

Wir sollten daher endlich **akzeptieren, dass sich komplexe Systeme von außen nur schwer kontrollieren beziehungsweise in ihrem Verhalten beeinflussen lassen.** Jeder schwerwiegende Eingriff in komplexe Systeme kann **unabsehbare Folgen** nach sich ziehen, da die Reaktion der einzelnen Elemente kaum vorhergesagt werden kann und die Interdependenzen in einem System oft im Dunkeln liegen, sprich unbekannt sind. Das ist zwar für Menschen, die glauben, alles beherrschen zu können, äußerst bitter, lässt sich aber nicht ohne Weiteres ändern.

Man könnte daraus ableiten, dass ohnehin bereits alles zu spät sei. Was die globale Situation betrifft, kann das niemand vernünftig prognostizieren. Im Kleineren, also auf kleinregionaler Ebene, sind Gestaltungsversuche aber äußerst sinnvoll, denn hier sind die sogenannten **Feedbackschleifen** relativ kurz und man kann sich vom Erfolg oder Misserfolg der gesetzten Maßnahme(n) recht schnell selbst ein Bild machen. Globale, von oben verordnete Maßnahmen sind hingegen sinnlos oder sogar gefährlich.

Die überregionale Koordination einer Vielzahl kleinregionaler, individueller Maßnahmen ist hingegen vermutlich genau das, was uns aus dieser krisengeschüttelten Zeit herausbringen könnte. **Wir können versuchen, die Eigenschaften komplexer Systeme zu verstehen und ihr Potenzial zu nutzen.** Genauso, wie es die Menschen bereits vor vielen Tausenden Jahren getan haben, als sie sich noch als Teil des komplexen Systems Natur empfunden haben. Das erfordert allerdings **interdisziplinäres Denken, ein tiefes Verständnis für die Wechselwirkungen und Zusammenhänge innerhalb eines Systems, die Akzeptanz von Unsicherheit und eine respektvolle, um nicht zu sagen demütige Grundhaltung gegenüber den Systemen der Biosphäre.**

Gar nicht so kompliziert, wie es klingt?

Komplexität erzeugt Unsicherheit, und Unsicherheit erzeugt Angst. Leider blendet unser Gehirn daher komplexe und unberechenbare Sachverhalte häufig aus, damit die Angst erst gar nicht entsteht. Stattdessen konzentrieren wir uns lieber weiterhin auf die bekannten simplen und linearen Prozesse. Das schafft zwar kurzfristig ein Gefühl von Sicherheit, resultiert aber mit Sicherheit im Misserfolg.

Komplex bedeutet aber nicht notgedrungen kompliziert. Der Umgang mit komplexen Systemen bedarf nur eines gänzlich anderen Ansatzes als eines linearen Umgangs mit Problemen. Wir dürfen uns nur nicht, wie oft praktiziert, auf einzelne Bereiche konzentrieren, um sinnvolle Pläne zu entwickeln. Darüber hinaus müssen wir unsere **Angst vor komplexen Systemen ablegen.** Am einfachsten gelingt das, wenn wir das vernetzte und holistische Denken **regelmäßig üben** und uns auf diese Weise auch aneignen, anstatt uns von der Vielfalt der Querbeziehungen eines komplexen Systems und der damit verbundenen Datenmenge erschlagen zu fühlen.

Am ehesten können wir **mit komplexen Systemen zusammenarbeiten**, wenn wir (als Teil dieses Systems) Strategien entwickeln, die das Zusammenspiel und die Selbstregulation der verschiedenen Systemkomponenten mit einbeziehen und akzeptieren, dass unser Weg erst beim Gehen unter unseren Füßen entsteht. Innerhalb der Netzwerke der Natur ist die Fähigkeit der Systemkomponenten zur Selbstregulation gewissermaßen **die »evolutionäre Intelligenz« eines Systems.**

Um abschließend noch einmal auf die eingangs gestellte Frage zurückzukommen, ob Autos oder Uhren komplexe Systeme seien. Mittlerweile sollte die Antwort hierauf klar sein. Sie mögen zwar durchaus kompliziert aufgebaut sein (vor allem für jene unter uns, die weder Mechaniker noch Uhrmacher sind), aber es sind keinesfalls komplexe Systeme. Sie bestehen zwar aus bis zu einem gewissen Grad voneinander abhängigen Einzelelementen, aber sie bringen weder neue Eigenschaften hervor, noch können sie sich selbst organisieren oder sind adaptiv. Sie können sich nicht an veränderliche Gegebenheiten oder Störungen anpassen. Und wir können sie vollständig – also bis in das kleinste Bauteil – zerlegen und ebenso wieder zusammenfügen, damit sie wieder funktionieren. Probiere das einmal mit einem einzelnen Organ, geschweige denn mit einem ganzen Lebewesen … **Komplexität ist daher keinesfalls gleichzusetzen mit dem Begriff »kompliziert«.**

Systemdenken

»Die ganze Natur ist eine Melodie, in der eine tiefe Harmonie verborgen ist. Die Natur schafft ewig neue Gestalten; was da ist, war noch nie, was da war – kommt nicht wieder – alles ist neu und doch immer das Alte.«
– JOHANN WOLFGANG VON GOETHE (1749–1832), *Theoretische Schriften*

»Unsere Aufgabe muß es vielmehr sein, die Lebewesen als Systeme besonderer Art von in dynamischer Wechselwirkung stehenden Elementen zu betrachten und die hier geltenden Systemgesetze zu ermitteln, welche die Ordnung aller Teile und Vorgänge untereinander beherrschen. Notwendig ist sowohl die Untersuchung der Teile und Vorgänge als auch der Beziehungen, in denen diese zueinander und zum Ganzen stehen.«
– LUDWIG VON BERTALANFFY (Biologe und Systemtheoretiker; 1901–1972)

Jetzt, wo wir eine grobe Ahnung von den Eigenschaften und der Funktionsweise komplexer Systeme haben, sollten wir uns überlegen, wie wir mit diesem Wissen unser weiteres Dasein auf diesem Planeten gestalten könnten. Dabei müssen wir uns stets vor Augen halten, dass **komplexe Systeme sowohl die gesamte Grundlage unserer Zivilisation und Gesellschaft darstellen, als auch die individuelle Gesundheit beziehungsweise die Funktion unserer Körper bedingen.**

Angesichts dieser essenziellen Bedeutung von komplexen Systemen für unser gesamtes Leben ist es eigentlich ziemlich verwunderlich, dass derartige Inhalte weder in den Schulen noch in unserer täglichen Wahrnehmungswelt eine besondere Rolle spielen. Das muss sich dringend ändern, denn **nur eine ganzheitliche Sicht auf unsere fragmentiert wahrgenommenen Probleme eröffnet uns Möglichkeiten für eine gedeihliche Zukunft.**

Systemdenken ist dabei ein hilfreicher Ansatz für das Verständnis von Systemen, die aus vielen verschachtelten Teilen, Beziehungen, Prozessen und wiederkehrenden (fraktalen) Mustern bestehen. Wir versuchen dabei, ein System immer als Ganzes zu betrachten, in dem Wissen, dass die Teile des Systems miteinander interagieren, sich ständig gegenseitig beeinflussen und ebenso von ihrem Umfeld (Kontext) beeinflusst werden.

Der von Arthur Koestler (1905–1983) geprägte Begriff der »**Holarchie**« beschreibt ein System, das aus unzähligen kleineren, in sich weitgehend autonomen Bestandteilen, den **Holonen,** besteht. Ein Holon ist dabei ein Ganzes, das wiederum Teil eines anderen Ganzen ist, wobei jedes Holon an sich eine andere interne Struktur aufweisen kann. Bei genauerer Beobachtung erkennen wir, dass alles in der Natur sowohl ein Ganzes als auch ein Teil von etwas Größerem ist. So sind Atome sowohl ein Ganzes für sich, aber auch Teil eines Moleküls. Moleküle sind in sich zwar ganz, aber auch Teil einer ganzen Zelle, die wiederum sowohl eine autonome Einheit als auch Teil eines Organs und dieses Teil eines ganzen Organismus ist. Der Mensch bildet hier keine Ausnahme. Er ist bis zu einem gewissen Grad autonom, aber dennoch zwingend Teil eines größeren sozialen Systems, in dem er quasi verschwindet.

Im Gegensatz zu einer reduktionistischen Sichtweise, bei der Probleme in Einzelteile zerlegt werden, betrachtet das Systemdenken ein Problem als Teil eines größeren Gesamtsystems und untersucht die **Wechselwirkungen und Abhängigkeiten** zwischen den Teilen. Dieser Ansatz ermöglicht es, die Auswirkungen von Handlungen auf das Gesamtsystem zu verstehen und Lösungsansätze zu finden, die nicht nur ein bestimmtes Problem, sondern das gesamte System verbessern beziehungsweise regenerieren.

Und noch etwas ist bei der Betrachtung natürlicher lebender Systeme wichtig. Sie beziehungsweise ihre Komponenten wachsen nicht ewig, brauchen Regenerationsphasen und sterben schlussendlich wieder ab, um zu einem fruchtbaren Nährboden für neues Leben zu werden. Das funktioniert seit mehr als 3,5 Milliarden Jahren und darf getrost als nachhaltiges Erfolgsrezept bezeichnet werden. Ob es uns passt oder nicht, die von der Natur gesetzten Rahmenbedingungen sind **das Maß aller Dinge** und damit auch der Maßstab, nach dem *wir* uns richten sollten.

Panta rhei – Der Strom des Lebens

»Niemand kann zweimal in denselben Fluss steigen, denn alles fließt und nichts bleibt.«

– Heraklit (540–480 v. Chr.)

»Die Bewegung ist die Ursache allen Lebens.«

– Leonardo da Vinci (1452–1519)

Die Phrase *»panta rhei«* ist griechisch und bedeutet übersetzt so viel wie *»alles fließt«*. Sie wird dem Philosophen *Heraklit* (ca. 500 v. Chr.) zugeschrieben und fasst seine philosophische Perspektive zur Natur der Realität zusammen. Er erkannte, dass sich das Universum in einem **ständigen Zustand des Wandels** befindet und nichts statisch bleibt. Diese Idee reflektiert auch das Konzept, dass alles miteinander verbunden ist und einer kontinuierlichen Transformation unterliegt.

Mehr als 2500 Jahre später hat diese Erkenntnis nichts an Aktualität eingebüßt. Im Gegenteil. Vor allem die Wissenschaft der Systembiologie zeigt uns, dass in der Natur keine statischen Dinge existieren, sondern, dass das **Leben als kontinuierlicher Prozess** aufgefasst werden muss. Diese naturwissenschaftliche Erkenntnis wirft wiederum zahlreiche philosophische Fragen auf, die zum Teil sehr gut durch das klassische **Paradoxon des Schiffs von Theseus** veranschaulicht werden. Kurz gefasst, betrifft dieses aus der griechischen Antike stammende und vermutlich auf den Schriftsteller Plutarch zurückgehende Paradoxon die Frage, ob ein Schiff, bei dem mit der Zeit alle alten und verfaulten Holzplanken nacheinander durch neue ersetzt wurden, am Ende immer noch dasselbe Schiff sei oder nicht. Oder allgemeiner formuliert: Verliert ein Objekt seine ursprüngliche Identität, wenn viele oder gar alle seine Einzelteile nacheinander ausgetauscht werden? Eine interessante Frage, nicht wahr? Zudem ist die Antwort auf diese Frage für jeden von uns von großer Tragweite, wie wir gleich sehen werden. Vorher aber noch ein bisschen Philosophie.

Das ursprüngliche Gedankenexperiment wurde Jahrhunderte später durch den Philosophen Thomas Hobbes (1588–1679) erweitert. Er dachte es, wie folgt, weiter: Ein Schiffsbauer sammelt nun alle verfallenden und daher entsorgten Teile des Schiffs und benutzt sie – die alten, aber offenbar noch für gut befundenen Planken – dazu, um ein zweites Schiff zu bauen. Eine komplizierte Angelegenheit, den jetzt existieren plötzlich zwei baugleiche Schiffe. Eines, das Theseus gehört hat und dessen Planken im Laufe der Zeit vollständig ersetzt worden sind, und das Schiff des Werfteigners, das aus allen Originalteilen von Theseus' ursprünglichem Schiff zusammengesetzt worden ist. Welches ist nun Theseus' Schiff? Das vollständig reparierte oder das aus den alten Bauteilen neu zusammengesetzte? Gehören ihm vielleicht sogar beide Schiffe oder keines von beiden? Tatsächlich existiert keine befriedigende, allgemein gültige Antwort auf diese Fragen. Allerdings führt uns dieses philosophische Paradoxon die uns Menschen stets beschäftigende Frage nach der Realität der Dinge und schließlich auch der eigenen Identität drastisch vor Augen.

Wie alle Lebewesen unterliegt auch unser Körper der steten Erneuerung. Diese **Regeneration** durch Zellerneuerung ist **ein fließender Prozess**, den wir nicht einmal bemerken und schon gar nicht steuern können. So werden beispielsweise die Zellauskleidung unseres Darmes, unsere Lungenbläschen und die Blutplättchen innerhalb von nur wenigen Tagen erneuert. Unsere Haut benötig mehrere Wochen um sich vollständig, von der basalen Zellschicht ausgehend, zu regenerieren, die roten Blutkörperchen gut vier Monate, die Leberzellen bis zu einem Jahr und unser Skelett bis zu zehn Jahre. Am Ende ist (fast) alles wie neu! Fast, weil die Regenerationsfähigkeit unserer Nervenzellen und des Herzmuskels nicht ganz so gut funktioniert. Der Umstand, dass sich der Zahnschmelz und die Augenlinse zeitlebens überhaupt nicht erneuern können, ist die Ursache für die weitverbreiteten altersabhängigen Leiden Karies und grauer Star. Der Großteil unseres Körpers aber wird innerhalb einer Dekade praktisch rundum erneuert.

Die Frage, die sich nach etwa zehn Jahren stellt, ist die nach der eigenen Identität. Sind wir dann noch der einstige Mensch oder jemand gänzlich anderer? Ähnlich wie das Paradoxon des Schiffes von Theseus kommen wir wohl auch, was unseren Körper betrifft, über die philosophische Betrachtung nicht hinaus. Hängt dieses zehnjährige Erneuerungsintervall unseres Körpers vielleicht sogar mit dem von zahlreichen Menschen geschilderten Wertewandel und dem Bedürfnis nach Neuorientierung in etwa dem gleichen Zeitintervall zusammen? Mit Körper-Geist-Dualismus werden wir diese Frage wohl ebenso wenig beantworten können wie mit reduktionistischen Versuchsanordnungen.

Unsere existenzielle Frage geht aber noch viel tiefer! Im Zuge unseres Erneuerungsprozesses, der jede Millisekunde unseres Daseins vollkommen selbstständig und ohne zentrale Steuerung stattfindet, brauchen wir stets neues Baumaterial, um das »Schiff« zu sanieren und den Reparatur*prozess* in Gang zu halten. Woher beziehen wir dieses? Die Materie, die während des ganzen Lebens unseren Körper aufbaut, stammt aus unserer Umwelt, genauer gesagt aus unserer Nahrung, und diese ist wiederum in über 95 Prozent ein Produkt des Erdbodens, dieser dünnen, fruchtbaren Haut unseres Planeten. Am Ende des Lebens werden wir wieder zu Boden.

Auch wir sind daher eine sich stets ändernde, stoffliche Ansammlung von Materie aus der Biosphäre in dem Prozess, den wir als den Fluss des Lebens bezeichnen können. Auf diese Weise können wir *alle* lebenden Systeme unserer Umwelt als Prozesse mit der Fähigkeit zur Regeneration jenseits aller Materie betrachten.

Der schon erwähnte britische Philosoph und Mathematiker Alfred North Whitehead entwarf in seinen Schriften ein System, in dem sich das gesamte Universum nicht aus Substanzen, aus einer passiven Materie, sondern aus elementaren, ineinandergreifenden und miteinander verwobenen **Prozessen und Relationen** zusammensetzt. Ohne an dieser Stelle in das umfangreiche philosophische Werk von Whitehead einsteigen zu wollen, lässt sich in Kenntnis der neuesten wissenschaftlichen Forschung festhalten, dass genau das der Fall ist. Es ist lediglich eine Frage der betrachteten Zeiträume. Wählt man den Betrachtungszeitraum zu kurz, ergeben sich substanzmaterialistische Kategorien, die bei längeren Betrachtungszeiträumen die dahinter liegenden Prozesse erkennen lassen.

Auch der angloamerikanische Anthropologe, Sozialwissenschaftler, Kybernetiker und Philosoph Gregory Bateson (1904–1980), der viele heute noch gültige systembiologische Prinzipien formulierte, sprach sich für eine **Einheit der Biosphäre** aus, in der vor allem **Prozesse** sowie belebte **Muster und Relationen** entscheidend für deren tieferes Verständnis sind.

Die Musik des Lebens

Wer Musik liebt und ihr, so wie ich, tief empfundene Gefühle verdankt, wird mir beipflichten, dass sie in der Lage ist, sogar unser Leben zu verändern. Dabei sind es doch nur Noten! Was sind schon einzelne Noten? Absolut nichts. Aber mehrere Tausend Mal »Nichts« machen zeitlose Werke wie beispielsweise Johann Sebastian Bachs h-Moll-Messe oder Ludwig van Beethovens Streichquartett Nr. 13 in B-Dur zu den transformativsten und mächtigsten Musikstücken, die man hören kann. Wie kann das sein, wo sie doch bei reduktionistischer Betrachtung nur eine Aneinanderreihung von viel »Nichts« sind?

Es liegt daran, dass die Noten während des *Prozesses* des Spielens auf geheimnisvolle Weise zueinander in Beziehung treten. Erst das **In-Bezie-**

hung-Setzen auf eine ganz gewisse, dem Dirigenten und dem Orchester vorbehaltene, interpretatorische Weise ist in der Lage, uns tief im Innersten zu berühren und vielleicht sogar unser Leben zu beeinflussen. Alles bekommt erst einen tieferen Sinn, wenn wir die Dinge dynamisch in Beziehung zueinander betrachten. Das macht die Dinge erst zu dem, was sie sind.

Der britischer Physiologe Dennis Noble (*1936), ebenfalls ein Pionier der Systembiologie, beschrieb diesen Umstand in seinem Buch *The Music of Life*[35] in Form einer eindrucksvollen, wenn auch weitgehend erfundenen Geschichte, die sich kurz, wie folgt, erzählt: Als er zu Hause die Audio-CD eines Stückes von Schubert hörte, begann er, ergriffen von dessen Schönheit, zu weinen. Währenddessen erschienen Besucher aus dem Weltall bei ihm, die er »Silmans« nannte. Die Silmans waren in ihrem Sonnensystem als hervorragende Wissenschaftler bekannt, und als sie den Menschen in seinem Zimmer weinen sahen, während er Musik hörte, fragten sie sich, warum der Mensch weinte. So führten sie einige wissenschaftliche Experimente durch. Sie konnten die Schallwellen der Musik im Raum messen und fanden schließlich heraus, dass sie von zwei kubischen Elementen, den Lautsprechern, ausgingen. Sie folgten den Kabeln zu der nächsten Struktur, dem Verstärker. Einer der extraterrestrischen Wissenschaftler hatte schließlich einen Aha-Moment, als er erkannte, dass mit dem Verstärker eine weitere Box verbunden war, in der sich eine silberne Scheibe drehte, auf der eine nicht enden wollende Reihe von Nullen und Einsen abgespeichert war. Die Silmans wunderten sich in der Folge, wie eine Zahlenkolonne aus Nullen und Einsen den Menschen zum Weinen bringen konnte. Sie waren sich aufgrund ihrer Ergebnisse sicher, dass es etwas mit der Zahlenabfolge auf der silbrig glänzenden Scheibe zu tun haben musste. Denn selbst wenn sie die Lautsprecher, den Verstärker oder den CD-Player austauschten, war das Resultat immer dasselbe: Der Mensch weinte. Erst als sie die Zahlenabfolge änderten, weinte der Mensch nicht mehr. Das Geheimnis des weinenden Erdlings musste also in der Abfolge von Null und Eins liegen.

Man könnte sagen: Gute reduktionistische Wissenschaft der Silmans, aber mit einem gänzlich irreführenden, weil falschen Ergebnis. Während Noble dieses Beispiel primär für die sehr fragliche Rolle des genetischen Determinismus vorbrachte, ist es auch ein treffendes Beispiel für die Art und Weise, wie moderne Wissenschaft allgemein versucht, hinter die Geheimnisse des Lebens zu kommen. Uns mag der nüchterne wie naive Erkenntnisprozess der Silmans lächerlich erscheinen, da wir vielleicht selbst ähnliche, auf der Wahrnehmung von Musik beruhende, bewegende Situationen kennen. Was den Silmans aber trotz sauberer Wissenschaft verborgen geblieben ist: Der Mensch weinte, **weil die gesamte Beziehung der Noten zueinander ein wunderbares Musikstück entstehen ließ**, das ihn, den Hörer, noch dazu an etwas sehr emotionales (nicht sichtbares) in seiner Vergangenheit erinnerte. Diese Komplexität konnte die reduktionistische Wissenschaft der Silmans nicht abbilden.

Vielleicht hilft dieses Beispiel, die obigen Ausführungen zum prozessorientierten Verständnis aller Lebensvorgänge als Beziehungen im Unterschied zu starren Objekten besser zu verstehen. Wir müssen jedenfalls zur Kenntnis nehmen, dass das Leben wie unser menschliches Dasein voller Geheimnisse und Mystik jenseits von Wissenschaft, Zahlen und Worten ist.

Worte, Dinge und unsere Realität

»Ich fürchte mich so vor der Menschen Wort.
Sie sprechen alles so deutlich aus:
Und dieses heißt Hund und jenes heißt Haus,
und hier ist Beginn und das Ende ist dort.
Mich bangt auch ihr Sinn, ihr Spiel mit dem Spott,
sie wissen alles, was wird und war;
kein Berg ist ihnen mehr wunderbar;
ihr Garten und Gut grenzt grade an Gott.
Ich will immer warnen und wehren: Bleibt fern.
Die Dinge singen hör ich so gern.
Ihr rührt sie an: Sie sind starr und stumm.
Ihr bringt mir alle die Dinge um.«

– Rainer Maria Rilke (österreichischer Lyriker, 1875–1926)

»Die Grenzen meiner Sprache bedeuten die Grenzen meiner Welt.«

– Ludwig Wittgenstein (österreichischer Philosoph, 1889–1951)

»Wir glauben etwas von den Dingen selbst zu wissen,
wenn wir von Bäumen, Farben, Schnee und Blumen reden, und
besitzen doch nichts als Metaphern der Dinge, die den ursprünglichen
Wesenheiten ganz und gar nicht entsprechen.«

– FRIEDRICH NIETZSCHE (deutscher Philosoph, 1844–1900)

Der US-amerikanische Quantenphysiker und Philosoph David Bohm (1917–1992) argumentierte in Übereinstimmung mit den Ansichten von Bateson und Noble, dass unsere Sprache viel zu objektorientiert sei und wir daher **eine Welt voller statischer und fragmentierter Objekte anstelle ganzheitlich dynamischer Prozesse** sehen würden. Bohm sah in der Verlagerung des Fokus von statischen Objekten auf Prozesse einen zentralen Schritt, nicht nur zur Lösung von Problemen der Physik, sondern insbesondere der sich bereits damals abzeichnenden Umweltkrise. Ähnlich wie Bateson erkannte er die Ursache der ökologischen Krise in erkenntnistheoretischen *»Missverständnissen«* der menschlichen Kognition. So schrieb Bohm in seinem Klassiker *Die implizite Ordnung – Grundlagen eines ganzheitlichen Weltbildes*[36] zu dem vorherrschenden fragmentierten, reduktionistischen Weltbild:

»Wenn diese Art des Denkens breiter angewendet wird, wie auf das Bild, das sich der Mensch von sich selbst und von der Welt, in der wir leben, macht (d.h. sein Selbst-Weltbild), dann empfindet er die dabei entstehenden Teilungen nicht mehr nur als sinnvoll oder bequem, sondern beginnt, sich selbst und seine Erfahrungen als tatsächlich getrennt existierende Fragmente zu sehen. Indem er sich von einem fragmentierten Selbst-Weltbild leiten lässt, handelt er so, als würde er es geradezu darauf anlegen, sich selbst und die Welt zu fragmentieren, so dass alles mit seiner Denkweise im Einklang steht. Der Mensch erhält so einen scheinbaren Beweis für sein fragmentiertes Selbst-Weltbild, obgleich er natürlich übersieht, dass er durch seine Denkweise selbst diese Fragmentierung erst hervorgebracht hat, die nun eine autonome Existenz zu haben scheint, unabhängig von seinem Willen und seinen Wünschen.«

Und weiter:

»Mit anderen Worten, gerade weil die Wirklichkeit eine Ganzheit ist, wird der Mensch mit seinem fragmentarischen Ansatz unweigerlich die entsprechende fragmentarische Antwort hervorrufen. Daher sollte der

Mensch auf seine gewohnheitsmäßige, fragmentarische Denkweise achten, sich dessen bewusst sein und sie so beenden. Dann kann der Mensch vielleicht ganzheitlich an die Wirklichkeit herantreten und so eine ganzheitliche Antwort erhalten.«

Es ist, abgesehen von den oben erwähnten Zitaten von Wittgenstein und Nietzsche, eine nur selten erwähnte Tatsache, **dass die Sprache, die wir sprechen, weitgehend bestimmt, wie wir die Welt sehen und wo ihre Grenzen liegen**. Begriffe wie Unkraut- und Insekten*vernichtungsmittel*, *Krieg* gegen das Virus oder den Terror, Klima*katastrophe* und Klima*hölle* formen daher unser Weltbild genauso wie die trennende Vorstellung von *dem* Menschen und *der* Natur, und zwar auch dann, wenn uns das nicht bewusst ist. Unser Gehirn hört gewissermaßen ständig mit und formt dabei sein individuelles Selbst- und Weltbild.

David Bohm beschäftigt sich in seinem Buch *Die implizite Ordnung* auch mit der Sprache und ihrer Beziehung zu unserem Denken. Anstelle von Substantiven schlägt Bohm vor, Verben zu benutzen, da diese das Prozesshafte betonen und nicht wie diskrete Subjekte und Objekte die Entstehung und Verfestigung fragmentarischen Denkens fördern. Er nannte diesen neuen Sprachmodus mit Bezug auf den fließenden Bewusstseinsstrom »Rheomodus«.

Wir sollten uns rasch mit dem Gedanken anfreunden, dass die Realität nicht aus einer von unserer linken Hirnhemisphäre wahrgenommenen Ansammlung unveränderlicher, voneinander getrennter Dinge und Begriffe besteht, sondern vielmehr aus Prozessen und Beziehungen, und dass Veränderung ein grundlegender und wesentlicher Aspekt der Realität und ihrer Prozesse ist. Alles ist in einem ständigen Wandel und in Interaktion. Es ist in Bewegung. Es fließt.

Bedeutung entsteht erst durch die wechselseitigen Beziehungen und Verbindungen zwischen Ereignissen und deren ganzheitlicher Betrachtung. Dieses Zumessen einer Bedeutung und damit die Einordnung einzelner Wahrnehmungen in das große Ganze ist eine Leistung, zu der offenbar nur unsere rechte Hirnhemisphäre in der Lage ist.

Das Konzept des Lebendigen als ineinander verflochtene, komplexe, selbstregulierende Prozesse und unser holistischer Zugang können uns bei unserem Aufbruch in ein neues ökologisches Zeitalter wertvolle Hilfestellung leisten, indem wir versuchen, uns von der statischen und fragmentierten Sicht auf die uns umgebende Natur und das Leben allgemein zu verabschieden.

Überall ist Tanaland – Unser Denkapparat und der Umgang mit Komplexität

»Schon in jungen Jahren wird uns beigebracht, Probleme zu zerlegen, die Welt zu fragmentieren. Dies macht anscheinend komplexe Aufgaben und Themen überschaubarer, aber wir zahlen einen versteckten, enormen Preis.«

– Peter Senge, (US-amerikanischer Systemwissenschaftler, *1947)

Um herauszufinden, wie intelligente Menschen mit komplexen Problemen umgehen, entwarfen der deutsche Psychologie-Professor Dietrich Dörner und sein Team an der Universität Kiel in den 1970er-Jahren ein spannendes Experiment, das unter dem Namen *Tanaland-Experiment* bekannt wurde.[37]

Ziel des Versuches war es, herauszufinden, *»wie sich intelligente Individuen verhalten, wenn sie Probleme in sehr komplexen Bereichen lösen müssen«*. Dabei sollten zwölf überdurchschnittlich intelligente Studierende aus unterschiedlichen Fachdisziplinen (Psychologen, Biologen, Juristen, Agrar- und Ernährungswissenschaftler) als simulierte Entwicklungshelfer mit umfassenden Eingriffsmöglichkeiten in der Mikrowelt des afrikanischen Entwicklungsgebietes *Tanaland* Maßnahmen setzen, um die Lebensbedingungen der dort ansässigen Nomadenstämme zu verbessern. Dafür wurden den Versuchspersonen die topografischen Gegebenheiten eines fiktiven afrikanischen Landes, dessen Bevölkerungsstruktur, Geburts- und Sterberaten, die Ernährungssituation von Menschen und Tieren, die Fauna und Flora sowie die ökologischen Zusammenhänge erklärt.

Zum Zeitpunkt der Übergabe »des Systems« an die Versuchsteilnehmer befand sich das Land in einer weitgehend stabilen, wenn auch aufgrund hoher Säuglingssterblichkeit und geringer Lebenserwartung verbesserungswürdigen Situation. Die schlichte Aufgabe der Teilnehmer lautete, dafür Sorge zu tragen, dass es den Menschen des Landes *»besser ginge«*.

In der Computersimulation konnten die universitären Entwicklungshelfer in den untereinander vernetzten Teilsystemen Bevölkerung, Arbeit und Landwirtschaft, Wasserkreislauf, Vegetation etc. Maßnahmen wie Dämme bauen und Bewässerungssysteme anlegen, Raubtiere bejagen, roden, Ackerland düngen, Insektizide versprühen (zum Beispiel gegen die Tsetsefliege), Elektrifizierung und Mechanisierung, Geburtenkontrolle, medizinische Versorgung etc. vornehmen. Die Teilnehmer sollten in mehreren aufeinanderfolgenden Sitzungen jeweils unterschiedliche Hilfsmaßnahmen umsetzen, mit denen anschließend der Computer gefüttert wurde. Bei jedem Sitzungstermin konnten diese Maßnahmen je nach rückgemeldetem Erfolg oder Misserfolg wieder modifiziert werden.

Die Ergebnisse dieses spannenden Planspiels nach zehn simulierten Jahren waren fast jedes Mal katastrophal. Ausbeuterische Kolonialherren hätten Tanaland nicht gründlicher herunterwirtschaften können als die meisten der jungen, von Hilfsbereitschaft und Reformeifer beseelten Akademiker ohne finanzielle Interessenkonflikte. Den Menschen in Tanaland ging es nach einem anfänglichen Aufschwung am Ende des Experiments so schlecht wie nie zuvor. Katastrophen, Hungersnöte und schrumpfende Viehbestände brachten Tanaland an den Rand des Ruins. So führten beispielsweise die gebohrten Tiefbrunnen zu absinkenden Grundwasserspiegeln, die stark vergrößerten Viehbestände schädigten die Vegetationsfläche erheblich und die Überbevölkerung resultierte in Versorgungsschwierigkeiten und Hungersnöten. Und das alles, obwohl man eigentlich nur helfen wollte. Wie kann das sein?

Offenbar hatten die Versuchsteilnehmer jeweils immer nur die unmittelbaren Folgen ihrer Eingriffe im Auge, statt auch deren **mögliche Nebeneffekte und Fernwirkungen** mit einzukalkulieren. Manche Maßnahmen wurden unter- oder überdosiert, weil man andere bedeutende Faktoren nicht mitberücksichtigt hatte. Die Ursachen für das Scheitern waren vielfältig, lagen aber im Wesentlichen in der für uns Menschen typischen linearen Denkweise mit einem Hang zu kurzen Planungshorizonten ohne Berücksichtigung von Wirkungsketten. Dabei waren die Wirkungszusammenhänge in dieser Computersimulation relativ klar und konnten für jeden nachvollziehbar dargelegt werden. Keine faulen Tricks und keine unvorhergesehenen Naturkatastrophen.

Leider sind derartige Szenarien nicht nur auf Computerplanspiele beschränkt. Wir sind heute mit zahlreichen Krisen konfrontiert, die ihren Ursprung in genau diesen menschlichen Denkfehlern der Vergangenheit haben. In früheren Zeiten war ein zu kurzer Planungshorizont ein geringeres Problem, denn die Menschen waren vorrangig mit den täglichen Herausforderungen ihrer unmittelbaren Umgebung beschäftigt, die ad hoc bewältigt werden mussten. Wenn es einmal zu negativen Folgen kam (und zu denen kam es, wie wir aus der Archäologie wissen), dann führten diese in der Regel zu einem regionalen Desaster (zum Beispiel dem zivilisatorischen Untergang auf der Osterinsel, in Mittelamerika etc.). Heute leben wir in einer äußerst komplexen Welt von unzähligen interagierenden Teilsystemen, deren Quervernetzung untereinander stets mitbedacht werden muss, wenn wir nachhaltige Zukunftswege einschlagen wollen. Eine globale Zivilisation muss in globalen Zusammenhängen betrachtet werden, ansonsten können kaskadierende Ereignisse rasch zur Katastrophe führen.

Wie wir in der Folge noch sehen werden, lassen sich derartige Dominoeffekte auch durch **Maßnahmen auf Systemebene** verhindern beziehungsweise die negativen Folgen minimieren. Das *Tanaland-Experiment* zeigt uns jedenfalls, dass gute Absichten alleine zu wenig sind, um komplexe Probleme einer Lösung zuzuführen. Es braucht auch Handlungskompetenz im Umgang mit Komplexität.

Fehler im Umgang mit komplexen Systemen

> *»In turbulenten Zeiten liegt die Gefahr nicht in den Turbulenzen, sondern in deren Bewältigung mit der Logik von gestern.«*
>
> – Peter Drucker (US-amerikanischer Ökonom, 1909–2005)

Auf Dietrich Dörner gehen auch die Identifikation und meine folgende Beschreibung der häufigsten Fehler im Umgang mit komplexen Systemen zurück. So stürzt man sich häufig bevorzugt auf Einzelprobleme anstatt in die Resilienz, die Widerstands- und Lebensfähigkeit eines komplexen Systems zu investieren. Diese **Konzentration auf jeweils das nächste Einzelproblem** (das nicht selten die Folge der Beseitigung der vorigen Probleme ist) wird auch etwas verharmlosend als »**Reparaturdienstverhalten**« bezeichnet.

Manchmal versteift man sich auf ein Einzelproblem, das mit der Zeit zum Favoriten wird. Hat man dabei im Idealfall anfängliche Erfolge, werden hinkünftig **alle anderen Probleme gänzlich ausgeblendet**, was zu schwerwiegenden Konsequenzen in anderen Bereichen führt (vgl. Klimawandel und CO_2-Reduktionismus). Gerade Politiker und Ökonomen sind häufig Prototypen eines derartigen unvernetzten Denkens.

Gestützt durch neueste Informationstechnologien werden gerne **große, eindrucksvolle Datenmengen** gesammelt, ohne bei der Auswertung deren **inhärente Ordnungsprinzipien** (wie zum Beispiel Rückkopplungsschleifen oder Grenzwerte) und die **Dynamik des Systems** zu berücksichtigen.

Ein ebenfalls häufig zu beobachtendes Phänomen ist die **Tendenz der Übersteuerung**. Wenn anfängliche kleine Eingriffe nicht zum gewünschten Erfolg führen, wird in der Folge kräftig eingegriffen, was wiederum, mit etwas Verzögerung, zu negativen Auswirkungen in die andere Richtung führt. Dieser unerwünschte Effekt resultiert dann mit der Zeit darin, dass die Maßnahme aus Frustration wieder komplett gebremst oder verworfen wird.

Fast ein moderner Klassiker ist die **Tendenz zu autoritärem beziehungsweise diktatorischem Verhalten** gegenüber komplex verflochtenen Systemen. Dass dieses Gegen-den-Strom-Schwimmen bei komplexen Systemen noch nie gut gegangen ist, liegt auf der Hand. Im Unterschied zur Politik erschließen sich im Falle komplexer Systeme sinnvolle und wirkungsvolle Wege und Lösungen nur durch ein Schwimmen *mit* dem Strom eines Systems. Oder um es mit den Worten der bekannten Systemforscherin Donella Meadows (1941–2001) auszudrücken: *»We can't control systems. But we can dance with them!«*[38]

Ein komplexes adaptives System versteht man am besten, wenn man mit ihm interagiert und in Echtzeit Feedback erhält, und nicht indem man es theoretisch analysiert oder modelliert. Greift man in ein komplexes System unüberlegt und fundamental ein, sind unvorhersehbare beziehungsweise unerwartete Konsequenzen eher die Norm als die Ausnahme.

Holismus – eine ganzheitliche Betrachtungsweise

»Das Wahre ist das Ganze.«

– Georg Wilhelm Friedrich Hegel (deutscher Philosoph, 1770–1831)

Holismus beziehungsweise die holistische Betrachtungsweise steht im Gegensatz zum weit verbreiteten Reduktionismus, der die Dinge in ihre kleinsten Bestandteile zerlegt, um sie besser zu verstehen. Er betont stattdessen die Notwendigkeit, die **Beziehungen und Wechselwirkungen** zwischen den Teilen zu verstehen, um ein umfassenderes Bild zu erhalten. Ganz nach der bekannten Erkenntnis, dass das Ganze mehr ist als die Summe seiner Teile.

Während eine holistische Weltsicht in Europa bis zur Aufklärung vorherrschend war, geht der Begriff »Holismus« selbst auf den südafrikanischen Staatsmann, Philosophen und Armeegeneral Jan Christiaan Smuts (1870–1950) zurück, der den Terminus erstmals in seinem 1926 erschienenen Buch *Holismus und Evolution* vorstellte. Er argumentiert, dass ein **holistisches Prinzip** existiere, das auf alle Aspekte der Natur, einschließlich lebender Organismen, Gesellschaften und des Universums als Ganzem, zutreffe. Smuts erkannte den Holismus als ein **vereinigendes Rahmenwerk,** um die klassischen Dualitäten in der Welt wie Geist und Körper oder Wissenschaft und Spiritualität zu versöhnen, damit dies in der Folge zu einer harmonischeren und integrierten Welt führen könne.

Während Smuts' Ausführungen zum Holismus ihrer Zeit voraus waren, hatten sie jedoch später einen erheblichen Einfluss auf eine Vielzahl von Fachgebieten, einschließlich der Biologie (insbesondere der Ökologie), der Psychologie und der Medizin.

Heute gilt der **Holismus** als ein wichtiger Begriff in vielen Bereichen der Wissenschaft und wird weithin als zentrales Prinzip des Systemdenkens und der Komplexitätstheorie gesehen. Einige Schlüsselaspekte des Holismus, die wir bei unserem Aufbruch in ein neues ökologisches Zeitalter unbedingt mitnehmen sollten, sind:

- ein **holistisches Denken,** das die Betrachtung von Dingen oder Systemen als integrale Einheiten fördert, bei denen die Teile eng miteinander verbunden sind und zusammenwirken;
- das **Prinzip der Emergenz**, das uns daran erinnert, dass stets neue Eigenschaften oder Merkmale aufgrund der Wechselwirkungen zwischen den Teilen entstehen können, die auf niedrigeren Ebenen *nicht vorhersehbar (!)* waren;
- das **Prinzip der Kontextualisierung**, das die Bedeutung des Kontexts und der Umgebung, in der ein System existiert, betont, wobei sich die Bedeutung eines Teils je nach seiner Beziehung zum Ganzen ändern kann (die »Essenz des Ortes«);

- das **Prinzip der Interdisziplinarität** als Ausdruck der Zusammenarbeit verschiedener Disziplinen. Nur so können unterschiedliche Ansätze zusammengeführt werden, um ein umfassenderes Verständnis der Zusammenhänge und Muster in verschiedenen Bereichen des Lebens zu erreichen.
- Die **Integration sozialer und ökologischer Perspektiven** sieht die Bedeutung von sozialen Systemen, Gemeinschaften und Ökosystemen als Ganzes (sogenannte »sozial-ökologische Systeme«).

In diesem Zusammenhang sei auch gleich noch ein Terminus technicus erwähnt, nämlich jener der »**Kybernetik**«. Der Begriff wurde Mitte des letzten Jahrhunderts von dem US-amerikanischen Mathematiker und Philosophen Norbert Wiener (1894–1964) geprägt und bezeichnet die **wissenschaftliche Untersuchung von Steuerungs- und Regelungssystemen**, sei es in biologischen, technologischen oder sozialen Systemen. Er leitet sich aus dem griechischen Wort *kybernetes* ab und bedeutet *Steuermann*. Die Kybernetik betrachtet gewissermaßen als »Steuermannskunst« die Art und Weise, wie Systeme Informationen verarbeiten, um sich selbst zu regulieren, anzupassen und auf Veränderungen zu reagieren. Ein besonderer Fokus liegt dabei neben **Feedbackmechanismen** und **Regelkreisen** auf **Selbstorganisation, Anpassungsfähigkeit- und Lernfähigkeit von Systemen.**

8. Regeneration statt Degeneration: Wenn nachhaltig nicht mehr ausreicht

»Man muss Geduld haben mit dem Ungelösten im Herzen, und versuchen, die Fragen selber lieb zu haben, wie verschlossene Stuben, und wie Bücher, die in einer sehr fremden Sprache geschrieben sind. Es handelt sich darum, alles zu leben. Wenn man die Fragen lebt, lebt man vielleicht allmählich, ohne es zu merken, eines fremden Tages in die Antworten hinein.

– **Rainer Maria Rilke** (österreichischer Lyriker, 1875–1926) aus einem Brief von Rainer Maria Rilke *an einen jungen Dichter*

Die ökologische Choreografie des Planeten ist seit Jahrmilliarden ein **regenerativer zyklischer Prozess**, den wir in relativ kurzer Zeit durchbrochen haben. Während des kurzen Augenblicks der Existenz des *Homo sapiens* haben wir eine Welt, die mehrere Milliarden Jahre gebraucht hat, sich zu entwickeln, in große Gefahr gebracht. Wir sind ökologisch blind und haben grundsätzlich zyklische Phänomene in simple lineare Prozesse umgewandelt: Quartalsreport statt vier Jahreszeiten, Steuerjahr anstatt dem Sonnenjahr, Durchbrechen des Kohlenstoffzyklus anstatt Bewahrung des Kreislaufs.

Im für jedermann deutlich erkennbaren Gegensatz zu einer gedeihlichen Zukunft steht die heutige durch eine neoliberale kapitalistische Wirtschaftsidee angetriebene **Optimierung, Ausbeutung und Plünderung lebendiger Systeme und der Ressourcen der Erde**. Das gegenwärtige ausschließlich wachstumsorientierte Wirtschaftssystem beutete im Laufe der letzten Jahrzehnte die natürlichen Ressourcen, das **Naturkapital**, unsere Lebensgrundlagen, immer effizienter aus. Und das allen Nachhaltigkeitsbemühungen zum Trotz!

Betrachten wir die ***Agenda 2030 der Vereinten Nationen*** mit ihren, grundsätzlich begrüßenswerten **17 nachhaltigen Entwicklungszielen** (engl. *Sustainable Development Goals, SDGs*), zu denen sich alle 193 Mitgliedstaaten der Vereinten Nationen verpflichtet haben, dann sticht dem aufmerksamen Beobachter ein kleiner, aber folgenschwerer Schönheitsfehler ins wachsame Auge: **SDG 8.**

Das Ziel des Sustainable Development Goal 8 ist es, »*dauerhaftes, breitenwirksames und nachhaltiges Wirtschaftswachstum, produktive Vollbeschäftigung und menschenwürdige Arbeit für alle zu fördern*«. Während »*produktive und menschenwürdige Arbeit*« wohl ein kaum kontroversiell zu diskutierendes, durchaus erstrebenswertes Ziel darstellt, so sieht das bei dem angestrebten »*dauerhaften Wirtschaftswachstum*« etwas anders aus, auch wenn sich davor das Adjektiv »*nachhaltig*« findet. Es war in der Vergangenheit eben gerade dieses für kapitalistische Systeme zwingend notwendige grenzenlose Wachstum, das uns zu einem Gutteil die gegenwärtigen Probleme eingebrockt hat.

Somit macht das Ziel Nr. 8 einen großen Teil der übrigen Entwicklungsziele potenziell zunichte, weil weiteres **extraktives Wirtschaftswachstum um jeden Preis** das zentrale Problem war und ist. Der Wachstumsimperativ ist das zentrale Problem! Wenn wir die strukturelle Dysfunktion unseres ökonomisch-monetären Systems nicht lösen, wird eine nachhaltige Zukunft wohl schwer gelingen.

Als Symbol für SDG 8 finden wir zudem die klassische, nach oben zackig ansteigende Kurve für Wirtschaftswachstum, wie wir sie auch von steigenden Börsenkursen etc. kennen. Und damit keine Restunklarheiten bleiben, wird die Art des angestrebten Wachstums explizit definiert als ein »*Pro-Kopf-Wirtschaftswachstum entsprechend den nationalen Gegebenheiten und insbesondere ein jährliches Wachstum des Bruttoinlandsprodukts ...*« Wie das erreicht werden soll, ist ebenfalls ausgeführt, nämlich durch »*technologische Modernisierung und Innovation*«, wobei die »*Entkopplung von Wirtschaftswachstum und Umweltzerstörung*« angestrebt (!) werden soll.

Abgesehen davon, dass wieder einmal der Fokus auf technologischer Modernisierung liegt, halte ich sowohl das Ziel Nr. 8 für sich genommen (Entkopplung von Pro-Kopf-Wirtschaftswachstum und Umweltzerstörung) als auch dessen Rolle innerhalb der gesamten Nachhaltigkeitsbestrebungen der *Agenda 2030* für den bis heute unmöglichen Versuch einer Quadratur des Kreises.

Denn bisher ist es keinem mir bekannten Land mit aufstrebenden freien Märkten gelungen, eindeutig und nachvollziehbar quantitatives Wirtschaftswachstum (Steigerung des BIP) von Umweltschäden zu *»entkoppeln«*. Das impliziert allein schon die klassische, Effizienz getriebene wie krankhafte lineare Steigerungslogik des liberalen Markts und dessen Grundlage: unaufhaltsamer und ewiger Konsum.

Die einzig sinnvolle Lösung wäre es, nach dem Vorbild natürlicher lebender Systeme nach einer Phase des quantitativen, kompetitiven Wachstums eine **Phase des »*qualitativen* Wachstums«** anzustreben. Die Art des gewünschten Wachstums ist hierbei von zentraler Bedeutung!

Wer die dysfunktionale Wirtschaft des letzten Jahrhunderts betrachtet, erkennt, dass dieses System mit wenigen Gewinnern und vielen Verlierern auf der Ausbeutung von Menschen und des Planeten basiert. Auch wenn uns das neue Mantra von Klaus Schwabs **Stakeholder-Kapitalismus** etwas anderes suggerieren möchte.

Unter Stakeholder-Kapitalismus ist die vom WEF propagierte Vorstellung zu verstehen, dass sich ein Unternehmen in Zukunft darauf konzentrieren soll, die Bedürfnisse *aller* seiner sogenannten Stakeholder zu erfüllen: der Kunden, Mitarbeiter, Partner, der Umwelt, der Gemeinschaft und der Gesellschaft als Ganzes. Gemessen werden soll das Ganze mittels **ESG-Score** (*environmental, social and governance issues*). Dass das lediglich einem grünen Feigenblatt entspricht, ist nicht nur meine bescheidene Meinung.[39]

Von nachhaltig zu regenerativ

»Nachhaltigkeit ist nicht genug – Wir brauchen regenerative Kulturen.«
– Daniel Christian Wahl (Biologe, Autor und Aktivist, *1971)

Jetzt, wo wir in etwa wissen, womit wir es zu tun haben, nämlich mit komplexen Systemen und den damit verbundenen (unvermeidbaren) Unsicherheiten unserer Zukunft, können wir uns daran machen, nach Möglichkeiten zu suchen, um unsere Zukunft nachhaltiger zu gestalten. Dabei kann uns das Verstehen des Verhaltens komplexer Systeme beziehungsweise der Funktion eines komplexen Organismus helfen, nachhaltige Zukunftsstrategien zu entwickeln.

Allerdings hat das etwas schwammige und oft missbräuchlich genutzte Containerwort »Nachhaltigkeit«, für das bis heute keine allgemein gültige Begriffsdefinition existiert, einen kleinen, aber meines Erachtens bedeutenden Mangel, und zwar vor allem dann, wenn wir darunter *»keinen zusätzlichen Schaden zu verursachen«* verstehen.

So hilft es wenig, wenn wir uns darüber einigen, dass *»das Niveau der Abbaurate erneuerbarer Ressourcen ihre Regenerationsrate nicht übersteigen darf«*. Das ist zwar grundsätzlich ein guter nachhaltiger Zugang für die Balance zwischen Verbrauch und Erneuerung, bedingt aber einen ausreichend guten Ist- beziehungsweise Ausgangszustand der jeweiligen Ressourcen.

Was aber, wenn es der »Ressource Umwelt« aufgrund mehrheitlich nicht nachhaltig produzierter Produkte und degenerativer, weil ausbeuterischer Wirtschaftsweise während der letzten Jahrzehnte bereits ziemlich schlecht geht? Wenn unsere Lebenserhaltungssysteme bereits deutlich Schlagseite zeigen und das Ressourcenkonto weitgehend geplündert wurde, wie uns die zahlreichen überschrittenen planetaren Grenzen deutlich zeigen?

Lediglich *»keinen weiteren Schaden zuzufügen«* im Sinne einer Erhaltung des Ist-Zustands (engl. *to sustain = erhalten*), wäre dann kaum eine effektive Möglichkeit, um eine gute Zukunft für uns und unsere Nachkommen sicherzustellen. Unser ökologisches Konto ist in der Vergangenheit, insbesondere während der letzten hundert Jahre, dermaßen geplündert worden, dass wir gezwungen sind einzuzahlen, bevor wir wieder dazu übergehen können, kleine Beträge abzubuchen. Es versteht sich glaube ich von selbst, dass das nachhaltige Aufrechterhalten eines negativen Kontostands nicht sonderlich zukunftsträchtig ist. Erst wenn sich der Kontostand wieder auf einem ausreichend positiven Niveau befindet, macht nachhaltiges Wirtschaften wieder Sinn.

Wenn wir der Definition des *Brundtland-Berichts* der Vereinten Nationen von 1987 folgen, wonach *»nachhaltige Entwicklung eine Entwicklung ist, die gewährt, dass künftige Generationen nicht schlechter gestellt sind, ihre Bedürfnisse zu befriedigen, als gegenwärtig lebende«*, dann müssen wir das Wiederaufbauen, also das **Regenerieren der zahlreichen erschöpften Ressourcen und Verbindungen,** in unsere »nachhaltigen Entwicklungspläne« integrieren und die Beziehung zwischen Mensch und Natur neu definieren.

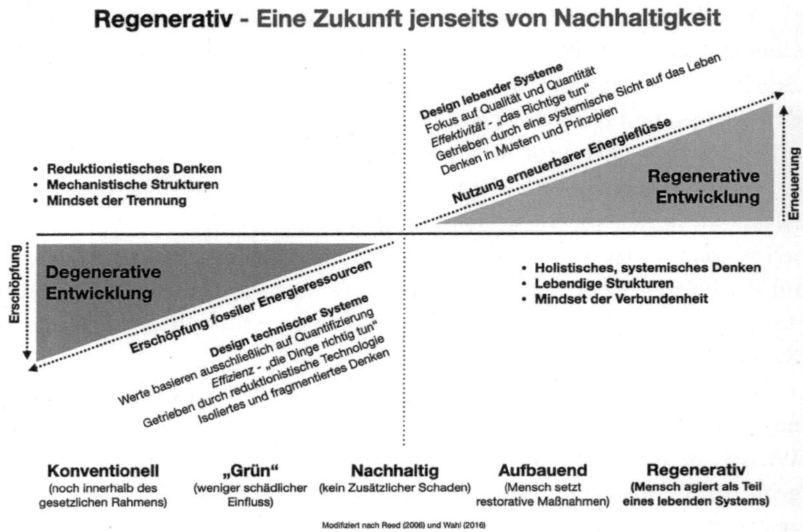

Abbildung 5 Schema zum groben Verständnis des Prinzips »Regenerativ«, basierend auf den Entwürfen von Bill Reed und Christian Wahl. Erläuterungen im Text.

Die mittlerweile in zahlreichen Varianten zu einem Klassiker der Regenerationsbewegung gewordene **Abbildung 5** verdeutlicht die Unterschiede der heute weit verbreiteten, konventionellen, aber degenerativen Wirtschaftsweise im Verhältnis zu Nachhaltigkeit und regenerativer Entwicklung.

Die unterste, weil destruktivste Form des Handelns ist das, was wir heute am besten mit dem Adjektiv »**konventionell**« beschreiben. Es mutet zwar eigenartig an, dass darin der Begriff der Konvention (Übereinkunft) steckt, doch es handelt sich um die am meisten verbreitete kapitalistische Wirtschaftsweise nach den Kriterien der Industrialisierung: **Maximierung des Profits durch Optimierung und Effizienzsteigerung**. Allerdings ist diese heute als normal beziehungsweise konventionell geltende, auf reduktionistischem Denken und einer mechanistischen Sichtweise basierende Wirtschaftsweise in diesem Ausmaß in der Geschichte der Menschheit ein relativ neues Phänomen. Man bewegt sich häufig gerade noch innerhalb der wirtschaftsfreundlichen gesetzlichen Vorgaben (zum Beispiel Rückstandshöchstmengengehalte von Pestiziden in der Nahrung oder maximal erlaubte Arbeitsplatzkonzentration von Giftstoffen etc.). Wenn der monetäre Profit die einzig erstrebenswerte Kenngröße ist, geht man eben bis an die Grenzen des Erlaubten oder überschreitet diese Grenzen mitunter sogar. Diese Form des Wirtschaftens ist von ihrem Wesen her **extraktiv** und **degeneriert die Ressourcen,** auf denen sie hauptsächlich basiert: Menschen, Rohstoffe und Ökosysteme. Kurzfristig lässt sich damit beträchtlicher Reichtum anhäufen, langfristig führt dieser Weg in den sicheren Untergang.

Im Zuge der Umweltbewegung, die in der zweiten Hälfte des letzten Jahrhunderts ihren Ausgang genommen hat, verursachte diese Wirtschaftsweise bei immer mehr Konsumenten ein Gefühl der Dissonanz. Viele Unternehmen begannen daher, sich **ein »grünes Mäntelchen«** umzuhängen, um mithilfe einer guten PR-Maschinerie den Eindruck zu vermitteln, »weniger vom Schlechten« zu tun (»greening«). Aber selbst weniger vom Schlechten ist immer noch schlecht, es verzögern sich lediglich die Folgen des degenerativen Wirtschaftens.

Wahre **Nachhaltigkeit** ist bestrebt, tatsächlich *keinen* weiteren Schaden zuzufügen und den Ist-Zustand auch für zukünftige Generationen zu erhalten. Tatsächlich ist aber vieles von dem, was uns als nachhaltig verkauft wird nicht mehr als eine »grüne« Augenauswischerei.

Derzeit hat die globale Gesellschaft einen **Fußabdruck von 1,7 Planeten,** und die Nachhaltigkeitsziele der *UN-Agenda 2030* scheinen zunehmend in unerreichbare Ferne zu rücken. Der Grund hierfür sollte uns nicht überraschen: **Nachhaltigkeit steht im Gegensatz zu den allseits verkündeten Wachstumszielen**, denn wirtschaftliches Wachstum basiert immer auf einer quantitativen Zunahme von **Konsum** und korreliert daher auch in hohem Maße mit dem **Verbrauch von Ressourcen und Energie**. Zur Erinnerung: Wir leben in einer Welt mit endlichen Ressourcen, das betrifft auch die derzeit genutzte Primärenergie, die global immer noch zu etwa achtzig Prozent aus fossilen Energieträgern (Kohle, Erdöl und Gas) stammt. Die Konsequenzen aus diesen Tatsachen sind relativ einschneidend und der Kern unseres derzeitigen Dilemmas, das da lautet: **Unser System des Konsums und unsere damit verbundene imperiale Lebensweise, die wir Wohlstand nennen, zerstört unsere Lebensgrundlage, die Ökosysteme dieser Erde.**

Das nehmen immer mehr Menschen wahr und beginnen die Funktionsweise des bestehenden Systems und unser Verständnis von Wohlstand, Lebensqualität und Erfolg zu überdenken, indem sie tiefergehende Fragen stellen. *Woher kommen wir? Wer sind wir? Wohin gehen wir?*

In die Antworten auf diese und andere Fragen werden wir mit der Zeit »hineinleben«, wenn wir beginnen, unser Dasein holistisch zu betrachten. Denn um als Spezies eine langfristige Zukunft zu haben, **sollten wir rasch danach streben, das Anthropozän zu verlassen und in ein Zeitalter des Zusammenlebens mit der Natur und ihren Ökosystemen aufbrechen.** Allerdings müssen wir Letztere nach Jahrzehnten der zügel- wie grenzenlosen »Party« erst wieder aufbauen, damit sie sich regenerieren kann. Um die derzeitige Katerstimmung zu beseitigen, brauchen wir neue Perspektiven und ein gemeinsames Wofür.

Ein universelles Gestaltungsprinzip, das sich zur Aufgabe gemacht hat, dieser Welt mehr Nutzen zu bringen und den bisher entstandenen Schaden zu beseitigen, ist der **regenerative Designansatz.** Christian Daniel Wahl bezeichnete diesen Ansatz einmal als ein *»Nach-Hause-Kommen des Menschen, zurück zur Natur und zu dem großen Ganzen«*.

Der regenerative Ansatz vermittelt ein theoretisches Grundgerüst, um unsere Beziehung zu unserer belebten Mitwelt neu zu definieren und Bedingungen zu schaffen, die alle Aspekte des Lebendigen fördern. Allein aus psychologischer Sicht motiviert das **Streben nach Aufbau und Regeneration** deutlich stärker als das nachhaltige Keinen-weiteren-Schaden-Zufügen (»Netto-Null«).

Regeneratives Design will aber das Prinzip der Nachhaltigkeit keinesfalls ersetzen, sondern baut vielmehr im Sinne des **nachhaltig-regenerativen Gestaltens** darauf auf. Unsere Welt systemisch zu denken und regenerativ zu gestalten, bedeutet auch nicht, in eine in vielen Aspekten düstere, diffuse Vergangenheit zurückzukehren, in der vermeintlich »alles besser war«. Es ist ein Weg des Lernens aus der Vergangenheit und des beständigen Lernens für unsere Zukunft, während wir diesen Weg gemeinsam gehen. Davon handelt dieses Buch.

Regeneratives Denken

»Der bemerkenswerteste Unterschied zwischen lebendigen und unbelebten Dingen ist, dass sich die ersteren durch Erneuerung erhalten.«

– **John Dewey** (US-amerikanischer Philosoph und Pädagoge, 1859–1952)

Regeneration bezieht sich auf die Fähigkeit eines Systems, sein eigenes **Potenzial** zu entwickeln und **vorteilhafte gegenseitige Beziehungen** zu anderen Systemen aufzubauen. Derartig vernetzte Systeme sind anpassungsfähig, erhöhen die Resilienz und steigern im Laufe der Zeit schließlich auch die Ressourcen. Im Unterschied dazu trachtet das Nachhaltigkeitsparadigma je nach Definition in der Regel lediglich danach, die aktuellen Bedingungen aufrechtzuerhalten (anstatt sie weiter zu verschlechtern). Wir sollten aber nicht gleich vom Ende der Nachhaltigkeit sprechen. Es geht darum, eine andere erweiterte, eben regenerative Weltsicht zu entwickeln.

Es ist eine fundamentale Tatsache, dass sich in der Natur lebender Systeme alles regeneriert. Jede Zelle, jedes Gewebe, jedes Organ und jeder Organismus wird bis zum Ablauf der Lebensdauer und unter Einhaltung der Wachstumsgrenzen stets repariert, regeneriert oder erneuert. Es existiert kein Abfall. Alles Abgestorbene bildet die Ausgangsbasis für neues Leben. Lebende Organismen sind aber nicht nur für sich genommen komplexe Systeme, sie weisen auch viele komplexe Interaktionsmöglichkeiten untereinander auf.

Auf ökologischer Ebene **schaffen lebendige Systeme stets die Voraussetzungen für weiteres Leben**. Die Natur stellt sich gewissermaßen gegen das universelle physikalische Prinzip der **Entropie**, wonach alle Systeme in Richtung Unordnung und Chaos streben. Mithilfe der Sonnenenergie und der (fast) alles bestimmenden Reaktion der Photosynthese schaffen grüne Pflanzen zusammen mit phototrophen Mikroorganismen die Grundvoraussetzungen für das Leben auf der Erde.

Gaia, der Gesamtorganismus Erde, schafft beständig die Basis für neues Leben in der gesamten Biosphäre. Der beste Beweis hierfür ist die Tatsache, dass die Evolution auf der Erde seit mehr als 3,5 Milliarden Jahren unaufhörlich voranschreitet. Das bedingt eine komplexe Interaktion aller Lebensformen, Bakterien, Einzeller, Pilze, Pflanzen und Tiere. Keine Lebensform kann unabhängig und isoliert existieren.

Leben ist geprägt von der vorwiegend **symbiotischen Interaktion** einer hohen **Diversität** von Lebensformen, die sich stets in dem ewigen Zyklus der Nährstoffe und der Erneuerung befinden.

Regeneratives Denken bezieht sich daher auf eine grundlegende Denkweise, die darauf abzielt, nicht nur einzelne Probleme zu lösen, sondern auch und vor allem die Gesundheit und Vitalität von Systemen, Gemeinschaften und der Umwelt wiederherzustellen und zu fördern. Es geht darum, **über**

bloße Nachhaltigkeit hinauszugehen und aktiv Maßnahmen zu ergreifen, um positiven Wandel und Regeneration zu fördern.

Haben wir regeneratives Denken einmal verinnerlicht, können wir die zugrundeliegenden Prinzipien in den unterschiedlichsten Bereichen unserer Gesellschaft anwenden, einschließlich Wirtschaft, Umwelt, Landwirtschaft, Energieerzeugung, Gemeinschaftsentwicklung, Produktentwicklung sowie Architektur, Landschafts- und Städteplanung. Da es sich bei den genannten Bereichen um mehr oder minder komplexe, miteinander verbundene Systeme handelt, ist es auch nicht überraschend, dass wir mit unseren mittlerweile erworbenen Kenntnissen in Komplexität und Systemdenken bereits alle Grundvoraussetzungen besitzen, um regenerativ zu denken und zu gestalten.

Die **Kernaspekte des regenerativen Denkens** zur Schaffung einer gesunden und lebenswerten Welt sind vor allem:

- ein **ganzheitliches Verständnis von Systemen** unter Berücksichtigung der unterschiedlich komplexen **Beziehungen** zwischen den einzelnen Elementen (*»Alles ist mit allem verbunden«*);
- ökologische, soziale und wirtschaftliche Aspekte;
- der Fokus auf das **Erkennen von Mustern und Beziehungen;**
- das Verständnis der **Bedeutung des Kontexts** und Berücksichtigung der spezifischen lokalen Bedingungen und Gegebenheiten eines Orts;
- das **Prinzip der Regeneration beziehungsweise Erneuerung und Wiederherstellung** von Ressourcen, Ökosystemen und Gemeinschaften (anstatt der Bewahrung des Ist-Zustands);
- das aktive **Streben nach positiven Auswirkungen auf die Umwelt und die Gemeinschaft** (*»Netto-Positiv«*) und nicht nur negative Auswirkungen vermeiden im Sinne einer reinen Schadensbegrenzung;
- die **Kooperation *mit* der Natur** und deren Prinzipien, Prozessen und Mustern, um nachhaltige Lösungen zu schaffen;
- die **Förderung der Biodiversität und der Erhalt von Ökosystemen**, um ein gesundes Gleichgewicht in der Umwelt zu ermöglichen;
- die **Integration des Menschen in natürliche Ökosysteme,** um von den natürlichen Kreisläufen zu profitieren, anstatt sie zu unterbrechen;
- das **langfristige Denken und ein langfristiger Planungshorizont**, wobei stets die möglichen langfristigen Konsequenzen (vor allem die negativen) von Entscheidungen und Handlungen berücksichtigt werden;

- ein **Bekenntnis zur Kreislaufwirtschaft**, in der **Abfälle als Ressourcen** betrachtet werden und in den Produktionszyklus zurückgeführt werden, anstatt in einem degenerativen linearen Prozess (*»take-make-dispose«*) verschwendet zu werden;
- das Ermutigen aller Beteiligten zu gemeinschaftlicher **Innovation und Kreativität**;
- die **Orientierung an den Bedürfnissen und Wünschen der Gemeinschaften**, um die Lebensqualität *aller* zu verbessern;
- die **Partizipation und Zusammenarbeit verschiedener Interessengruppen**, um ganzheitliche Lösungen zu entwickeln;
- der **Fokus auf Verantwortung und aktives Handeln jedes Einzelnen** (anstatt passiv zu bleiben und auf die Politik zu warten).

Eine von regenerativem Denken getragene menschliche Kultur fördert aber auch die persönliche Entwicklung und den Prozess der Bewusstseinsbildung eines jeden Einzelnen. Individuen und Gruppen **lernen** dabei, **die richtigen Fragen zu stellen** und langsam gemeinsam in die Antworten hineinzuleben.

Regeneratives Design

»Anstatt der Umwelt weniger Schaden zuzufügen, ist es notwendig zu lernen, wie wir uns an der Umwelt beteiligen können, indem wir die Gesundheit ökologischer Systeme als Grundlage für das Design nutzen.«
– **Bill Reed** (Autor und Vordenker des Regenerativen Designs)

Während also regeneratives Denken das grundlegende Verständnis der inneren Funktionsweise lebender Systeme fördert und als grundlegendes Handlungsparadigma fungiert, wendet **Regeneratives Design** eine Reihe von Strategien und Techniken innerhalb des jeweiligen Kontextes an, um **Gesundheit, Anpassungsfähigkeit und evolutionäres Potenzial** eines sozial-ökologischen Systems **aufzubauen und langfristig zu fördern**. Auf diese Weise werden die Bedingungen für eine gedeihliche und lebenswerte Zukunft geschaffen – nicht nur für die menschliche Spezies, sondern für alle Lebensformen.

Da der Begriff »Design« in all seinen Abwandlungen für viele Leser vermutlich wenig konkret klingt, möchte ich im Folgenden kurz darauf eingehen. Design bezeichnet im Allgemeinen Sprachgebrauch so viel wie »Gestaltung«, »Entwurf« oder »Formgebung« eines Objektes, wobei sich der empirische **Designprozess** zumeist am Menschen und seinen vielfältigen Bedürfnissen orientiert. Obwohl Design häufig auch ästhetische Aspekte berücksichtigt, unterscheidet es sich vor allem durch seine strikte Zweckorientierung von der Kunst. Klassischerweise finden wir Design in Sparten wie Automobildesign, Modedesign, Grafikdesign, Softwaredesign und Architektur.

Im Unterschied zu reinem Produktdesign versteht sich »**Design Thinking**« als systematische Vorgehensweise zur Lösung komplexer Problemstellungen aus dem Alltag, wobei die Teilnahme von interdisziplinären Teams mit unterschiedlichen Blickwinkeln auf die Problematik sowie ein besonders »offenes Mindset«, Empathie, Experimentierfreudigkeit und Intuition zu den wichtigsten Eigenschaften der Teammitglieder zählt. Design Thinking versteht sich als **iterativer Prozess,** bei dem zu Beginn vor allem dem »Verstehen« des Problems und der Rahmenbedingungen sowie der »Beobachtung« eine große Bedeutung zukommt. Nach kreativer Ideenfindung und Schaffung eines »Prototypen« steht am Ende des Prozesses vor allem das regelmäßige und intensive Testen des erarbeiteten Ergebnisses beziehungsweise der Lösung. In dieser wichtigen **Phase des regelmäßigen Überprüfens und Testens** kommt es zu stetigen Änderungen, Anpassungen und Verbesserungen (*»Test to learn«*). Design Thinking ist damit Reise und Ziel zugleich.

Das sehr lösungsorientierte Design Thinking stößt allerdings bei besonders komplex vernetzten Systemen wie Ökosystemen an seine Grenzen. Hier kommt das bereits erwähnte problemorientierte Systemdenken ins Spiel. Man könnte die Mischung der beiden Ansätze also als »**Systemisches Designdenken**« bezeichnen. Kombiniert man beide Ansätze, erhält man ein Rahmenwerk, das durch intensive **Problemanalyse** und regelmäßiges **Feedback** versucht, bisher unentdeckte **Bedürfnisse und Muster eines Systems** zu nutzen, um Komplexität zu bewältigen und eine **positive Entwicklungsdynamik** zu fördern. Wichtig ist hier zu betonen, dass die unterschiedlichen Teilnehmer des Systems (die sogenannten Stakeholder) ohne jegliche Hierarchie (!), aber mit all ihren vielfältigen Verbindungen und Bedürfnissen in den gesamten Designprozess involviert sind. Es handelt sich daher um ein **partizipatives Design**, das die Nutzer oder Gemeinschaften in einen kollaborativen, **co-kreativen Prozess** einbindet, um ihre regionalen Bedürfnisse, Meinungen und Ideen zu berücksichtigen (»Community Engagement«).

Ein regenerativer Designansatz verbessert also die **Lebensfähigkeit und Vitalität in lebenden Systemen**, indem er auf dem regionalen Potenzial der Bewohner eines Ortes aufbaut. Das steigert sowohl die Akzeptanz als auch die Wahrscheinlichkeit für stabile und zukunftsorientierte Ergebnisse.

Eine regenerative Entwicklung baut auf den vielfältigen wechselseitigen **Beziehungen zwischen den soziokulturellen und ökologischen Komponenten von Systemen** auf, damit sich diese im Laufe der Zeit positiv entwickeln können. Individuelle und lokale Projekte werden dabei mit Projekten auf regionaler und überregionaler Ebene koordiniert, um die nachhaltige Lebensfähigkeit des Gesamtsystems (bestehend aus verschachtelten Einzelsystemen) zu gewährleisten.

Dieser ganzheitliche Prozess transformiert Weltanschauungen und verschiebt infolgedessen menschliche Werte, Überzeugungen, Verhaltensweisen und ihre soziokulturellen und physischen Manifestationen (zum Beispiel Infrastruktur).

Nach dem Vorbild der Natur gestalten

»Wie alles sich zum Ganzen webt, Eins in dem andern wirkt und lebt!«

– Johann Wolfgang von Goethe (*Faust*, Vers 447 f.)

Obwohl für Regeneratives Design keine allgemein gültige Definition existiert, könnte man es als »**das stetige Streben nach Aufbau und Regeneration bestehender Systeme durch die Anwendung von systemischem Designdenken**« bezeichnen. Es ist ein Gestaltungsansatz, der darauf abzielt, menschliche Systeme zu schaffen, die sich selbst regenerieren und erneuern können, anstatt sie zu erschöpfen und schließlich zu zerstören. Dies wird durch die Schaffung von stabilen und widerstandsfähigen Systemen **nach dem Vorbild der Natur** erreicht. Nur nach diesem Prinzip können wir die Gesundheit der Ökosysteme verbessern, natürliche Ressourcen aufbauen, langfristig soziale Gerechtigkeit schaffen und wirtschaftliche Stabilität fördern.

Dabei lässt sich Regeneratives Design **universell** anwenden. Es kann zur Schaffung von nachhaltigen und regenerativen Lösungen in verschiedenen Bereichen des menschlichen Lebens beitragen, sei es in der Gesellschaft, Ökologie, Architektur, Landwirtschaft, Ökonomie oder anderen Bereichen. Schlussendlich geht es darum, unseren gemeinschaftlichen negativen ökologischen Fußabdruck zu beseitigen und gleichzeitig **die Umwelt und damit auch die Gesellschaft zu bereichern**, indem wir natürliche Prozesse und Ressourcen nutzen, um ein balanciertes und damit nachhaltiges Ökosystem zu schaffen.

Die positiven Auswirkungen auf die Umwelt, die Menschen und die Gemeinschaften stehen dabei an vorderster Stelle. **Das Ziel ist, Systeme und Prozesse zu schaffen, die ethik- und wertorientiert im Einklang mit der Natur arbeiten, anstatt die Natur zu bekämpfen oder zu überlisten.** Krankhaftes Streben nach ewigem Wachstum, wirtschaftlichen Gewinnen, Macht und persönlichen Vorteilen haben dabei keinen Platz, zumal die Mehrheit ohnehin nichts davon hat. Die möglichen Hindernisse für eine regenerative Zukunft sind nicht technologischer oder finanzieller Natur, sondern bestenfalls sozialer und politischer.

So weitschweifig, theoretisch und umfangreich dieser Versuch einer Definition von »Regenerativem Design« sein mag, so vielfältig sind auch die dabei angewendeten Methoden, Techniken und Prozesse. Allgemein ausgedrückt, nutzen wir jene Prinzipien und Prozesse, die auch in der Natur zu finden sind, um Lösungen zu entwickeln, die sich in ein harmonisches Ökosystem einfügen (»Natur als Vorbild«).

Wir können die Natur quasi als ein riesiges Labor betrachten, das über Jahrmilliarden der Evolution durch Versuch und Irrtum hochgradig komplexe Systeme entstehen hat lassen, die in der Regel eine große Stabilität gegenüber Störungen aufweisen. Dabei sind **natürliche Systeme**

- äußerst energieeffizient,
- kennen aufgrund natürlicher Kreisläufe keine Abfälle,
- fördern Synergien (natürlich gibt es auch Konkurrenz),
- schaffen selbst die Voraussetzungen für weiteres Leben (streben nach höheren Organisationsebenen),
- sind resilient und stabil beziehungsweise »antifragil«,

- nutzen die Energie der Sonne und basieren auf der Reaktion der Photosynthese,
- speichern CO_2,
- sind selbstregulierend und
- basieren alle auf denselben Bausteinen und biochemischen Reaktionen des Lebens.

Unter der Prämisse, die Natur als Vorbild zu sehen, wurden in den vergangenen Jahrzehnten zahlreiche Methoden entwickelt, die wir je nach Bedarf in den regenerativen Designprozess integrieren können. Zu den bekanntesten Methoden des regenerativen Designprozesses zählen unter anderem **biophiles Design**, **Permakultur** und **Biomimikry**. In der Architektur, im Landschaftsbau und im Umweltmanagement kommen Technologien und Methoden zum Einsatz, die den natürlichen Wasser- und Nährstoffkreislauf unterstützen, die Biodiversität fördern und Schäden an der Umwelt beheben, die durch menschliche Aktivitäten verursacht wurden und werden.

Neben dem bereits bekannten Systemdenken findet der von natürlichen Ökosystemen inspirierte Ansatz des **Permakultur-Designs** genauso seine Anwendung wie die **Lebenszyklusanalyse** (LCA) und das **Cradle-to-Cradle-Design** (C2C).

Die Lebenszyklusanalyse ist eine Methode zur Bewertung der Umweltauswirkungen eines Produkts oder Systems über seinen gesamten Lebenszyklus hinweg, von der Rohstoffgewinnung bis zur Entsorgung. Cradle-to-Cradle-Design zielt hingegen darauf ab, Produkte *a priori* so zu gestalten, dass sie nach ihrem Nutzungszyklus entweder wiederverwendet oder vollständig in den natürlichen Kreislauf zurückgeführt werden können.[40]

Biomimetik (Biomimikry beziehungsweise Bionik) nutzt Prinzipien und Baupläne aus der Natur, um innovative Lösungen für unterschiedliche Herausforderungen in Bereichen wie Produktdesign, Architektur und Technologie zu finden.[41]

Insbesondere die **regenerative Landwirtschaft** mit ihren zahlreichen Methoden und Techniken zur Regeneration landwirtschaftlich genutzter Böden gilt als klassischer Ideengeber und Quasi-Testlabor des Regenerativen Designs. Hier lassen sich die Prinzipien einer Wirtschaftsweise nach ökologischen Gesichtspunkten besonders gut nachvollziehen, da eine Lebensmittelproduktion, die sich nicht an den Vorgaben der Natur orientiert, sehr rasch degenerative Symptome erkennen lässt und schlussendlich scheitert. Darüber hinaus bildet eine nachhaltige landwirtschaftliche Produktion wie eh und je die Grundlage für unsere Zivilisation. Das scheinen manche vergessen zu haben.

Schließlich spielt auch die **Berücksichtigung ethischer und sozialer Prinzipien** im Regenerativen Design eine wesentliche Rolle, um dem holistischen Ansatz gerecht zu werden.

Wenn das alles sehr umfangreich klingt, stimmt der Eindruck, denn die Methoden, die uns dem Ziel einer gerechten und nachhaltigen Welt für alle näherbringen können, sind ausgesprochen vielfältig. Wir brauchen nun einmal eine große Toolbox, um den vielfältigen gegenwärtigen Herausforderungen begegnen zu können. Wir befinden uns derzeit quasi am Beginn einer umfangreichen **Reparatur- und Regenerationsphase**, da wir zwingend stabile komplexe Systeme brauchen, die auch mit möglichen zukünftigen unerwarteten Ereignissen umgehen können. Dabei reicht das Spektrum des Unerwarteten von disruptiven Ereignissen wie neue Pandemien und dem Kollaps des Finanzsystems über Energie- und Gesundheitskrisen bis hin zu unerwarteten Klimaereignissen.

Auch wenn sich das alles sehr theoretisch anhört, der regenerative Ansatz ist in seinem Kern tatsächlich eine revolutionäre Hands-on-Praxis! Gerade das ständige Beobachten und Korrigieren, das unablässige Tun und (Er-)Schaffen von Synergien, das co-kreative Arbeiten an einer gelingenden Zukunft in kleinen Schritten, all das trägt etwas geheimnisvoll Transformatives in sich. Es macht etwas mit uns Menschen, wobei ich davon ausgehe, dass es die dabei **zunehmende Wahrnehmung der Selbstwirksamkeit** ist, die uns über uns selbst hinauswachsen lässt. Es ist diese anwachsende innere Überzeugung, auch herausfordernde Situationen meistern zu können. Rob Hopkins, der Gründer des *Transition Town Movements* (*Städte im Übergang*) nannte diese transformative Kraft des Tuns in seinem gleichnamigen Buch *The Power of Just Doing Stuff.*[42]

Wir geben uns in Hinkunft mit nicht weniger zufrieden als mit ausschließlich regenerativen, unter dem Strich netto-positiven Handlungen, denn wir müssen erkennen, dass ein System, das sich nicht regenerieren kann oder lässt, früher oder später stirbt! Egal, ob es sich dabei um unseren Körper, die Landwirtschaft, das Gemeinwohl, die Wirtschaft oder die Ökosysteme, von denen wir abhängig sind, handelt.

Im Falle des einzelnen Individuums ist das bedauerlicherweise unausweichlich: Wenn sich die Zellen, Gewebe und Organe unseres Körpers nicht mehr ausreichend regenerieren können, dann altern und sterben wir. Das komplexe lebende System der Biosphäre hat hingegen, dank seiner Fähigkeit zur Regeneration, bis jetzt fast vier Milliarden Jahre überstanden. Von unserem gegenwärtigen zivilisatorischen Projekt mit all seinen Verfallserscheinungen kann man das keinesfalls behaupten. Mit halbherzigen grünen Nachhaltigkeitsmaßnahmen nach dem Motto *»tue Gutes und sprich darüber«* wird uns vermutlich früher oder später das Schicksal vergangener Zivilisationen ereilen, bei denen die Degeneration über die Regeneration triumphiert hat. Es liegt jetzt an uns allen, eine gemeinsame *regenerative* Zukunft zu gestalten.

Eine regenerative Revolution

»Wir brauchen nicht so fortzuleben, wie wir gestern gelebt haben. Machen wir uns von dieser Anschauung los, und tausend Möglichkeiten laden uns zu neuem Leben ein.«

– CHRISTIAN MORGENSTERN (deutscher Dichter und Schriftsteller, 1871–1914)

Ob die regenerative Revolution ausreichend Menschen erreichen kann und wie erfolgreich sie sein wird, lässt sich, wie so oft, nicht vorhersagen. Auch unser gemeinsamer Weg liegt weitgehend im Nebel, da wir ihn erst gehen müssen, um ihn überhaupt erst entstehen zu lassen. Das ist das essenzielle Wesen des regenerativen Designpfades, das ihn von reduktionistischen, technischen Patentlösungen mit einem zumeist recht kurzen Planungshorizont unterscheidet. Was vor uns liegt, ist ein fließender Prozess, ein Transformationsmarathon, der vermutlich nie enden wird. Ausgang ungewiss.

Mit Sicherheit kann ich jedoch vorhersagen, dass uns dieser Paradigmenwechsel wunderbare neue Wege eröffnen kann, auf persönlicher Ebene sowie auf gemeinschaftlicher und kommunaler. Aufbruch ist immer ansteckend und trägt den Keim der Veränderung in sich. Vor allem dann, wenn jedes einzelne Individuum recht schnell bemerkt, welch transformative Kraft in dieser neuen Selbstwahrnehmung, als **Mensch co-evolutionärer Partner der Natur und der Biosphäre** zu sein, steckt.

Das Schöne dabei ist, dass Regeneratives Design nicht nur wenigen Experten vorbehalten ist, sondern von uns *allen* praktiziert werden kann. Gerade auf individueller Ebene kann der Ausstieg aus sinnlosem Konsum, die Hinwendung zu gemeinschaftlichem Austausch und Handeln, die Identifikation als Teil des komplexen Lebensnetzes der Biosphäre und die Teilhabe am Projekt der umfassenden Regeneration unserer Lebenserhaltungssysteme transformative Wirkung entfalten. Regeneratives Denken in unser Leben zu integrieren, lässt uns mit den komplexen Herausforderungen und beständigen Unsicherheiten des Lebens besser umgehen. Das alte Narrativ der Trennung und das damit verbundene Weltbild haben ausgedient und machen langsam Platz für **eine neue Erzählung ohne Panik und Hysterie.** Wir alle sind Designer …

Die Kernprinzipien des Regenerativen Designs

Die Gründer der *Regenesis Group* Bill Reed, Pamela Mang, Ben Haggard sowie zahlreiche andere Vordenker des Regenerativen Designs versuchten die zentralen Konzepte und Perspektiven des Regenerativen Designs zu definieren. Sie ergeben sich als Orientierungshilfen (!) durch die Betrachtung lebender Systeme und stehen weitgehend im Gegensatz zu unserer heute weit verbreiteten politischen Auffassung, Problemen zu begegnen.

Gewissermaßen als vier Kernkonzepte können wir definieren:

- Nur eine **ganzheitliche Betrachtung** der Situation und nicht die fragmentierte Sicht auf einzelne Probleme bildet eine holistische Grundlage für nachhaltiges und integratives Denken und Handeln.
- Das Erkennen der Tatsache, dass es sich in der Realität stets um **ineinander verschachtelte Systeme** unterschiedlicher Größenordnungen handelt.
- Das Verständnis für die **»Essenz« eines Orts** und der involvierten Personen als immer wieder **einzigartige Ausgangssituation** kann durch nichts ersetzt werden. Überregionale oder gar globale Problemlösungen von oben herab sind daher kontraproduktiv. Allerdings sind die Beziehungen zu übergeordneten Systemen und dem Rest der Welt durchaus von Bedeutung. Die Neologismen »glokal« und »Glokalisierung« (zusammengesetzt aus global und lokal) weisen uns darauf hin, dass das

Geschehen an einem bestimmten Punkt in der Welt zunächst zwar von lokal-regionaler, in der Folge aber auch von global-überregionaler Bedeutung sein kann.

- Das **Erkennen und Fördern von Potenzial** in Abhängigkeit vom jeweiligen **Kontext** ist effektiver als das Suchen nach Fehlern und das scheinbare Lösen eines Problems nach dem anderen.

Von diesen Kernkonzepten ausgehend, haben sich weitere Entwicklungsperspektiven und Prinzipien des Regenerativen Designs herausgebildet, die eine nachhaltige Zukunft für alle Lebewesen und den Planeten im Allgemeinen fördern sollen. So baut Regeneratives Design zum Beispiel auf **kollektive Weisheit und Zusammenarbeit** anstatt auf einzelne Expertenmeinungen. Dieses Prinzip der »**Pluralität des Wissens**« fördert die Zusammenführung von Fachwissen und Erfahrungen aus verschiedenen Bereichen und Disziplinen sowie einen **respektvollen Austausch** zwischen allen Beteiligten eines Projekts. Inhaltliche Integrität und die Einbeziehung der Perspektiven aller bei der Identifikation gemeinsamer Ziele sind wesentliche Entscheidungsgrundlagen für einen co-kreativen Pfad in die Zukunft.

Da wir vermutlich das einzige Lebewesen auf der Erde sind, das sich seine Zukunft aktiv vorstellen kann, fördert Regeneratives Design auch die **menschliche Vorstellungskraft**. Denn nur was wir uns zunächst vor unserem inneren Auge vorstellen und kreativ visualisieren können, findet schließlich auch den Weg zur physischen Manifestation.

Ein weiteres zentrales Prinzip des regenerativen Gestaltens ist die **Förderung von Lebendigkeit** und die Schaffung von Bedingungen, die vielfältiges Leben, Komplexität und Diversität erst ermöglichen. Dieses Prinzip betont auch die Notwendigkeit, Lebensqualität und Vitalität in allen Aspekten des Designprozesses zu fördern, um Räume und Systeme zu schaffen, die nicht nur funktional sind, sondern auch unsere **Sinne** ansprechen, **kulturelle Werte** widerspiegeln und die **Verbindung zwischen Mensch und Natur** stärken.

Eng damit verknüpft ist das Prinzip der **ökologischen Bewusstheit**. Die tiefe Verbindung zwischen Menschen und ihrer Umwelt zu erkennen und bewusst in die komplexen Funktionsweisen von Ökosystemen einzutauchen, betont die Wichtigkeit, ökologische Muster und Prozesse zu verstehen und sie in das Design einzubeziehen. Dabei trifft den Menschen eine besondere **ethische Verantwortung**, die Stabilität und die Gesundheit der Ökosysteme zu fördern.

Da es sich bei Projekten des Regenerativen Designs in der Regel um **Langzeitprojekte** handelt, muss der Kurs regelmäßig angepasst, sprich adaptiert werden. Einmal beschlossenen, starren Zielvorgaben stur nachzulaufen, *koste es, was es wolle*, ist leider ein häufig zu beobachtendes Phänomen, das selten zu einem zufriedenstellenden Resultat für alle führt. Arbeiten wir hingegen von vornherein nach dem Vorbild der adaptiven Eigenschaften der Natur, können wir unseren Pfad stets an neue, unerwartete Gegebenheiten anpassen. Die **Fähigkeit zur Adaptation** an neue, vielleicht sogar unvorhergesehene Bedingungen ist ein wesentlicher Eckpfeiler für die viel zitierte aber nur wenig verstandene **Resilienz**.

Weil **Langzeitdenken** heutzutage nicht gerade weit verbreitet zu sein scheint, aber in Verbindung mit **Co-Kreativität**, einem Verständnis für die **Essenz eines Orts** und dem Fokus auf **Resilienz** eine herausragende Bedeutung für unsere unmittelbare Zukunft haben wird, möchte ich diese Punkte im Folgenden noch etwas genauer ausführen.

Symbiogenese, Co-Kreation und Co-Evolution

»Der Mensch braucht die Natur, die Natur den Menschen nicht.
Der Mensch ist Teil der Natur, er ist ihr nicht übergeordnet.
Erst wenn er das begreift, hat er eine Überlebenschance.«

– **Richard von Weizsäcker** (ehem. Bundespräsident der Bundesrepublik Deutschland; 1920–2015)

Vieles deutet darauf hin, dass komplexe Lebensformen durch eine **kooperative Verschmelzung** einfacherer Organismen entstanden sind und nicht einfach durch profanen Wettbewerb. Ein Beleg hierfür sind beispielsweise die wie kleine Kraftwerke funktionierenden Mitochondrien in unseren Körperzellen. Sie dürften ursprünglich frei lebende prokaryotische Organismen gewesen sein, die von anderen Zellen irgendwann in der Evolutionsgeschichte einfach »verschlungen« wurden. In ihrem neuen Zuhause fühlten sie sich fortan recht wohl und produzierten für ihre Wirtszellen Energie. Das Resultat war und ist eine für beide Seiten vorteilhafte Beziehung. Das

Ganze war nach der Vereinigung daraufhin mehr als die Summe seiner Teile im Sinne einer Win-win-Situation und ermöglichte in der Folge die Entwicklung mehrzelliger Lebewesen, zu denen auch wir Menschen zählen.

Dieser Prozess der Entstehung neuer Zellorganellen, Organe oder sogar Arten durch die Verschmelzung oder Zusammenarbeit verschiedener biologischer Partner wird in der Biologie auch als **Symbiogenese** bezeichnet. Im Rahmen des Regenerativen Designs wird dieser Begriff etwas breiter verstanden und betont, dass symbiotische Beziehungen, also **das kooperative Miteinander zum gegenseitigen Nutzen, zwischen Mensch und Natur beziehungsweise über die Art-Grenzen hinweg** zu völlig neuen Ansätzen der Zukunftsbewältigung führen können.

Eng damit verknüpft ist der Begriff der **Co-Kreation**, also das gemeinschaftliche Gestalten und Entwickeln neuer Ideen. Der visionäre Architekt und Systemtheoretiker Buckminster Fuller (1895–1983) war der Überzeugung, dass alle Menschen Passagiere auf dem Raumschiff Erde (»*Spaceship Earth*«) seien und daher wie die Besatzung eines großen Schiffes **zusammenarbeiten** müssten, um das ordnungsgemäße Funktionieren des Planeten zu gewährleisten.

Bei der Entwicklung von regenerativen Designkonzepten ist die gleichwürdige **Einbindung der Gemeinschaft** unterschiedlicher Fachleute und Interessengruppen von entscheidender Bedeutung. Co-Kreation ermöglicht es Menschen, ihre Bedürfnisse, Ideen und Werte in den Gestaltungsprozess einzubringen, was dazu beiträgt, dass die entworfenen Lösungswege besser auf die spezifischen Anforderungen und Gegebenheiten vor Ort zugeschnitten sind. Co-Kreation fördert **innovative Denkweisen und kreative Lösungen** durch das Zusammenführen eines breiteren Wissens und unterschiedlicher Perspektiven, um nachhaltigere Konzepte zu entwickeln. Dadurch werden nicht nur unmittelbare Bedürfnisse erfüllt, sondern vor allem langfristige positive Auswirkungen auf die Umwelt und die Gemeinschaft gefördert.

Apropos langfristig: Auch der Begriff der **Co-Evolution** wird häufig in einem Atemzug mit Regenerativem Design benutzt. Dabei geht es weniger um das Verständnis des Evolutionsbegriffs im engeren, darwinistischen Sinne, als vielmehr um einen weiteren Paradigmenwechsel. Während sich Menschen in post-industriellen Gesellschaften zunehmend losgelöst von der umgebenden Natur begreifen, diese ausbeuten, schädigen und die Artenvielfalt reduzieren, *förderten* zahlreiche frühere indigene Gesellschaften aktiv die Biodiversität und Produktivität ihres Lebensraumes. Tatsächlich ist auch der moderne *Homo sapiens* nur eine weitere Spezies unter vielen, welche die Evolution hervorbrachte. Durch sein komplexes Gehirn und die einzigartige Fähigkeit, auch die Zukunft antizipieren zu können, wäre gerade **der Mensch als co-evolutionärer Partner der Natur** in der Lage, all seine Lebensbereiche und Aktivitäten so zu gestalten, dass sie zu einer positiven Co-Evolution zwischen Mensch und Biosphäre führen. Regeneratives Design in all seinen verschiedenen Anwendungsbereichen setzt sich daher die Aufgabe, stets als **co-evolutionärer Partner der Natur und lebender Systeme** zu handeln, um jene Bedingungen zu schaffen, die deren Potenzial für Diversität, Komplexität und Kreativität fördern.

Anstatt unser einzigartiges Potenzial in der beschleunigten Vernichtung unserer eigenen Lebensgrundlage zu verwirklichen, könnten wir viele Ökosysteme der Erde in einem ziemlich überschaubaren Zeitraum *regenerieren* und damit in einen sprichwörtlichen Garten Eden verwandeln. Der bekannte US-amerikanische Biologe Edward O. Wilson (1929–2021) bemerkte in diesem Zusammenhang:

»Menschen sind nicht von Natur aus böse. Wir haben genug Intelligenz, guten Willen, Großzügigkeit und Unternehmungsgeist, um die Erde sowohl für uns selbst als auch für die Biosphäre, die uns hervorgebracht hat, in ein Paradies zu verwandeln. Wir können dieses Ziel plausibel bis zum Ende des Jahrhunderts erreichen, oder zumindest auf dem besten Weg dorthin sein.«[43]

Was der Erreichung dieses Zieles möglicherweise im Weg stehen könnte, ist die Tatsache, dass ein beträchtlicher Teil der Bevölkerung in post-industriellen Gesellschaften den Bezug und die Verbindungen zur Natur weitgehend verloren zu haben scheint.

Kontextualität – Die »Essenz« des Orts

»Wo fass ich dich, unendliche Natur? Euch Brüste, wo?
Ihr Quellen alles Lebens.«

– Johann Wolfgang von Goethe (*Faust*, Vers 455 f.)

Der bereits mehrfach gefallene Begriff der »Essenz des Orts« bezieht sich auf die charakteristischen Eigenschaften und Merkmale, die einen bestimmten

Ort, eine Kultur oder eine geografische Region einzigartig machen (*Genius loci*). Diese »Essenz« kann sich aus unterschiedlichen Aspekten zusammensetzen. So tragen die geografischen Eigenschaften, die Struktur der Landschaft, die Vegetation, die Artenzusammensetzung und das regionale Klima genauso zur Einzigartigkeit eines Orts bei wie dessen Geschichte, Gemeinschaftsstrukturen, Traditionen, Bräuche, Kunst und Architektur. Ein Ort kann auch aufgrund historischer Ereignisse eine besondere symbolische Bedeutung tragen. Diese **kulturelle Identität eines Orts** wird durch die dort lebenden Menschen und Gemeinschaften sowie deren soziale Interaktionen und Aktivitäten wesentlich mitgeprägt.

Zudem besitzt jeder Ort eine einzigartige Stimmung oder Atmosphäre, die durch die Kombination von visuellen, akustischen und emotionalen Eindrücken entsteht und kaum in Worten auszudrücken ist. Häufig sind es Künstler, Schriftsteller, Fotografen oder Heimatforscher, die versuchen, diese Einzigartigkeit und Tiefe eines Orts zu erfassen und zu kommunizieren.

Es ist dieser spezielle Kontext, **die Verbindung zwischen einem Ort und dessen Bewohnern**, der in den regenerativen Gestaltungsprozess zwingend miteinbezogen werden muss. **Kleinregionale Gestaltungswege,** die auf dieser Essenz aufbauen, sind von oben verordneten überregionalen Gesamtlösungen *immer* überlegen.

Ein grundlegender Aspekt des Regenerativen Designs ist es auch, die natürlichen Ressourcen, Ökosysteme und ökologischen Prozesse eines Orts beziehungsweise einer **Region** besser zu verstehen. Dies ermöglicht es, Designs zu entwickeln, die im Einklang mit der natürlichen Umgebung stehen und sie unterstützen, anstatt sie zu belasten. In der Architektur fördert die **Nutzung lokaler (Bau-)Materialien und Ressourcen** zudem die Nachhaltigkeit und minimiert den ökologischen Fußabdruck eines Designs.

Die Berücksichtigung der einzigartigen ökologischen, sozialen und kulturellen Charakteristika eines bestimmten Orts ermöglicht nicht nur nachhaltigere Lösungen, sondern stärkt gleichzeitig die soziale und kulturelle Identität eines Orts. Und: Identität schafft Bindung!

Dabei ist diese »**Bioregionalität**« bei Weitem nichts Neues. *Homo sapiens* existiert seit etwa dreihunderttausend Jahren, das Genus *Homo* zumindest seit zwei Millionen Jahren. Aber erst während der letzten paar Tausend Jahre haben wir so etwas wie das, was wir Zivilisation nennen, erreicht. Wir wollen uns, um Lösungsansätze zu finden, ansehen, was in unserer Vergangenheit über längere Zeiträume für Stabilität gesorgt hat. Nehmen wir die Jäger-und-Sammler-Gesellschaften, die 99 Prozent der menschlichen Existenz und damit gewissermaßen den Standard des menschlichen Zusammenlebens darstellten. Sie lebten in vorwiegend egalitären Verbänden, sammelten ihre Nahrungsmittel regional, produzierten keinen gesundheitsschädlichen Müll, bauten ihre Behausungen (gezwungenermaßen) aus lokal verfügbarem Material, sie lebten mit der saisonalen Verfügbarkeit von Nahrung, legten keine Monokulturen an (sondern, wenn überhaupt, eher etwas, das wir heute Permakultur nennen würden). Sie pflegten enge Beziehungen zu ihrer ökologischen Umgebung über religiös-spirituelle Riten. Alle nachhaltigen Kulturen, die länger bestanden, waren gezwungenermaßen regional ausgerichtet, bioregional.

In dem Verhältnis Mensch–Natur kann der Mensch immer nur Schüler sein, aber niemals Lehrer. Dennoch hat der Mensch in den vergangenen ein- bis zweihundert Jahren, spätestens jedoch seit der Aufklärung, geglaubt, die Rolle des Lehrers einnehmen zu können. Dass das kläglich scheitern musste, sollte keine große Überraschung sein.

Eine **hyperkonsumorientierte Gesellschaft** in Städten mit vorwiegend globalem Warenhandel in Verbindung mit der **Auslagerung von Produktionsstätten in ferne Länder**, wo man das Elend und den Umweltschaden nicht sieht, kann langfristig sehr wahrscheinlich nicht erfolgreich sein. In einer regional organisierten Welt wäre das unmöglich, denn der toxische Müll würde sich direkt vor der Haustüre akkumulieren und damit als Konsequenz für jedermann sichtbar werden.

Dass bei einer vorwiegend regionalen Wirtschaftsweise gleichzeitig auch die Emissionen eingedämmt werden würden, wäre ein Nebenprodukt, aber nicht das vorrangige Ziel. Bei aller Liebe zur Globalisierung mit all ihren Vor- und Nachteilen müssen wir schließlich zur Kenntnis nehmen, dass alle wirklich nachhaltigen menschlichen Kulturen im Laufe der Geschichte vorwiegend auf territorialer Ebene individuell als regionale Ökonomien organisiert waren. Selbstverständlich waren lange Handelsrouten für regional nicht verfügbare Waren ebenfalls ein Kennzeichen von hochentwickelten, miteinander verbundenen Kulturen. Sie waren aber im Unterschied zu heute keine singuläre stabilitätsbildende Säule.

Der **Umgang mit Komplexität ist stets kontextabhängig und erlaubt kein standardisiertes Vorgehen.** Was in einem Kontext einmal funktioniert hat, kann beim nächsten Mal oder an einem anderen Ort möglicherweise gänzlich andere Folgen haben. Ein nachvollziehbares Beispiel hierfür ist eine wilde Kindergeburtstagsparty. Das Ins-Spiel-Bringen eines Fußballs im Freien kann das Emergenzphänomen eines geordneten Spiels katalysieren, während die gleiche Vorgangsweise bei Schlechtwetter im eigenen Wohnzimmer einen gänzlich anderen Ausgang hat und im schlimmsten Fall im Chaos endet. Der Kontext hat sich geändert, und das System reagiert völlig anders, der entstehende Schaden ist unter Umständen enorm.

Dauerhafte Kulturen

»Wen anders als die Natur können wir fragen, um zu wissen, wie wir leben sollen, um wohl zu leben?«

– Christoph Martin Wieland (deutscher Dichter, 1733–1813)

Die in den 1970er-Jahren von den Australiern Bill Mollison und David Holmgren veröffentlichten Permakulturprinzipien[44] waren ihrer Zeit weit voraus und sind heute aktueller denn je. Der Begriff »Permakultur« leitet sich von den englischen Wörtern *permanent* und *agriculture* ab und bezeichnet damit eine **permanente und nachhaltige Landwirtschaft**. Treffender ist hier eigentlich der Begriff der »**Agri-Kultur**«, denn die landwirtschaftliche Subsistenzökonomie war über große Zeiträume immer auch mit der lokalen Kultur eng verbunden beziehungsweise ermöglichte sie diese erst.

Die von einer Sammlung landwirtschaftlicher Gestaltungsmethoden nach dem Vorbild der Natur zu einer ökologischen Lebensphilosophie avancierte Methode der Permakultur ist Design und Praxis gleichermaßen und geht daher auch in ihrem Kern mit vielen Punkten des Regenerativen Designs konform. Ich würde sogar so weit gehen und behaupten, dass die Permakulturprinzipien zu einem fixen Methodenrepertoire der regenerativen Bewegung, insbesondere der regenerativen Landwirtschaft, geworden sind. Sie basieren allesamt auf der intensiven **Beobachtung ökologischer Prozesse** und ähneln in weiten Strecken den Sichtweisen des Biolandbaus. Über den Biolandbau hinausgehend, entwickelte die Permakulturbewegung mit der Zeit zusätzlich einen besonderen Fokus auf **sozio-kulturelle**

Aspekte. Dieser Umstand, gepaart mit der Einbindung ökologisch-wissenschaftlicher Erkenntnisse, **traditionellem Wissen indigener Völker** und der Betonung von regelmäßiger Beobachtung und experimenteller Herangehensweise, macht die Permakultur zu einem Musterbeispiel für systemisches Designdenken unter Berücksichtigung natürlicher Kreisläufe.

Lange Zeit von manchen als theoretische *»Hippie-Idee«* mit Kräuterspiralen und ertragsarmen Selbstversorgergärten abgetan, sind die zeitlosen wie vielfältigen Gestaltungsprinzipien der Permakultur heute ein wichtiger Gegenentwurf zu den vorherrschenden, von Effizienz und Optimierungswahn getriebenen und daher degenerativ wirtschaftenden industriellen Agrarsystemen.

Die **Permakulturgestaltungsprinzipien als Mischung von System- und Designdenken** haben den Aufbau langfristig ertragreicher landwirtschaftlicher Systeme zum Ziel, wobei **Kooperation statt Konkurrenz**, die Gestaltung mithilfe von **Mustern** und das Achten auf die **Beziehungen** zwischen den Elementen (anstatt nur auf die Elemente an sich) eine wichtige Rolle spielen. Das Prozesshafte spiegelt sich in einem permanent wiederholenden Zyklus aus **Beobachten, Planen und Experimentieren** wider. Dabei werden **Flexibilität und Anpassung** großgeschrieben, um mit der Zeit den Zustand eines Systems zu verbessern beziehungsweise zu optimieren (*»Der Weg ist das Ziel«*).

Schließlich bilden die Permakulturgestaltungsprinzipien einen **Denkrahmen**, der weit über landwirtschaftlichen Anbau hinausgeht. So können die Prinzipien, die im Wesentlichen darauf abzielen, menschliche Aktivitäten in Einklang mit den natürlichen Ökosystemen zu bringen, um nachhaltige und gesunde Lebensräume zu schaffen, auch im persönlichen, ökonomischen, gesellschaftlichen, architektonischen und politischen Bereich Anwendung finden. Die wichtigsten **Gestaltungsprinzipien der Permakultur** sind:

Das **Einfangen und Speichern von Energie.** Permakultur zielt darauf ab, erneuerbare Energiequellen (Sonnenenergie, Windenergie, Wasserkraft beziehungsweise Regenwasser und Kompost) zu nutzen und zu speichern, um sie in verschiedenen Aspekten des Designs zu nutzen. Dabei wird die Bedeutung der Nutzung von erneuerbaren Ressourcen, **lokal verfügbaren Materialien** und natürlichen Ökosystemdienstleistungen betont, um die Abhängigkeit von nicht erneuerbaren Ressourcen zu verringern.

Das **Prinzip des Beobachtens und Interagierens** betont die bereits mehrfach angesprochene Notwendigkeit, natürliche Umgebungen und Prozesse sorgfältig zu beobachten, bevor man interveniert. Erst durch genaue Beobachtung können die richtigen Entscheidungen getroffen werden, um auf die Bedürfnisse des Systems zu reagieren (Potenzial erkennen durch erhöhte Aufmerksamkeit).

Systeme sollten stets so gestaltet werden, dass sie **ertragreich** sind und verschiedene Bedürfnisse der Gemeinschaft erfüllen können, sei es Nahrung, Energie oder andere Ressourcen. Das Augenmerk auf die Fähigkeit zur **Anpassungsfähigkeit** von Systemen gewährleistet, dass sie sich selbst regulieren und an verändernde Bedingungen anpassen können, was wiederum zu stabilen, widerstandsfähigen Systemen führt (Resilienz).

Großer Wert wird auch darauf gelegt, **keinen Abfall zu produzieren** beziehungsweise diesen zu minimieren, sondern stattdessen auf effektive Recycling- und Wiederverwertungsprozesse zu setzen, denn in der Natur existiert kein Abfall.

Das Prinzip »**Gestalte erst das Muster, dann die Details**« zielt darauf ab, von den natürlichen wiederkehrenden Mustern in der Umwelt, die bei der Selbstorganisation und Co-Evolution von Systemen entstehen, zu lernen und diese Prinzipien auf menschliche Systeme anzuwenden. Das Erkennen übergeordneter Muster soll verhindern, dass man den sprichwörtlichen »Wald vor lauter Bäumen nicht mehr sieht«. Es wird vom großen Muster ausgehend zum Detail hin gestaltet.

Um **Synergien zu schaffen und Ressourcen effizient zu nutzen,** legt die Permakultur großen Wert darauf zu **integrieren, anstatt zu separieren**, denn, wie wir bereits gesehen haben, die Verbindungen zwischen den Dingen sind ebenso wichtig wie die Dinge selbst. Dieses **Naturprinzip der Kooperation** statt Konkurrenz kann auch beispielsweise in einer Unternehmenskultur oder in der Gestaltung von Gemeinschaften Anwendung finden.

Die Bevorzugung **kleiner, schrittweiser Interventionen** ermöglicht eine bessere (langsamere) **Anpassung** und Veränderung ohne unnötige Verschwendung von Ressourcen und kann kleinere und größere Katastrophen vermeiden. Hierunter ist auch die **Rückkehr zum menschlichen Maß** zu verstehen (»*Small is beautiful*«). Die Natur gibt hier das Vorbild, denn auch eine Zelle wächst nicht überhastet ewig weiter. Sobald sie eine optimale Größe erreicht hat, teilt sie sich, und es entsteht eine weitere zelluläre Organisationseinheit gleicher Art. Betrachtet man ein Gewebe unter dem Mikroskop, sind in der Regel alle Zellen in etwa gleich groß, da ein physiologisches Optimum erreicht worden ist. Entdeckt man eine auffällig große Zelle, die gegebenenfalls auch noch andere Abweichungen zeigt, dann spricht man in der Pathologie von einer zellulären Atypie. Ein Befund, der jeden Pathologen aufmerksam werden lässt, da es ein möglicher Hinweis auf entartendes Wachstum im Sinne von Krebs darstellt. Nur in der Wirtschaft scheint rasches und grenzenloses Wachstum kaum jemanden zu beunruhigen. Das erfolgreichste Unternehmen der Erde, die Natur selbst, bevorzugt hingegen das Prinzip »Eile mit Weile«.

Auch die Entstehung und Erhaltung von **Vielfalt** wird in der Permakultur gefördert, sowohl was Pflanzen und Tiere betrifft als auch Menschen, da Vielfalt in der Regel zur Stabilität und Widerstandsfähigkeit eines Systems beiträgt. Das gilt auch für ökonomische und gesellschaftliche Diversität.

Sogenannte »**Randeffekte**« an der Grenze beziehungsweise Überlappungszone zwischen unterschiedlichen Bereichen oder Ökosystemen sollten stets genutzt werden, um Vielfalt und Produktivität zu erhöhen. Gerade die Bedeutung des Randzoneneffektes (ein Begriff aus der Ökologie, im Englischen besser bekannt als *Edge-Effect*) kann nicht genug betont werden. Wo unterschiedliche Ökosysteme zusammenkommen (zum Beispiel an der Grenze zwischen Wald und Wiese), ist die Biodiversität häufig besonders hoch, und nicht selten entsteht hier Interessantes und Neues. An den Rändern werden sowohl kooperierende als auch konkurrierende Phänomene zwischen Systemelementen sichtbar.

Das Prinzip »**Nutze Veränderung und begegne ihr mit Kreativität**« beruht auf der Tatsache, dass auch in der Natur kein Stillstand existiert. Alle Ökosysteme weisen eine sogenannte **Sukzession** auf. Das bedeutet, dass sich nach einer initialen Störung des Systems zunächst gewisse Pionierarten etablieren. In der Folge ändert sich über einen mehr oder weniger langen Zeitraum die Artenzusammensetzung immer wieder und damit auch der gesamte ökologische Kontext und die Standortfaktoren. Über die Zeit entsteht auf diese Weise irgendwann einmal ein gewisses »Gleichgewicht«, eine sogenannte **Klimaxgesellschaft** mit der höchsten Speicherung an Biomasse. Auch wenn ein System in diesem Zustand den Anschein von stabiler Ruhe erweckt, so ist es doch eher eine dynamisch pulsierende, stets veränderliche Lebensgemeinschaft der unterschiedlichsten Arten. Aber selbst eine Klimaxgesellschaft findet irgendwann ihr Ende, und die gespeicherte Energie wird wieder freigesetzt.

Auf diesen permanenten Wandel der Existenz weisen uns auch viele Weisheitstraditionen und Religionen hin. So wie der Schmetterling aus einer Raupe entsteht, können auch wir aus stets stattfindender unvermeidlicher Veränderung **lernen, die Dinge nicht nur so zu sehen, wie sie sind, sondern auch so, wie sie einmal sein werden oder sein könnten.** Das Verständnis von Wandel und die **Akzeptanz der Illusion von Permanenz** in natürlichen Systemen ist eine Grundvoraussetzung, um diese Systeme mitwirkend kreativ gestalten zu können. Wir erinnern uns: Einer der größten Fehler im Umgang mit komplexen Systemen ist es, zu versuchen, dem System den eigenen Willen aufzuzwingen. **Veränderung findet statt, ob wir das wollen oder nicht. Wir sollten sie akzeptieren und kreativ nutzen, anstatt dagegen anzukämpfen.** Das gilt für das eigene Leben genauso wie für Ökosysteme, Landschaften, Unternehmen, Organisationen, Gemeinschaften und Kulturen.

So ist **Flexibilität** in der Realität von Systemen wichtiger als statische Widerstandskraft und Standhaftigkeit, denn sie **erzeugt langfristig so etwas wie eine »dynamische Stabilität«.**

Möglicherweise ist das **Prinzip der dynamischen Stabilität** angesichts des bevorstehenden unvorhersehbaren und möglicherweise extremen ökologischen und zivilisatorischen Wandels eines der bedeutendsten. Die dynamischen Stabilitätseigenschaften eines sozial-ökologischen Systems werden häufig unter dem Begriff der »**Resilienz**« zusammengefasst. Ähnlich wie der Begriff der Nachhaltigkeit wird Resilienz gerne als Schlagwort benutzt, ohne dass man dabei seine tiefergehende Bedeutung und seine Prinzipien kennt. Es lohnt sich daher, wenn wir uns mit den Gesetzmäßigkeiten von Resilienz in sozial-ökologischen Systemen eingehender beschäftigen.

9. Resilienz – Wie die Natur für Stabilität sorgt (und was wir daraus lernen können)

»Wohl ist alles in der Natur Wechsel,
aber hinter dem Wechselnden ruht ein Ewiges.«
– Johann Wolfgang von Goethe (1749–1832)

Es ist vermutlich niemandem entgangen, dass wir in einer zunehmend komplexen Welt leben, die sich aus unzähligen, miteinander verbundenen Systemen zusammensetzt, die kein menschliches Wesen überblicken kann. Und – das ist die Folge dieser Komplexität – wir leben in einer Welt mit immer mehr nicht abschätzbaren Risiken. Da uns diese Risiken mehr oder weniger alle betreffen, von Politikern, Wirtschaftstreibenden und Wissenschaftlern über Landwirte bis hin zu jedem Bürger und jeder Bürgerin, sollten wir uns dringend darüber Gedanken machen, was Stabilität aus ganzheitlicher Sicht eigentlich bedeutet, und wie wir uns diesem Zustand besser annähern können. Das sogenannte **Resilienzdenken** sollte zu einem fixen Bestandteil unserer Entscheidungen werden. Erstaunlicherweise ist das derzeit selten der Fall.

Im Kontext dieses Buchs geht es um **sozial-ökologische Systeme**, da wir es stets mit unzähligen, voneinander abhängigen und miteinander verbundenen **Systemen aus Mensch und Natur** zu tun haben. Menschen sind Teil der Ökosysteme, und diese sind auf lokaler, regionaler und globaler Ebene komplex miteinander verwoben. Wir sind aber nicht *nur ein Teil* dieser Systeme, sondern hinsichtlich unseres Wohlbefindens und der gesellschaftlichen Entwicklungen in jeder Sekunde unseres Daseins von ihnen und ihren sogenannten Ökosystemdienstleistungen abhängig.

Was dabei nur selten wahrgenommen wird, ist die Tatsache, dass keine Situation der anderen gleicht und die Welt sich vor dem Hintergrund des globalen Wandels und anderer zeitlicher Dynamiken beständig verändert. **Viele unserer fehlerhaften Entscheidungen rühren aber gerade daher, dass wir glauben, die Zukunft wäre eine lineare Fortsetzung unserer Ver-**

gangenheit in kleinen Schritten. Disruptive Phänomene und unvorhergesehene Katastrophen und Krisen aller Art werden bestenfalls überrascht und weitgehend hilflos zu Kenntnis genommen.

Einige unserer gegenwärtigen Probleme sind dabei nicht einmal die Folge von finanzieller Gier und Ausbeutung. Sie entwickelten sich trotz oder vielleicht gerade wegen den besten Absichten der Menschen, die Dinge nachhaltig gestalten zu wollen. Mit großem Wissen und noch mehr finanziellen Investitionen erfassen wir inzwischen enorme Datenmengen, identifizieren und katalogisieren Arten und messen, was gemessen werden kann, nur um am Ende feststellen zu müssen, dass sich der Zustand der Erde (und damit unsere Chance auf eine gedeihliche Zukunft) weiter verschlechtert hat. Dieses Phänomen ist nicht zuletzt auch das Resultat einer dominant linkshemisphärischen Sichtweise auf unsere Umwelt.

Es geht daher wohl nicht nur um die Menge (Quantität) unseres Wissens, sondern vor allem um die Art dieses Wissens (Qualität). Ein Leben nach dem Motto »*Business as usual*« führt uns ziemlich sicher direkt in die nächste Katastrophe.

Unsere gegenwärtigen Lebens- und Bewältigungsstrategien basieren auf der alles bestimmenden, aus der neoliberalen Wirtschaft stammenden Philosophie der **Effizienz**. Sie versucht, die Produktion von einzelnen Systemkomponenten (zum Beispiel Ernteerträge) zu maximieren, indem sie andere Komponenten rigide kontrolliert (zum Beispiel durch Düngemittel, Pestizide und Maschinen).

Anfänglich funktionieren derartige Herangehensweisen oft erstaunlich gut. Die darauf stets folgenden Bestrebungen einer weiteren **Optimierung** versuchen, die Produktion des Systems dann quasi **für immer** auf diesem erreichten hohen Maximalniveau einzufrieren. Und genau hier spießt es sich mit der lebensweltlichen Realität, denn die Biosphäre und ihre Erhaltungssysteme funktionieren gänzlich anders.

Aus wirtschaftlicher Sicht bedeutet Effizienz in der Regel, Redundanzen zu beseitigen, um nur jene Dinge und Systemeigenschaften zu fördern, die unmittelbar und direkt in einen monetären Profit oder das gewünschte optimale Ergebnis münden. Genau dieses **Streben nach Optimierung durch das Beseitigen von Redundanzen ist aus Perspektive des Resilienzdenkens ein klassischer Schritt in Richtung zunehmender Instabilität und Katastrophe.**

Zusätzlich wird durch dieses Optimierungsstreben, dem damit verbundenen Zwang zur Vereinfachung und dem Fokus auf recht kurze Zeithorizonte alles untergeordnet (und zum Teil sogar vernichtet), was unserer Existenz Schönheit, Werte und Qualitäten jenseits von Worten verleiht. Auch den unter dem an sich schrecklichen Wort »Ökosystemdienstleistungen« subsummierten lebenserhaltenden Prozessen der Biosphäre wird dabei jeglicher Wert abgesprochen.

Dabei zeigt uns unsere rezente und längere Vergangenheit durch unzählige Beispiele, dass wir weit davon entfernt sind, die Komplexität unserer Welt auch nur annähernd zur verstehen. **Die naive Sichtweise, es gäbe so etwas wie einen nachhaltigen, optimalen Zustand, der für immer aufrechterhalten werden könnte, ist nicht mehr als eine Illusion**, gefördert durch Kurzzeitdenken und unser reduktionistisches Verständnis lebendiger Systeme. Die Illusion zu glauben, dass man einzelne Komponenten eines Systems optimieren und den Rest ignorieren könnte, hat uns nicht zuletzt in die gegenwärtige Polykrise geführt.

Optimierungsstreben zeigt sich auch, wenn es um die Lösung von entstandenen Problemen geht. Es wird dann in der Regel versucht, **noch mehr Kontrolle auf das instabil zu werden drohende System auszuüben**. Ein kontraproduktiver Teufelskreis.

Aber, muss das sein? Könnten wir nicht auf andere Weise für mehr Stabilität, sprich Resilienz sozial-ökologischer Systeme sorgen? Antworten hierauf und auf die alles entscheidende Frage, welche Qualitäten eines Systems beachtet und gefördert werden müssen, um tatsächlich nachhaltig zu sein, finden wir, wenn wir uns dem **Resilienzdenken** zuwenden.

Resilienzdenken

Halb Philosophie, halb wissenschaftlicher Pragmatismus, ist dieses Verständnis der **Fähigkeit von Systemen, Schockereignisse zu bewältigen**, keineswegs neu. Resilienzdenken hat nichts mit den typischen Nachhaltigkeitsnarrativen wie »*reduce, reuse, recycle*« (*reduzieren, wiederverwenden, recyceln*), diversen Fußabdrücken (seien sie nun ökologische oder nur das CO_2 betreffend) oder einer besseren »*Effizienz unserer Ressourcennutzung*« zu tun. Zugänge wie *reduce* (noch besser wäre *refuse*!) sind zwar sehr begrüßenswert, haben aber während der vergangenen Jahrzehnte nicht zur herbeigesehnten Besserung geführt. Tatsächlich kann unser akribischer Drang nach noch mehr Effizienz bei der Ressourcennutzung unseren Nachhaltigkeitsbestrebungen sogar äußerst abträglich sein, wie wir noch sehen werden.

Allgemein versteht man unter »Resilienz« **die Fähigkeit eines Systems, Herausforderungen, Veränderungen und Schockereignisse zu bewältigen und sich einigermaßen schnell von Störungen zu erholen.** Resilienz ist aber keinesfalls dasselbe wie rigide Stabilität. Im Gegenteil. Ein resilientes System kann durchaus erhebliche Veränderungen erfahren, aber dennoch seine grundlegenden Funktionen erfüllen (transformative Resilienz). In manchen Fällen geht ein System nach Bewältigung einer Krise sogar gestärkt aus ihr hervor, um in der Folge vielleicht sogar langfristig zu prosperieren.

Es ist die explizite Förderung der Resilienzeigenschaften von sozialökologischen Systemen, die **wahre Nachhaltigkeit** in einer sich stets unvorhersehbar verändernden Welt ermöglicht und nicht die Optimierung einzelner Systemkomponenten oder das beharrliche Verteidigen des Ist-Zustands.

Das zentrale Prinzip aller Lebensvorgänge der Biosphäre ist die stetige Veränderung (»*Alles fließt*«). Mit aller Gewalt gegen diese **unvermeidbaren Veränderungen** anzukämpfen oder sie sogar zu ignorieren, erhöht unsere Vulnerabilität gegenüber möglichen Schockereignissen, verhindert das Erkennen neu entstehender (emergenter) Möglichkeiten und reduziert damit unsere Chancen auf eine lebenswerte Zukunft ganz erheblich.

Veränderung ist dabei, für sich genommen, weder gut noch schlecht. Sie existiert, ob es uns gefällt oder nicht, und sie **bildet im Falle von komplexen Systemen die Grundvoraussetzung für deren kontinuierliche Anpassung durch die adaptiven Zyklen der Veränderung.**

Diese zyklischen adaptiven Mechanismen liegen für uns häufig im Verborgenen, und dennoch existieren sie in allen komplexen Systemen, von Zellen und Nervensystemen über das Internet, Volkswirtschaften, Städte und Ökosysteme bis hin zu ganzen Zivilisationen. Das Frappierende dabei ist, wie bereits mehrfach erwähnt, dass es **keinen zentralen Taktgeber und keine zentrale Kontrolle in diesen Systemen** gibt. Insbesondere für hierarchisch gestaltete Strukturen wie Politik, Unternehmen und große Wirtschaftsorganisationen ist dieser Umstand oft nur schwer zu akzeptieren.

Adaptive Zyklen und die geheimnisvolle Dynamik von Systemen

Dieser nächste Baustein des Resilienzdenkens beschreibt, wie sich Systeme entwickeln, eine Zeit lang bestehen und schließlich wieder vergehen. Das Konzept der adaptiven Zyklen hilft uns, die dynamische Natur sozial-ökologischer Systeme besser zu verstehen. Wissenschaftliche Untersuchungen von Ökosystemen weltweit haben gezeigt, dass sich derartige Systeme prinzipiell durch **vier wiederkehrende Phasen über eine Reihe von Skalen in Zeit und Raum** bewegen.[45] Es sind die **Zyklen des Lebens**, denen auch wir unterworfen sind. Wir werden geboren, entwickeln uns recht rasch, reifen heran, um nach einer mehr oder weniger langen »Plateau- beziehungsweise Erhaltungsphase« schließlich zu sterben. Die Materie, die unseren Körper ausmacht, wird freigesetzt und steht für neues Leben zur Verfügung.

Aus Sicht der Systemwissenschaft sieht das verallgemeinert so aus: Einer anfänglichen Phase des **schnellen Wachstums** folgt die Phase der **Erhaltung,** gefolgt von einer **Freisetzungsphase** und schließlich einer Phase der **Reorganisation.** Dieser sogenannte **»adaptive Zyklus«** beschreibt, wie sich ein Ökosystem organisiert, und wie es auf eine sich verändernde Welt reagiert. Ein wichtiger Aspekt ist dabei die Erkenntnis, dass die Dinge je nach Phase, in der sich das System befindet, auf unterschiedliche Weise passieren. Manchmal ändern sich die Dinge allmählich, manchmal schlagartig und unerwartet. Manchmal sind Überraschungen wahrscheinlicher, manchmal haben Innovationen eine größere Chance auf Erfolg. Haben wir diese inhärenten vier Phasen eines Systems einmal verstanden, dann begreifen wir auch unsere Welt der sozial-ökologischen Systeme (von Unternehmen bis Zivilisationen) erheblich besser.

Immer wieder werden Phasen der Stabilität und relativ (!) guter Vorhersehbarkeit durch Störungen oder größere disruptive Ereignisse unterbrochen, die die gespeicherten Ressourcen (Materie und Energie) für Reorganisation und Innovation freisetzen. Interessanterweise geht das grundsätzliche Konzept derartiger Zyklen auf einen österreichischen Ökonomen namens Joseph Schumpeter zurück, der in der ersten Hälfte des 20. Jahrhunderts die Boom- und Pleite-Zyklen der Wirtschaft systematisch beobachtete. Er war es auch, der in diesem Zusammenhang den Begriff der »kreativen Zerstörung« prägte. Aber der Reihe nach.

Die schnelle Wachstumsphase

Zu Beginn eines Zyklus befindet sich ein System in einer **schnellen Wachstumsphase.** In dieser Phase nutzen die Akteure, seien es nun Pflanzenarten, Tierarten oder Menschen die vielen Möglichkeiten, die sich durch die **reichlich frei verfügbaren Ressourcen** ergeben. Unterschiedliche Akteure nutzen jede mögliche ökologische oder soziale Nische und weisen maximale Wachstumsraten auf. Die **Systemkomponenten sind anfänglich nur schwach miteinander verbunden,** und das System ist intern nur **wenig reguliert.** Die Akteure gedeihen auch unter schwankenden oder widrigen Umständen unter anderem durch **Fokus auf kurze Zeithorizonte.**

In Ökosystemen sind es die wenig anspruchsvollen und robusten Pionierarten und die sogenannten »Unkräuter«. In Wirtschaftssystemen sind es die unternehmerischen Innovatoren und Start-ups, die die Chancen des Augenblicks nutzen, um mit neuen Produkten rasch die Märkte zu erobern. Es kann sich auch um die rasche Expansion neuer gesellschaftlicher Gruppen oder politischer Parteien handeln. Das zugrundeliegende Prinzip ist stets das gleiche.

Die Erhaltungsphase

Während des allmählichen **Übergangs in die Erhaltungsphase** wird **immer mehr Energie und Materie gespeichert.** Die **Verbindungen zwischen den Akteuren nehmen zu,** und es wird immer schwieriger für neue Akteure, Fuß zu fassen. **Die Zeit der** sich rasch an neue Gegebenheiten und Unsicherheiten anpassenden **Generalisten geht zu Ende, und die Spezialisten übernehmen** das Ruder. Vielfalt und Innovation nehmen ab, und an deren Stelle tritt eine **zunehmende konservative Effizienz in der Ressourcennutzung.** Die Akteure werden zu starken Wettbewerbern und müssen allein schon deshalb mit immer größerer Effizienz arbeiten. Das lässt **keinen Spielraum für Neueinsteiger, spielerische Experimente oder Innovationen,** sondern führt zur Reduktion auf große Gewinne durch Skalierungseffekte. »Die Großen fressen die Kleinen«, das **Kapital wächst,** und **das System wird zunehmend starr** (Rigiditätsfalle). All das vermittelt den **trügerischen Eindruck von Stabilität**. Die Zukunft scheint eine sichere Fortsetzung der Vergangenheit zu sein.

In einem Ökosystem entspricht das angewachsene Kapital der gespeicherten Biomasse, die zunehmend in nicht frei verfügbaren Formen (zum Beispiel Holz) gebunden ist. Während die Wachstumsraten abnehmen, nehmen die Verbindungen und Abhängigkeiten zwischen den Systemkomponenten und damit die Komplexität zu. Oft unbemerkt, nimmt in dieser Phase auch die Widerstandsfähigkeit des Systems ab, denn der maximale Fokus auf Effizienz (mit den entsprechend hohen Kosten) führt eben auch zu einem maximalen Verlust an Flexibilität. Zudem wurden verschiedene Möglichkeiten, die gleiche Funktion auszuführen (Redundanz), zugunsten der Effizienz eliminiert. Die zunehmende Abhängigkeit von bestehenden Strukturen und Prozessen macht das System schließlich immer anfälliger für Störungen.

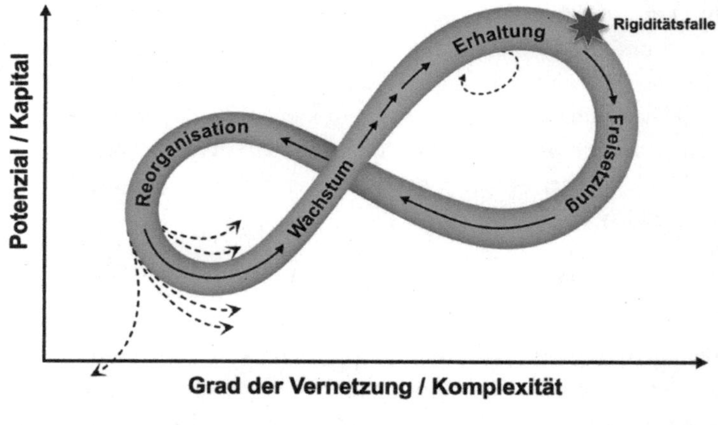

Abbildung 6 Das Modell des adaptiven Zyklus, in Anlehnung an das ursprünglich von Holling und Gunderson für das Verständnis von Ökosystemen entwickelte Modell. Es kann auch für die jeweilige Zustandsbeschreibung komplexer sozialer, wirtschaftlicher und technologischer Systeme bis hin zu ganzen Zivilisationen herangezogen werden. Die zugrundeliegenden Phasen scheinen bei Betrachtung größerer Zeiträume universelle Gültigkeit zu besitzen.

Die Freisetzungsphase

Der **Übergang von der Erhaltungsphase zur Freisetzungsphase** kann praktisch im Handumdrehen erfolgen. Das Fatale dabei ist: **Je länger die**

Erhaltungsphase anhält, desto kleiner ist der nötige Schock, um sie abrupt zu beenden. Die zahlreichen strukturgebenden Verbindungen des Systems werden aufgebrochen und die gespeicherte Energie und die Ressourcen schlagartig freigesetzt – Joseph Schumpeters »kreative Zerstörung«! Das Adjektiv »kreativ« bezieht sich darauf, dass in dieser kurzen Phase fest gebundenes natürliches, soziales oder wirtschaftliches Kapital frei wird, um in der Folge eine Quelle für kreative Reorganisation und Erneuerung zu sein.

In Ökosystemen erfolgt diese schlagartige Freisetzung von Biomasse und Nährstoffen zum Beispiel durch Brände, Dürren, Schädlinge oder Krankheiten. In der Wirtschaft können neue Technologien oder ein Finanzcrash zur vollkommenen Entgleisung von Unternehmen oder ganzen Wirtschaftszweigen führen. **In jedem Fall ist die Dynamik der kurzen Freisetzungsphase chaotisch, und allgemeine Unsicherheit regiert das Geschehen.** Allerdings – und das ist der zentrale Punkt – hat die Zerstörung eben auch ein kreatives Element, denn jetzt sind wieder alle Optionen offen. Die Karten sind wieder vollkommen neu gemischt.

Die Reorganisationsphase

Nach dem Chaos folgt rasch die Phase der Reorganisation. Neues kann gedeihen, und kleine, mitunter auch zufällige Ereignisse haben das Potenzial, die Zukunft kraftvoll zu gestalten. **Kreative Ideen, Erfindungen, Experimente und Neuausrichtung** geben jetzt den Ton an. In Ökosystemen treten wieder Pionierarten auf den Plan. Bisher chancenlose Samen können keimen, und neue Arten wandern gegebenenfalls ein. In einem wirtschaftlichen oder sozialen System können sich neue Gruppen zusammenfinden und die Kontrolle über eine Organisation oder ein Land übernehmen. Es ist eine **Phase der Erneuerung** und der frischen Ideen. Das Alte wird rasch zum »Schnee von gestern«.

Das Ende der Reorganisationsphase und der Beginn einer neuen schnellen Wachstumsphase sind durch das Auftreten einer **neuen Identität des Systems** gekennzeichnet, die die Zukunft maßgeblich mitbestimmen wird. Allerdings lassen sich in dieser Phase des Zyklus **keine verbindlichen Vorhersagen über die Qualität dieser neuen Identität** treffen. Eine Wiederholung des vorherigen Zyklus ist genauso möglich wie ein völlig neuartiges Wachstumsmuster oder das längerfristige Verharren im Zustand der

Degeneration. Im Fall von Ökosystemen wäre das der Zustand der Desertifikation, sprich Verwüstung.

Bei genauer Betrachtung durchlaufen alle Systeme ständig derartige adaptive Zyklen in Form der beschriebenen vier Phasen. Die Angelegenheit ist aber noch etwas komplizierter, denn **die vier Phasen müssen nicht zwingend in dieser Reihenfolge ablaufen.** Abgesehen von einem direkten Übergang aus einer Freisetzungsphase in eine Erhaltungsphase sind alle Varianten prinzipiell möglich. Das macht Hoffnung, wie wir gleich sehen werden.

Die Vielfalt adaptiver Zyklen: Von Ökosystemen bis zu Zivilisationen

Die entsprechenden Beobachtungszeiträume vorausgesetzt, können wir derartige Zyklen nicht nur in der Natur, sondern auch in sozialen Gemeinschaften, Unternehmen, Nationen und ganzen Zivilisationen beobachten. Von besonderer Bedeutung ist dabei, dass das Schicksal sozialer Systeme stets eng mit dem von Ökosystemen verknüpft ist. Diese sozial-ökologischen Systeme durchlaufen in der Regel Phasen der Stabilität und Instabilität auf ganz unterschiedlichen Ebenen. Beobachten wir diese Systeme und ihre zyklischen Phasen genau, so **besteht auch die Möglichkeit, bis zu einem gewissen Grad steuernd einzugreifen, um die Wahrscheinlichkeit eines größeren Unglücks, wenn man es als solches bezeichnen möchte, zu reduzieren.** Um einen großen, möglicherweise katastrophalen Kollaps in der späten Erhaltungsphase zu vermeiden, könnten wir beispielsweise die nötigen Schritte setzen, um aus einer bereits länger bestehenden Erhaltungsphase zumindest teilweise zurück in eine Wachstumsphase zu gelangen. Das schafft in einigen Bereichen die Möglichkeiten für **Innovationen und Neuausrichtung.** Der Begriff »Wachstumsphase« ist dabei aber keinesfalls automatisch mit quantitativem Wirtschaftswachstum gleichzusetzen, sondern vor allem mit qualitativer Entwicklung.

Eine andere recht sinnvolle Option wäre es, nicht alle unsere lebenserhaltenden Systeme um jeden Preis und so lange wie möglich zeitgleich in der späten Erhaltungsphase quasi einzuzementieren, sondern auf kleineren Ebenen regelmäßig für Freisetzungsereignisse und folglich Reorganisation zu sorgen. »Kreative Zerstörung« im Kleinen sozusagen. Das erfordert aber auch den Mut, den vermeintlich sicheren und stabilen Status quo loszulassen.

Die Gefahren der späten Erhaltungsphase

Wie bereits erwähnt, sind es die zunehmende Fixierung auf Effizienz, das **Beseitigen von Redundanzen** im System und die steigende Akkumulation von Materie und Energie im Zuge einer lange andauernden Erhaltungsphase, die ein System anfällig für **große Schockereignisse** werden lässt.

So ist zum Beispiel ein Wald, dessen Bäume alle etwa gleich alt sind und der beinahe ausschließlich aus einer sehr effizient wachsenden Baumart besteht (zum Beispiel Fichte), besonders anfällig für einen sich unkontrolliert ausbreitenden Schädlingsbefall, einen großflächigen Windwurf oder einen fulminanten Waldbrand. Je länger sich der Wald großflächig in der späten Erhaltungsphase befindet, desto anfälliger ist er für bereits geringe Störungen und desto größer ist die freigesetzte Energie in relativ kurzer Zeit. Mit einem Wort: Ein Wald in diesem Zustand ist nicht sonderlich resilient.

Hingegen steckt ein Mischwald mit Bäumen unterschiedlichen Alters einen Waldbrand, einen Sturm oder einen Schädlingsbefall viel eher weg und erholt sich nach der Störung erheblich rascher. Der Grund hierfür ist, dass sich ein Mischwald in nachhaltiger Nutzung aus unzähligen Untersystemen in unterschiedlichen Phasen des adaptiven Zyklus zusammensetzt. Die freigesetzte Energie ist im Falle einer Störung gering, die Resilienz hingegen hoch. Wie lässt sich das nun auf menschliche Systeme umlegen?

Ein typisches Start-up-Unternehmen ist anfänglich sehr experimentierfreudig, und die Kreativität kennt kaum Grenzen. Mit zunehmendem Wachstum und wirtschaftlichem Erfolg beginnt sich das Unternehmen mit der Zeit aber immer mehr auf seine wenigen erfolgreichen Cashcows zu fokussieren. Die Effizienz des Kerngeschäfts nimmt zu, Redundanz und Vielfalt nehmen ab. Während die Kassen klingeln, das gebundene Kapital wächst und der langjährig stabile Erfolg gefeiert wird, nimmt die Flexibilität des ursprünglichen Start-up-Unternehmens, rasch zu reagieren und verschiedene Dinge auf ganz unterschiedliche Art und Weise zu produzieren, weitgehend unbemerkt ab. Die Resilienz schwindet, und die Anfälligkeit für Schockereignisse wie etwa eine Rezession oder eine Pandemie (oder beides!) nimmt massiv zu. Das Unternehmen, eigentlich als *»too big to fail«* eingestuft, geht praktisch über Nacht pleite, und die gespeicherten Ressourcen (Menschen und Kapital) werden freigesetzt. Ein neuer Zyklus mit einer gänzlich neuen Identität kann beginnen.

Derzeit können viele kompetitive und effizienzgetriebene Unternehmen ihren Erfolg nur durch die inflationäre Nutzung fossiler Brennstoffe und den globalen *»just in time«*-Warenhandel aufrechterhalten. Jeder Schock auf dem Erdölmarkt oder eine pandemiebedingte Unterbrechung der Lieferketten hat das Potenzial, zahlreiche Unternehmen praktisch über Nacht in den Untergang zu reißen. Wachstums- und Erhaltungsphase dauern lange, der Kollaps vollzieht sich hingegen schnell. Der italienische Professor für Physikalische Chemie und Buchautor Ugo Bardi nannte dieses Phänomen in seinem gleichnamigen Buch den *»Seneca Effekt«*[46] und bezog sich dabei auf den römischen Gelehrten, der einst feststellte: *»Es wäre irgendwie ein Trost für unsere Schwäche und unsere Lage, wenn alles so langsam zugrunde ginge, wie es entsteht: In Wirklichkeit aber schreitet das Wachstum langsam voran, schnell erlebt man den Untergang.«*

Das Unangenehme dabei ist: **Je fulminanter und umfänglicher ein derartiger Kollaps ausfällt, desto wahrscheinlicher ist auch ein beträchtlicher Verlust unserer gewohnten Lebensqualität im darauffolgenden Zyklus. Ausgang vollkommen ungewiss.** Es ist daher das Gebot der Stunde, alles zu unternehmen, um dem brodelnden Vulkan einer lang andauernden späten Erhaltungsphase zu entkommen. Wie ist das möglich?

»Small« ist tatsächlich »beautiful«

Stark vereinfacht weist ein adaptiver Zyklus zwei grundlegend gegensätzliche Muster auf: eine **Vorwärtsschleife** und eine **Rückwärtsschleife**. Auf den ersten Blick paradox erscheinend, **sind es vor allem die Rückwärtsschleifen, die, bestehend aus Freisetzungs- und Reorganisationsphase, das größte Potenzial für Resilienz und einen kreativen Systemwandel aufweisen.** Dieser Umstand wird bei unserem Weg in eine unvorhersehbare Zukunft zumeist ignoriert.

Wie bereits erwähnt, muss eine schnelle Wachstumsphase nicht unbedingt in eine Erhaltungsphase übergehen, sondern kann auch (freiwillig oder unfreiwillig) direkt in einer kleineren, global vollkommen unbedeutenden Freisetzungsphase münden. Gleichsam müssen Erhaltungsphasen nicht zwangsläufig in einer fulminanten zerstörerischen Freisetzungsphase enden. Durch regelmäßige kleinere »Störungen« können sie sich immer wieder in eine Wachstums- oder frühe Erhaltungsphase zurückversetzen, was wiederum zu mehr Resilienz des Systems führt.

Von zentraler Bedeutung ist dabei, dass wir es als **globales sozio-ökologisches System mit unzähligen, ineinander verschachtelten Vorwärts- und Rückwärtsschleifen** auf ganz unterschiedlichen Organisationsniveaus zu tun haben. Dabei besteht eine Verbindung von den kleinsten Systemen (zum Beispiel einzelnen Zellen) bis hin zur alles umfassenden Biosphäre. Gunderson und Holling prägten für diese Verknüpfung der Anpassungszyklen der Natur über alle Skalen hinweg den Begriff der »**Panarchie**« (eine Kombination des Wortes *Pan* mit der Silbe *-archie*).[47]

Anders als man vermuten könnte, steht die Silbe Pan- im Fall des Begriffes *Panarchie*, wie er von Gunderson und Holling geprägt wurde, nicht für das griechische Wort »pan« – »alles«.

Pan ist in der griechischen Mythologie der Gott des Waldes und der Natur, ein Mischwesen teils Tier und teils Mensch, das Chaos und *Pan*ik verbreitete. Die Silbe -archie leitet sich vom altgriechischen Wort für »Führung« ab (vgl. Monarchie = ein Herrscher). Daher beschreibt der Begriff der Panarchie **die Herrschaft der Natur**, die, einer Hierarchie ähnlich, die vielfältigen Anpassungskreisläufe über räumliche und zeitliche Ebenen hinweg miteinander verknüpft. So, wie Pan, der Schöpfer des Chaos, ein aus Mensch und Tier zusammengesetztes Wesen war, so haben wir es in der Realität immer mit einer komplexen Verwobenheit von Ökosystemen und menschlichen Systemen beziehungsweise Natur und menschlicher Kultur zu tun, die episodischen, unvorhersehbaren, nichtlinearen Veränderungen unterworfen sind.

Unvorhersehbarkeit und Unkontrollierbarkeit dieser Komplexität sind vor allem dann gegeben, wenn die adaptiven Zyklen besonders lange dauern und große Systeme betreffen (zum Beispiel das Klima oder die Weltwirtschaft). Auf kleineren räumlichen und zeitlichen Skalen sind Vorhersagen und Kontrolle aber durchaus bis zu einem gewissen Grad möglich. Und selbst wenn überraschende Ereignisse eintreten, sind die Folgen für das größere Gesamtsystem in der Regel gut verkraftbar.

Aus exakt diesem Grund sind lokale und regionale Ansätze den von oben verordneten globalen Einheitsmaßnahmen stets überlegen. **Das Prinzip der Panarchie lehrt uns, dass Innovationen und das kreative Ausloten von Alternativen in regenerativen Kulturen auf lokaler und regionaler Ebene erheblich erfolgversprechender sind.** Im Falle eines Erfolgs können sich diese Innovationen und »Leuchtturmprojekte« mit der Zeit auf höhere Organisationseinheiten überregional oder sogar weltweit ausbreiten. Hingegen kommt das leichtsinnige wie unverantwortliche Experimentieren mit großen oder sogar globalen Systemen, in Verbindung mit der nicht selten diktatorisch anmutenden Tendenz zur Gleichschaltung, einem Tanz auf dem Vulkan gleich.

Zivilisation in der späten Erhaltungsphase

Derzeit existieren zahlreiche Indizien dafür, dass wir uns in der späten Erhaltungsphase des globalen zivilisatorischen Systems befinden. Der Druck im Kessel ist gefährlich hoch, wie uns die zahlreichen verknüpften Krisen und der oft hilflose Umgang mit ihnen zeigt. Es wäre daher äußerst weise und praktisch das Gebot der Stunde, durch die **bewusste Herbeiführung von Freisetzungs- und Reorganisationsphasen** auf niedrigen Ebenen eine chaotische Freisetzungsphase in großem, globalem Maßstab zu verhindern. Denn ein derartiges globales Freisetzungsphänomen würde höchstwahrscheinlich auch das Ende der Zivilisation bedeuten, wie wir sie kennen. Und wie gesagt, hat ein System in der Reorganisationsphase einmal eine neue Identität angenommen, gibt es in der Regel so schnell kein Zurück mehr. Allerdings muss diese neue Identität nicht zwingend schlechter sein als die vorige.

Kapital in all seinen vielfältigen Erscheinungsformen sammelt sich **nur in der Wachstums- und bis zur mittleren Erhaltungsphase** an. Dieser Abschnitt eines Zyklus ist wichtig, da er mit zunehmendem menschlichem Wohlstand und Wohlbefinden einhergeht und erfahrungsgemäß **eine Zeit mittlerer bis hoher Resilienz** darstellt. In der späten Erhaltungsphase besteht hingegen die große Gefahr, dass alles, ausgelöst durch eine überraschend auftretende geringe Störung, in kürzester Zeit verloren geht.

Angetrieben durch eine stark reduktionistische, linkshemisphärische Sichtweise auf unser Dasein, **ist die späte Erhaltungsphase typischerweise durch verzweifelte Versuche der weiteren Effizienzsteigerung und die großzügige Verteilung von Subventionen mit der Gießkanne gekennzeichnet.** Subventionen werden dabei äußerst kontraproduktiv dafür eingesetzt, um ja nichts zur ändern und ein »Weiter-wie-Bisher« zu gewährleisten. Die Bankenkrise 2008 hätte zwanglos in einer fulminanten Freisetzungsphase münden können, wenn das System nicht mit unglaublichen Finanzmitteln vor dem Untergang gerettet worden wäre. Vorübergehend zumindest.

Das Motto *»Weitermachen und durchhalten um jeden Preis!«* wird in der Psychologie manchmal auch als »Concorde-Effekt« bezeichnet. Der Begriff bezieht sich auf die britisch-französische Entwicklung des gleichnamigen Überschallflugzeugs während der 1960er- und 70er-Jahre. Obwohl sich bereits früh ein Milliardengrab abzeichnete (die Kosten haben sich mit der Zeit mehr als versiebenfacht) wurden weiter Unsummen an Steuergeldern in das Prestigeprojekt investiert, nur um nicht das Gesicht zu verlieren. Das stark defizitäre Projekt menschlicher Hybris musste schließlich 2003 eingestellt werden.

Dieses im Englischen auch als *»sunken cost fallacy« (Trugschluss der versenkten Kosten)* bekannte verhaltenspsychologische Phänomen basiert auf zutiefst verankerter menschlicher **Verlustaversion und Status-quo-Bias.** Hat man sich einmal für etwas entschieden oder vielmehr in einer Unternehmung festgebissen und bereits viel Geld investiert, sind alle erdenklichen Kosten recht, den eingeschlagenen Kurs weiter fortzuführen, auch wenn sich zeigt, dass alternative Lösungen wesentlich effektiver und kostengünstiger wären. Ein typisches Beispiel hierfür ist auch die *gemeinsame Agrarpolitik der Europäischen Union (GAP).* Ein Eingeständnis eines Irrtums ist ausgeschlossen. Eine zukunftsorientierte offene Fehlerkultur hingegen würde den Irrtum rechtzeitig eingestehen und aus den Fehlern der Vergangenheit lernen, um derartige »Fässer ohne Boden« in der späten Erhaltungsphase zu vermeiden.

Ein weiteres Phänomen des Selbstbetrugs und typisches Erkennungsmerkmal der späten Erhaltungsphase ist der verbreitete Irrglaube, **alles kontrollieren und regulieren zu müssen.** So ist eines der großen heutigen Probleme mit den Universitäten, den Schulen, dem Gesundheitswesen und unserem gesamten zivilen Leben die plötzliche Explosion bürokratischer Regulative und des zunehmend rigiden bürokratischen Denkens. Es werden geradezu inflationär wie unreflektiert gesetzliche Bestimmungen, Handbücher, Leitfäden, Nutzungs- und Geschäftsbedingungen sowie in der Regel inhaltsleere Qualitätsmanagementleitlinien herausgegeben, die gelesen und befolgt werden müssen. Und dann gibt sich die Politik überrascht, wenn qualifizierte Profis, die ihr handwerkliches Können und ihr Wissen durch jahrelange Erfahrung mühsam gelernt haben, den Beruf verlassen wollen, weil sie aufgrund der Art und Weise, wie sie von fachfremden Managern (!) dirigiert und manipuliert werden, keinen Sinn mehr in ihren Tätigkeiten finden.

Überbordende und weitgehend ineffiziente Bürokratie, wie wir sie heute vielerorts erleben müssen, führt dabei zu immer geringerer Flexibilität, sie zermürbt die Moral, unterdrückt Innovationen und die im Stadium der späten Erhaltungsphase so wichtigen experimentellen Zugänge. Stattdessen werden »One-Size-Fits-All-Lösungen« verordnet und neue Ideen, die von der herrschenden Kaste durchwegs als gefährliche Kritik aufgefasst werden, regelrecht unterdrückt.

Auch wenn späte Erhaltungsphasen eine Zeit lang vom Durchschnitt der Bevölkerung als recht angenehm empfunden werden, so müssen wir uns schmerzlich eingestehen, dass ein dynamisches System nicht für immer in diesem Zustand verharren kann. Das ist schlicht ein Ding der Unmöglichkeit. **Robustizität** und hohe **Effizienz** sind für eine gewisse Zeit sehr attraktiv, mündeten aber noch jedes Mal in einer **Katastrophe**. Ein Blick zurück in der Geschichte zeigt uns dies in aller Deutlichkeit. **Übersteigen die Kosten der Beibehaltung des Status quo schließlich den gesamtgesellschaftlichen Nutzen des Systems, ist der Kollaps nur mehr eine Frage der Zeit.** Werden beispielsweise immer mehr teure Düngemittel und Pestizide benötigt, nur um den Ertrag der letzten Saison beizubehalten, ist der bevorstehende Untergang eines Betriebs oder des ganzen Systems eingeläutet.

Mit **Selbstreflexion, Mut zur Veränderung und Abschied vom reinen Profitdenken** wäre ein derartiger Showdown hingegen prinzipiell vermeidbar. Die Wiederholung des Schicksals vergangener Zivilisationen ist keinesfalls unausweichlich. Die Lehre aus der Vergangenheit lautet: **Ein wesentlicher Beitrag zur Resilienz unserer Zivilisation gegenüber unvorhersehbaren Ereignissen wäre die aktive Förderung kreativer Rück-**

wärtsschleifen auf niedrigem Organisationsniveau (Reorganisation und Innovation!) anstatt, besessen vom Effizienzsteigerungs- und Optimierungswahn, zwanghaft in der Vorwärtsschleife zu verharren.

Landwirtschaftliche Betriebe, Familien, Unternehmen, Regionen und Kulturen sind komplexe adaptive Systeme, die sich an eine sich beständig ändernde Welt anpassen, ja anpassen müssen, um zu überleben. Aber sind wir als mittlerweile globalisierte Zivilisation ebenso dazu imstande? Um es noch einmal zu wiederholen: Resilienz ist die Fähigkeit eines Systems, sich von (unvorhersehbaren) Störungen und Veränderungen zu erholen, um danach seine grundsätzlichen Eigenschaften und Funktionen (seine Identität!) beizubehalten, ohne durch Überschreiten eines Kipppunktes in ein neues, zumeist weniger attraktives Regime zu geraten.

An dieser Stelle sollten wir uns fragen, wo wir uns in dem gegenwärtigen adaptiven Zyklus befinden, wie die verschiedenen Zyklen auf unterschiedlichen Niveaus miteinander verknüpft sind und welche Kräfte besonders tonangebend sind? Welche Veränderungen im Sinne kleinerer Freisetzungsphasen könnten wir bewusst herbeiführen, um für mehr Resilienz zu sorgen, anstatt konservativ an der Gegenwart und unserer gegenwärtigen Praxis des immer schneller und unkontrollierbarer werdenden sogenannten Fortschritts festzuhalten?

Resilienz fördern

»Es kommt nicht darauf an, die Zukunft vorauszusagen, sondern darauf, auf die Zukunft vorbereitet zu sein.«

– PERIKLES (athenischer Politiker und Feldherr, um 500–429 v. Chr.)

Mir ist durchaus bewusst, dass das abstrakte Konzept des Resilienzdenkens keine einfache Angelegenheit ist und uns allen eine neue Sicht auf die Dinge abverlangt. Allerdings kann das **Loslassen von Althergebrachtem** unglaubliche Energien und Ressourcen freisetzen. Energien und Ressourcen, die wir für das Bevorstehende und den Aufbau von resilienten Strukturen dringend benötigen werden. Für die Umsetzung dieser zeitlosen Prinzipien sind glücklicherweise keine akademischen Weihen auf dem Gebiet der Ökologie notwendig. Was es braucht, ist die tiefe Einsicht, dass sich alle

Systeme und die Welt stets verändern und dass es immer wieder notwendig ist, innezuhalten und tiefergehende Fragen zu stellen, so schmerzhaft die Antworten darauf und die resultierenden notwendigen Veränderungen auch sein mögen.

Was die Landwirtschaft betrifft, die den Großteil der Bevölkerung mit Nahrung versorgt, sehe ich diesen notwendigen Veränderungen mit großem Bauchweh entgegen, denn sowohl die Politik, die Vertreter der Kammern und Bünde, die Berater und die landwirtschaftlichen Fachschulen predigen im Großen und Ganzen ein »Weiter-wie-Bisher« im Sinne einer notwendigen **weiteren Effizienzsteigerung** (»Wachse oder weiche«). Ein klassischer Fehler in einer unschwer zu erkennenden, äußerst späten Erhaltungsphase auch des agrarischen Systems!

Um dem prinzipiell unausweichlichen Schicksal zu entgehen, reagiert das übergeordnete System in Gestalt der Europäischen Union und der nationalen Ministerien mit **Subventionen**, in dem naiven Glauben, dieses »Weiter-wie-Bisher« *ad infinitum* beibehalten zu können. Das Prinzip der **Panarchie** (die Verknüpfung der Zyklen über alle Ebenen) eröffnet aber auch die prinzipielle Möglichkeit, dass sich alternative landwirtschaftliche Methoden (wie etwa die der regenerativen Landwirtschaft) langsam, aber sicher über alle Ebenen hinweg durchsetzen. Viele positive Änderungen und Innovationen auf kleinerer Ebene können schließlich das gesamte System auf höchster Ebene reorganisieren und damit resilient machen.

Antworten auf die vielen schwierigen Fragen müssen aber auf der individuellen regionalen Ebene gefunden werden und können nicht von oben verordnet werden. Allein der tägliche Versuch, diese Fragen zu formulieren und die entsprechenden Antworten zu finden, bringt uns als Gesellschaft der dringend notwendigen Resilienz und Nachhaltigkeit Schritt für Schritt näher. *»In welchem System wollen wir leben, und wie kann dieses System mit unvorhergesehenen Schocks umgehen?«* ist dabei die alles entscheidende Frage. Antworten finden wir nicht selten, wenn wir in die Vergangenheit blicken. In den meisten Fällen lautet die Antwort auf den zweiten Teil der Frage: *»durch ›bedingungslose‹ Anpassungsfähigkeit an eine sich beständig ändernde Welt«*.

Diese Anpassungsfähigkeit in unsicheren Zeiten beruht vor allem auf der **Steigerung von Diversität und Redundanz** sowie einer (zunächst paradox erscheinenden) **Reduktion von Effizienz**, was in der Regel mit Kosten beziehungsweise Einbußen einhergeht. Es sind diese Kosten und Einbußen, die den notwendigen Wandel in einem profit- und wachstumsgetriebenen System so schwer machen, selbst dann, wenn der zunehmende Resilienzverlust des Systems in Form zahlreicher Krisen evident wird. Allerdings stehen diesen kurz- bis mittelfristigen Kosten erhebliche langfristige Vorteile gegenüber. Konzentriert man sich hingegen, wie in kapitalistischen Systemen mittlerweile üblich, ausschließlich auf Kurzzeitgewinne, geht das auf Kosten der Resilienz, und umso höher ist die Wahrscheinlichkeit eines ungewollten Kollapses und eines daraus resultierenden Regimewechsels des Systems. **Resilienz ist zwar selten effizient, aber langfristig äußerst effektiv.**

Diversität, also eine breite Vielfalt an unterschiedlichen Akteuren und Ressourcen (zum Beispiel Arten, Menschen, Landschaften, Unternehmen und Institutionen), sollte unter allen Umständen gefördert und gefeiert werden, denn sie kann helfen, Risiken zu minimieren, indem auf vielfältige Weise auf unvorhergesehene Schockereignisse reagiert werden kann. Der in einer späten Erhaltungsphase stark ausgeprägte Hang zur weiteren **Effizienzsteigerung, Optimierung und Kontrolle resultiert hingegen zwangsweise in einer Reduktion von Diversität** und ökologischer Variabilität. Die von der Ökonomie viel geschmähten, weil weniger effizienten Aspekte der Diversität und Redundanz und die Verlagerung auf eine kleinregionale Wirtschaft mit **Fokus auf Qualität statt Quantität und Effektivität statt Effizienz** haben das Potenzial, unser sozial-ökologisches System erheblich resilienter und damit zukunftsfitter zu gestalten.

Auch **Flexibilität** und **Lernfähigkeit** tragen zur Resilienz bei, denn ein System, das flexibel und in der Lage ist, aus Erfahrungen und Fehlern zu lernen, kann schnell auf Veränderungen reagieren und notwendige Anpassungen vornehmen. **Enge Feedbackschleifen** auf regionaler Ebene mit entsprechendem Lerneffekt sind daher ein wichtiges Mittel zur Stärkung von Resilienz. Zentralisierte oder globalisierte Systeme und Machtapparate, wie sie derzeit in entwickelten Ländern üblich sind, schwächen derartige **Rückmeldungsmechanismen**. So werden die ökologischen Konsequenzen des eigenen Handelns nicht mehr wahrgenommen, da sie in andere Teile der Erde ausgelagert werden.

Ein gut **vernetztes System** hat eine höhere Kapazität, Informationen und Ressourcen zu teilen, und die Akteure können sich gegenseitig unterstützen. Vor allem gut funktionierende soziale Netze (**soziales Kapital** in Form von »Communities«) in Verbindung mit gegenseitigem **Vertrauen** (auch in die Politik!) fördern die Fähigkeit einer Gesellschaft, auf unerwartete Störungen rasch reagieren zu können.

Aber auch die Art und Weise der Vernetzung eines Systems spielt eine wesentliche Rolle. Vor allem die **Modularität** eines Systems, bei der mehrere Einzelkomponenten eines selbstorganisierenden Moduls untereinander stark verbunden sind, die verschiedenen Module auf höherer Ebene hingegen nur lose Beziehungen miteinander aufweisen, verhindert, dass sich kleinere Katastrophen schockwellenartig – wie umfallende Dominosteine – auf das gesamte System ausbreiten können. **Zu starke Vernetzungen und gegenseitige Abhängigkeiten, wie sie für eine späte Erhaltungsphase typisch sind, machen ein großes System hingegen äußerst anfällig für Störungen.**

Innovationen, Experimente und das Beschreiten alternativer Wege im Kleinen, wie sie klassischerweise in einer frühen Wachstumsphase auftreten, sollten gerade in der gefährlichen späten Erhaltungsphase mit allen verfügbaren Subventionen gefördert werden. Ein rigides und damit wenig flexibles überreguliertes System verhindert derartige Ansätze allerdings zumeist zugunsten der Förderung von Maßnahmen, die ein »Weiter-wie-Bisher« gewährleisten sollen. In der Natur ist aber gerade die adaptive Fähigkeit, sich flexibel an veränderliche Gegebenheiten anpassen zu können, ein Garant für langfristigen Erfolg.

Resilienz durch Regeneration

Regeneratives Design ist im Wesentlichen darauf ausgerichtet die Resilienz eines Systems zu fördern. Indem wir uns auf die oben dargelegten **Resilienzfaktoren** konzentrieren und sie stärken, können wir ein System schaffen, das widerstandsfähiger und anpassungsfähiger gegenüber aktuellen und zukünftigen Herausforderungen und Veränderungen ist. Dabei ist neben einer Förderung der Resilienz gegenüber bekannten Störfaktoren (spezifische Resilienz) vor allem diejenige gegenüber heute noch vollkommen unbekannten, zukünftigen Ereignissen wichtig (generelle Resilienz). **Vor allem die Förderung von Diversität, Modularität und engen Feedback-**

schleifen ist für die generelle Resilienz eines sozial-ökologischen Systems von größter Bedeutung.

Allerdings bieten regeneratives Denken und der regenerative Designprozess **keine simplen Patentlösungen**, die, weltweit angewendet, schließlich unweigerlich zum Erfolg führen. Es sind Paradigmen und Entwicklungsperspektiven, die individuell auf lokaler Ebene von den Menschen vor Ort, entsprechend der vorherrschenden Bedürfnisse, gemeinsam umgesetzt werden. Sie erfordern daher auch ein gehöriges Maß an Eigeninitiative und Mut. Regenerative Designs sind flexibel und anpassungsfähig, um aus Erfahrungen zu lernen und **den Prozess kontinuierlich zu verbessern**. Der regenerative Pfad in die Zukunft ist ein altruistisch-humanistisches **Langzeitprojekt**, das in krassem Gegensatz zu der gier- und profitgetriebenen, zunehmend fragil werdenden Welt des Kurzzeitdenkens moderner neoliberaler Ökonomien steht.

10. Langzeitdenken und das Narrativ der Trennung

»Das Leben wird vorwärts gelebt
und rückwärts verstanden.«
– Søren Aabye Kierkegaard (dänischer Philosoph, 1813–1855)

»Die beste Zeit, einen Baum zu pflanzen, war vor zwanzig Jahren, der zweitbeste Zeitpunkt wäre jetzt«, lautet eine häufig zitierte alte Weisheit. Wer aber in meinem Alter einen Baum pflanzt, wird vermutlich nicht lange genug leben, um sich unter dessen breiter Krone im Schatten ausruhen zu können. Wer es aber dennoch tut, hat verstanden, was das Geheimnis des Denkens in Generationen bedeutet.

Für jeden, der Kinder hat, ist wohl die wichtigste Frage, ob wir gute Vorfahren sein wollen, wie Roman Krznaric in seinem Buch *The Good Ancestor: How to Think Long Term in a Short Term World* ausführt.[48]

Du, ich, unsere Familien und unsere gesamte heutige Gesellschaft zehren von dem unglaublichen Innovationsreichtum und Weitblick unserer Vorfahren. So wird beispielsweise die Stadt Wien immer noch zu gut der Hälfte von der I. Wiener Hochquellenleitung, früher Kaiser-Franz-Josef-Hochquellenleitung genannt, versorgt. Die fast hundert Kilometer lange Leitung wurde 1873 eröffnet und liefert auch heute noch rund 62 Millionen Kubikmeter reinstes Trinkwasser pro Jahr an die Stadt an der Donau.

Viele heutigen Straßenzüge basieren auf alten römischen Anlagen, und in Museen bewundern wir mit großem Staunen die Kunstwerke und Erfindungen unserer Vorfahren. Vieles von dem, was wir heute für selbstverständlich erachten, ist nicht unser Verdienst, sondern der unserer Vorfahren.

Aus der Sicht eines Vorfahren ist es eine zutiefst befriedigende Handlung, zu wissen, dass man in die nächste Genration investiert hat. Es hat einen Hauch von Ewigkeit, positive Handlungen zu setzen für Menschen, die man vielleicht gar nicht kennt, weil sie noch nicht geboren sind, und die man vielleicht auch nie kennenlernen wird. Mehrere wissenschaftliche Studien haben überdies bestätigt, dass Gutes für andere zu tun, also altruistisches beziehungsweise prosoziales Verhalten, den eigenen Gesundheitszustand positiv beeinflussen kann.[49]

Unsere Vorfahren haben maßgeblich zum Aufbau und wirtschaftlichen Aufschwung in den Jahrzehnten nach dem Zweiten Weltkrieg beigetragen. Sie sind zu weiten Teilen für unseren heutigen Wohlstand (und dessen weniger schöne Begleiterscheinungen) verantwortlich. Viele junge Menschen können ihre Ausbildung nur deshalb absolvieren, weil es ihnen ihre Eltern finanziell ermöglichen und in Ihre Nachkommen investieren. Es gibt in Zeiten wie diesen wohl nichts Altruistischeres, als dafür Sorge zu tragen, dass auch zukünftige Generationen noch in den Genuss des Friedens und des Wohlstands kommen, der uns vergönnt war. Das gelingt uns vor allem dann, wenn wir uns von der Gier und dem Bedürfnis der übermäßigen persönlichen Bereicherung befreien.

Im Jahr 1955 entwickelte der US-amerikanische Arzt und Immunologe Jonas Salk (1914–1995) einen inaktivierten Impfstoff gegen die damals noch recht weit verbreitete Kinderlähmung (Polio). Der Krankheit fielen damals jedes Jahr weltweit mehr als eine halbe Million Menschen zum Opfer, Überlebende blieben dauerhaft gelähmt. Innerhalb kurzer Zeit nach Freigabe der Impfung konnte die gefürchtete Krankheit in den USA stark zurückgedrängt werden. Sie gilt gegenwärtig (auch in Verbindung mit der von Albert Sabin später entwickelten Schluckimpfung) in den Industrienationen als nahezu ausgerottet.

Das heute, im Jahr 2024, fast Unglaubliche daran ist aber Jonas Salks Antwort in einem Interview von 1955 auf die Frage, wem das Patent für den neuen Impfstoff gehöre: *»Na ja, ich würde sagen, den Menschen. Es gibt kein Patent. Könnte man die Sonne patentieren?«*

Anstatt also mit seiner Entdeckung reich zu werden, **schenkte Jonas Salk den lebensrettenden Impfstoff als sein Vermächtnis der gesamten Menschheit!** Heute, im zweiten Jahrzehnt des neuen Jahrtausends, mutet ein derartig altruistisches Menschenbild geradezu fiktional an.

Und wie steht es mit uns? Haben wir in den letzten Jahren eine lebenswerte Basis für zukünftige Generationen geschaffen? Die politischen, wirtschaftlichen, ökologischen und gesellschaftlichen Rahmenbedingungen dafür sind denkbar schlecht. Heute leben wir im Zeitalter des Instanterfolges, schielen auf Quartalszahlen sowie Shareholdervalues, und Politiker denken selten über ihre laufende Legislaturperiode hinaus. Die unbändige, alles verschlingende Konsumlust ist ein zentraler Bestandteil unserer Gesellschaft geworden. Wir kaufen Gegenstände mit geringer Lebenserwartung und produzieren in der Folge einen Müllberg, der seinesgleichen sucht. Dieser Müllberg ist alles andere als harmlos, sondern besteht aus toxischen Substanzen, die zum Teil schlecht oder gar nicht abbaubar sind und die Umwelt noch viele Generationen massiv belasten werden.

Unsere gegenwärtige **Kultur der Instantgratifikation** mit ihrer raschen Befriedigung von Bedürfnissen hat so absolut gar nichts von Langzeitdenken an sich. Das Lindern und Behandeln von Symptomen steht heute an der Tagesordnung, etwa Einmalzahlungen, um die Folgen der Inflation und wirtschaftliche Schieflagen vorübergehend zu lindern, anstatt die tiefer liegenden Ursachen zu beheben, oder der Ruf nach höheren Strafen bei ansteigender Kriminalität, anstatt die zugrundeliegenden Ursachen der Delinquenz in unserer Gesellschaft anzugehen. Banken werden durch staatliche Finanzhilfen gerettet (unsere Steuergelder!), nur um ein »Weiter-wie-Bisher« zu ermöglichen, anstatt die zugrundeliegenden Probleme eines kaputten Finanzsystems zu lösen.

Es besteht absolute **ökologische Blindheit** gegenüber möglichen katastrophalen Folgen von technischen Innovationen, deren Eintritt zwar eine mehr oder minder geringe Wahrscheinlichkeit aufweist, aber im seltenen Falle des Eintritts eine verheerende Wirkung aufweisen würde. Weder die Folgen der Gentechnologie noch die Folgen von Nanotechnologie, Nuklearwaffen (die von komplexen Computersystemen gesteuert werden!) und künstlicher Intelligenz sind realistisch abschätzbar. Unsere Zukunft und insbesondere die unserer Nachfahren wird behandelt wie in der Vergangenheit die Kolonialländer: Sie gehörten niemandem und standen somit zur Ausbeutung frei. Was denken wir uns dabei? Haben wir diese Verantwortung nicht wahrzunehmen?

Soziale Gerechtigkeit gilt nicht nur im Hier und Jetzt, sondern muss auch generationenübergreifend gedacht werden. Auch wenn die heutigen Politiker und Entscheidungsträger in dieser fernen Zukunft nicht mehr am Leben sein werden, so ist es ihre und unsere Aufgabe, diese Arbeit *jetzt* zu beginnen. Die notwendig gewordenen Veränderungen können nicht auf dem Horizont einer politischen Existenzperiode herbeigeführt werden. Sie verlangen »**Kathedralendenken**«.

Die Errichtung großer Bauwerke wie Dome, Klöster und Kathedralen waren Projekte, die jegliche menschliche Lebensspanne weit übertrafen. Die unzähligen Planer und Arbeiter wussten, dass sie die Fertigstellung des Bauwerkes nicht erleben würden, und begannen dennoch, vereint im Glauben, mit ihrem Projekt für die Menschen der Zukunft.

Auch die Fertigstellung der 1882 begonnenen Errichtung der *Sagrada Família* in Barcelona wurde von ihrem Schöpfer, dem katalanischen Baumeister Antoni Gaudí, nicht erlebt. Gaudí selbst verbrachte 43 Jahre seines Lebens damit, an seinem Kirchenentwurf zu arbeiten, und dennoch ist die Kathedrale bis heute nicht fertiggestellt. Diese Kathedralenbaumentalität benötigen wir heute, um gegen die schwerwiegenden sozial-ökologischen Folgen des Anthropozäns vorzugehen. Was wir heute beginnen zu tun, wird erst in vielen Jahrzehnten den gewünschten Zustand erreichen, und einige von uns (mich eingeschlossen) werden die reichhaltigen Früchte des regenerativen Projektes nicht mehr erleben.

Ein »guter Vorfahre« sein

»… Menschen sind hier, um sicherzustellen, dass das Leben lebt, dass die Welt irgendwie weitergeht. Ob dein persönliches Leben weitergeht, zählt unterm Strich nicht. Und das ist der Anfang deines Erwachsenwerdens …«

– STEPHEN JENKINSON (kanadischer Schriftsteller und Sozialarbeiter, *1954)

Als ein treffendes Beispiel für Langzeitdenken wird gerne das offenbar auf die indigenen Völker der *Iroquois Nations* Nordamerikas zurückgehende »**Sieben-Generationen-Prinzip**« angeführt, wonach jede Handlung so gewählt werden sollte, dass auch die kommenden Generationen eine schöne und lebenswerte Erde vorfinden.[50]

Möglicherweise handelt es sich dabei weniger um die Berücksichtigung der kommenden sieben Generationen, denn das würde ein Vorausdenken von etwa 200 Jahren verlangen, eine zu abstrakte Zeitspanne, unter der sich kaum jemand etwas vorstellen kann. Es ist daher plausibel, dass es sich dabei um die Betrachtung des Lebens drei Generation zurück und drei Generationen vorwärts handelt. Das macht inklusive der eigenen, gegenwärtigen Generation sieben Generationen. Die Zeitspanne von unseren Urgroßeltern bis zu unseren Urenkeln können wir nicht nur besser überblicken, sondern mit etwas Glück (aller Beteiligten) diese Menschen sogar persönlich kennenlernen. Mithilfe dieser schönen Metapher zur Generationengerechtigkeit können wir also unsere Handlungen unter Berücksichtigung der Weisheit und Taten unserer Vorfahren gewissermaßen »urenkeltauglich« ausrichten – ein Kontinuum des nachhaltigen Denkens und Handelns.

Dieses Verständnis von Zeit und pangenerationalem Denken spiegelt sich beispielsweise auch in der neuseeländischen Māori-Tradition und ihrem Identitätsverständnis (*Whakapapa*) wider. »*Kia whakatōmuri te haere whakamua*« bedeutet so viel wie »*Ich gehe rückwärts in die Zukunft mit meinen Augen auf meine Vergangenheit gerichtet*«.[51]

Während sich die Gegenwart als Kontinuum der bekannten Vergangenheit entfaltet, liegt die Zukunft im Unbekannten. Daher erfolgt auch der Gang eines Māori in die stets ungewisse Zukunft rückwärts. Bei dieser kontinuierlichen kosmischen Sichtweise besitzt der Begriff »Zeit« keinerlei Einschränkungen. Die Vergangenheit ist von zentraler Bedeutung und prägt sowohl die gegenwärtige als auch die zukünftige Identität. Nach dieser Auffassung trägt das Individuum seine Vergangenheit in die Zukunft.

Aus der Māori-Perspektive von *Whakapapa* besteht eine tiefe Verbindung jedes Einzelnen zum Land, allen Elementen und den Wurzeln der Ahnen, womit selbstverständlich auch eine entsprechende Verantwortung für die Zukunft einhergeht. Die Menschen sind dabei ihrer Umwelt nicht überlegen, sondern durch *Whakapapa* mit allen Aspekten der Umwelt (physisch wie spirituell) verbunden. Eine Auffassung, die der sogenannten westlichen Kultur mittlerweile leider gänzlich fremd geworden zu sein scheint und oft eher belächelt wird.

Interessanterweise finden wir ganz ähnliche Auffassungen vom Zusammenhang zwischen Vergangenheit und Zukunft auch in zahlreichen anderen Kulturen. *Sankofa* ist ein Begriff der Akan-Kultur aus Ghana, Westafrika, der am ehesten mit »*Wenn du in die Vergangenheit siehst, erkennst du die Zukunft*« oder »*Geh zurück und hol es*« übersetzt werden könnte. *Sankofa*, häufig durch einen Vogel mit auf den Rücken gedrehtem Kopf, um sein Ei aufzufangen, symbolisiert, betont die Bedeutung, aus der Vergangenheit zu lernen und diese Lehren in eine bessere Zukunft zu tragen. Während des Vorwärtsmarsches mit dem Verlauf der Zeit muss stets neu dazugelernt werden, ohne dabei das Wissen über die Vergangenheit zu vergessen. Die Erinnerung und die Möglichkeit, auf Traditionen zurückzugreifen, soll dem Vergessen entgegenwirken und neue Optionen für die Gegenwart wie die Zukunft ergeben. Wäre das nicht auch ein zeitgemäßer Umgang mit unserem Narrativ des westlichen Fortschritts?

Als ich vor mehr als zwanzig Jahren einen alten Wiener Klavierflügel aus der frühen Jugendstilperiode restaurierte, fand ich beim Zerlegen auf den meisterlich bearbeiteten Holzteilen im Inneren des Instruments schöne schnörkelige handschriftliche Vermerke des damaligen Klavierbauers, den Namen des Handwerkers, eine Jahreszahl, eine Widmung und so weiter. Der Erbauer war sichtlich verbunden mit seinem Werk und hatte wohl die Hoffnung, dieses Musikinstrument für viele Generationen konstruiert zu haben. Man verewigte sich damals noch handschriftlich auf seinen soliden Werkstücken, und man ahnte wohl auch, dass einem nicht sonderlich viel Zeit blieb, denn in Wien um 1900 betrug die durchschnittliche Lebenserwartung gerade einmal vierzig Jahre.

Ich kenne heute noch Handwerker, die mit viel Liebe zum Detail und einer großen Verbundenheit zu ihrer Tätigkeit diese Praxis pflegen. In dem Wissen, dass die Lebensdauer ihrer Produkte die eigene Lebensdauer weit übersteigen wird. Gebaut für die Ewigkeit. Ein Vermächtnis, das für den schöpferisch tätigen Künstler eine innere Befriedigung darstellt, Teil etwas viel Größeren zu sein. Interessant, dass manche dieser Menschen gleichzeitig auch mit großer Hingabe in ihrem Lebensumfeld Bäume pflanzen, selbst wenn sie gar keine eigenen Kinder haben und die Bäume nicht auf dem eigenen Grundstück stehen.

Unsere »kosmische Insignifikanz« und die Relativität unseres Zeitverständnisses wurde mir deutlich vor Augen geführt, als ich bei einem Waldspaziergang den riesigen Baumstumpf einer umgesägten fast 400 Jahre alten Eiche betrachtete. Jemand hatte die Schnittfläche, die die zahlreichen Jahresringe gut erkennen ließ, mit einer Plexiglasscheibe abgedeckt, auf der zu den einzelnen Ringen geschichtlich relevante Ereignisse und die dazu gehörigen Jahreszahlen eingraviert waren: Dreißigjähriger Krieg, Napoleon, Geburtstage von Johann Sebastian Bach und Friedrich Schiller, Untergang der Titanic, Erster Weltkrieg, erste Mondlandung … In solch schwindelnden Momenten der Geschichtsraffung angesichts der Schnittfläche eines simplen Baums wird einem die eigene Insignifikanz und die kurze (noch) zur Verfügung stehende Lebenszeit bewusst.

Der älteste Baum der Welt ist eine langlebige Kiefer in den kalifornischen White Mountains mit über 5000 Jahren. Im *Fulufjället Nationalpark* in Schweden steht *Old Tjikko*, eine Fichte, deren Wurzelsystem sogar auf 9550 Jahre (!) datiert wird. Dagegen nimmt sich unser menschliches Dasein doch recht mickrig aus. Wir wissen nicht, wer sich im Schatten der Bäume, die wir heute pflanzen, einmal ausruhen wird oder welche Kinder in ihren Ästen einmal klettern werden. Mir gibt das Pflanzen von Bäumen jedenfalls ein inniges Verbundenheitsgefühl mit zukünftigen Generationen. Vielleicht werden sie sich an mich erinnern? Ich bin dem unbekannten Menschen, der unsere Walnussbäume vor mehr als hundert Jahren wachsen ließ, jedenfalls dankbar für die jährlich immer noch reichliche Ernte. Diese Dankbarkeit beflügelt mich, dieses Erbe ebenfalls weiterzugeben, egal, für wen. Ist es nicht ein unglaublich beruhigendes Gefühl, zu wissen, dass wir Erben und Ahnen zugleich sind?

Memento mori: Keiner von uns kommt hier lebend raus

»Dies Haus ist mein und doch nicht mein, beim nächsten wird es auch so sein. Dem Dritten wird es übergeben, der Vierte wird nicht ewig leben, den Fünften trägt man auch hinaus, nun sag mir doch, wem gehört das Haus?«

– Anonym – Inschrift an einem historischen Haus in Niederösterreich

Ja, wem gehört das Haus? Unser aller gemeinsames Haus, die Erde? Der einzige Planet in unserem Universum, der gerade die richtigen Bedingungen aufweist, dass Leben in der uns bekannten Form überhaupt möglich ist. Wie wollen wir dieses Haus für die kommenden Generationen hinterlassen. Wollen wir ein *»guter Vorfahre«* sein, wie es der Autor Roman Krznaric in seinem gleichnamigen Buch beschreibt? Ist nicht das unsere größte Aufgabe? Egal, wie alt wir sind, und ob wir Kinder haben oder nicht?

Wenn du dreißig Jahre oder älter bist, dann stehen die Chancen nicht schlecht, dass du in fünfzig Jahren nicht mehr hier sein wirst. Natürlich wünsche ich jedem ein langes, gesundes und erfülltes Leben, die Statistik ist aber erbarmungslos: Nach den Ergebnissen der aktuellen Sterbetafel liegt die durchschnittliche Lebenserwartung in Deutschland und Österreich bei ca. 78 bis 79 Jahren für Männer beziehungsweise ca. 83 bis 84 Jahren für Frauen.

Bei vielen Menschen kann die Erkenntnis der eigenen Endlichkeit und ihre Liebe zur nächsten Generation ein Umdenken bewirken. So verschieben sich beispielsweise **angesichts des eigenen bevorstehenden Endes** rasch die Wertigkeiten.

Bei einer Ausbildung zur medizinischen Sterbebegleitung konnte ich vor vielen Jahren miterleben, wie wenig Gedanken selbst langjährig praktizierende Ärzte daran verschwenden, dass auch ihre eigene Existenz endlich ist. Die Kursleiterin entzündete eine etwa fünf Zentimeter lange Kerze in der Mitte der ärztlichen Kursteilnehmer und bat die Anwesenden, all ihre professionellen und privaten Lebenspläne aufzuschreiben, solange die Kerze brannte. Man konnte sich angesichts der Größe der Kerze ausrechnen, dass für diese Übung zumindest eine halbe bis eine Stunde zur Verfügung stand, und so begannen wir Teilnehmer, wie aufgetragen, mit der Niederschrift unserer Pläne und Visionen sowohl für das berufliche als auch das private Leben. Doch nach wenigen Minuten, viele hatten noch kaum etwas zu Papier gebracht, passierte etwas, womit niemand gerechnet hatte. Die Kursleiterin löschte ohne Vorankündigung die Flamme der Kerze zwischen Daumen und Zeigefinger. Während der Rauch der erloschenen Kerze aufstieg, wurde es plötzlich still im Raum. In einigen Gesichtern konnte man die Enttäuschung und Ratlosigkeit angesichts dieses unerwarteten Endes richtig sehen. Was wenige Momente später folgte, treibt mir noch heute, gut zwanzig Jahre später, eine Gänsehaut über den Nacken. Mehrere Teilnehmer begannen teils leise, teils aber auch recht bitterlich zu weinen. Diese durchaus erfahrenen und erwachsenen Menschen in einem medizinischen Heilberuf konnten mit dieser recht plakativen und eindrucksvollen Demonstration der Möglichkeit eines jähen Endes offenbar nicht umgehen. Ja sie schienen regelrecht verstört und erbost angesichts dieser Verletzung der Spielregeln zu sein. Für mich war diese Reaktion einigermaßen überraschend, denn die Beschäftigung mit der eigenen Endlichkeit war aufgrund mehrerer diesbezüglicher Erlebnisse in meinem Leben und infolge meiner Tätigkeit als Gerichtsmediziner und Pathologe immer schon eine wesentliche Entscheidungs- und Kraftquelle, die viele unserer Alltagsnarrative relativierte. Dieses sehr drastische Beispiel der plötzlich erlöschenden Kerze zeigt uns, dass viele Menschen, selbst Ärztinnen und Ärzte, die die Endlichkeit anderer täglich erfahren, über ihr eigenes Leben und dessen jederzeit mögliches Ende offenbar kaum reflektieren. Unsere Gesellschaft verdrängt den Tod mit allen zur Verfügung stehenden Mitteln.

Aber eben weil wir sterbliche Wesen sind und uns dessen im tiefsten Inneren bewusst sind, wollen wir Menschen ein Vermächtnis hinterlassen. Dieses Bedürfnis nach einem Vermächtnis kann verschiedenen Beweggründen entspringen. Manche Menschen wollen aus eher egozentrischen Gründen von der Nachwelt als heroische und großartige Person wahrgenommen werden, Menschen aristokratischer Abstammung wollen häufig materielle Dinge weitergeben. Aber manche Menschen haben ihren Fokus weniger auf materiellen Dingen, sondern wollen vor allem ihre Werte an die Folgegenerationen weitergeben. Welche Werte auch immer du weitergeben möchtest, die Beschäftigung mit größeren Zeitabschnitten und die Konfrontation mit der eigenen Endlichkeit birgt die Chance eines lebendigeren Lebens und hat zudem das Potenzial, uns zu »besseren Vorfahren« zu machen. Das legen uns zumindest faszinierende Forschungen aus der Verhaltenspsychologie nahe. In einem Experiment unter der Leitung von Kimberly Wade-Benzoni von der Duke University wurden die Studienteilnehmer in zwei Gruppen aufgeteilt, wobei eine Gruppe einen Artikel über einen tödlichen Flugzeugunfall zu lesen bekam, während die andere einen Artikel über einen hochbegabten russischen Mathematiker erhielt. Anschließend wurde allen Studienteilnehmern mitgeteilt, dass sie an einer Verlosung von 1000 Dollar teilnehmen würden und bereits zu Beginn festlegen könnten, ob sie einen Teil des Preises an eine von zwei Wohltätigkeitsorganisationen spenden wollten: Eine Organisation half Menschen in der Gegenwart, die andere arbeitete daran, Menschen in der Zukunft zu helfen. Das erstaunliche Ergebnis: Jene Studienteilnehmer, die den Artikel über das Mathematikgenie zu lesen bekamen, spendeten der gegenwärtigen Wohltätigkeitsorganisation zweieinhalbmal mehr als der zukunftsorientierten. Jene Teilnehmer, die dem sogenannten »death priming« in Form eines tödliche endenden Flugzeugunfalles ausgesetzt waren, spendeten der zukunftsorientierten Wohltätigkeitsorganisation mehr als fünfmal (!) so viel wie der gegenwartsorientierten.[52]

In einer ähnlichen Studie zeigte sich, dass Personen, die kurz zuvor ihren eigenen Nachruf verfasst hatten, bereit waren, 45 Prozent mehr Geld an eine Umweltorganisation zu spenden als diejenigen, die zuvor keinen Nachruf auf ihr eigenes Leben verfasst hatten.[53]

Diese und ähnliche Studien zeigen uns, dass wir Menschen durchaus verantwortungsvoll, altruistisch und zukunftsorientiert handeln können, wenn wir uns aktiv mit dem (eigenen) Tod und der Frage, wie sich zukünftige Menschen an uns erinnern sollen, auseinandersetzen. Das Problem dabei: Moderne westliche Gesellschaften verdrängen und leugnen den Tod in all seinen Facetten, zumindest was den eigenen betrifft. Der anonyme Tod anderer hingegen, sei es nun im Rahmen von Unterhaltung oder traurige Realität, flimmert alltäglich über unsere Bildschirme, Gewöhnungseffekt inklusive. Eine echte Auseinandersetzung mit der eigenen Endlichkeit, im Sinne eines *Memento mori* findet dabei recht selten statt. Im Gegenteil. Die Werbung verspricht im besten Einvernehmen mit der Schönheitsindustrie ewige Jugend, und alte Menschen werden in ein Altenheim gesteckt, wo sie niemand sieht. Die groteske und zwanghafte Besessenheit unserer Kultur, die eigene Jugendhaftigkeit bis in das hohe Alter erhalten zu wollen, um dann »totoperiert« mit Silikon und Kunststoffimplantaten nach der Bestattung noch zu einem Umweltproblem zu werden, ist ein Übel epidemischen Ausmaßes geworden. Obwohl in Österreich jährlich etwa 90 000 und in Deutschland über eine Million Menschen versterben, nimmt die Öffentlichkeit davon nichts wahr. Wir leben in einer Kultur der Todesleugnung und verdrängen all diese Sterbefälle, obwohl sie Teil des Lebens sind.

Es gibt viele Gründe, warum in einer modernen Gesellschaft der Tod als beängstigendes und unerklärliches Phänomen oft verleugnet oder verdrängt wird. Zu den wesentlichen Faktoren zählen Angst vor dem Unbekannten, kulturelle und soziale Einflüsse, vermeintliche Selbstschutzmechanismen, Jugendkult, Konsum und Kapitalismus. In einer modernen und technologisch fortgeschrittenen, wenngleich äußerst ängstlichen Gesellschaft wie der unseren existiert ein sehr starkes Bedürfnis nach Kontrolle und Sicherheit. Der Tod stellt eine existenzielle Bedrohung dieser Kontrolle dar.

Die bittere Realität ist aber, dass wir alle sterben und in nicht allzu ferner Zukunft wieder im Nichts des Kosmos verschwinden werden. Die Bestandteile unseres Körpers werden wieder andere Körper und Lebensformen aufbauen. So viel wissen wir ganz sicher. Was hingegen mit unserer **Seele** passiert, wenn die Systeme unseres Körpers im Zuge der Freisetzungsphase für immer versagen, das lässt sich aus wissenschaftlicher Sicht wohl niemals feststellen.

Die Beschäftigung mit der Vergänglichkeit und dem eigenen Tod kann jedenfalls eine wesentliche Triebkraft für den Menschen sein, um seine Wertvorstellungen neu zu überdenken. Das wussten schon die Stoiker vor über 2000 Jahren, als sie den Ausdruck *»Memento mori«* – *»Sei dir deiner Sterblichkeit bewusst«* prägten. Wie bereits Marcus Aurelius bemerkte, können wir dieses Leben *»jeden Moment«* verlassen. Wir wissen einfach nicht, wann wir sterben werden. Es könnte in zehn Jahren sein, wir könnten aber auch nur mehr zehn Tage haben. Was zählt, ist nicht die Anzahl der Tage, die uns noch bleibt, sondern ihre Qualität. Im Bewusstsein, dass uns unser Leben jederzeit genommen werden kann, sollten wir uns entschließen, das Beste aus jedem einzelnen Moment zu machen. Jede Stunde und jeder Tag sind ein Geschenk. **Die Erkenntnis der eigenen Endlichkeit lässt uns das Leben grundsätzlich anders sehen und im besten Fall endlich leben.**

Zeit ist Leben

Das Erleben von **Qualitätszeit** (*Kairos*) wird dann wichtiger als der reale lineare Ablauf der Zeit (*Chronos*) und der fortwährende Konsum. Denn bei genauerer Betrachtung ist ein Menschenleben recht kurz. Auch diese Feststellung finden wir bereits vor 2000 Jahren bei *Seneca* (1–65 n. Chr.) in seinem Werk *De brevitate vitae* (lat. *Von der Kürze des Lebens*). Doch Seneca differenzierte zwischen einem flüchtig empfundenen, unbefriedigenden und verschwendeten Leben aufgrund von Gier, Ehrgeiz, Neid, sinnlosen Forschungen, Anhäufen von unnützem Wissen, Abgestumpftheit und Unbeständigkeit und einem als lang empfundenen, richtig genutzten Leben in Weisheit, das erst durch die Antizipation der eigenen Endlichkeit möglich wird. Ein dafür recht probates Mittel, das uns auch dabei hilft, die eigenen Wertvorstellungen und Lebensprioritäten neu zu ordnen, ist, wie wir gesehen haben, das Verfassen des eigenen Nachrufs, quasi des eigenen Epitaphs. Wie möchte ich, dass sich meine Nachwelt an mich erinnert?

Mit etwas mehr als 4000 Lebenswochen dürfen wir heute statistisch rechnen. Bei acht Stunden Schlaf müssen wir davon allerdings gut 1300 Wochen abziehen. Ziehen wir von diesen verbleibenden 2700 Wochen (unter der Annahme von 36 Arbeitsjahren mit durchschnittlich 1700 jährlichen Arbeitsstunden) auch noch unsere (von vielen Menschen zunehmend als sinnlos empfundene) berufliche Tätigkeit von etwas über 350 durchgehenden Wochen ab, verbleiben uns noch 2350 Wochen durchschnittlich verfügbare Lebenszeit. Darauf entfällt ein beträchtlicher Anteil auf Kindheit und Jugend inklusive Schulzeit und mittlerweile auch ein erschreckend großer Anteil auf den Konsum von Massenmedien wie TV, Internet und Radio sowie Telefonie, E-Mails, Messengerdiensten und SMS. Im deutschsprachigen Raum wurden dafür in verschiedenen Studien zehn bis dreizehn Stunden täglich (!) in der Altersgruppe der 14- bis 69-Jährigen angegeben. Wie viele Wochen bleiben da einem Erwachsenen noch übrig für ein schöpferisches, kreatives und erfülltes Leben? Wie viel Zeit für die Wertschätzung der uns noch verbliebenen Natur und die Arbeit an einer für alle gedeihlichen, weil regenerativen Zukunft?

Stattdessen wird uns bei jeder Gelegenheit gepredigt: *»Time is money.«* Diesen Satz hören wir zeitlebens so häufig, dass er sich schon allein dadurch in unserem Hirn als Wahrheit manifestiert hat. Aber ist *»Time«* wirklich *»Money«*? Oder wurde uns das nur aufgrund neoliberaler Wachstumsfantasien eingeredet?

Tatsächlich braucht es nicht viel, um zu erkennen: *»Time is life!«* Ja, Zeit ist gleich Leben! Und deine Zeit zu verschwenden, bedeutet, dein Leben zu verschwenden. Verlorener Reichtum kann ersetzt werden, so wie verlorenes Wissen durch neuerliches Lernen und verlorene Gesundheit im Idealfall durch Regenerationskraft oder die richtige Medizin wiedererlangt werden kann, aber verlorene Zeit ist für immer verloren. In unserer konsumorientierten, linkshemisphärisch dominierten Arbeitswelt tauschen wir schließlich Lebenszeit gegen den Besitz von materialistischen Dingen, die uns am Ende nicht selten zur Last werden und uns unglücklich machen. Anstatt zu leben, schauen viele Menschen im Fernsehen oder den Sozialen Medien anderen beim Leben zu, und selbst das ist nicht selten ein *»Fake«*.

Sind wir nicht absurde Wesen? Gäbe es nicht so viel Sinnvolleres zu tun? Unsere Zivilisation tanzt am Abgrund, und ein großer Teil der Weltbevölkerung ergeht sich in sinnlosen Tätigkeiten, die ihnen das wahre Leben vorenthalten. Mit der Trennung von der Natur und damit einhergehend von sich selbst scheint unserer westlichen Kultur offenbar auch jegliche Weisheit abhandengekommen zu sein.

Das Narrativ der Trennung

»Das Lebewesen, das im Kampf gegen seine Umwelt siegt, zerstört sich selbst.«

– GREGORY BATESON (angloamerikanischer Anthropologe, Sozialwissenschaftler und Philosoph, 1904–1980)

Die reduktionistische Vorstellung, dass die Natur nur aus seelenlosen Dingen besteht, gleich Maschinen ohne Innenleben, in Verbindung mit dem Narrativ, sie ausbeuten, plündern und zerstören oder sie sich Untertan machen zu können, hat die zentrale Erzählung des Getrenntseins gefördert.

Die Erfindung des modernen Geldsystems, also die Vereinbarung, grünem Papier einen beliebigen Wert zuzuschreiben, hat die Separation ebenso weiter vorangetrieben wie die Erzählung vom *Homo öconomicus*, der nur seine Eigeninteressen verfolgt. Der Glaube an unser Ego und unsere Identifikation über unser Ego beginnt schon kurz nach der Geburt. Wir bekommen einen Namen und unsere gesamte Kultur fördert von Anbeginn das Individuum in uns. Wir bekommen bereits früh die Vorstellung vermittelt, dass wir etwas Besonderes sind, alles erreichen können und selbstredend hochbegabt sind. Das noch gar nicht so alte Phänomen Social Media hat uns schließlich vollends in das Zeitalter der Selbstinszenierung und einer damit eng verknüpften normopathischen **Kultur des Narzissmus** katapultiert. In unserer modernen westlichen Einheitskultur, die die Mehrheit zu einem Leben in die Isolation des Egos verdammt hat, dürften nur mehr wenige Menschen ein Gefühl für ein Einheitsempfinden mit allem Lebendigen um sich herum haben. Warum ist das so?

Aufgrund der permanenten Indoktrinierung durch eine zunehmende Unkultur ist es normal geworden und wird nicht hinterfragt, ob wir tatsächlich isolierte Individuen sind. Es ist Teil unserer großen neuzeitlichen Erzählung: **Wir identifizieren uns über diesen Glauben mit dem Ego, weswegen wir uns bemühen, ein Leben zu führen, das diese Erzählung**

nährt und ständig aufrechterhält. Wir verwechseln unsere wahre Identität mit den beständig auf uns einredenden Gedanken (die oft gar nicht die unseren sind) und dem konsumorientierten Mantra unserer Kultur, die die Bezeichnung »Kultur« in vielen Aspekten eigentlich nicht mehr verdient. Es ist vielmehr eine Tretmühle und ein Wettlauf, aber keine bewusstseinsfördernde altruistische Weltanschauung. **Wir beuten aus und zerstören, anstatt zu nähren und aufzubauen.**

Doch das alte Narrativ der Trennung zerbröckelt zusehends: die Instabilität der internationalen Finanzmärkte, das vermeintliche Vorbild westlicher Demokratien und ihrer tatsächlichen (Dys-)Funktionalität, das Versprechen von Freiheit und Grundrechten, das Versprechen von Gesundheit durch kollabierende Medizinsysteme (die eigentlich nur Krankenverwaltungssysteme sind), die Idee vom ewigen (Wirtschafts-)Wachstum, das Märchen billiger Energie … All das zerfällt derzeit vor unseren Augen. Die Kunst dabei ist, aufzuwachen aus dem großen Selbstbetrug, aus der Illusion des Getrenntseins von unserem wahren Selbst, unserer Umwelt und vom Rest der Natur, aufzuwachen aus einem Traum, mit der Erkenntnis, dass alles eins ist. Es ist das alte Prinzip der Non-Dualität. Diese Erkenntnis der ursprünglich **vollkommenen Natur unseres Geistes und des wahren Wesens jenseits der Dualität** ist die spirituelle Essenz aller buddhistischen Lehren und wird als **»Dzogchen«** bezeichnet. Das ursprüngliche reine Gewahrsein, die Intelligenz, die jenseits aller Begrenzungen stattfindet, besagt, dass du von Anfang an ganz bist und dass du außerhalb von dir nicht suchen musst, um dich selbst zu finden.

Aber unser Ego sträubt sich gegen diese Form des Erwachens. Unsere dominante linke Hirnhälfte denkt permanent und macht uns glauben, dass wir identisch mit unseren Gedanken sind (*»Ich denke, also bin ich«*). Unsere wahre Natur ist jedoch das Sein. Das können wir aber kognitiv und intellektuell nicht so richtig erfassen. **Das Sein lässt sich nur erleben und erfahren**, insbesondere in der Stille der Abgeschiedenheit und in der Ruhe der Natur.

So wie ein unruhiges, ständig bewegtes Gewässer es nicht ermöglicht, auf den Grund zu sehen, so verhindert es ein von ständigen Gedanken getriebenes Gehirn, unserer tieferen Natur auf den Grund zu gehen. Dafür braucht es Ruhe und die ungestörte Wasseroberfläche mentaler Stille. Unser Bewusstsein liegt quasi zwischen den Gedanken und lässt sich nicht in Worte fassen. Du bist weder deine Gene, deine Gedanken, deine Herkunftsfamilie, deine Erfahrungen, deine berufliche Karriere, deine Errungenschaften und Misserfolge, dein sozialer Status noch das, was andere über dich sagen.

Interessanterweise findet sich dieses **Prinzip der Nicht-Dualität** und der Einheit in vielen Religionen, Weisheitstraditionen und Kulturen dieser Erde, wo es vollkommen unabhängig voneinander entstanden sein dürfte. Nur moderne westliche Gesellschaften, so scheint es, haben diese Erkenntnis vollständig aus ihrem Repertoire gestrichen. Tatsächlich fördert unsere Kultur das Gegenteil: Hyperindividualismus, Konsummaximierung und Egoismus. Mehr getrennt von allem kann man kaum sein.

Alles ist Selbst

Bis jetzt haben wir durch unser Selbst- und Weltbild überwiegend eine Welt der Disharmonie, der Trennung und der Zerstörung geschaffen. Aber das können wir ändern. **Wir können auch eine andere Welt generieren, die auf Liebe, gegenseitigem Verständnis, Freundlichkeit, Sorge um die Erde und der Erkenntnis, dass alles eins ist, basiert.** Schlussendlich geht es um die Wahl jedes Einzelnen, wofür er oder sie sich einsetzt zu leben. Wir können entweder passive Opfer sein oder aktiv Verantwortung für unser Leben und unsere gesamte Einflusssphäre übernehmen. Wir können entscheiden, ob wir in Angst und ein künstliches Selbstbild investieren wollen oder in unser natürliches Selbst. Wir können Schönes schaffen, und wir können gut sein. Wir entscheiden, ob wir das Leben durch die getrübte Brille der Trennung betrachten, oder ob wir die **Interdependenzen der großen Einheit des Lebens** unserem Dasein zugrunde legen wollen.

Wir sind keine isolierten Individuen auf einem verlorenen Planeten, sondern verbunden mit der einzigen und ursprünglichen Quelle des Lebens auf dieser Erde. Wir sind keine Opfer der Umstände, wir erschaffen uns vielmehr die Welt, in der wir leben wollen, selbst. Wir müssen lediglich aufwachen zu der Wahrheit, dass alles eins ist, dass alles selbst und nichtselbst gleichzeitig sein kann. Das führt schließlich auch zu einem inneren Frieden, und Frieden in uns bedeutet schließlich auch Frieden in der Welt.

11. Weisheitstraditionen

»Wissen kann man mitteilen, Weisheit aber nicht. Man kann sie finden, man kann sie leben, man kann von ihr getragen werden, man kann mit ihr Wunder tun, aber sagen und lehren kann man sie nicht.«
– HERMANN HESSE (1877–1962), *Siddhartha*

»Achte auf deine Gedanken, sie werden zu Worten.
Achte auf deine Worte, sie werden zu Taten.
Achte auf deine Taten; sie werden zu Gewohnheiten.
Achte auf deine Gewohnheiten, sie werden zum Charakter.
Achte auf deinen Charakter; er wird zu deinem Schicksal.«
– Ursprung nicht sicher geklärt, möglicherweise von LAO-TZE

Weisheit entsteht aus **Bewusstsein** und nicht aus fragmentiertem linkshemisphärischen Denken auf Basis von Intelligenz oder einer Anhäufung von Wissen. Oder anders formuliert: Mehr Wissen führt nicht automatisch zu mehr Weisheit. Mittlerweile bin ich sogar eher geneigt, das Gegenteil zu vermuten. Um aber die derzeitigen und wohl noch kommenden Herausforderungen unserer Gesellschaft zu meistern, brauchen wir mehr Weisheit im Handeln und nicht mehr von dem, was wir als Faktenwissen und Intelligenz bezeichnen, sei sie nun menschlich oder künstlich. Tatsächlich ist Intelligenz ohne Weisheit sogar äußerst gefährlich und mitunter selbstzerstörerisch.

In allen Weisheitstraditionen, Mythen und Religionen existiert die Metapher, dass etwas erst untergehen, zerstört oder beseitigt werden muss, bevor ein Neuanfang gelingen kann. Ein Zustand des höheren und bewussteren Seins wird dabei jedes Mal nur durch einen **persönlichen, zum Teil schmerzhaften Transformationsprozess** erreicht. In diesem Sinne ist vermutlich auch die biblische Vertreibung der Israeliten aus Ägypten mit dem langen Marsch durch die Wüste zu verstehen. Der entbehrungsreiche Marsch war notwendig, um an dessen Ende und nach Erhalt der *Zehn Gebote* eine höhere Bewusstseinsebene und bessere Gesellschaftsordnung zu erreichen. Selbst Jesus Christus musste sterben und wiederauferstehen, *um zur Rechten seines Vaters zu sitzen und zu richten die Lebenden und die Toten ...*

Dieses später noch etwas ausführlicher von mir besprochene universelle Motiv eines langen Weges der leidvollen Prüfungen, um am Ende der Reise in einem anderen, geläuterten oder transformierten Zustand anzukommen, wurde von dem US-amerikanischen Mythenforscher Joseph Campbell (1904–1987) nach einer globalen Analyse sämtlicher Mythen und Erzählungen der Menschheit als konsistenter Ablauf, als sogenannter **»Monomythos«** erkannt.[54]

Bei den Erzählungen der Menschheit handelt es sich also letztlich immer um die gleiche Geschichte, quasi eine anthropologische Universalie, die in vielfältigen Variationen immer wieder verarbeitet wurde. Auch alle epischen Kinofilme und Romane der Gegenwart basieren auf dem universellen Strickmuster jenes Monomythos.

Selbst *Siddhartha Gautama*, der historische Buddha, musste eine jahrzehntelange Reise mit vielen Prüfungen bestehen, um schließlich seine Lehre (*Dharma*) ausformulieren zu können und Erleuchtung zu erlangen. Nach Siddhartha Gautama wird auch der als ***Dukkha*** bezeichnete leidvolle Daseinskreislauf von Geburt und Tod so lange weitergetragen und durchlebt, bis die Ursachen für das Leiden erkannt, die Unwissenheit darüber beseitigt wurden und sich der Mensch auf den ***Edlen Achtfachen Pfad*** begibt, der schließlich zur Befreiung führt. Dieser erstrebenswerte Zustand der absoluten Transzendenz, der den Austritt aus dem ***Samsara***, dem Kreislauf des leidvollen Daseins durch **Erwachen**, kennzeichnet, ist allgemein als *Nirwana* bekannt.

Und was sind die Ursachen des Leids nach buddhistischer Auffassung? Es sind wieder einmal die zeitlosen menschlichen Schwächen wie das Verlangen nach und das Anhaften an Vergnügen, Macht und Reichtum sowie Gier, Hass und Verblendung. Auf abstrakter Ebene zählt auch das Ego-getriebene Festhalten an Vorstellungen, Ansichten, Meinungen, Lehren, Begrifflichkeiten und Glaubensvorstellungen zu den Ursachen für Leid. Nach buddhistischer Auffassung ist **das »*Nichtwissen*« der Menschen die Ursache für den vernichtenden und unaufhörlichen Durst des Verlangens.**

Erstaunlich aktuell, wenn man bedenkt, dass der historische Buddha als indischer Weisheitslehrer vor etwa 2500 Jahren gelebt hat.

Vielleicht sollte ich noch ergänzen, dass der Begriff des *Nichtwissens* aus buddhistischer Sicht nicht mit *fehlendem* Wissen beziehungsweise Unwissen gleichzusetzen ist, sondern **im Sinne von zwar vorhandenem, aber *falschem* Wissen und *Täuschung*** verstanden wird. Es ist die Täuschung, die unser Ego aufbaut und dazu verführt, sich und seine Erfahrungen fälschlicherweise für wirklich und sein Verhalten für richtig und angemessen zu erachten. Ebenso wenig überraschend und zeitlos wie die Ursachen für all unsere Probleme ist auch der Lösungsweg in Form des ***achtfachen Pfades*** – zumindest, wenn es nach buddhistischer Auffassung geht.

Vermutlich am bekanntesten ist das buddhistische Prinzip der **rechten Achtsamkeit.** Sie bezieht sich sowohl auf die **Wahrnehmung des eigenen Körpers, seiner Funktionen und der sich ständig ändernden Sinnesreize** als auch auf die **Wahrnehmung der Umgebung, des Äußeren beziehungsweise der Mitwelt.** Die Praxis der Achtsamkeit ermöglicht es uns Menschen, im Hier-und-Jetzt zu verweilen. Sie ist meines Erachtens eine der wichtigsten Grundlagen, um das eigene Weltbild nachhaltig zu transformieren. Denn ohne Konzentration auf die Gegenwart und den unmittelbaren Augenblick ist es praktisch unmöglich, die Natur (sowohl die eigene als auch die umgebende) vollumfänglich, sprich holistisch, zu erleben, ohne dabei der Vergangenheit nachzuhängen oder sich in der Unsicherheit der Zukunft zu verlieren. Das achtsame Verharren im gegenwärtigen Augenblick ermöglicht uns erst, die Schönheit des Lebens in all seinen Erscheinungsformen zu erleben, was wiederum die Motivation für einen transformativen wie regenerativen Aufbruch in ein neues ökologisches Zeitalter darstellt. Unser gesamtes Leben findet stets im gegenwärtigen Augenblick statt. Unsere Wahrnehmungen in dieser »unendlichen Weite des Augenblicks« sind die Grundlage unserer Entscheidungen und Handlungen, die ihrerseits über den Weg entscheiden, der unter unseren Füßen entsteht, während wir ihn gehen. **Die Fähigkeit zur holistischen Wahrnehmung des Augenblickes ist eine der großartigen Leistungen unserer rechten Hirnhemisphäre** und damit der Ausweg aus dem Dilemma unseres fragmentierten Welt- und Selbstverständnisses.

Selbst die in ihrem Wesen zutiefst reduktionistische biomedizinische Wissenschaft scheint die Notwendigkeit einer Hinwendung zur Achtsamkeit als Grundlage für einen gesunden menschlichen Geist und Körper zunehmend zu akzeptieren. In der großen wissenschaftlichen Literaturdatenbank der *National Library of Medicine* zeichnet sich seit der letzten Jahrtausendwende eine exponentielle Zunahme der Publikationen mit dem Schlagwort *»Mindfulness«* (engl. *Achtsamkeit*) ab. Während für das Jahr 1996 hundert Einträge zu finden sind, wurden allein im Jahr 2022 knapp 4000 (!) Publikationen mit einem Bezug zur Achtsamkeit publiziert – Tendenz steigend. Von der Behandlung einer Vielzahl körperlicher und psychischer Erkrankungen und Symptome über bessere Entscheidungsfähigkeit bis hin zur Resilienzsteigerung in belastenden medizinischen Berufen reicht dabei das Spektrum der publizierten Studien. Langsam, aber sicher, so scheint es zumindest, finden alte und lange erprobte philosophische und spirituelle Konzepte aus unterschiedlichen Kulturkreisen Berücksichtigung bei der so dringend notwendigen holistischen Betrachtung unseres menschlichen Daseins in einer aufgrund ihrer Komplexität nicht vollständig erfassbaren Welt.

Interessanterweise finden wir in so gut wie allen alten Kulturen und Religionen Konzepte und Wertvorstellungen von einer innigen Verbundenheit der Menschen untereinander und mit ihrem einzigen Lebenserhaltungssystem, der Natur.

Menschen der indigenen *Navajo*-Kultur Nordamerikas pflegen das Konzept von *Hózhó*, das häufig mit *»in Schönheit gehen«* übersetzt wird. Tatsächlich hat der Begriff eine erheblich tiefere Bedeutung und verkörpert die universelle Weltsicht und Lebensphilosophie vom Streben nach einem guten Leben in Harmonie, Gleichgewicht, Gesundheit, Schönheit und Frieden und enthält sowohl die Gesundheit und Spiritualität des Einzelnen als auch der Gemeinschaft und der gesamten natürlichen Umwelt. *Hózhó* lehrt eine moralische Verantwortung gegenüber der Welt und den Beziehungen, die sie formen. Bezeichnenderweise nennen sich die Navajo selbst *Diné* was so viel wie »Menschenvolk« oder wörtlich, basierend auf ihren Mythen, *»von unter der Erde hervorkommendes Volk«* bedeutet.

Die afrikanische Philosophie *Ubuntu*, was so viel bedeutet wie *»Ich bin, weil wir sind«* betont ebenfalls den Wert der Menschlichkeit, der Gemeinschaft und der gegenseitigen Verbundenheit und erinnert daran, dass unser individuelles Wohlergehen untrennbar mit dem Wohlergehen der Gemeinschaft, der Gesellschaft und der Natur verbunden ist. *Ubuntu* ist gewissermaßen die Antithese zu Descartes *»Ich denke, also bin ich«*.

Kaitiakitanga ist ein Begriff aus der indigenen Māori-Kultur Neuseelands, der die Verantwortung der Menschen als Hüter und Bewahrer der natürlichen Ressourcen und der Umwelt beschreibt, wobei es um viel mehr als nur den Schutz der physischen Umwelt geht. *Kaitiakitanga* bezieht sich auf ein tiefes spirituelles Verständnis der vielfältigen Beziehung zwischen Mensch und Natur in all ihren Erscheinungsformen. Die Verantwortung für den Himmel, das Land und das Meer wird dabei als traditioneller Wert von Generation zu Generation weitergegeben. Heute ist der Begriff in Neuseeland eng mit dem Naturschutz und dem Respekt vor der Māori-Kulktur verknüpft.

Sehr ähnlich ist das hawaiianische Konzept des *Pono*, das Gerechtigkeit, Gleichgewicht, richtiges Handeln und ein Leben im Einklang mit der Natur und der Gemeinschaft umfasst.

Das Analogon der südamerikanischen Andenregion ist die Philosophie des *Buen Vivir*, die ebenso das Gleichgewicht zwischen Mensch und Natur, Gemeinschaft und Kultur betont. Das Konzept des »guten Lebens« wurde in den Ländern Ecuador und Bolivien sogar in die Verfassung aufgenommen und ist eine systemkritische Antwort auf das westliche Wachstums- und Wohlstandsparadigma der letzten Jahrzehnte. Im Zentrum steht dabei eine Rückbesinnung auf die Lebensphilosophie *Sumak kawsay* der indigenen Völker des Andenraumes, die der Natur einen intrinsischen Wert zuschreibt und die übermäßige Ausbeutung und Instrumentalisierung der Natur als schlichte Ressource verurteilt. *»Das Leben in all seiner Fülle ausschöpfen, den Kontakt zur Natur suchen, sie zu verstehen und mit ihr in Harmonie zu leben. Essen im Überfluss, ein Dach überm Kopf und keine Sorgen zu haben. Nicht in Angst leben, sondern sich zu integrieren. Das ist Sumak Kawsay.«* So beschreibt Patricia Gualinga, Sprecherin der indigenen Gemeinschaft von *Sarayaku*, eine für uns alle zukunftsträchtige Lebensauffassung, die nicht auf Kosten anderer Mitglieder der Gesellschaft und nicht auf Kosten der natürlichen Lebensgrundlagen geht.[55]

Auch das Konzept des *Tao* (auch *Dao*) in der chinesischen Philosophie und spirituellen Tradition des *Taoismus* bezieht sich im Kern auf die tiefe

Achtung des Menschen vor der Natur und all ihren Erscheinungsformen als Voraussetzung für ein erfülltes Leben. So kann das an sich namenlose *Tao* als *»der Weg«* oder *»die Grundlage des Seins«* übersetzt werden und repräsentiert die kosmische Ordnung, die natürliche Harmonie und den Weg, wie die Dinge in der Welt existieren und funktionieren. In weitgehender Übereinstimmung mit dem Systemdenken betont auch das *Tao* die Bedeutung der Ganzheit, der gegenseitigen Abhängigkeit der Dinge (Interdependenz) und das Konzept des ständigen Fließens. Analog betrachtet die Systemwissenschaft komplexe Systeme als dynamisch und sich ständig verändernd, wobei Informationen, Energie und Ressourcen durch das ganze System fließen. Wir sind ein Teil des *Tao*, weil es grenzenlos ist.

Sowohl das *Tao* als auch das Systemdenken erfordern ein **intuitives Verständnis**, das über eine rein rationale Analyse hinausgeht und damit stark auf den Fähigkeiten unserer rechten Hirnhemisphäre beruht. Im Kontext dieses Buches erscheint mir gerade die Tatsache, dass **das Tao nicht in Worten oder Konzepten erfasst werden kann, sondern durch direkte Erfahrung und Intuition verstanden werden muss**, von besonderer Bedeutung.

Viele dieser Elemente finden sich auch in der weithin bekannten taoistischen Harmonielehre des *Feng Shui* verwirklicht, deren tieferes Ziel die Harmonisierung des Menschen mit seiner Umgebung ist. Noch bevor sich die New-Age- und Esoterik-Bewegung dieses Konzepts bemächtigten, war *Feng Shui* eine Philosophie, die versuchte, die Trennung von Kunst und Wissenschaft zu überwinden. Tatsächlich konnten moderne wissenschaftliche Untersuchungen mittlerweile einige Konzepte des *Feng Shui* bestätigen. So gilt die Bedeutung der Wahrnehmung von Farben, die Wirkung von natürlichem Tageslicht und ein ganzheitliches Naturerlebnis für die menschliche Gesundheit heute als wissenschaftlich belegt.

Auch die heute so dringend notwendig gewordene Weisheit, Gelassenheit, Anpassungsfähigkeit und **das Loslassen von übermäßiger oder zwanghafter Kontrolle** zu praktizieren, finden wir im Taoismus wieder. ***Wuwei*** kann sinngemäß als *»Handeln durch Nicht-Handeln«* übersetzt werden und erinnert uns daran, dass manchmal das beste Handeln darin besteht, sich nicht gegen den natürlichen Fluss der Dinge zu stellen und dagegen anzukämpfen. Dabei steht das Konzept *Wuwei* ebenfalls in Übereinstimmung mit den Paradigmen des Systemdenkens: Veränderungen in einem System zu erkennen und darauf mit entsprechender Anpassung zu reagieren, im Umgang mit komplexen Systemen äußerst vorsichtig und demütig vorzugehen sowie ein tiefes Verständnis für die komplexen Wechselwirkungen zwischen verschiedenen Elementen oder Teilen eines Systems zu entwickeln sind allesamt Weisheiten, die auch tief in der taoistischen Vorstellung von *Wuwei* verankert sind.

Die zeitlosen Weisheiten des Buddha habe ich bereits erwähnt und möchte diesen Faden hier noch einmal aufgreifen. Denn **die Lehren des nicht religiösen Buddhismus** jenseits von dogmatischen Glaubensvorstellungen und institutionalisierten Religionsgesellschaften gelten nicht zuletzt wegen des Fehlens jeglicher naturfeindlicher Äußerungen oder Haltungen als besonders unserer lebendigen Umwelt zugetan. Neben der *rechten Achtsamkeit* beinhaltet der *Edle Achtfache Pfad* auch folgende Qualitäten:

Die rechte Erkenntnis enthält unter anderem auch das Konzept der Unbeständigkeit und der Vergänglichkeit alles Seienden. Es ist schließlich der Fluss der Vergänglichkeit, dem alles Irdische unterworfen ist. Ebenso ist der Begriff des **Nicht-Selbst** ein zentraler Bestandteil der buddhistischen Lehre, wonach keine Existenz ein festes, unveränderliches und unabhängiges Selbst hat.

Die rechte Gesinnung ist der Entschluss zur Großzügigkeit und zum Nichtschädigen anderer Individuen. **Rechtes Denken** und **rechtes Streben** implizieren auch, die eigene linkshemisphärische, unablässig schwätzende Gedankenwelt des »Affenhirnes« ständig kritisch zu hinterfragen, denn unheilsame Gedanken sind wie Ströme, die uns von unserem Weg abbringen können. Die Tugend der **rechten Rede** vermeidet die Lüge, die Beleidigung und sinnloses Geschwätz und wendet sich heilsamen Worten zu. Und schließlich erinnern **die Qualitäten des rechtes Handelns** und des **rechten Lebenserwerbs** an das Vermeiden des sinnlosen Tötens sowie daran, dass man einen Beruf oder Lebenserwerb anstreben soll, der anderen Lebewesen möglichst keinen Schaden zufügt.

Auch die mehr als 2500 Jahre alte **buddhistische Auffassung des gegenseitig abhängigen Entstehens, Bestehens und Vergehens (gegenseitige Bedingtheit)** aller Vorgänge und allen Lebens, also der **Interdependenz** aller Lebewesen in einem **komplexen Netzwerk von Ursache und Wirkung**, erinnert uns daher an unsere Verantwortung gegenüber unserer gesamten Mitwelt.

Auf Basis der Erkenntnis, dass kein Ding vollständig unabhängig existieren kann und dass alles in der Biosphäre in Wechselbeziehung zueinander steht beziehungsweise stofflich ineinander verschachtelt ist, prägte der erst kürzlich verstorbene vietnamesische Mönch Thich Nhat Hanh (1926–2022) den Begriff des ***»Interbeing«*** (im Deutschen unter dem etwas gewöhnungsbedürftigen Begriff *»Intersein«* bekannt). Das Konzept des *Interbeing* hat eine ökologische und eine spirituelle Dimension und wurde von Thich Nhat Hanh folgendermaßen beschrieben: *»Interbeing ist keine Philosophie, kein Dogma, keine Theorie. Es ist eine lebendige Realität. Wenn wir die Realität des Interbeing wirklich sehen, hören und berühren können, werden wir in der Lage sein, in Harmonie mit uns selbst, mit anderen und mit der Erde zu leben.«*

Mittlerweile hat diese holistische wie heilsame Auffassung unseres Daseins, die durch neueste wissenschaftliche Erkenntnisse der Ökologie und der Mikrobiomforschung gestützt wird, vielen Menschen geholfen, ihre Einsamkeit, Sinnentleerung und Orientierungslosigkeit zu überwinden, weil es zeigt, dass wir untrennbarer Teil eines größeren, miteinander verwobenen Systems des Lebens auf dieser Erde sind.

Achtsamkeit hilft dabei, sich der eigenen Handlungen und ihrer Auswirkungen auf die Umwelt bewusst zu sein. **Mitgefühl** ermutigt uns dazu, für das Wohl anderer Lebewesen und zukünftiger Generationen zu handeln. Und schließlich sprechen sich einige buddhistische Traditionen auch für eine einfache Lebensweise und einen achtsamen Konsum aus.

Zusammen mit der Erkenntnis, dass Veränderung der Motor aller Entwicklung ist und es **keine Beständigkeit außer der Unbeständigkeit** gibt, finden wir in den Lehren des Buddha vieles von dem, was wir brauchen, um den im ersten Abschnitt des Buches ausführlich dargestellten Gefahren unserer gegenwärtigen »Meta-Krise« langfristig zu begegnen. Sie ist eine **Krise des menschlichen Gehirns**, seiner eingeschränkten Wahrnehmungsfähigkeit und der resultierenden Handlungen und nicht die Folge eines Mangels an Technik oder natürlichen Ressourcen. Es braucht kein Bekenntnis zur buddhistischen Philosophie, um zu erkennen, dass all unsere Handlungen Konsequenzen haben, die sich auf andere Lebewesen sowie die Natur und, wie wir jetzt schmerzlich feststellen müssen, auch auf uns selbst auswirken. Oder, um es zeitgemäß mit einem beliebten Internet-Meme auszudrücken: *Karma is a bitch!*

Biosphärenbewusstsein

»Wir leben in einer Welt mit immer mehr Information und immer weniger Bedeutung.«

– **Jean Baudrillard** (französischer Medientheoretiker, Philosoph und Soziologe, 1929–2007)

Das Erstaunliche an vielen der Lehren aus Weisheitstraditionen ist die Tatsache, dass sie durchaus mit dem gegenwärtigen naturwissenschaftlichen Wissen über ökologische Prozesse, offene Systeme, Komplexität und anderen biologischen und psychologischen Erkenntnissen in Einklang stehen.

Die Ökologie, die Wissenschaft von den Organismen in Wechselwirkung zu ihrer Umwelt, betrachtet die Welt gänzlich anders, als viele von uns ihr Dasein betrachten. Die meisten Menschen sehen sich selbst als isolierte Lebewesen in einer Welt, die nicht wir sind, die fremd und anders, zum Teil sogar feindlich ist. Sie haben das fatalistische Gefühl, dass sie als Individuen vom Leben herumgestoßen und dominiert werden. Es ist aber der fundamentalste Fehler, zu glauben, dass wir nur das sind, was unter unserer Haut steckt.

Wir sind viel mehr als das. Wir sind unsere gesamte Um- beziehungsweise Mitwelt. Das manifestiert sich im Aufbau unseres Körpers, unserer Nahrung und unseren Ausscheidungen, in unserem Mikrobiom, in unseren Genen sowie in unseren Gedanken, Handlungen und deren Folgen. Die Materie unseres Körpers, unsere Erfahrungen, Handlungen, ja unsere gesamte Biografie sind ein Produkt unserer beständigen Wechselwirkung mit unserer sogenannten Umwelt. Sie besteht nicht nur aus grüner Vegetation, sondern aus allem Belebten und Unbelebten in allen Bereichen unseres Lebens, von der sprichwörtlichen Wiege bis zur Bahre.

Die korrekte Sichtweise der fälschlich wahrgenommenen Dichotomie »Wir und die Umwelt« wäre eigentlich: »Wir als (ein Teil der) Umwelt«. Warum sich der Mensch ständig ausklammert, hat zwar historische Wurzeln, ist mir aber immer noch weitgehend ein Rätsel. Denn ich bin ein Teil der Umwelt für jene Menschen, die mit mir zu tun haben. Wir sind alle gegenseitig unsere belebte Umwelt. Auch auf ganz abstrakter und daher nachvollziehbarer Ebene. Die Atome, aus denen die Luft besteht, zum Beispiel Sauerstoff, atme ich ein, sie werden vorübergehend Teil meines Kreislaufes, halten mich am Leben, nur um danach irgendwann wieder in Form von CO_2 ausgeatmet zu werden. Jemand in meiner Umgebung atmet dieses Sauerstoffatom wieder ein, nachdem es vorher durch eine Pflanze wieder vom Kohlenstoff befreit worden ist. Den in der Pflanze verbliebenen Kohlenstoff nehmen wir hingegen mit unserer Nahrung wieder zu uns. Er wird beispielsweise in Form eines Kohlenwasserstoffes Teil unseres Körpers, nur um nach unserem Tod, etwa durch den Verbrennungsvorgang im Krematorium, in Form von CO_2 wieder in die Atmosphäre zu gelangen. Wie wunderbar! Wir sind alle über die Matrix der Biosphäre miteinander und mit allen anderen Lebewesen verbunden. Daher ist auch unser wahres Wesen schlussendlich mit allem verbunden, was existiert.

Im Zuge der Aufklärung haben wir uns nicht nur von unserer zutiefst spirituellen Natur, der Mystik und einer religiösen Weltvorstellung emanzipiert (was in vielerlei Hinsicht nicht unbedingt schlecht war), sondern gleichzeitig auch von unseren Gefühlen. **Die unbestimmten Qualitäten von Gefühl, Emotion, Glaube und Intuition** entziehen sich weitgehend der reduktionistischen naturwissenschaftlichen Methode. Was aber nicht wissenschaftlich objektiviert werden kann, existiert nach dieser Anschauung auch nicht.

Als soziales Wesen sind wir aber gerade im Umgang mit unseren Mitmenschen und der belebten Umwelt auf Gefühle und unsere Fähigkeit zu fühlen angewiesen. Wir sind keine rein rationalen Wesen des Verstandes. Wenn wir Gefühle, Religiosität und Spiritualität vollständig ausklammern, dann sind wir als Gesellschaft vermutlich nicht zukunftsfähig.

Es ist offensichtlich, dass wir eine gänzlich neue Form des Bewusstseins brauchen, um zu verstehen und zu erfahren, wer wir wirklich sind. Nehmen wir einmal an, ein Autoscheinwerfer hätte ein Bewusstsein. Er wirft sein Licht auf die Straße vor ihm, dabei ist ihm nicht bewusst, dass er durch Drähte mit einer Autobatterie verbunden ist, die an der Lichtmaschine hängt, die wiederum vom Motor angetrieben wird. Der Scheinwerfer weiß nicht, warum er letztlich scheint, er glaubt, selbst das Licht zu sein, das er von sich gibt. Recht ähnlich verhält es sich mit uns. Unser Körper vollbringt regelmäßig einen Herzschlag, ohne dass wir wissen, wie wir das bewerkstelligen. Unsere Zellen betreiben ihren lebenserhaltenden Stoffwechsel, ohne dass wir das willentlich beeinflussen können. Wir formen ein Knochengerüst, ohne nur die geringste Ahnung zu haben, wie wir das machen und was wir dafür benötigen. Selbst unsere Haare wachsen von selbst ohne jegliches Zutun. Es geschieht einfach. Die Organe wie der gesamte Körper sind komplexe adaptive Systeme, die keinen übergeordneten Chef oder Schrittmacher besitzen. Sie funktionieren erstaunlicherweise wie von selbst. Genauso verhält es sich mit allem Lebendigen auf dieser Erde. Das sollte uns Bewunderung und Ehrfurcht abringen.

Wir sind alle Indigene!

Als Mensch europäischer Abstammung möchte ich hier nicht das moderne Sakrileg der kulturellen Aneignung begehen. Im Gegenteil. Ich trage als promovierter Anthropologe große Bewunderung für jene Menschen und Kulturen, die wir trotz der vielen individuellen und geografischen Unterschiede bislang zum Beispiel unter dem Begriff »Indianer« zusammengefasst haben. Neuerdings wird es aber von manchen leicht erregbaren Moralwächtern vordergründig als verwerflich angesehen, wenn sich Menschen aus westlichen Kulturkreisen mit den Ansichten indigener Völker identifizieren oder sich sogar so manche Aspekte ihrer Sicht auf das Leben aneignen. Anstatt uns darüber künstlich zu erregen, sollten wir besser lernen, mit Wertschätzung und Respekt zuzuhören und zu verstehen versuchen, was uns alte überlieferte Kulturen (wie beispielsweise jene aus Nord- und Südamerika, Australien oder Afrika), die manchmal herablassend als primitiv bezeichnet wurden, zu sagen haben. Sie wissen von den zutiefst in den Mustern der Natur verborgenen Weisheiten und dem Imperativ, dass wir lediglich Besucher auf dieser Welt sind.

Unsere eigenen Vorfahren, etwa die indigenen Jäger und Sammler Eurasiens, wussten ebenfalls, dass ihre Umwelt über ihr Leben und ihren Tod bestimmte. Sie hielten daher die Kommunikation mit ihr, etwa durch einen Schamanen oder diverse Rituale für lebensnotwendig. Ihr Wissen und ihre Sichtweisen sollten wir uns unbedingt aneignen (!), um endlich aus der Kurzsichtigkeit unserer zunehmend degenerierenden westlichen, postkolonialistischen Kultur der Hybris und des pathologischen Fortschrittsglaubens auszubrechen. Ich meine damit selbstverständlich nicht das gedankenlose Imitieren von klischeehaften Darstellungen, wie sie in zahlreichen Filmen und Büchern vorkommen, sondern den Versuch, den tiefen Einsichten und der innigen Liebe und Zuwendung zu unserer Mitwelt etwas abzugewinnen, diese Sichtweisen für die eigene jeweilige Lebenssituation zu adaptieren und gegebenenfalls in die eigene Vorstellungswelt zu integrieren.

Während vieles unabhängig voneinander entstanden ist, haben sich die unterschiedlichsten menschlichen Kulturen und Volksgruppen auch viele Jahrtausende hindurch mit ihrem Wissen, ihren religiösen Ansichten und ihren Bräuchen gegenseitig befruchtet. Brauchbares Wissen und spirituelle Vorstellungen wurden übernommen und ausgetauscht, wo sie für sinnvoll und hilfreich erachtet wurden. Auch viele unserer Nutzpflanzen wie beispielsweise Mais, Reis, Kartoffeln und Tomaten haben wir uns ebenfalls aus anderen Kulturkreisen angeeignet, und keine Moralwächter haben sich je daran gestoßen (bis jetzt jedenfalls). Die Kulturgeschichte der Menschheit ist eine endlose Abfolge der kulturellen Aneignung und des Austausches! Die Aneignung neuer beziehungsweise alter kultureller Sichtweisen, Gepflogenheiten und Errungenschaften war (und ist) die Basis unser aller Erfolgsgeschichte.

12. Normopathie und Schwarze Schwäne

»Es ist kein Zeichen von Gesundheit, an eine von Grund auf kranke Gesellschaft gut angepasst zu sein.«
– Jiddu Krishnamurti (indischer Philosoph, 1895–1986)

»Der Weg zum Ziel beginnt an dem Tag, an dem du die hundertprozentige Verantwortung für dein Leben übernimmst.«
– Dante Alighieri (italienischer Dichter und Philosoph, 1265–1321)

Als wir in der Kindheit mit unseren Fahrrädern durch die Wälder fuhren, waren wir mit relativ wenig ziemlich zufrieden und glücklich. Die Welt um uns herum war voller Überraschungen – die Interaktion untereinander, das schlichte Abenteuer, Geschichten, die wir uns ausdachten … Wir waren Teil dieser Geschichten. Der Spielplatz oder die Natur waren die Arena, in der sich diese Geschichten entfalten konnten, zunächst noch in unserer imaginierten Fantasie, später dann auch in der manifesten Realität unseres Lebens. Doch schon während der Kindheitsjahre wurde uns recht schnell klargemacht, wo die Reise hingehen sollte: Leistung wird belohnt, vor allem finanzielles Einkommen, Ansehen und sozialer Status zählen mehr als alles andere. Alles dreht sich in unserer Gesellschaft um Bildung, womit im Wesentlichen gemeint ist, sich faktisches, abstraktes Wissen anzueignen, um später gute Berufschancen und ein reichliches Einkommen zu erzielen (so wie jene Eltern, die mit ihrer Karriere beschäftigt waren und daher keine Zeit mehr für ihre Kinder hatten).

Prinzipiell stecken in jedem von uns Potenziale und Träume, zutiefst in uns verwurzelte Menschheitserzählungen, die ein wesentlicher Schlüssel zu dem Weg in eine lebensbejahende Zukunft wären. Doch in unserer heutigen globalisierten Hyperkonsumgesellschaft wird uns dieser Traum durch andere in einem Ausmaß »vorgeträumt«, ja geradezu diktiert, das die Manifestation unseres wahren Selbst verhindert. Unsere hochmoderne technofixierte Zivilisation fördert mehr Pathologien als Wege zur Versöhnung mit unserem inneren Kind.

»Was hat das innere Kind in einem Buch über den Aufbruch in ein neues ökologisches Zeitalter verloren?«, wirst du dich vielleicht jetzt fragen. Ich denke, eine ganze Menge!

Denn wenn du mir bisher aufmerksam gefolgt bist, wirst du erkennen, dass so gut wie alle unsere Krisen auf eine gemeinsame Ursache, ich habe sie Meta-Krise genannt, zurückzuführen sind. Sie ist nicht nur auf unsere dominant gewordene »Linkshemisphärenkultur« zurückzuführen, sondern auch eng mit einer innerlichen **Entwurzelung** und **Leere** verbunden, die wiederum häufig ihre Ursache in unserer Kindheit und Jugend haben. Manchmal ist es auch das Gefühl von **Wut** oder **Verzweiflung**, das seinen Ursprung in frühen Lebensjahren hat.

Unser derzeitiges System fördert eine toxische Kultur. Es macht die Menschen einsam, unselbstständig, abhängig, konsumsüchtig, leicht manipulierbar, egoistisch, krank, ängstlich und depressiv. Es ist das, was der kanadische Arzt Gabor Maté in seinem gleichnamigen Bestseller als den *»Mythos des Normalen«* bezeichnet.[56] Denn vieles von dem, was wir als gegebene Normalität ansehen, ist tatsächlich die Manifestation einer zutiefst entwurzelten, gestressten, fremdgesteuerten und pathologischen Gesellschaft.

Auch der deutsche Psychiater und Psychoanalytiker Hans-Joachim Maaz stellt in seinem Buch *Das falsche Leben: Ursachen und Folgen unserer normopathischen Gesellschaft* die Diagnose einer polarisierten, angstgetriebenen, narzisstischen Promi- und Leistungsgesellschaft mit zunehmender Selbstgerechtigkeit der politischen Elite.[57] Die entscheidenden Ursachen für diese schwer erkrankte Gesellschaft sowie das oft nicht erklärbare, zum Teil wahnhafte Verhalten vieler Menschen verortet Maaz vor allem in der heutigen frühkindlichen Erziehung und einer Politik der Angst.

»Folie à deux« ist ein Begriff aus der Psychiatrie, der das Phänomen beschreibt, wenn eine psychotische Person mit wahnhaften Vorstellungen diese auf Menschen in ihrer unmittelbaren Umgebung überträgt. Wahnhafte Psychosen sind somit bis zu einem gewissen Grad auch gesellschaftlich ansteckend, vor allem dann, wenn isolierte oder eng zusammenlebende Personen nur geringe soziale oder physische Interaktionen mit anderen, anders denkenden Menschen pflegen. Als derartige Wahnvorstellungen gelten feste Überzeugungen, die sich nicht ändern, auch wenn einer Person widersprüchliche Tatsachen als Beweise vorgelegt werden.

Während zahlreiche Massenphänomene der letzten Jahre und Jahrzehnte einer lege artis psychiatrischen Diagnose eines Folie à deux im engeren Sinne vermutlich nicht standhalten, so finden wir doch faszinierende Parallelen im Zeitalter der den ganzen Globus umspannenden Social-Media-Blasen. In diesem Zusammenhang kann ich der Aufklärung mit ihrem ursprünglichen Leitspruch »*Habe Mut, dich deines eigenen Verstandes zu bedienen!*« trotz all ihrer sonstigen katastrophalen Folgen für unsere Sicht auf das Mysterium des Lebendigen vieles abgewinnen.

Mattias Desmet, Professor für Klinische Psychologie an der Universität Gent und Fachmann für das Phänomen von Massenpsychosen, schreibt in seinem Buch *Die Psychologie des Totalitarismus* hierzu Folgendes: »*Wir können als Gesellschaft vor der Angst zurückschrecken und die Unsicherheit leugnen, oder wir können unserer narzisstischen Angst trotzen und die Unsicherheit akzeptieren. Ersteres bedeutet, dass wir die Lösung in noch mehr (pseudo-)wissenschaftlicher Ideologie, Scheinrationalität, Scheinsicherheit und technologischer Kontrolle suchen; auf diese Weise geraten wir in noch mehr Angst, Depression und (soziale) Isolation. Und darauf reagieren wir, indem wir noch hartnäckiger das Unkontrollierbare zu kontrollieren versuchen, was noch mehr Zerrüttung zur Folge hat.*«[58]

Die Hinterhältigkeit des Totalitarismus besteht in der radikalen Zerstörung jeder menschlichen Kreativität, Individualität und Diversität und jeder Form von sozialer Bindung. Wir sollten aber keinesfalls den naiven Fehler begehen, den Totalitarismus nur in totalitären Regimen der Gegenwart oder der Vergangenheit zu suchen. Auch **das heute immer stärker werdende fanatische Begehren, lebendige Systeme und das Leben an sich durch moderne Technik und neueste Wissenschaft zu steuern und schlussendlich vollständig beherrschen zu wollen** und dabei gleichzeitig still und heimlich die individuelle menschliche Freiheit zu beschränken, birgt massive totalitäre Züge in sich.

Technokratie und Totalitarismus haben die Gemeinsamkeit, dass sie sich gerne auf Logik, Ratio, Wahrheit und Wissenschaftlichkeit berufen und dabei jeden Zweifler und Abweichler penetrant verfolgen. Das **Streben nach totaler Sicherheit und Kontrolle durch eine mechanistische Ideologie mit Wahrheitsanspruch** birgt schließlich auch immer den Keim des Unterganges in sich. »*Entscheidet sich die Gesellschaft für den anderen Pfad, so trotzt sie ihrer Angst und erkennt, dass Unsicherheit der Conditio Humana inhärent und eine notwendige Bedingung ist für das Entstehen von Kreativität, Individualität und menschlicher Bindung*«, schreibt Mattias Desmet.

Kinder haben grundsätzlich das Bedürfnis nach enger Bindung. Stehen die Eltern oder andere erwachsene Bezugspersonen nicht zur Verfügung, wenden sich Kinder Gleichaltrigen zu. Gleichaltrige Kinder sind aber nicht in der Lage, bei dem so wichtigen Prozess des langsamen Heranreifens beizustehen. Sie haben selbst kein Erwachsenenvorbild, um sich in dieser zunehmend komplexen Welt zu orientieren. Die ausschließliche Bindung an Gleichaltrige der Peergroup bedeutet schließlich, dass die Blinden die Führung von Blinden übernehmen. Die Entwicklung zu einem **verantwortungsvollen Erwachsenen**, der mit den Inhalten und Widersprüchen des Lebens umzugehen weiß, wird so weitgehend verhindert.

Das Verweilen in egoistischer pubertärer Rebellion über ihre natürliche Periode hinaus, ohne dass man die Fähigkeit loszulassen entwickelt und erwachsen wird, führt schließlich zu einer **Kultur von Narzissten**. Interessanterweise finden sich darunter auch oft jene Menschen, die wir in unserem gegenwärtigen Gesellschaftssystem gemeinhin als erfolgreich bezeichnen. Der Psychologe und Autor Bill Plotkin prägte hierfür die Bezeichnung **»patho-adoleszente Kultur«** (*patho-adolescent culture*).[59]

Das »Outsourcen« von Erziehung und Betreuung der eigenen Kinder im Namen von Karriere und Gleichberechtigung sowie die Abschaffung der Kernfamilie verhindern zusehends das gemeinsame Erleben von **Qualitätszeit** und das natürliche Heranreifen von Kindern und Jugendlichen. Die **Religion der Zwangsdigitalisierung** bindet Kinder und Jugendliche zudem an die Bildschirme ihrer vielfältigen Endgeräte und macht Aufenthalte in der Natur »überflüssig«. Hierfür existieren weder Zeit noch Interesse. Das Leben findet heute vor den Bildschirmen statt, aber das tut es in der Realität eben nicht. Richard Louv schlug in seinem Buch *Last Child in the Woods* in diesem Zusammenhang den treffenden wie traurigen Begriff **»Nature deficit disorder«** vor.[60]

Bildung, ein Grundrecht für jeden Menschen, ist zugegebenermaßen äußerst wichtig und mit Sicherheit auch ein bedeutsamer Teil des Wegs heraus aus unserem Dilemma. Wenn ich mir aber die kompetitiven Bildungseinrichtungen westlich geprägter Länder und aufstrebender Industrienationen ansehe, dann fehlt es hier vor allem an **Herzens*bildung*, Charakter*bildung* und Bewusstseins*bildung***, da, wie bereits erwähnt, vor allem das Erlernen von umfangreichem, abstraktem Faktenwissen an vorderster Stelle steht. Ebenso fehlt es am Erlernen von **Gesundheits- und Nachhaltigkeitskompetenzen**, um damit die Entwicklung individueller **Zukunftskompetenz** zu fördern. Und schließlich helfen die ganze Theorie und sogar ein akademischer Titel nichts, wenn es an praktischer Erfahrung von lebendiger Natur und des Lebens selbst fehlt.

Erst wenn wir diese *Normopathie* erkannt, akzeptiert und überwunden haben, haben wir auch die wahre Krise unserer Zeit, die für alle anderen Krisen verantwortlich ist, erkannt. Selbst der Klimawandel und der gravierende Biodiversitätsverlust sind schließlich »nur« Symptome für ein viel tiefer liegendes Problem der Menschheit am Beginn des 21. Jahrhunderts: unsere weit vorangeschrittene Trennung und Abspaltung von der Natur, sowohl von der eigenen als auch vom übergeordneten großen Ganzen. Die **Regeneration unserer Psyche** (und des eng damit verknüpften physischen Körpers) und die Regeneration unserer Biosphäre sind daher untrennbar miteinander verbunden.

Die Versöhnung mit dem inneren Kind, die Heilung von Trauma und **das neuerliche In-Beziehung-Treten mit unserer wahren Natur** sind vermutlich die zentralen Herausforderungen für das Gelingen dessen, was in den kommenden Jahren vor uns liegt. Bevor wir also an unserer Außenwelt zu arbeiten beginnen, müssen wir ernsthaft an unserer Innenwelt arbeiten. Um unsere Innenwelt zu heilen, hilft uns wiederum der Kontakt zu einer belebten Natur. Das ist nicht nur im Kontext des Themas dieses Buches von Bedeutung, sondern wird **die zentrale Aufgabe, der bedeutendste Paradigmenwechsel der Menschheit im 21. Jahrhundert** sein. Ohne die damit verbundene Einsicht haben wir wohl kaum Aussicht auf eine gedeihliche Zukunft.

Menschen, die sich nicht freiwillig der propagierten **Mangelmentalität** unterwerfen, die frei im Geist sind und ihre wahre Natur entdeckt haben, können sich erfolgreich der großen Aufgabe des altruistischen, nachhaltigen und regenerativen Handelns und Lebens stellen. Vor allem jene, die ihr inneres Kind versorgt haben, weisen auch die innere Stabilität und einen liebevollen offenen Blick auf ihre Außen- und Mitwelt auf.

Vorhersagen und Berechnungen befriedigen zwar den kognitiven Durst unserer linken Hirnhemisphäre, tatsächlich sind es aber die **Imaginationen der vielen möglichen Zukünfte**, die diese schlussendlich formen. Um sich der Zukunft annähern zu können, besitzt der Mensch die einzigartige Eigenschaft, sie imaginieren und sie sich in seiner Vorstellungswelt ausmalen zu können. Wir sollten also wieder damit beginnen, unsere eigenen Träume zu träumen und unsere ureigensten Geschichten zu erzählen. Dazu gehört auch gegenseitiges Zuhören. Neue Narrative in Form von **positiven Zukunftserzählungen** haben eine **geheimnisvolle transformative Kraft**. Unsere gemeinsamen Erzählungen sind der erste Schritt in Richtung Manifestation einer lebensförderlichen gemeinsamen Zukunft auf diesem Planeten. Sie eröffnen Potenziale in jedem von uns.

Schwarze Schwäne und unser Umgang mit Unsicherheit

»Was neu ist, ist nicht die Unsicherheit; was neu ist, ist die Erkenntnis, dass die Unsicherheit bleiben wird … [Deshalb] *stehen wir vor einer Aufgabe, die meiner Meinung nach beispiellos ist – und die Aufgabe besteht darin, eine Kunst zu entwickeln, dauerhaft mit Unsicherheit zu leben.«*

– Zygmunt Bauman, *The Trouble with Being Human These Days* (polnisch-britischer Soziologe und Philosoph, 1925–2017)

»Life is what happens to you while you're busy making other plans.«

– John Lennon, *Beautiful Boy* (1940–1980)

Der Mensch kann die Zukunft nicht vorhersehen. Auch die seriösesten wissenschaftlichen Vorhersagen waren in diesem Zusammenhang in der Regel wenig hilfreich. Gleichzeitig ist es eine Tatsache, dass die Zukunft *immer* offen ist. Wir schaffen sie uns im Großen und Ganzen stets selbst, im Guten wie im Schlechten. Vorhersagen und Berechnungen der Zukunft sind allein deshalb schon irrelevant, da die Zukunft die Folge unserer Taten im Jetzt ist und nicht die Folge von einem unweigerlich ablaufenden Schicksal (Meteoriteneinschläge, Vulkanausbrüche, Erdbeben und andere nicht menschengemachte Ereignisse einmal beiseitegelassen). **Unsicherheit ist übrigens nicht das Gleiche wie Risiko.** Unsicherheit kann man nicht kalkulieren, sie ist stets unser Begleiter, das Risiko bis zu einem gewissen Grad schon. Das Risiko eines katastrophalen Ausgangs lässt sich, wie wir gesehen haben, durch **Investment in Resilienz** erheblich verringern.

Wir hätten alle gerne Sicherheiten. Das ist auch der Grund, warum Versicherungen gut verdienen und in der Regel schwarze Zahlen schreiben. Wir wollen als moderne Gesellschaft alles im Leben gegen jegliche Widrigkeiten versichern. Tatsächlich aber hatte der *Homo sapiens* von Anbeginn seines Daseins an stets mit Unsicherheiten zu kämpfen. Niemand, weder damals noch heute, konnte und kann in die Zukunft blicken.

Wer konnte den Brexit vorhersehen, wie viele Politexperten haben Donald Trump im Präsidentenamt gesehen? Auch die rezente, ziemlich unerwartete Steigerung der Energiepreise und die Corona-Pandemie samt ihren Folgen konnten nicht vorausgesehen werden. Auch andere kataklystische Ereignisse wie der Terroranschlag auf das World Trade Center am 11. September 2001 oder die Invasion Russlands in die Ukraine im Februar 2022 konnten von keinem Menschen, außer den dafür Verantwortlichen, konkret vorhergesehen werden. In vielen derartigen Fällen gibt es zwar Hinweise darauf, dass diese Dinge prinzipiell möglich sind, aber unser Gehirn schiebt hochgradig Unwahrscheinliches ohnehin grundsätzlich beiseite.

Wir müssen uns schlichtweg daran gewöhnen, dass das einzig Konstante im Leben die Veränderung ist und dass wir uns auf viele noch kommende unvorhersehbare *schwarze Schwäne* vorbereiten sollten. Das Bild vom schwarzen Schwan für ein gänzlich unerwartetes Ereignis wurde durch das 2007 erschienene Buch mit dem Titel *Der Schwarze Schwan: Die Macht höchst unwahrscheinlicher Ereignisse* von Nassim Nicholas Taleb einer breiteren Öffentlichkeit bekannt.[61]

Der Autor beschreibt darin die mitunter extremen Auswirkungen seltener und unvorhersehbarer Ausreißerereignisse, die er nach einer englischen Metapher *»schwarze Schwäne«* nannte, da man bis in das Jahr 1697 davon ausging, dass es nur weiße Schwäne gebe. Es handelt sich also um zwar sehr unwahrscheinliche, aber prinzipiell mögliche Ereignisse. Taleb setzt sich auch recht kritisch mit unserem Verständnis von Geschichte und Gegenwart auseinander und postuliert, dass wir einer Illusion unterliegen, wenn wir einerseits glauben, gegenwärtige Ereignisse zu verstehen, und andererseits dazu neigen, Sachinformationen sowie intellektuelle Eliten regelmäßig überzubewerten.

Dennoch werden uns in den Medien immer wieder gerne Menschen präsentiert, die den Ausgang von Wahlen, die Entwicklung x-beliebiger ökonomischer Kenngrößen oder den Verlauf und Ausgang von Pandemien vorhersagen möchten. Das alles mit einer grundsätzlich wenig verwunderlichen, hohen Fehlerquote. So konnte der Psychologe Philip Tetlock zeigen, dass gerade die Prognosen von berühmten beziehungsweise öffentlich gehypten Experten (den renommierten Koryphäen) häufiger falsch liegen als die ihrer weitgehend unbekannten Zeitgenossen und dass die Vorhersagen durchschnittlicher Experten nicht besser sind als ein Münzwurf.[62]

Wenig überraschend auch die Rechtfertigungen sogenannter Experten, als sie mit ihrer mangelhaften Prognose konfrontiert wurden: Ausreden auf unbekannte Variablen und sonstige fadenscheinige Rechtfertigungen, aber kein Eingeständnis. Nehmen wir es, wie es ist: Niemand besitzt eine Kristallkugel, um die Zukunft komplexer, adaptiver und nichtlinearer sozialökologischer Systeme vorherzusehen. Die Komplexität unseres Daseins verunmöglicht derartige Prognosen.

Wir sollten daher besser alles daransetzen, resiliente Strukturen zu schaffen, die mit unvorhergesehenen Ereignissen besser zurechtkommen. Hierzu zählt *nicht* eine zentrale, globalisierte, digitalisierte und ultravernetzte Wirtschaft. In dieser können kleine Ereignisse relativ schnell große Folgen haben. So löste in der Vergangenheit die Pleite einzelner Großbanken gleich eine weltweite Wirtschaftskrise aus. Die Havarie eines Schiffes im Suezkanal behinderte eine Woche lang die Weiterfahrt von mehr als 350 anderen Schiffen und verursachte aufgrund der unzähligen gegenseitigen Abhängigkeiten Schockwellen im gesamten maritimen Welthandel. Die knapp einwöchige Blockade kostete die Weltwirtschaft rund 400 Millionen US-Dollar pro Stunde (!), insgesamt also mehrere Milliarden. Eine verrückte Welt.

Das Einzige, was wir mit Sicherheit (vorher-)sagen können, ist der Umstand, dass bisher *alles* (!) einer s-förmigen Kurve unterworfen war. Egal, ob wir die Entwicklung von einzelnen Lebewesen, ganzen Populationen, Wäldern, Krebszellen, Modetrends, Organisationen, Wirtschaftsverläufen oder Zivilisationen betrachten, einem zunächst langsamen Ansteigen folgt stets ein mehr oder minder gerader Aufwärtstrend, nur um dann früher oder später wieder in einer abgeflachten Kurve zu münden. Häufig folgt dem späten horizontalen Kurvenverlauf auch noch ein langer Abstieg. Betrachtet man nur den mittleren Teil der Kurve, ergibt sich der Eindruck von einem immerwährenden linearen Anstieg, der ewig so weitergehen könnte. Fortschrittsbesessene sehen ausschließlich diesen Kurvenabschnitt und machen den infantilen Fehler, aus einer linear verlaufenden Vergangenheit eine ebenso ad infinitum linear ansteigende Zukunftskurve zu konstruieren. Tatsächlich kam bisher immer früher oder später die unvermeidliche Abflachung … Es wäre schon ein recht außergewöhnlicher Zufall, wenn es plötzlich anderes wäre. Der Autor Charles Handy nannte die S-Kurve daher treffend *»die Linie aller menschlichen Dinge«*.[63]

Zunächst sollten wir also die Tatsache akzeptieren, dass Unsicherheit immer ein Teil des Lebens ist, und uns eingestehen, dass es viele Dinge im Leben gibt, die wir nicht kontrollieren können. Die Angst vor der Unsicherheit führt häufig dazu, dass man versucht, alles um jeden Preis unter Kontrolle halten zu wollen. Dass man aber komplexe Systeme besser nicht versucht zu beherrschen, haben wir schon gesehen. Stattdessen sollten wir versuchen, die Angst vor der Unsicherheit mit Gelassenheit zu überwinden, und verstehen, dass **Unsicherheit nicht zwingend gleichbedeutend mit unmittelbarer Gefahr** ist. Statt Unsicherheit zu fürchten, kann man sie auch als Chance betrachten, sich weiterzuentwickeln und neue Erfahrungen zu sammeln. Das kann dazu beitragen, eine neue Perspektive auf das eigene Leben und die Welt zu entwickeln.

Seien wir also mutig, der Wahrheit ins Auge zu sehen, und übernehmen wir Verantwortung für unser Leben und das der Menschen um uns herum. Gegenwärtig setzen wir uns immer wieder neue Ziele für die Zukunft (Klimaziele, Nachhaltigkeitsziele, Biodiversitätsziele etc.) und tun dabei so, als wären wir lediglich in einer Art Generalprobe, doch tatsächlich sind wir schon längst mitten in der Hauptvorstellung! **Und dennoch leben wir in einer Art Dauerleugnungsschleife** und verharren lethargisch in der Gegenwart.

Am Ende gibt es ohnehin **nur zwei Möglichkeiten**: Kollaps und Untergang aufgrund zu geringer und zu später Maßnahmen der Politik und jedes Einzelnen, oder eine **tiefgreifende Transformation** der globalen Menschheitsfamilie. Pseudomaßnahmen wie irgendwelche mehr oder weniger abstrakten Zukunftsziele, »grünes Wachtum«, neue »Varianten« des Kapitalismus, Elektromobilität und Solarenergie werden nichts helfen, wenn wir nicht ernsthaft an die Wurzeln des Übels gehen: **unseren grenzenlosen extraktiven wie degenerativen Konsum als Folge einer innerlich empfundenen Leere und des falschen Narrativs in Verbindung mit einer linkshemisphärenlastigen Wahrnehmung der Welt.**

Wenn wir das Bisherige reflektieren, müssen wir uns eingestehen, dass unsere derzeitige Situation erheblich komplexer ist, als sie auf den ersten Blick scheint, und weit über ein simples Problem, das es zu lösen gilt, hinausgeht (beispielsweise ein Zuviel an CO_2-Emissionen). Die manifeste Meta-Krise hat sich unbemerkt zu einer chronischen **Perma-Krise** entwickelt und umfasst so gut wie alle Aspekte und unterschiedlichen Subsysteme unseres menschlichen Daseins, die wiederum alle untereinander äußerst komplex verknüpft sind.

Es lässt sich nicht mehr leugnen, dass uns unser bisheriges vorwiegend extraktiv und degenerativ ausgerichtetes **System der grenzen- wie rücksichtslosen Wachstums- und Steigerungslogik** in die gefährliche Situation einer späten zivilisatorischen Erhaltungsphase geführt hat. Wie so oft steht dahinter keine böswillige Absicht Einzelner, sondern ein komplexes Zusammenwirken von falschen Grundannahmen, menschlichen Eigenschaften wie Egoismus und Gier, kulturell entstandenen Narrativen der Vergangenheit und unserem evolutionären Erbe in Form eines höchst fehleranfälligen Kognitionsapparats.

Wir haben im **Rausch des Fortschritts** quasi übersehen, dass wir als Spezies Teil eines überaus komplex organisierten Systems namens Biosphäre sind, für das nicht die menschengemachten Regeln des freien Markts gelten, sondern die seit ewigen Zeiten wirkenden Dynamiken adaptiver ökologischer Systeme. Der richtige Umgang mit unserem Lebenserhaltungssystem erfordert nicht nur ein gehöriges Maß an Demut, sondern auch eine völlig neue Sicht- und Denkweise. Lineares Denken, Dominanzfantasien und unreflektierte menschliche Hybris sind dabei kontraproduktiv und gänzlich fehl am Platz. Wir müssen lernen, uns und die Welt wieder mehrdimensional und differenzierter zu sehen, um in aller Bescheidenheit an der Natur teilzunehmen.

Es ist nur allzu menschlich und daher verständlich, dass derzeit krampfhaft versucht wird, das, was bisher funktioniert hat, anzuwenden, um die Polykrise irgendwie zu »managen«. Es handelt sich dabei aber um **dysfunktionale Handlungsmodelle der vergangenen Jahrhunderte**, die es gilt, durch gänzlich neue Modelle zu ersetzen, um nicht wieder die Fehler der Vergangenheit zu wiederholen.

Zudem birgt jede Meta-Krise auch die Gefahr, weitere noch gänzlich unbekannte Krisen anzustoßen. Unser Hauptaugenmerk sollte daher auf der Entwicklung multiresilienter Individuen, Gesellschaften und Strukturen liegen, die sowohl mit den gegenwärtigen als auch mit den zukünftigen, in der Regel mehrdimensionalen Krisen des 21. Jahrhunderts entsprechend umgehen können.

Die grundlegende Ausstattung hierfür habe ich versucht, in den letzten Kapiteln darzulegen. Etwas vereinfacht zusammengefasst, handelt es sich dabei um folgende Punkte:

- Zunächst müssen wir akzeptieren, dass wir unvollkommene Wesen sind, die für das Erfassen komplexer Entwicklungen über lange Zeiträume nur unzureichend ausgestattet sind.
- Des Weiteren sollten wir uns rasch eingestehen, dass wir uns im Zuge des Fortschritts weitgehend unbemerkt von dem Lebenserhaltungssystem Natur und damit auch unserer menschlichen Natur (samt ihren Grundbedürfnissen) beträchtlich entfernt haben.
- Wir können jedoch lernen, was Komplexität bedeutet, und beginnen, uns und die komplexen Systeme unserer Mitwelt durch die Brille des Systemdenkens neu zu betrachten. Dadurch erhalten wir Einsichten in die unterschiedlichen Elemente eines Systems sowie deren vielfältige, häufig unsichtbare Beziehungen zueinander. Wir können hören, was uns das System sagt, und entdecken, wie seine Eigenschaften und unsere Bedürfnisse zusammenspielen können (*»Dancing with Systems«*).
- Die Prinzipien des Regenerativen Designs dienen uns dabei als Orientierungshilfen, um durch die Betrachtung lebender Systeme resiliente Strukturen und Gemeinschaften entstehen zu lassen, wobei stets der Weg das Ziel ist, einschließlich regelmäßiger Kurskorrektur. Es existieren keine KPIs (*Key Performance Indicators*) in Form von Ergebniskennzahlen, Rentabilitätskennzahlen, Liquiditäts- oder Cashflow-Kennzahlen, die uns zeigen könnten, ob wir unser Ziel schon erreicht haben.

- Viele kleinregionale resiliente Strukturen ergeben, modular verschachtelt, stabile Großstrukturen, die unsere gesamte Zivilisation gegenüber Schockereignissen unempfindlich werden lassen.
- Diese äußerlichen Maßnahmen können jedoch langfristig nicht zum Erfolg führen, wenn wir nicht gleichzeitig auch eine entsprechende innere Entwicklung durchlaufen und uns zusätzlich zum Wissen auch Weisheit sowie ein daraus resultierendes humanistisches Langzeitdenken aneignen. Kunst, Kultur, Spiritualität und Religiosität sind daher unverzichtbare Elemente jeder lange bestehenden regenerativen Kultur und Gesellschaft.

Die Zukunft ist nach wie vor offen, und es ist keinesfalls zu spät, um mit den Gefahren, die mit unserer gegenwärtigen Zwangslage und den nicht so unwahrscheinlichen zukünftigen krisenhaften Ereignissen verbunden sind, besser umzugehen. Unüberlegte, simple mechanistische Lösungen auf Basis eines reduktionistischen Weltbilds können dabei äußerst gefährlich sein, das sollte mittlerweile klar sein. Dermaßen ausgestattet, können wir uns an die Arbeit des Imaginierens und regenerativen Gestaltens machen und in eine (wie immer) unsichere Zukunft aufbrechen.

Teil 3

13. Regeneration

»Der denkend gewordene Mensch erlebt die Nötigung, allem Willen zum Leben die gleiche Ehrfurcht vor dem Leben entgegenzubringen wie dem seinen. Er erlebt das andere Leben in dem seinen. Als gut gilt ihm, Leben erhalten, Leben fördern, entwickelbares Leben auf seinen höchsten Wert bringen. Als böse: Leben vernichten, Leben schädigen, entwickelbares Leben niederhalten. Dies ist das denknotwendige, universelle, absolute Grundprinzip des Ethischen.«

– Albert Schweizer (deutsch-französischer Arzt und Philosoph; 1875–1965)

»Regeneration bedeutet, das Leben in den Mittelpunkt jeder Handlung und Entscheidung zu stellen. Es gilt für die gesamte Schöpfung – Wiesen, Bauernhöfe, Menschen, Wälder, Fische, Feuchtgebiete, Küstengebiete und Ozeane – es gilt gleichermaßen für Familien, Gemeinden, Städte, Schulen, Religionen, Kulturen, Handel und Regierungen. [...] *Bei Regeneration geht es nicht nur darum, die Welt wieder zum Leben zu erwecken; es geht darum, jeden von uns wieder zum Leben zu erwecken.«*

– Paul Hawken (US-amerikanischer Umweltschützer und Autor; *1946)

Das Mysterium Leben selbst ist der rote Faden, der seit mehr als 3,5 Milliarden Jahren ohne Unterbrechung diesen Planeten durchzieht. Wir Menschen sind seit vergleichsweise kurzer Zeit Teil dieses Mysteriums. Weitgehend losgelöst von der biologischen Evolution begann sich unsere **kulturelle Evolution** vor etwa 80 000 Jahren aus bisher noch ungeklärten Gründen zu beschleunigen. Die ersten bekannten Höhlenbilder entstanden vor ca. 40 000 Jahren. Etwa um diesen Zeitpunkt herum dürfte sich auch zunehmend die Fähigkeit zu phonetisch differenzierter Sprache, vermutlich als emergentes Phänomen, entwickelt haben. Wir entwickelten aber wahrscheinlich schon davor die einzigartige Fähigkeit, uns selbst zu reflektieren, zu beobachten, zu hinterfragen und zu analysieren. Diese besonderen

Eigenschaften brachten auch eine Reihe von Unsicherheiten mit sich, wie etwa die **Frage nach der Zukunft und des darin verborgenen eigenen Todes**. Auch die **Frage nach dem Sinn der eigenen Existenz** scheint uns von all den anderen Lebensformen zu unterscheiden. Diesen Unsicherheiten versuchte der Mensch schon früh mit Kunst, Kultur, Spiritualität und diversen Riten zu begegnen.

Die Entwicklung einer differenzierten Sprache ermöglichte aber nicht nur die Herausbildung von **Traditionen** und deren mündliche Weitergabe von Generation zu Generation, sondern auch die **Fähigkeit zu abstraktem Denken**, die Basis für den immer schneller voranschreitenden Erfindungsgeist des Menschen. Das hat uns schließlich bis hierher, in die heutige Meta-Krise, gebracht, für die es keinen Ausweg zu geben scheint.

Ein wesentlicher Grund für unsere Überforderung mit der gegenwärtigen Situation ist nicht zuletzt das Maß an Komplexität, das unsere globale Zivilisation mit all ihren technischen Errungenschaften und Optimierungen erreicht hat. Unsere biologische Evolution konnte mit dieser raschen kulturellen Entwicklung nicht Schritt halten. **Wir können daher mit diesem Höchstmaß an globaler Komplexität schlicht nicht mehr umgehen.** Es geht uns heute ähnlich wie Goethes *Zauberlehrling*, der die Geister, die er rief, nun nicht mehr loswird. Vergebens hoffen wir auf einen alten Hexenmeister, auf dass er dem Spuk ein Ende setze.

Wir befinden uns am Beginn des 21. Jahrhunderts in einem klassischen Zielkonflikt. Einerseits hat uns der Fortschritt das bisher angenehmste und längste Leben beschert, das Menschen jemals hatten, andererseits wissen wir, dass dies großteils auf Kosten unserer Lebensgrundlage, der Biosphäre, geschehen ist. Und wir wissen auch, dass es so keinesfalls mehr lange weitergehen kann. Wir haben uns schlichtweg verrannt.

Während wir im Verlauf der letzten siebzig Jahre zunehmend prosperiert haben, verschwindet das Leben auf dieser Erde in nie dagewesenem Tempo. Wir trennen daher den Müll, verzichten auf Plastiktüten und Plastikstrohhalme, kaufen Solarpaneele und Elektroautos und hoffen auf weitere grüne technische Innovationen, die eines Tages unseren grenzenlosen Energiehunger stillen werden. Ist das nicht einigermaßen infantil angesichts unserer gegenwärtigen Situation?

Gleichzeitig dämmert es immer mehr Menschen, dass externalisierte Werte wie Status, Reichtum, Macht und die Konsumgüter unseres Alltages ziemlich relative Größenordnungen sind angesichts der eigenen Endlichkeit. Es manifestiert sich auch zunehmend die Einsicht, dass angesichts des rasanten Absterbens alles Lebendigen um uns herum unsere letzte Chance in einem **Wiederaufgreifen des roten Fadens des Lebens** liegt. Ein umfassendes *»Wieder-zum-Leben-Erwecken«*, wie es Paul Hawken in obigem Zitat bezeichnet, ist vermutlich das Einzige, was uns in der gegenwärtigen Situation ausreichend **Halt, Orientierung und Sinn** geben kann, um in die unsicheren Gewässer unserer gemeinsamen Zukunft zu navigieren. Erst wenn wir uns tatkräftig dieser Aufgabe widmen, können wir darauf hoffen, dass die Erzählung der menschlichen Geschichte in unserem Sinne gut ausgehen wird. Dabei sollten wir uns vergegenwärtigen, dass das System der lebendigen Natur nicht zur Diskussion steht und auch nicht durch unsere begrenzte Gehirnkapazität verbessert werden kann. Die Funktionsprinzipien der Natur existieren seit mehr als 3,5 Milliarden Jahren und haben sich dabei als äußerst erfolgreich herausgestellt. **Wir sollten uns daher nicht in irgendwelche technischen Lösungen oder Verbesserungsversuche der Natur verstricken, sondern die vorhandenen Systeme betrachten, verstehen und herausfinden, wie deren Eigenschaften mit unseren Bedürfnissen langfristig in Einklang zu bringen sind. Wo dies nicht möglich ist, werden wir diese Tatsache zur Kenntnis nehmen müssen.**

Es müsste an dieser Stelle vermutlich nicht mehr gesondert erwähnt werden, dass die einzelnen Kapitel in diesem Teil des Buches untrennbar miteinander verbunden sind und gewissermaßen einer gegenseitigen Bedingtheit unterliegen. Denn alles hängt mit allem zusammen, wenn wir die Sicht des Lebens einnehmen. Die Tatsache, dass die verschiedenen Aspekte des regenerativen Lebens in einzelne abgegrenzte Kapitel verpackt wurden, ist lediglich meiner beschränkten, ordnungsliebenden linken Hirnhälfte geschuldet.

Übrigens ist der Begriff »Evolution« im Kontext der Regeneration nicht nur organismisch-biologisch, sondern eben auch kulturell und spirituell zu verstehen. **Seit jeher galt es in den Weisheitstraditionen dieser Erde als höchstes Ziel menschlicher Existenz, das eigene Bewusstsein zu erweitern, um die Reise zur Erkenntnis und Befreiung anzutreten.** Und das wohl nicht ganz ohne Grund, denn die Entwicklung des menschlichen Gehirns mit all seinen guten und schlechten Eigenschaften ist nicht erst im 21. Jahrhundert zum Problem des Menschen geworden. Das verraten uns die geschichtlichen Aufzeichnungen und archäologischen Befunde der vielen Dramen unserer zivilisatorischen Vergangenheit.

Da jeder der im Folgenden angesprochen Punkte gut und gerne mehrere Bände füllen könnte, handelt es sich aufgrund des limitierten Umfanges eines Buches lediglich um eine kurze Übersichtsdarstellung, die zum Nachdenken und zur weiteren Vertiefung anregen soll. Viele namhafte Autoren und Autorinnen haben sich zu diesen Themen bereits umfassend Gedanken gemacht und diese in zahlreichen Werken veröffentlicht. Eine entsprechende Auswahl dieser Literatur findest du im Anhang dieses Buches.

Weil die Existenzgrundlage jeder Zivilisation die ausreichende Ernährung ihrer Menschen darstellt, beginnt der folgende Streifzug durch einige Aspekte der Regeneration mit der Landwirtschaft.

14. Regenerative Landwirtschaft

»Geheimnisvoll am lichten Tag
Läßt sich Natur des Schleiers nicht berauben,
Und was sie deinem Geist nicht offenbaren mag,
Das zwingst du ihr nicht ab mit Hebeln und mit Schrauben.«

– JOHANN WOLFGANG VON GOETHE (1749–1832) *Faust. Der Tragödie erster Teil*

»Das kommende Zeitalter ist nicht mit Verfahrensvorschriften zu gewinnen, sondern allein mit biologischem Denken; das aber ist Sache des ganzen Menschen, seiner Lebensauffassung, seines Charakters, seines Geistes, seiner Seele ...«

– DR. HANS PETER RUSCH (deutscher Arzt, Mikrobiologe und Vordenker der ökologischen Landwirtschaft, 1906–1977)

Jede Bäuerin und jeder Landwirt weiß es: Das Wetter, die Witterung und langfristig das Klima sind komplexe Angelegenheiten, die nicht oder nur unzureichend vorherzusagen sind. Die alljährliche Ernte ist bis zu einem gewissen Grad immer auf die Gnade des Wetters angewiesen. Ein Frost zum falschen Zeitpunkt, ein unerwartetes Starkregen- oder Hagelereignis, eine zu lange Dürre- oder Regenperiode, und die Ernte des Jahres ist in Gefahr oder vernichtet. Wind- und Wassererosion können schlecht geschützten Böden zusetzen und langfristig die Bodenfruchtbarkeit verschlechtern.

Natürlichen Vegetationssystemen können derartige unerwartete Ereignisse in ihrer Gesamtheit hingegen oft nur wenig anhaben. Denn sie sind in ihrer Artenzusammensetzung vielfältig, bestehen in der Regel aus mehrjährigen Pflanzen und sich gegenseitig schützenden ökologischen Strukturen in Form von Pflanzengemeinschaften. Der Boden, auf dem sie wachsen, wird weder durch mechanisches Gerät bearbeitet, noch durch synthetische Düngemittel oder Pestizide belastet. Derartige natürliche Vegetationssysteme, egal, ob Grasland, Strauchsteppe oder Wälder, sind hochgradig redundante Systeme: Während manche Arten im Zuge eines fulminanten Naturereignisses Schaden nehmen, bleiben andere dennoch intakt und können wichtige ökologische Funktionen des Systems erhalten. Der Boden wird das ganze Jahr hindurch von einer Pflanzendecke geschützt, deren Wurzeln eine innige Verbindung zu dem vielfältigen, aber zumeist unsichtbaren Bodenleben aufrechterhalten. Größere Regenmengen werden in humusreichen, gut durchwurzelten Böden in der Regel problemlos gespeichert, die Vegetationsdecke schützt das empfindliche Bodenleben im Hochsommer vor Extremtemperaturen. Frei werdende Nährstoffe abgestorbener Pflanzen und Tiere werden innerhalb des Systems wiederverwertet. Aufgrund der biologischen Diversität und der guten Nährstoffverfügbarkeit haben Krankheiten und Schaderreger nur wenig Chance.

Nichts läge daher näher, als eine Form der bäuerlichen Bewirtschaftung zu wählen, die diese Eigenschaften natürlicher Systeme imitiert. Und dennoch wird weltweit der Großteil aller gegenwärtig genutzten Landwirtschaftsflächen gänzlich anders bewirtschaftet. Der Grund hierfür ist wieder einmal der grenzenlose menschliche Geist, der seit Beginn des Ackerbaus aus grundsätzlich nachvollziehbaren Gründen danach strebt, den Ertrag zu steigern und die Arbeit zu optimieren. Allerdings war man dabei über Jahrtausende hinweg erheblichen Einschränkungen unterworfen. Als Arbeitskraft standen nur der Mensch selbst und in der Folge auch Arbeitstiere wie Pferde und Ochsen zur Verfügung, die Geräte zur Bodenbearbeitung waren einfach und klein. Auch wenn bereits früher von der Substanz des Bodens gezehrt wurde, verglichen zu heute, fand dies nur in relativ geringem Ausmaß statt. Früher trieb die Sonne alles und Erdöl gar nichts an.

Das änderte sich im Zuge der industriellen Revolution ab der zweiten Hälfte des 18. Jahrhunderts, im Verlauf derer es zu einer tiefgreifenden und dauerhaften Umgestaltung aller Wirtschafts-, Produktions- und Arbeitsformen kam. Das betraf auch die Landwirtschaft. Zunächst in Form einer intensivierten Mechanisierung, angetrieben durch billige fossile Brennstoffe, später auch durch den Einsatz synthetischer Düngemittel und Pestizide. Die landwirtschaftliche Produktivitätssteigerung explodierte förmlich ab den 1960er-Jahren durch die Einführung moderner landwirtschaftlicher Hochleistungs- beziehungsweise Hochertragssorten.

Zunächst gefeiert als »grüne Revolution«, die den Welthunger beseitigen sollte, wurde das neue System der »industrialisierten« Landwirt-

schaft innerhalb weniger Jahrzehnte unbemerkt zu einer der größten aktuellen Bedrohungen für die Menschheit. Ein Konto, von dem stets abgebucht wurde, ohne dass je darauf eingezahlt wurde. Der globale Handel von Agrarprodukten an den internationalen Börsen beflügelte Spekulanten und die zwanghafte Steigerungslogik des mittlerweile kapitalistisch orientierten Agrarsystems gleichermaßen. Der zunehmende Flächenfraß durch Landnutzungsänderungen, der steigende Einsatz von Düngemitteln (aus endlichen Lagerstätten im Fall von Kalium und Phosphat, aus zuletzt teurer Energie im Falle von Stickstoff) und Pestiziden, die häufig nicht standortgerechte Bodenbewirtschaftung durch schweres Gerät und der Anbau in intensiven Monokulturen führte während der vergangenen Jahrzehnte weltweit zu degradierten und ausgelaugten Böden und einem nie dagewesenen pflanzlichen wie tierischen Biodiversitätsverlust. Etwa ein Drittel der weltweit genutzten Ackerfläche ist laut FAO (Ernährungs- und Landwirtschaftsorganisation der Vereinten Nationen) während der letzten vierzig Jahre aufgrund nicht nachhaltiger Wirtschaftsweisen mäßig bis stark degradiert.

Während wir also die Effizienz der Lebens- und Futtermittelproduktion eindrucksvoll steigern konnten, verursachte die globale Intensivierung der Landwirtschaft in Verbindung mit Lebensraumfragmentierung, Flächenversiegelung und Umweltverschmutzung durch industrielle Schadstoffe aller Art einen drastischen Populationsrückgang von Wildtieren und einen allgemeinen Artenschwund in nie dagewesenem Ausmaß.

Auch diese Entwicklung entspricht in ihrem Kern dem klassischen Drehbuch aller bisherigen großen Krisen der Menschheit: **Simples lineares Denken, beständige Effizienz- und Profitsteigerung sowie Dominanzverhalten gegenüber den komplexen Systemen der Natur im Rausch der offenbar grenzenlosen Allmacht des Fortschritts führten praktisch über Nacht zu einer zivilisationsgefährdenden Zwangslage.** Allerdings ist heute erstmals eine komplex vernetzte, globale Zivilisation davon betroffen, in der *alles* miteinander verknüpft ist.

Was die Ursachen, Erscheinungsformen und gesundheitlichen Auswirkungen dieser Krise betrifft, möchte ich mich an dieser Stelle aus Platzgründen nicht verbreitern und verweise auf meine letzten beiden Bücher. Doch so viel steht fest: Wir haben erkannt, dass eine biodiverse natürliche Umwelt unsere Lebensgrundlage darstellt, ohne die wir weder ausreichend gesunde

Lebensmittel noch Trinkwasser oder saubere Luft haben. **Derzeit sieht es sowohl mit der Resilienz vieler landwirtschaftlich genutzter Böden als auch unserer Lebensmittelversorgungssicherheit düster aus.** Aus Optimierungs- und Effizienzsteigerungsgründen wurde jegliche Redundanz aus dem System entfernt. In Zeiten antizipierter globaler Klimaveränderungen und geänderter Niederschlagsmuster eine Gefahr, von der nur selten außerhalb landwirtschaftlicher Kreise gesprochen wird.

Die einzig (!) vernünftige Reaktion auf diese bedrohliche Situation ist die **Wiederherstellung der systemischen Redundanz** (und damit auch der Resilienz) in Form von Biodiversität durch eine aufbauende Wirtschaftsweise: die regenerative Landwirtschaft.

An vielen Orten zerstören wir das System der Natur vor allem durch das menschliche System der industriellen Landwirtschaft. **Da wir aber sowohl auf eine intakte Natur als auch auf die landwirtschaftliche Produktion von Lebensmitteln angewiesen sind, müssen wir einen Weg finden, Landwirtschaft zu betreiben *und* gleichzeitig bestehende Ökosysteme zu schützen.** Bereits degradierte Ökosysteme müssen in beträchtlichem Umfang wieder regeneriert werden. Kann dieser Spagat gelingen?

Die Rahmenbedingungen, die uns Gaia steckt, sind klar und wissenschaftlich kaum anzuzweifeln. Wir leben als große Menschheitsfamilie in einer Welt der begrenzten Ressourcen. Eine dieser begrenzten Ressourcen ist **fruchtbarer Boden.** Ihm sollte unter Berücksichtigung des Schicksals vergangener Zivilisationen unsere ungeteilte Aufmerksamkeit zuteilwerden.

Boden ist Leben

… und daher für uns von zentraler Bedeutung und unendlich kostbar, da unsere Ernährung und Gesundheit eng mit den Böden dieser Erde verknüpft sind. Ausreichend verfügbare fruchtbare Böden sind die Grundlage für Zivilisation, Stabilität und Weltfrieden. Eine global umgesetzte regenerative Landwirtschaft kann diese Stabilität wieder herstellen, doch dafür ist ein radikales Umdenken erforderlich.

Der Unterschied zwischen extraktiver, industrieller und regenerativer Landwirtschaft liegt vor allem in dem primären Bestreben der regenerativen Bauern und Bäuerinnen, **das Bodenleben zu fördern beziehungsweise**

allgemein lebensförderliche Bedingungen in Form von Biodiversität zu schaffen. Die Herausforderung liegt darin, nach dem Vorbild der Natur eine aufbauende Landwirtschaft zu betreiben und gleichzeitig eine stetig wachsende Weltbevölkerung zu ernähren. Die Möglichkeiten und Maßnahmen, dieses Ziel zu erreichen, sind mittlerweile äußerst vielfältig.

Bereits lange bekannt, aber an landwirtschaftlichen Fachschulen nur selten gelehrt, ist der Umstand, dass ein lebendiger Boden voller Bakterien, Archeen, Einzellern, Pilzen, Würmern und zahlreichen Gliedertieren die Grundlage allen Lebens auf der Erde bildet. Ohne lebenden Boden keine Pflanzen, ohne Pflanzen und deren Wurzeln kein mikrobielles Bodenleben. Genau diese Erkenntnis der Interdependenz bildet die Basis der regenerativen Landwirtschaft.

In der Natur existiert zudem kein Abfall, alles wird wiederverwertet. Auch diesen Umstand versucht die regenerative Landwirtschaft zu berücksichtigen. Organisches Material wird durch verschiedene Maßnahmen dem Boden zurückgeführt, um das Bodenleben (allen voran das mikrobielle Bodenleben) zu nähren. Da ein Großteil des molekularen Gerüstes von Lebewesen (auch der abgestorbenen) aus dem Element **Kohlenstoff** besteht, handelt es sich bei der Anreicherung von organischem Material im Boden in Form von **Humus** auch um eine **Kohlenstoffsenke**. Der Oberboden ist noch vor den Regenwäldern und mineralischen Lagerstätten der größte Kohlenstoffspeicher weltweit. Aus diesem Grund wird die **Sequestrierung von atmosphärischem Kohlenstoff in Böden auch als möglicher Beitrag zur Minderung der atmosphärischen CO_2-Konzentration** diskutiert. Durch die Biomasse der Vegetation und die organische Substanz im Boden wird Kohlenstoff aus der Atmosphäre in terrestrische Ökosysteme übertragen. Das tatsächliche Potenzial zur Reduktion der atmosphärischen CO_2-Konzentration (C-Sequestrationspotenzial) wird in Wissenschaftskreisen aber äußerst kontrovers diskutiert. In jedem Fall hat die Speicherung von organischem Kohlenstoff im Boden aber einen wichtigen Effekt auf die Nährstoff- und Wasserspeicherung, Bodenfruchtbarkeit, Bodenerosion, Biodiversität und schlussendlich die Ernährungssicherheit, und sie ist allein schon aus diesen Gründen wichtig für die Resilienz der landwirtschaftlichen Produktion gegenüber allfälligen Folgen des Klimawandels.

Regenerative Landwirtschaft ist keine spezielle *Methode* der Landwirtschaft. Es existieren keine verbindlichen Definitionen oder Vorschriften, und es existiert auch keine diesbezügliche Zertifizierung. Der Begriff umfasst ein **grundsätzliches Prinzip** (um nicht zu sagen eine Philosophie) mit einer an die Natur angelehnten Herangehensweise. Das Paradigma lautet: **Der landwirtschaftlich tätige Mensch fördert selbst als Teil der Natur die Regeneration lebendiger Prozesse, anstatt ihr mit tödlicher Chemie und schwerem Gerät an den Leib zu rücken, um ihr seinen Willen aufzuzwingen.** Gäbe es nur ein beschränktes, verbindliches Methodenrepertoire, dann würde die regenerative Landwirtschaft der unglaublichen Diversität der unzähligen landwirtschaftlichen Standorte und Betriebe weltweit gar nicht gerecht werden.

Existieren hingegen universelle Gestaltungsprinzipien, können diese unter Bedachtnahme auf **die Essenz des Ortes** individuell angewendet und stets neu angepasst werden. Alles folgt dem Prinzip von Entwicklung und Wachstum und der **Regeneration des Lebens,** wobei die **experimentelle Herangehensweise** ein wichtiges Prinzip darstellt. Aufgrund des **holistischen Ansatzes** werden mit einem grundlegenden Paradigmenwechsel gleich zahlreiche Aspekte verbessert. *A priori* in Problemen zu denken, ist hingegen ein großer Fehler, denn dadurch fragmentiert man ein großes Ganzes. Ist einmal ein Problem – zumindest scheinbar – gelöst, sind schon wieder drei neue entstanden.

Apropos in Problemen denken: Das Fehlen von klaren Regeln macht es manchen mitunter leicht, zu behaupten, eine Regeneration der Böden sei ausschließlich durch die Anwendung Glyphosat-basierter Herbizide möglich. Dabei handelt es sich allerdings um einen klassischen Fehler im Umgang mit komplexen Systemen, wie ihn Dietrich Dörner definiert hat. Durch eine vermeintlich sichere und einfache Maßnahme zur Reduktion der Bodenbearbeitung im Ackerbau konzentriert man sich ausschließlich auf ein Problem, ohne dabei **mögliche Nebeneffekte und Fernwirkungen** im System zu berücksichtigen. Denn obwohl Glyphosat auf die Zellen vieler Lebewesen keinen direkten Effekt hat, wirkt es als antibiotisch wirksame Substanz auf unzählige Mikroorganismen, was sowohl im Verdauungstrakt zahlreicher Tiere (Insekten, Nutztiere etc.) als auch im Boden und an den Wurzeln der Pflanzen nachgewiesenermaßen zu unterschiedlichen Störungen mit gravierenden Folgen führt.[64] Derzeit kann nicht ausgeschlossen werden, dass dieser Effekt auch für den zu beobachtenden erschreckenden Rückgang der Insektenpopulationen maßgeblich von Bedeutung ist.[65]

In der regenerativen Landwirtschaft muss sich die verwendete Technologie stets der Ökologie anpassen, und keinesfalls umgekehrt, denn **das Credo lautet, mit der Natur zu arbeiten anstatt gegen sie**. Ohne eine mikrobiologische Vielfalt in unserem Darm ist ein gesundes Leben für den Menschen nach neuesten wissenschaftlichen Erkenntnissen unmöglich. Analog verhält es sich mit den Pflanzen und dem Boden. Moderne, chemiegetriebene industrielle Landwirtschaft ist im Kern eine antibiotische Landwirtschaft, da viele konventionelle Maßnahmen das mikrobielle Leben nachhaltig beeinträchtigen. Kommt es in der Folge zu Mangelerscheinungen in der Pflanze, entstehen die perfekten Voraussetzungen für den Befall durch einen Krankheitserreger. Analog verhält es sich wiederum beim Menschen. Die Mechanismen sind in beiden Fällen dieselben.

Die regenerative Landwirtschaft ist daher, wenn man so will, eine **probiotische Landwirtschaft**. Sie fördert die Vielfalt des Lebens. Das Ziel ist eine große Zahl von hilfreichen Mikroorganismen, um allen Lebensformen, ja dem gesamten »Hoforganismus« Vitalität zu verleihen. Der Begriff »Hoforganismus« stammt ursprünglich von Rudolf Steiner und ist in diesem Zusammenhang ein durchaus brauchbares, wenn auch wissenschaftlich schwer zu charakterisierendes Konzept, um einen Betrieb mit all seinen Böden, Pflanzen, Tieren und Menschen als ein mit der Außenwelt kommunizierendes Ökosystem zu verstehen.

Um den Nährstoffkreislauf, den Wasserkreislauf und das mikrobielle Leben zu regenerieren, wurden verschiedene **Kernprinzipien der regenerativen Landwirtschaft** formuliert. Sie umfassen unter anderem minimale Bodenbearbeitung, maximale Pflanzenvielfalt in Form von Mischkulturen, permanente Bodenbedeckung, Erhaltung ganzjährig lebender Wurzeln und eine integrierte Nutztierhaltung. Techniken wie Mulch- und Direktsaat, Kompostierung, das Ausbringen von »Komposttee« und pflanzlichen Fermenten werden ebenso eingesetzt wie regenerative Landnutzungsmodelle etwa in Form von syntropischen Agroforstsystemen, ganzheitlichem Weidemanagement und Waldweiden. Das alles und noch zahlreiche andere innovative Praktiken nach dem Vorbild der Natur (»Kreislauf der lebenden Substanz«) werden stets im Kontext der Region, der Kultur und des geografischen Orts umgesetzt.

Umsteiger auf regenerative Landwirtschaft berichten, dass sie »Landwirtschaft erst wieder neu lernen« mussten. Tatsächlich sind die regenerativen Grundprinzipien zwar relativ simpel, allerdings muss man – wie so oft – alte Ansichten zunächst über Bord werfen und die alten Techniken »verlernen«, bevor man den Paradigmenwechsel zu einer lebensförderlichen, regenerativen Wirtschaftsweise vollziehen kann.

Regenerative Landwirtschaft ist somit eine bereits gut erprobte, zukunftsorientierte Landwirtschaftspraktik, die sich darauf konzentriert, den Boden, das Klima und die Biodiversität zu verbessern, anstatt sie zu schädigen. Es geht schließlich darum, ein **ganzheitliches agrarökologisches System** zu schaffen, das sich selbst reguliert und dessen Gesundheit und Fruchtbarkeit durch natürliche symbiotische Prozesse kontinuierlich verbessert werden. In diesem Sinne bestehen zahlreiche Verbindungen zum Biolandbau, der biodynamischen Landwirtschaft und den Prinzipien der Permakultur.

Die regenerative Produktion von Lebensmitteln über einen gesunden und lebendigen Boden fokussiert auf **Qualität statt Quantität**. Der Lohn ist nicht nur ein stabiles Einkommen, sondern auch der Aufbau von Böden und der gesamten Substanz, um auch den kommenden Generationen eine Lebensgrundlage übergeben zu können. Denn auch in der Landwirtschaft hat man den Boden nicht geerbt, sondern von seinen Kindern geborgt!

Erste Studienergebnisse haben zudem gezeigt, dass Lebensmittel unter einer regenerativen Bodenbewirtschaftung tatsächlich hinsichtlich zahlreicher Parameter nährstoffreicher und daher gesünder sind.[66] Erst ein diverses und aktives Bodenleben, so scheint es, ermöglicht der Pflanze die Aufnahme von im Boden gespeicherten Mineralstoffen und Spurenelementen sowie die Bildung der über 60 000 unterschiedlichen sekundären Pflanzenstoffe.

An dieser Stelle möchte ich mir noch einige Bemerkungen zur derzeit dominierenden industriellen Wirtschaftsweise erlauben. Es ist klar, dass eine Landwirtschaft, die mit erheblich weniger synthetischem Input das Auslangen findet, dazu führt, dass manche Nutznießer des derzeitigen Systems ihre Felle davonschwimmen sehen. Sie feuern daher öffentlich aus allen Rohren, um das industrielle, input-getriebene System als alternativlos zu preisen.

Die durch industrielle Landwirtschaft erzielten hohen Erträge wurden während der letzten Jahrzehnte zum Standard, quasi zum »neuen Normal«. Alles, was zu niedrigeren (aber dafür langfristig gesicherten) Erträgen führt, wird daher als mangelhaft dargestellt. Immer wieder wird in der Diskussion über zum Teil niedrigere Erträge ökologisch verträglicher Anbaumethoden **das drohende Gespenst des Welthungers** hervorgezaubert. Allerdings verbirgt sich hinter dieser unehrlichen Kampagne die wenig beachtete Tatsache, dass ein großer Teil der verfügbaren Anbaufläche gar nicht unmittelbar der menschlichen Ernährung dient. So werden **in Europa über sechzig Prozent der verfügbaren Ackerfläche für Futtermittel verbraucht,** weltweit sind es ca. 33 Prozent der Ackerfläche.

Hinzu kommt, dass derzeit mindestens ein Drittel der produzierten Lebensmittel erst gar nicht auf dem Teller landet, sondern im Müll – ein Großteil davon in privaten Haushalten. Durch diese Verschwendung gehen nicht nur die Lebensmittel selbst verloren, sondern auch die zur Herstellung verwendeten Ressourcen. Würden wir weniger billiges Fleisch und tierische Produkte konsumieren und die Lebensmittelverschwendung deutlich reduzieren, dann ist die Versorgung der Bevölkerung auch durch ökologische Anbaumethoden mit normalen, sprich realistischen Hektarerträgen möglich, ohne an der Substanz des Bodens zu zehren. Und noch etwas: Aktuell spiegeln die Preise von Lebensmitteln in den meisten Fällen nicht die wahren Kosten wider, die bei ihrer Erzeugung entstehen. Unsichtbare Kosten werden vor allem durch Umwelt- und Gesundheitsschäden verursacht, die aus einer extraktiven und degenerativen Wirtschaftsweise resultieren. Sie werden in der Regel auf die Allgemeinheit und zukünftige Generationen abgewälzt. Eine konsequente Bilanzierung der wahren Erzeugungskosten (*»True Cost Accounting«*) würde schnell zeigen, dass das Vermeiden von Schäden durch eine regenerative Wirtschaftsweise erheblich günstiger ist, als Schäden zu beseitigen, die durch eine industrielle Produktion von vermeintlich billigen Lebensmitteln und zwanghafte Profitmaximierung entstanden sind.

Auch die immer wieder massiv propagierte Züchtung pathogenresistenter und klimaangepasster Nutzpflanzen mithilfe der Genschere CRISPR-cas als Lösung von Problemen des Agrarsektors ist nichts anderes als ein reduktionistischer Wunschtraum. Selbst wenn derartig genmanipulierte Pflanzen zunächst vielversprechend erscheinen, so wären die Folgen wiederum großflächige Rein- beziehungsweise Monokulturen, die in keiner Weise die großen Probleme der zunehmend degradierten Böden und der schwindenden Artenvielfalt lösen. Es ist eher das Gegenteil zu befürchten, denn das System wird dabei nicht ganzheitlich betrachtet.

Der Schlüssel zu einer zukunftsfähigen Landwirtschaft ist, die Bodenbiologie zu fördern und das Boden-, Wurzel- und Pflanzenmikrobiom so divers wie möglich zu halten. Denn Krankheitserreger (wie zum Beispiel der weit verbreitete Schadpilz *Fusarium*) kommen in so gut wie jedem Boden vor. Sie haben aber in Konkurrenz mit einem hochdiversen Boden- und Pflanzenmikrobiom nur ein sehr geringes pflanzenpathogenes (krankheitsverursachendes) Potenzial. Das zeigen auch die wissenschaftlichen Vergleiche von Getreide aus konventionellem (mit Fungiziden) und biologischem Landbau (ohne Fungizide, aber mit einer höheren Biodiversität). Getreide aus Biolandbau weist durchschnittlich eine *geringere* (!) Nachweisrate von Fusarien und den von den Pilzen abgesonderten Giftstoffen (Toxinen) auf. Was auf den ersten Blick paradox klingt, entspricht der wissenschaftlichen Realität: Weniger Antipilzmittel geht mit weniger Pilzbefall und weniger Pilztoxinbelastung einher und umgekehrt.[67]

Es verhält sich also so, wie es die Franzosen Antoine Béchamp und Claude Bernard vor über hundert Jahren bereits formuliert haben: *»Le microbe n'est rien, le terrain c'est tout.« (»Die Mikrobe ist nichts, das Milieu ist alles.«)*

Aus all diesen und zahlreichen weiteren Gründen sind nur lebendige Böden mit einer großen mikrobiellen Diversität in der Lage, die landwirtschaftliche Produktion langfristig zu sichern. Die genetische Manipulation von Pflanzen klammert diese alles entscheidende Grundlage für das gesamte terrestrische Leben vollkommen aus und fördert lediglich die Fortführung der industriellen Misshandlung von Böden. Allerdings: Letzteres bringt den wenigen Nutznießern der Patente Geld (zumindest vorübergehend).

In vielen Gegenden arbeitet die industrielle Landwirtschaft bereits mit toten oder hochgradig degradierten Böden. Es kann daher wohl als einer der größten Fehler der Landwirtschaft (und schließlich der ganzen Gesellschaft) bezeichnet werden, dass sie sich von der **Denkweise der Industrialisierung** anstecken hat lassen. *»Wie kann ich das meiste aus dem System herausholen?«*, ist dabei stets die zentrale Frage. Als der Bauer zum Landwirt und Manager wurde, begann schließlich auch das leise Sterben der Agri*kultur*. Das gesamte industrielle Handeln findet unter dem Gesichtspunkt der Profit- und Zeitoptimierung statt, ohne dabei die zeit- und geldlosen Qualitäten des Lebens selbst zu berücksichtigen. Auch das Produktionssystem Acker wird heute vielerorts lediglich hinsichtlich Input und Output bewertet. Dabei gehen jegliche agrarökologischen Gesichtspunkte völlig unter. Blühstreifen mit geringer Artenvielfalt neben toten Glyphosatäckern mit Rein- und Monokulturen sind gewissermaßen zum Sinnbild der gegenwärtigen Auffassung von Natur beziehungsweise unserem Umgang mit ihr geworden.

Zur Denkweise der Industrialisierung gehört schließlich auch der **Zwang zur Standardisierung.** Doch standardisierbare Vorgänge nach dem Prinzip »One-Size-Fits-All« existieren weder in der Natur noch in der Landwirtschaft, und doch haben Agroindustrie und Politik genau das während der letzten Jahrzehnte zunehmend verordnet.

Die Proponenten des derzeitigen Systems sind der Meinung, gestützt durch das industrielle Narrativ, dass nur ein optimiertes »Weiter-wie-Bisher« den wahren Weg in die Zukunft darstelle. Diese Sichtweise entspricht schlussendlich der klassischen wie kurzsichtigen **Effizienzsteigerungsideologie einer späten Erhaltungsphase.**

Wir sollten daher dringend dazu übergehen, an der sprichwörtlichen Wurzel der Problementstehung anzusetzen und wieder zu einem vernünftigen Weltbild zurückzufinden. In einer regenerativen Zukunft werden auch pestizid- und düngemittelhungrige Anbausysteme ein für alle Mal der Vergangenheit angehören, der verbreitete Konsum gesunder nährstoffreicher und wenig verarbeiteter Lebensmittel wird die Gesundheitssysteme massiv entlastet und individuelles Leid drastisch vermindert haben. Und vielleicht kann gleichzeitig auch die Anreicherung unserer Böden mit Kohlenstoffverbindungen wie Huminstoffen die atmosphärische CO_2-Konzentration auf ein zukunftsfähiges Maß reduzieren.

Da die Erfolge einer regenerativen landwirtschaftlichen Praxis zunehmend in die Öffentlichkeit gelangen, findet diese lebensbejahende Wirtschaftsweise weltweit immer mehr Anhänger. Sie ist nicht nur in der Lage, Böden zu regenerieren, sondern eben auch Tiere, Menschen und regionale sozial-ökologische Netzwerke. Da wir in Zeiten wie diesen mutige Menschen mit neuen experimentellen Herangehensweisen mehr denn je brauchen, sollten sie auch die entsprechenden finanziellen Hilfen aus unseren Steuergeldern erhalten, um die damit verbundene Mehrarbeit, die Investitionen und das erhöhte Risiko von Experimenten abzugelten. Landwirtschaftliche Innovationen auf Basis der zeitlosen Prinzipien des Lebens kommen der Allgemeinheit langfristig zugute. Ein starres Festhalten an dem bisherigen System mit dem verzweifelten Bestreben, dessen Effizienz noch weiter zu steigern, wird über kurz oder lang zu globalen Kalamitäten ungeahnten Ausmaßes führen.

Das haben mittlerweile auch große Unternehmen des Lebensmittelsektors wie Danone, Kraft Heinz, Nestlé, PepsiCo und Unilever erkannt und engagieren sich medienwirksam für eine regenerative Landwirtschaft. Ob dieser Trend zutiefst regenerativem Denken entspringt oder letztlich nur ein neuerliches Greenwashing darstellt, wird abzuwarten sein. Es lohnt sich aber in jedem Fall, genau hinzusehen. Meiner Auffassung nach sollte bei der regenerativen Transformation unserer Erde und unserer Zivilisation niemand ausgeschlossen werden. Wir brauchen die Kleinen und die Großen, und wir können es nur gemeinsam schaffen.

15. Regenerative Landschaftsgestaltung

»Die Natur ist doch das einzige Buch, das auf allen Blättern großen Gehalt bietet.«
– Johann Wolfgang von Goethe (1749–1832), *Italienische Reise*

»Alles, was gegen die Natur ist, hat auf die Dauer keinen Bestand.«
– Charles Darwin (britischer Naturforscher, 1809–1882)

Es versteht sich eigentlich fast von selbst, dass sich, einhergehend mit einer Verbreitung der regenerativen Landwirtschaft, auch unser gesamtes Landschaftsbild ändern wird. Denn wir werden in Zukunft nicht mehr einzelne Äcker, sondern ganze Systeme betrachten.

Derzeit wird Landfläche nach menschengemachten Kategorien unterteilt: landwirtschaftlich genutztes Ackerland, Grünlandflächen wie Mäh- und Streuwiesen sowie Weiden, forstwirtschaftlich genutzte Waldflächen, Almen, Bauland und Agrargebiet, Ödland, stehende Gewässer und Fließgewässer und so weiter. Doch das sind alles ziemlich rezente Erfindungen einer stark linkshemisphärenlastigen Verwaltungsbürokratie und keine ökologischen Größenordnungen.

Freilich geht es bei der regenerativen Gestaltung von Landschaften nicht um die Abschaffung von Bürokratie und Eigentum, sondern im weitesten Sinne um umfassende Renaturierungsmaßnahmen, bei denen der Mensch als integraler Bestandteil des Systems bestrebt ist, die geschädigte Umwelt nach dem Vorbild natürlicher Systeme zu regenerieren und sich an den Bedürfnissen der Natur und ihrer Ökosysteme zu orientieren.

Einen wesentlichen Anteil an der Verbreitung des **Regenerativen Designkonzeptes** hatte der US-amerikanische Professor für Landschaftsarchitektur an der California State Polytechnic University in Pomona John T. Lyle (1934–1998). Er griff in den 1970er-Jahren, den von Robert Rodale (dem Sohn des Gründers des gleichnamigen Rodale Institutes) geprägten

Begriff des »regenerativen ökologischen Landbaues« auf und erweiterte das Konzept auf andere menschliche Bereiche, insbesondere Kulturlandschaften. 1994, im Jahr der Eröffnung des Lyle-Zentrums für regenerative Studien in Kalifornien erschien auch das von Lyle verfasste Grundlagenwerk *Regenerative Design for Sustainable Development*. Wie der Titel andeutet, ist Nachhaltigkeit im Sinne der Erhaltung des Ist-Zustands alleine (»Netto-Null«) nicht ausreichend, sondern benötig in zahlreichen degradierten Ökosystemen eben zunächst die Regeneration (»Netto-Positiv«).

Der Zugang von John T. Lyle ist so wie der späterer Autoren wie etwa Pamela Mang und Ben Haggard von der *Regenesis Group* vor allem deshalb so ansprechend, weil er gewissermaßen akzeptiert, dass viele derzeitige Naturlandschaften in ihrer Essenz eigentlich **menschliche Kulturlandschaften** sind. Das regenerative Prinzip »**Mensch als co-evolutionärer Partner der Natur**« baut auf der menschlichen Vorstellungs- und Gestaltungskraft auf, um ein System zu fördern, das sowohl den Bedürfnissen des Menschen als auch der von ihm bewohnten und gestalteten Natur entspricht.

So, wie ein erfahrener Gärtner seinen Garten nicht »macht«, sondern lediglich umsichtige Entscheidungen trifft, um die selbstständigen Lebensprozesse und Energieflüsse innerhalb des Gartens zu fördern, so »erschafft« auch ein regenerativer Landschaftsdesigner kein komplexes Ökosystem, sondern trifft **schrittweise Entscheidungen** und setzt Maßnahmen, die indirekt beeinflussen, wie sich ein Ökosystem mit der Zeit entwickelt. Wie bereits ausführlich dargelegt, sind es eben nicht die materiellen Strukturen alleine, sondern vor allem deren **komplexe Beziehungen** zueinander, die für die Eigenschaften eines Systems von maßgeblicher Bedeutung sind. Beziehungen brauchen Zeit, um sich zu entwickeln. Da verschiedene Regionen unterschiedliche ökologische Gegebenheiten aufweisen, sind auch hier der individuelle bioregionale Zugang und der kulturelle menschliche Kontext entscheidend.

Im Unterschied zur Landwirtschaft, in der einjährige Kulturen dominant vertreten sind, kann bei der regenerativen Landschaftsgestaltung dem natürlichen, mehrjährigen **Prozess der ökologischen Sukzession** Rechnung getragen werden. So entspricht ein »sauberer«, frisch gegrubberter Acker in natürlichen Ökosystemen dem **Initialstadium** einer Sukzession, in dem sich vor allem anspruchslose Generalisten wie Unkräuter besonders wohl fühlen. Schließlich ist es ihre ureigenste Aufgabe, »sich breitzumachen«

und den nackten Boden möglichst rasch zu bedecken und zu schützen. Während in der industriellen Landwirtschaft versucht wird, dieses »Problem« mit dem Einsatz von Herbiziden zu »lösen«, stellt die Sukzession in einem natürlichen Ökosystem eine lebensnotwendige Grundlage für das, was folgt, dar. Denn mit der Zeit kommen immer mehr neue Pflanzen und Tiere hinzu, während andere wieder verschwinden (**Folgestadien**). Diese zeitliche Abfolge von Lebensgemeinschaften innerhalb eines Lebensraums folgt je nach geoklimatischer Zone gewissen Gesetzmäßigkeiten. Und weil der Mensch im Rahmen des regenerativen Gestaltungsprozesses eben ein Wörtchen mitzureden hat, kann er diese Sukzession innerhalb von gewissen Grenzen steuern oder sogar beschleunigen.

Wäre es nicht von unglaublichem Vorteil und ziemlich innovativ, die sich etablierenden Pflanzengemeinschaften vor allem aus essbaren oder anderweitig verwertbaren Arten entstehen zu lassen? Es wäre doch unglaublich verlockend, auf diese Weise **ganze essbare Landstriche** entstehen zu lassen, die sich nicht nur selbst erhalten, sondern im Unterschied zum klassischen Ackerbau aufgrund ihrer **Mehrjährigkeit** dem Boden die so dringend notwendige Ruhe und den Wurzeln den so dringend notwendigen Halt geben.

Mit einer derartigen Form der **langfristigen biodiversen Landschaftsgestaltung durch Menschenhand** ließen sich gleich mehrere Aspekte unserer derzeitigen Misere ziemlich elegant in Angriff nehmen.

Ganz so innovativ wie dieser Vorschlag klingen mag, ist er aber gar nicht. Denn mittlerweile stellt man sich in wissenschaftlichen Kreisen ernsthaft die Frage, ob der heutige südamerikanische Amazonas-Regenwald ursprünglich in weiten Teilen eine durch Menschenhand geschaffene, gigantische essbare Waldlandschaft darstellte. Unzählige rezente Funde von ***Terra preta*** (bestehend aus einer Mischung von Holz- beziehungsweise Pflanzenkohle, menschlichen Fäkalien, Dung und Kompost, durchsetzt mit Tonscherben) in Verbindung mit Funden von archäologischen Artefakten wie Tongefäßen und Werkzeugen legen nahe, dass der Regenwald einst von Millionen Menschen bewohnt und bewirtschaftet wurde. Mithilfe von *Terra preta*, die die Jahrhunderte überdauerte, machten sie den an sich wenig fruchtbaren Regenwaldboden zu einem ergiebigen Paradies. Diese neueren archäologischen Befunde stehen in Übereinstimmung mit den Aufzeichnungen des spanischen Konquistadors Francisco de Orellana (1511–1546), der von großen Städten und Millionen Menschen an den Ufern des Amazonas berichtete.

Eine derartige »Waldgartenwirtschaft« ist auch aus zahlreichen anderen Gegenden und Kulturen dieser Erde bekannt und war möglicherweise **die früheste Form des Lebensmittelanbaus** im Zuge der Sesshaftwerdung des Menschen. Bekannt sind Waldgärten vor allem aus Gebieten wie Nicaragua, Indien, Sri Lanka, Vietnam, Nigeria, Kongo und Tansania.

Der bekannte australische Permakulturdesigner Geoff Lawton beschreibt die Atmosphäre bei der Entdeckung eines vermutlich 2000 Jahre alten, fruchtbaren Waldgartens in der Wüste Marokkos im Jahr 1975 so: *»Es war kühl, es war schattig, es war üppig. Mit der umliegenden Wüste fühlte es sich tatsächlich so an, als würde man in einem Organismus gehen.«*[68] Vielleicht war sogar der biblische *Garten Eden* ein derartiger Waldgarten der Versuchung.

Essbare Ökosysteme aus Menschenhand haben jedenfalls das große Potenzial, weit über einen klassischen Obstgarten oder einen Acker hinaus, eine **dauerhafte Alternative** zu der gegenwärtigen extraktiven Form der industriellen Landwirtschaft zu werden. Sie tragen nicht nur dazu bei, die Artenvielfalt von Pflanzen und Tieren zu erhöhen, sondern verbessern auch die Wasseraufnahmefähigkeit der Böden und sind in der Lage, der Atmosphäre dauerhaft größere Mengen an Kohlenstoff zu entziehen.

Bekannt wurde diese Wirtschaftsform während der letzten Jahrzehnte vor allem durch das äußerst vielschichtige Prinzip der **»syntropischen Landwirtschaft«** des heute 75-jährigen Schweizers Ernst Götsch.[69]

Er wanderte 1982 nach Brasilien aus, übernahm den heruntergewirtschafteten Betrieb Olhos D'Agua und verhalf ihm innerhalb weniger Jahre mit dem Prinzip der Syntropie zu neuem Leben. Der Begriff »Syntropie« betont das »Zusammenstreben« und ist das Gegenteil von Entropie. Im Gegensatz zum klassischen zweidimensionalen Ackerbau handelt es sich um **ein dreidimensionales System**, angeordnet in verschiedenen Stockwerken oder auch Ebenen aus mehrjährigen Pflanzen, nach dem **Vorbild der Struktur des Regenwalds**, wobei das Zusammenspiel verschiedener Pflanzen und Organismen, die sich gegenseitig schützen und Nährstoffe zur Verfügung stellen, durch den Menschen gefördert und beschleunigt wird. Das auf der Kooperation von Pilzen, Bakterien, Pflanzen und Tieren beruhende System von Götsch scheint dabei genauso ergiebig zu sein wie herkömmliche Betriebe.

Im europäischen Raum gelten die Engländer Robert Hart und Martin Crawford als Pioniere des Waldgartenkonzepts. Österreichs erster Waldgarten wurde vor mehr als dreißig Jahren von Hans Gruber am Stadtrand von Wels angelegt und wird heute von seinem Sohn Bernhard Gruber in Form des *Österreichischen Waldgarten-Instituts* der Öffentlichkeit zugänglich gemacht.

Regeneration des Wasserkreislaufs

Neben syntropischen Waldgärten eignen sich auch die einfacheren **Agroforstsysteme** dazu, ein geeignetes **Mikroklima** für die Vegetation zu schaffen, die Winderosion einzudämmen und, das ist das Wichtigste, **Wasser in der Landschaft zu halten.** Denn längere Dürreperioden und das in manchen Regionen praktizierte übermäßige Abpumpen von Grundwasser für die Bewässerung in der Landwirtschaft lassen Grundwasserspiegel sinken und gefährden Süßwasserökosysteme rund um den Globus. Fast die Hälfte der Bewässerung in der Landwirtschaft ist von Grundwasser abhängig. Ist der Grundwasserspiegel einmal ins Bodenlose gefallen oder fehlt das Wasser zur Gänze, dann verwüstet der Boden, und die landwirtschaftliche Grundversorgung fällt aus. Denn das mikrobielle Bodenleben ist genauso wie die Pflanzen an **Bodenfeuchte** gebunden. Auch in Deutschland und Österreich drohen die in vielen Regionen bereits stark abgesunkenen Pegel in den nächsten Jahrzehnten noch weiter abzunehmen. Bereits jetzt fallen Grundwasserwärmepumpen aus, weil es an Grundwasser fehlt. Zudem deckt Deutschland gut zwei Drittel seiner **Trinkwasserversorgung aus Grundwasser,** in Österreich sind es ca. fünfzig Prozent, der Rest stammt aus Quellen. Aber Vorsicht, auch die Quellen entspringen dem Boden, und fehlen die Niederschläge in höheren Lagen, dann versiegen auch die Quellen. Wenn, wie derzeit zu beobachten, die Alpen zunehmend gletscherfrei werden, fehlt schließlich auch das Schmelzwasser im Tal.

Auch beim lebensnotwendigen Wasser gilt: Alles hängt mit allem zusammen und *»alles fließt«*. Wolken, Niederschläge, Böden, Vegetation, Verdunstung, Grundwasser, Quellen, Flüsse, Seen und Ozeane sind alle über den **Wasserkreislauf** miteinander verbunden. Eine **üppige Vegetation mit reichlich Bäumen und Sträuchern** trägt, im Unterschied zu Äckern und agrarisch intensiv genutzten Wiesen, wesentlich zur Verdunstung und damit zum Wasserkreislauf, zur Wolkenbildung und wiederum zu Niederschlag bei.

Die bereits angesprochenen Agroforstsysteme, die als **multifunktionale Landnutzungssysteme** Bäume, Sträucher, Feldfrüchte und gegebenenfalls auch Nutztiere auf derselben landwirtschaftlichen Nutzfläche kombinieren, haben neben zahlreichen ökologischen und ökonomischen Vorteilen auch die Eigenschaft, das Wasser besser in der Landschaft zu halten. Die Baumreihen schaffen dabei nicht nur ein positives, **kühleres Mikroklima** für die bodennahen Kulturen, sondern holen durch ihre tief reichenden Wurzeln auch Wasser und Nährstoffe an die Oberfläche.

Um das Wasser auch in geneigtem oder abschüssigerem Gelände besser zu halten und zu verteilen, werden die Strauch- und Baumreihen entlang von terrassenartig verlaufenden Linien, den sogenannten **Keylines** (»Schlüssellinien«), gepflanzt. Ähnlich den bekannten Höhenlinien einer topografischen Landkarte verlaufend, verteilen sie mit einem geringen Gefälle das Wasser horizontal in der Landschaft, das ansonsten aus Hanglagen rasch abfließen würde. Das verhindert Wassererosion und fördert den Wasserrückhalt sowie die Tiefensickerung, ohne das Gelände aufwendig terrassieren zu müssen.

Durch derartiges »**Contour Farming**« gestaltete Landstriche sind nicht nur aufgrund des zurückgehaltenen Wassers besonders produktiv und deutlich resilienter gegenüber Extremniederschlägen, sondern darüber hinaus auch unglaublich hübsch anzusehen. **Regenerative Landschaftsgestaltungstechniken** optimieren damit nicht nur die Ökologie samt Wasserhaushalt und Humusaufbau nachhaltig, sondern befriedigen auch unser evolutionär tief verwurzeltes Bedürfnis nach einer mosaikartigen, parkähnlichen Landschaft (*Savanna-Hypothesis* oder *Pleistocene-Mosaic-Environments-Hypothesis*).[70]

Doch Agroforstwirtschaft ist ebenso nichts Neues. Sie existierte in Europa bereits seit dem Mittelalter. Auch hier verhält es sich wie bei fast all unseren derzeitigen Problemen: Aus kapitalistischem Antrieb heraus, die Effizienz steigern zu wollen, begann man ein natürliches System zu fragmentieren und zu dominieren und übersah dabei die komplexen Zusammenhänge der Biosphäre. So wurden im Zuge der Industrialisierung der Landwirtschaft während der zweiten Hälfte des 20. Jahrhunderts mit zunehmender Mechanisierung und Intensivierung die Flure bereinigt, Felder zusammengelegt und über Jahrhunderte existierende Landnutzungssysteme zum Verschwinden gebracht.

Obwohl die Szenarien unseres zukünftigen Wasserhaushalts zum Teil ausgesprochen düster sind, spielt der Wassermangel in der *Gemeinsamen Agrarpolitik* (GAP) der EU für die Periode 2023–2027 so gut wie keine Rolle. Eine verrückte Welt!

Doch es gibt Hoffnung, und es tut sich bereits einiges in Form von regionalen Initiativen, die sich zum Ziel gesetzt haben, sogenannte Klimalandschaften entstehen zu lassen. »*Lokale Gruppen können zwar nicht den CO_2-Gehalt der Atmosphäre senken*«, schreiben Stefan Schwarzer und Ute Scheub in ihrem Buch *Aufbäumen gegen die Dürre*, »*aber die lokalen Temperaturen! Und zwar vergleichsweise einfach durch natürliche Klimalösungen: Bodenentsiegelung, Wiederbegrünung von Städten, Aufforstungen, Renaturierungen von Flüssen und Gewässern, regenerative Landwirtschaft.*«[71] Das schaffe, so die Autoren, miteinander vernetzte Klimalandschaften, womit klimaresiliente, kleinteilig strukturierte, artenreiche, multifunktionale Landschaften wie Wälder, Wiesen, Äcker und Feuchtgebiete mit intakten Wasserkreisläufen gemeint sind.

Aber es gibt noch »wildere« Gestaltungsmöglichkeiten, um dieses Ziel zu erreichen.

»Rewilding«

»*Wo die Natur nicht will, ist die Arbeit umsonst.*«
– Lucius Annaeus Seneca (ca. 4 v. Chr.–65 n. Chr.)

Während wir Verlorenes nicht so ohne Weiteres wiederbeleben können, gibt es doch einiges, was wir tun können, um die **natürlichen Prozesse der Regeneration** und Renaturierung wieder in Gang zu setzen. Wie sich gezeigt hat, gelingt dies am einfachsten, wenn wir es den **regenerativen Kräften der Natur** selbst überlassen.

Eine besonders radikale und durchaus kontrovers diskutierte Form der Renaturierung ist das sogenannte »Rewilding«, was so viel wie »wieder Verwildern« bedeutet. Im Unterschied zur Methodik des regenerativen Designpfades, der die Handschrift des Menschen trägt, versucht das Rewilding-Konzept jeglichen menschlichen Eingriff in das System zurückzufahren, um aus beeinträchtigten Kulturlandschaften durch natürliche ökologische

Prozesse wieder »**ursprüngliche Wildnis**« entstehen zu lassen. Man überlässt die Natur im Endeffekt also quasi weitgehend sich selbst.

Bis zu einem gewissen Grad zumindest, denn natürlich greift der Mensch ein, wenn er so wie in dem niederländischen Schutzgebiet *Oostvaardersplassen* größere Pflanzenfresser wie Rothirsche, Konik-Pferde und Heckrinder ansiedelt, um die Flächen offen zu halten. Diese sollen die einst vorhandenen großen Herden von Weidetieren wie Wisent, Wildpferd oder Auerochse ersetzen, die in früheren Zeiten die Verbuschung der Landschaft verhindert haben. Das seit den 1970er-Jahren brachliegende Gebiet von über 5000 Hektar entwickelte sich über die Jahrzehnte zu einem sich weitgehend selbst erhaltenden, artenreichen Offenlandbiotop mit zahlreichen Vogelarten. Ein Pionierprojekt des Rewildings, ausgerechnet in einem der bevölkerungsdichtesten Ballungsräume Europas.

Nicht ganz unproblematisch und Gegenstand aufgeheizter Diskussionen ist die Idee, auch Großraubtiere (sogenannte **Spitzenprädatoren**) unter anderem auch in *Oostvaardersplassen* auszuwildern, um dadurch die Pflanzenfresserpopulationen auf natürliche Weise zu regulieren. In den Niederlanden wurde von der Idee, Wölfe auszuwildern, aufgrund befürchteter Kontroversen Abstand genommen.

Im Yellowstone Nationalpark in den USA war die Wiedereinführung von Wölfen als **Schlüsselspezies** hingegen äußerst erfolgreich und veränderte zahlreiche ökologische Parameter innerhalb des Nationalparks grundlegend, wie ich in meinem letzten Buch ausführlich dargelegt habe.

Es wäre natürlich illusorisch, zu glauben, mit *Rewilding* ein unberührtes Ökosystem wie etwa vor 10 000 Jahren erschaffen zu können. Dafür ist diese Welt mittlerweile zu klein geworden, und die ausgestorbene herbivore Megafauna fehlt. Der unbestreitbare Vorteil dieser Maßnahme liegt aber vor allem darin, dass es vergleichsweise kostengünstig ist, wenn man der Natur die Regie über die Renaturierung von Lebensräumen überlässt. Dabei geht es weniger um den Schutz einzelner gefährdeter Arten und deren Lebensräumen oder das Zurückdrehen der Uhr in längst vergangene Zeiten, sondern um die Ermöglichung komplexer und dynamischer ökologischer Wechselwirkungen und Prozesse innerhalb eines natürlichen Systems. Der Rest passiert mit der Zeit, je nach lokalen Gegebenheiten, von selbst.

Bei Rewilding geht es aber nicht nur um den Schutz und die Wiederherstellung von biodiversen Lebensräumen, sondern auch um die grundsätzliche

Frage nach unserem Weltbild und dem Verhältnis Mensch und Natur. Denn unser Welt- und Selbstbild bestimmt in weiten Teilen auch unser Handeln. Dass es höchste Zeit ist, zu handeln, zeigt uns allein der Umstand, dass in der EU nur mehr etwa ein Prozent der Landfläche geschützte Wildnisgebiete sind. Vieles von dem, was Europas Bürger als Natur betrachten, entspricht nach ökologischen Kriterien einer ausgeräumten Kulturlandschaft. Der britische Autor George Monbiot prägte hierfür den Begriff »Geisterökosysteme«.

Die unabhängige gemeinnützige Stiftung *Rewilding Europe* (rewilding-europe.com) arbeitet seit 2011 für ein »wilderes Europa« und zeigt anhand von bislang 15 europaweiten Projekten, wie Rewilding und mehr Selbstbestimmung der Natur in der Praxis funktionieren können. Es sind Langzeitprojekte ohne Ablaufdatum, die vor allem eines zeigen: Die Natur erholt sich schnell, wenn man sie sich selbst überlässt. Dabei geht es an manchen Orten weniger um ein »radikales Verwildern«, sondern um das Zulassen von mehr wilden Freiräumen und darum, mögliche Interessenkonflikte mit Land- und Waldbesitzern, Landwirten, Fischern und Jägern zu lösen. Schließlich dreht sich alles um mehr Bewusstsein und Toleranz sowie um eine friedliche Koexistenz mit der Natur.

Das ermöglicht natürlich auch gänzlich neue Betätigungs- und Geschäftsfelder, sogenannte Nature-based Businesses. Untersuchungen der Organisation *Rewilding Britain* (rewildingbritain.org.uk) zeigen, dass durch Rewilding-Maßnahmen entgegen vielen Befürchtungen sogar zusätzliche Arbeitsplätze mit neuen Aufgaben geschaffen werden können.

Und wenn wir schon in England sind: Zu einiger Berühmtheit brachten es die Eigentümer von *Knepp Estate*, Isabella Tree und Charlie Burell, als sie im Jahr 2000 ihren unrentabel gewordenen Betrieb im südenglischen Sussex aufgaben, um aus der Agrarwüste ein schillerndes Rewilding-Projekt zu machen. Sie umzäunten das Grundstück und ließen Longhorn-Rinder, Damwild, Exmoor-Ponys und Tamworth-Schweine frei. Während der darauffolgenden zwanzig Jahre bildete sich quasi von selbst eine Insel der Artenvielfalt mit gänzlich neuer Landschaftsstruktur inmitten Südenglands aus. Nach Erscheinen des Pionierwerks und Bestsellers *Wilding: The Return of Nature to a British Farm*[72] von Isabella Tree sahen sich zahlreiche britische Landwirte inspiriert, ihre ertragsarmen Flächen ebenfalls verwildern zu lassen und auf erheblich einträglicheren Naturtourismus und Bildungsangebote zu setzen.

Um aber noch einmal auf unser Welt- und Selbstbild zurückzukommen: Gerade an den zahlreichen Hausgärten offenbart sich dem aufmerksamen Beobachter die Beziehung vieler Menschen zur Natur. In nicht wenigen dieser Refugien wird gespritzt, gemäht, getrimmt, geschnitten, eingezäunt, vergiftet und betoniert, um die Natur in ihre Grenzen zu verweisen. Der daueraktive Rasenmähroboter sorgt dafür, dass Blüten erst gar nicht aufkommen und der Golfrasen kaum von einer grünen Plastikmatte zu unterscheiden ist. Der benzingetriebene Laubbläser erspart jeden Laubrechen … Es ist das fast überall sichtbare Manifest einer gesamtgesellschaftlichen Naturentfremdung.

Aber genau hier läge ein großes Potenzial für das Rewilding unserer Welt. Nicht nur physisch in den Abertausenden von Gärten, sondern, untrennbar damit verbunden, in den Herzen der Menschen selbst. In ihrem Buch *Rewilding – Auf der Suche nach einem Gleichgewicht zwischen Mensch und Natur* schreibt Simone Böcker: *»Es geht um das Infragestellen der eigenen Sichtweise, die wir für so normal halten, dass sie uns blind macht für andere Möglichkeiten. Damit wir erkennen, dass der Schlüssel zur Veränderung in uns liegt. Rewilding ist insofern mehr als nur eine Methode. Mit Rewilding ist eine bestimmte Haltung der Welt und allem Lebendigen gegenüber verbunden. Eine Haltung, die die Basis für alles Handeln darstellt.«*[73]

Im Februar 2024 einigten sich das *Europäische Parlament* und der *Rat der EU* (wenn auch mit zahlreichen Kompromissen) auf das **Gesetz zur Wiederherstellung der Natur** (Nature restoration law). Das EU-Gesetz verpflichtet die Mitgliedsländer dazu, bis 2030 Maßnahmen zur Wiederherstellung der Natur auf jeweils mindestens zwanzig Prozent der Land- und der Meeresfläche der EU umzusetzen. Unter anderem sollen künftig mehr Wälder aufgeforstet, Moore wieder vernässt und Flüsse in ihren natürlichen Zustand versetzt werden. Bis 2050 sollen solche Maßnahmen für alle Ökosysteme, die eine Wiederherstellung benötigen, erfolgen. Keine geringe Aufgabe, wenn man bedenkt, dass sich nach Angaben der Kommission aktuell etwa siebzig Prozent aller Böden und rund achtzig Prozent der Lebensräume in der Europäischen Union in einem »ungesunden« beziehungsweise schlechten Zustand befinden.

Kaum zu glauben, dass der Entwurf zu diesem Gesetz, das allen Menschen Europas und deren belebter Mitwelt jetzt und in Zukunft zugutekommt, massiv von konservativen, wirtschaftsfreundlichen Parteien bekämpft wurde und daher lediglich eine Kompromisslösung verabschiedet werden konnte. So können beispielsweise die Bestimmungen für landwirtschaftliche Ökosysteme unter *»außergewöhnlichen«* Umständen vorübergehend ausgesetzt werden.

Es ist offenbar auch in der Politik noch viel Bildungsarbeit notwendig, um die Relevanz der Tatsache zu verstehen, dass neben der Abnahme der Insektenbiomasse um zwei Drittel mittlerweile auch vierzig Prozent der heimischen Insektenarten gefährdet oder ausgestorben sind und innerhalb von zwölf Jahren ein Drittel der Vogelarten verschwunden ist … Mittlerweile bin ich es ehrlich gesagt leid, die Zukunft meiner Kinder von ungebildeten und seelenlosen Totengräbern unserer Zivilisation bestimmen zu lassen.

Der US-amerikanische Umweltaktivist David Brower (1912–2000) forderte überhaupt eine *»Wiederbelebung«* des Planeten. Er bezeichnete das notwendige Programm mit *CPR*, dem medizinisch gebräuchlichen Kürzel für Kardiopulmonale Wiederbelebungsmaßnahmen, meinte damit aber *Conservation*, *Protection* und *Restoration*. Gar nicht so einfach, da wir immer noch sehr wenig über Vielfalt und Funktion der Lebensformen auf dieser Erde wissen, geschweige denn über ihre komplexen Verbindungen innerhalb des Netzes des Lebens. Es wäre daher eine gefährliche Täuschung, wenn wir glaubten, wir wüssten genug, um Ökosysteme, Wälder, Gewässer oder gar das Klima vollumfänglich bis in das Detail zu »managen«. Wir könnten aber versuchen, ein wenig von unserem Kontrollzwang abzugeben und die Natur machen zu lassen, was sie seit mehr als 3,5 Milliarden Jahren am besten kann: **Bedingungen zu schaffen, die für das Leben selbst förderlich sind.**

16. Regenerative Ökonomie

»Wahre Weisheit besteht darin, dass wir uns nicht von der Natur abgrenzen, sondern unser Verhalten nach ihren Grenzen und ihrem Vorbild gestalten.«

– Lucius Annaeus Seneca (römischer Philosoph, Naturforscher und Politiker, 1–65 n. Chr)

»Jeder, der glaubt, dass exponentielles Wachstum in einer endlichen Welt für immer weitergehen kann, ist entweder ein Verrückter oder ein Ökonom.«

– Kenneth Boulding (US-amerikanischer Wirtschaftswissenschaftler, 1910–1993)

Wir leben in einem Zeitalter von unvergleichlichem, nie dagewesenem Wohlstand. Tatsächlich ist die Welt hinsichtlich zahlreicher Parameter ein besserer Ort als noch vor einem Jahrhundert. Doch gleichzeitig wurde der Planet um den Preis des Wohlstands, des Fortschritts und der Profitmaximierung ausgeblutet.

Das gegenwärtige Wirtschafts- und Finanzsystem, in dem Geld von selbst »Junge bekommt«, ohne dabei etwas für die Allgemeinheit leisten zu müssen, ist derzeit wieder an einem Spekulationsniveau angekommen, das gefährlich unter Druck steht. Der Schuldenberg vieler Nationen wuchs gerade während der letzten Jahre grotesk an, während sich die Situation der Bevölkerung gleichzeitig deutlich verschlechtert hat.

Es findet nur selten Beachtung, dass auch Kriege massiv für die Umverteilung von unten nach oben mitverantwortlich sind. Mit unseren Steuergeldern werden Kriege und wird modernes Kriegsgerät im Namen des Guten finanziert. An Friedensgesprächen wird man erst dann interessiert sein, wenn alles zerstört ist und der lukrative Wiederaufbau ansteht. Im Fall der Ukraine stehen der US-Vermögensverwalter *BlackRock* und die US-Bank *JP Morgan Chase* schon in den Startlöchern und wittern gigantische Geschäfte. Laut *BlackRock*-CEO Larry Fink (der seit 2019 auch im Vorstand des *World Economic Forums* sitzt) werden westliche Investoren die Ukraine *»überschwemmen«*, das Land könne *»für den Rest der Welt ein Leuchtfeuer der Kraft des Kapitalismus«* werden. *»Tatsächlich berichten Lobbyisten in Washington von einer Art Goldgräberstimmung, die zum Teil die Rüstungsindustrie beträfe. Denn nach dem Krieg, so die Einschätzung, könne die Ukraine zum größten Rüstungs-Hub Europas werden. Aber auch der IT-Sektor und ukrainische Rohstoff-Reservoirs seien für Investoren interessant«*, schreibt das *Handelsblatt* in diesem Zusammenhang im Juni 2023.[74]

Wir leben, so scheint es, in einer von Gier getriebenen, kranken Welt, die von wenigen, aber äußerst mächtigen Menschen, die psychiatrisch durchaus interessant einzustufen sind, beherrscht wird. Im Fall des Ukrainekonfliktes auf beiden Seiten. Auch das Geschehen auf anderen, aus dem Ruder zu laufen drohenden Schauplätzen wie etwa im Nahen Osten oder im Taiwan-Konflikt wird durch die mächtige Rüstungsindustrie fleißig angeheizt. Traurig, aber wahr: Mit Krieg, Umweltkatastrophen und Krankheit lässt sich die Wirtschaft und damit auch das BIP besser ankurbeln als mit Frieden, Ökologie und Gesundheit.

Es ist eigentlich kein großes Geheimnis, dass die meisten (wenn nicht alle) gegenwärtigen Krisen letztendlich die Folgen unseres Wohlstands sind, der zu großen Teilen auf einem konsumbasierten, die Natur und den Menschen ausbeutenden **kapitalistischen Wirtschaftsmodell** beruht, das wiederum die Folge unseres entfremdeten Natur-, Welt- und Selbstbilds ist. Wir sollten unser krisengebeuteltes Wirtschafts- und Finanzsystem daher möglichst rasch durch ein neues Modell ersetzen. Doch wir müssen dabei äußerst behutsam vorgehen. Denn werfen wir dieses System samt all seinen durchaus auch positiven Errungenschaften überhastet über Bord, dann haben wir mit großer Wahrscheinlichkeit ganz schnell ein gigantisches gesellschaftliches, wenn nicht sogar zivilisatorisches Problem. Beinahe alles in unserer derzeitigen Gesellschaft baut auf diesem Modell des endlosen Wachstums auf. Ein großes Dilemma. Dass aber ein Systemwechsel längst überfällig ist, ist klar, wie er konkret auszusehen hat, hingegen weniger.

Derzeit versucht man den problematischen Folgen der kapitalistischen Wirtschaft mit kapitalistischen Ideen zu begegnen. Dass ein derartiger

Ansatz aller Wahrscheinlichkeit nach zum Scheitern verurteilt ist, hätte schon Einstein erkannt, von dem das Zitat stammen soll: *»Probleme können niemals mit derselben Denkweise gelöst werden, durch die sie entstanden sind.«* Das leuchtet ein, und wir sehen um uns herum in regelmäßigen Abständen, was passiert, wenn man den sprichwörtlichen *»Bock zum Gärtner«* macht.

Allerdings liegen bereits zahlreiche Konzepte und Entwürfe für ein gerechteres und nachhaltigeres, weil umwelt- und menschenverträglicheres Wirtschaftssystem vor. Konzepte wie *Circular Economy* (*Kreislaufwirtschaft*), *Postwachstumsökonomie, Degrowth, Doughnut Economics* und *Gemeinwohl-Ökonomie* sind hinlänglich publiziert, kritisiert und debattiert worden und sollen daher im Rahmen dieses Buches nicht ad extenso wiedergekaut werden.

Namhafte Autoren wie etwa Tim Jackson, Kate Raworth, Daniel Dahm, Ernst F. Schumacher, Carol Sanford, Joseph Stiglitz, Jason Hickel, David Graeber, Christian Felber und viele andere haben mit analytischem Scharfsinn und Sachverstand vollumfänglich dargelegt, woran es mangelt und was wir tun müssten, um zu einer allgemein akzeptierten Ökonomie des Lebens zu gelangen, die wieder den Menschen dient und unserer Lebensgrundlage nicht schadet.

All diesen logischen wie wünschenswerten Ideen liegt die simple Erkenntnis zugrunde, dass Wohlstand um des Wohlstands willen absolut unbrauchbar ist, wenn sich dieser Wohlstand nicht um menschliche Gesundheit und das langfristige Wohlergehen von Gesellschaft und Umwelt dreht.

So orientiert sich das Konzept der **Postwachstumsökonomie** an einer Suffizienzstrategie und dem partiellen Rückbau industrieller, insbesondere globaler Wertschöpfungsketten zugunsten einer Stärkung lokaler und regionaler Unternehmen, die vorwiegend der Selbstversorgung dienen.

Es ist längst erwiesen, dass das Bruttoinlandsprodukt (Pro-Kopf-Einkommen) nicht repräsentativ ist für das Wohlergehen des Einzelnen, da der Reichtum äußerst ungleich verteilt ist. Auch dass individuelles Wohlbefinden und »Glück« ab einem gewissen Einkommens- und Konsumniveau nicht mehr nennenswert ansteigen, ist eine hinlänglich bekannte Tatsache. Und dennoch ist das allseits verkündete offizielle Narrativ »Wachstum um jeden Preis«, wobei der »Preis« die weitere Ausbeutung von Natur und Menschen ist.

In einer kranken Gesellschaft, in der immer weniger Menschen immer mehr Reichtum anhäufen und der Großteil der Bevölkerung davon wenig oder gar nicht profitiert, wird die soziale Instabilität über kurz oder lang zunehmen und damit zum Problem aller. *»Die Bindungsschwäche und geringe Beziehungsfähigkeit vieler Menschen zu sich selbst, zu anderen Menschen, zu ihrer natürlichen Umwelt und zum großen Ganzen«*, schreibt Christian Felber in seinem Buch *Gemeinwohl-Ökonomie, »ist der Kern dieser Krankheit. Heilung kann darin bestehen, diese Beziehungen wiederaufzunehmen, zu pflegen und ins Gleichgewicht zu bringen, was ein verlässlicher Weg zum Glück ist.«*[75]

Genau hier setzt auch das Paradigma einer *regenerativen Ökonomie* an. Das Maß aller Dinge war immer und wird auch in Zukunft immer die Funktionsweise aller biologischer Systeme dieser Erde sein müssen. Allein das Nachahmen der Prinzipien der Natur in Form von **Biomimikry** oder **Ökomimikry** und die Akzeptanz ihrer Grenzen können die notwendige Balance herstellen, auch im Bereich der Wirtschaft. Doch bevor wir überhaupt von Balance sprechen können, müssen wir diese durch **umfassende Regeneration** wiederherstellen, denn wir haben bereits in sechs von neun Kategorien die **planetaren Grenzen** zum Teil bedenklich überschritten.[76]

An dieser Stelle höre ich bereits die üblichen Nörgler und Kritiker lamentieren, dass es auch dieser Autor nicht schafft, verbindliche und quasi universelle Maßnahmen für eine neue Wirtschaftsform mit Zukunftspotenzial zu formulieren. Aber der Grund für diesen vermeintlichen Mangel liegt in der simplen Tatsache, dass es die außerhalb der Natur nicht geben kann. Wenn du den bisherigen Ausführungen aufmerksam gefolgt bist, dann hast du vermutlich erkannt, dass es erstens keine allgemein gültige Betriebsanleitung für ein dauerhaftes Gelingen des zivilisatorischen Projektes geben kann und zweitens, dass die ultimative Ursache unserer derzeitigen Zwangslage vor allem in unserem **Beziehungsverlust zur Natur und zu uns selbst** sowie dem damit verbundenen **Verlust grundlegender Werte** zu suchen ist.

Es lohnt sich aber, die vielen kleineren und größeren bereits etablierten Projekte, etwa der Gemeinwohl-Ökonomie (www.ecogood.org), zu studieren, gegebenenfalls zu kopieren und die ersten Schritte zu gehen. Denn mutige und visionäre Leuchtturmprojekte sind genau das, was wir in einer zögerlichen Zeit des allgemeinen Umbruchs brauchen.

Aus der Landwirtschaft lernen

Die Landwirtschaft ist das einzige Unternehmen, das dem Menschen auf eindrucksvolle Weise zeigt, dass grenzenloses und dauerhaftes extraktives Wirtschaften gegen die zeitlosen Prinzipien der Natur zwangsweise an seine Grenzen stößt und ihn schlussendlich seiner Lebensgrundlage beraubt. Wer als Bauer oder Landwirt von seinem Konto ständig mehr abbucht, als er darauf einzahlt, wird früher oder später den Systemkollaps in Form von einbrechenden Erträgen, unkontrollierbaren Pflanzen- und Tierkrankheiten sowie verwüsteten und unfruchtbaren Böden erleben.

Diese elementare Erkenntnis hat auch Jan-Gisbert Schultze vom Investmentunternehmen *Action Capital Partners* in München zu einem drastischen Umdenken bewogen. »*Nachdem ich mich intensiv mit der regenerativen Landwirtschaft auseinandergesetzt habe*«, so Schultze, »*wurde mir klar, dass ein regenerativer Bauer ein Unternehmer ist, der im Einklang mit den Prinzipien der Natur sein Geschäft betreibt, und dass wir das eigentlich auf die Gesamtökonomie übertragen müssen. Wir brauchen eine Ökonomie die letztendlich Leben aufbaut, regeneriert und nicht zerstört und das tut unsere Ökonomie heutzutage.*« Schulze gründete 2020 das *Regenerate Forum*[77], das unter dem bezeichnenden Motto »*Thinking the Economy from the Soil Up*« steht und, getragen von dem Wunsch, die Verbindung zwischen der Menschheit und der Natur wiederherzustellen, regenerative Pioniere mit Entscheidungsträgern aus Politik und Wirtschaft zusammenbringt, mit dem Ziel, das Prinzip der Regeneration auf alle Bereiche der Wirtschaft anzuwenden.

Als »*living Systems Approach to Economics and Finance*« bezeichnet der ehemalige Wall Street Banker und Gründer des *Capital Institute*, John Fullerton, seine *Acht Prinzipien einer regenerativen Ökonomie*, die er als *regenerativen Kapitalismus* versteht.[78] Auch er gelangte nach eigenen Angaben zu der Einsicht, dass die alte Erzählung nicht mehr funktioniert (wobei man rückblickend natürlich trefflich diskutieren könnte, ob sie überhaupt jemals funktioniert hat).

Sein Konzept der acht Prinzipien basiert auf drei äußerst vernünftigen Prämissen:

- Die globale Wirtschaft ist ein lebendiges System.
- Es existieren universelle Muster und Prinzipien, die die Eigenschaften und Funktionsweisen des Lebens (und seiner komplexen Netzwerke) beschreiben.
- Wenn unser Wirtschaftssystem langfristig funktionieren soll, muss es sich an diese regenerativen Prinzipien lebender Systeme anpassen.

Die acht Prinzipien oder Qualitäten der regenerativen Ökonomie dienen dabei lediglich als theoretische Grundlage, denn die Komplexität lebender Systeme lässt sich, das sollte mittlerweile klar sein, auf keine x-beliebige Anzahl von Prinzipien, Checklisten oder universelle Wahrheiten reduzieren. Sie verstehen sich gewissermaßen als **ganzheitlicher Kompass** für die Schaffung von Bedingungen, die wiederum die Voraussetzung für eine kontinuierliche Aufwärtsspirale der Komplexität des Lebens schaffen und uns auf unserer Reise zur Entstehung regenerativer Volkswirtschaften dienen können. Ich möchte daher die von John Fullerton vorgeschlagenen Prinzipien der regenerativen Ökonomie im Folgenden sinngemäß darlegen, in dem Wissen, dass es hier noch reichlich Spielraum für Erweiterungen und Verbesserungen gibt. Je mehr Menschen sich an der Entwicklung regenerativer Systeme beteiligen werden, desto diverser werden auch die Modelle, die sich in regelmäßigen Abständen an der regionalen (!) Realität überprüfen (und ständig neu anpassen) lassen.

1. In (ge-)rechter Beziehung stehen: Die Menschheit ist ein integraler Bestandteil eines dicht verflochtenen Netzes des Lebens, in dem nichts unabhängig existieren kann. Daher ist die Beziehung der menschlichen Wirtschaft zur Biosphäre von zentraler Bedeutung. Schäden an einem Teil dieses Netzes wirken zurück, um auch jedem anderen Teil zu schaden. Die Prinzipien der Gegenseitigkeit und des Mutualismus, die sowohl in der Biologie als auch in indigenen Weisheiten und allen Religionen der Welt zu finden sind, bilden die gemeinsame Grundlage für eine regenerative Wirtschaft. Ohne die goldene Regel einer Ethik der Gegenseitigkeit, also so zu handeln, wie man gerne selbst behandelt werden würde, wird es nicht gehen.

2. Reichtum ganzheitlich betrachten: Wahrer Reichtum besteht nicht nur aus Geld und materiellem Besitz. Er muss systemisch in Bezug auf das Wohlergehen des Ganzen definiert und verwaltet werden und kann nur durch eine harmonische Sicht auf **alle Arten von Reichtum** oder Kapital erreicht werden. Unser gegenwärtiges System vergisst gerne auf andere Formen des Kapitals jenseits von finanziellem und materiellem Kapital. Allerdings baut eine funktionierende und stabile Gesellschaft und deren Volkswirtschaft wesentlich auf sozialem, kulturellem, spirituellem und vor allem biologischem Kapital auf (siehe unten). Vereinfacht gesagt ist das Ganze nur so stark wie das schwächste Glied.

3. Innovativ, anpassungsfähig, reaktionsschnell: In einer beschleunigten Welt des allgegenwärtigen Wandels sind die Qualitäten von Innovation und Anpassungsfähigkeit für die Gesundheit von Systemen von entscheidender Bedeutung. In der evolutionären Vergangenheit waren vor allem jene Arten erfolgreich, die aufgrund verschiedener evolvierter Eigenschaften flexibel auf neue Gegebenheiten reagieren konnten. Daher ist auch in der Wirtschaft eine gewisse unternehmerische Dynamik, basierend auf freiem Unternehmertum und freiem Kapitalfluss, unerlässlich. Allerdings, so Fullerton, müssten diese Freiheiten auf eine Weise kanalisiert werden, die sich an den wesentlichen Bedürfnissen des Gesamtsystems orientiert, anstatt an kurzfristigen individuellen wirtschaftlichen Interessen und an Gier, wie bisher der Fall. Unser derzeitiges System zeichnet sich vor allem durch sein großes Beharrungsvermögen aus, bei dem Innovationen häufig nur aus weiteren Effizienzsteigerungen bestehen.

4. Gestärkte Partizipation: Ein interdependentes System ist nur dann gesund und langfristig stabil, wenn jeder Teil des Systems sich auf irgendeine Weise in das große Ganze einbringt. Eine Stärkung der individuellen Teilhabe bedeutet, dass alle Teile in Beziehung mit dem größeren Ganzen treten müssen, sodass sie nicht nur in die Lage versetzt werden, für ihre eigenen Bedürfnisse einzutreten, sondern es ihnen auch ermöglicht wird, ihren einzigartigen Beitrag (durch ihre Stärken und Interessen) zur Gesundheit und zum Wohlbefinden des größeren Ganzen (dessen Teile sie sind) zu leisten. Die Ermächtigung zur individuellen Beteiligung ist eine nicht verhandelbare Grundvoraussetzung für die Gesundheit des ganzen Systems und damit das Gelingen einer regenerativen Wirtschaft. In einer passiven Gesellschaft kann der Aufruf zur Partizipation und zum aktiven gemeinschaftlichen Engagement für viele Akteure zunächst irritierend wirken. Schlussendlich geht es aber um die Förderung von Resonanzempfinden, Begeisterung und intrinsischer Motivation jedes Einzelnen, um am Gelingen einer regenerativen Volkswirtschaft mitzuwirken.

5. **Orte und ihre Gemeinschaften:** Mit der »Essenz des Orts« haben wir uns bereits ausführlich beschäftigt. Für einen ganzheitlich denkenden Menschen mit einer gewissen Lebenserfahrung ist klar, dass jede menschliche Gemeinschaft aus einem Mosaik von Menschen, Traditionen, Überzeugungen und Institutionen besteht, die auf einzigartige Weise durch den langfristigen Einfluss der Geografie, der Geschichte, der Kultur, der lokalen Umwelt und der sich ändernden menschlichen Bedürfnisse geprägt sind. Um dieser Tatsache Rechnung zu tragen, fördert eine regenerative Wirtschaft gesunde und widerstandsfähige Gemeinschaften und Regionen, von denen sich jede durch das Wesen ihrer individuellen Geschichte und ihres Ortes unterscheidet. Jeder Ort und jede Kleinregion muss daher auf Grundlage seines beziehungsweise ihres eigenen einzigartigen Kontextes selbst definieren können, wie die Prinzipien einer regenerativen Ökonomie angewendet werden können. Regionale Individualität statt globalem Einheitsbrei.

6. **Randzoneneffekte schaffen Reichhaltigkeit:** Die ökologische Bedeutung von Rand- beziehungsweise Überlappungszonen unterschiedlicher Lebensräume habe ich bereits bei der Besprechung der Permakulturprinzipien erwähnt (*Edge-Effekt*). Auch im sozial-ökologischen System der Wirtschaft sind an diesen Rändern, wo die Bindung an ein dominierendes Muster am schwächsten ausgeprägt ist, die Möglichkeiten für Innovation und gegenseitige Befruchtung am größten. Kreativität und Fülle gedeihen an den Rändern von Systemen gewissermaßen synergistisch. Aus diesem Grund kann die Zusammenarbeit über Regionen und Grenzen hinweg – mit kontinuierlichem gegenseitigen Lernen und der daraus resultierenden Entwicklung – sowohl für die Gemeinschaften als auch für die beteiligten Personen transformativ wirken. Allerdings können Randzonen natürlich nur dort existieren, wo Diversität herrscht. Monokultur, Einheitsbrei und das Fehlen regionalwirtschaftlicher Individualität lassen Randzoneneffekte erst gar nicht entstehen und schaffen daher Hindernisse für neue Wege, regeneratives Potenzial zu manifestieren.

7. **Robuste Kreisläufe:** Eine lebendige Wirtschaft erfordert einen gesunden Stoffwechsel, um Giftstoffe auszuscheiden und um jede Zelle

unseres menschlichen Netzwerkes zu nähren. Bereits Karl Marx bezeichnete das Verhältnis zwischen Mensch und Natur als »*Stoffwechsel*«. Demnach nehmen Menschen in ihrem Verhältnis zur Außenwelt Naturstoffe auf, die sie im Rahmen der Produktion verändern, um am Ende diese Abfälle der Produktion in die natürliche Umgebung zurückfließen zu lassen. So wie die körperliche Gesundheit von einer robusten Zirkulation von Sauerstoff, Nährstoffen etc. abhängig ist, hängt auch die wirtschaftliche Gesundheit von robusten Kreislaufströmen von Energie, Rohstoffen und Gütern ab. Die **Kreislaufwirtschaft** ist ein System, bei dem Materialien nie zu Abfall werden. Produkte und Rohstoffe werden durch Prozesse wie Wartung, Wiederverwendung, Sanierung, Wiederaufbereitung, Recycling und Kompostierung im Umlauf gehalten, um die wirtschaftliche Aktivität vom Verbrauch endlicher Ressourcen zu entkoppeln. Hier ist kritisch anzumerken, dass die Vermeidung von übermäßigem Konsum und damit von Abfällen dem Recycling (das in vielen Fällen bestenfalls einem Downcycling entspricht) vorzuziehen ist. Aber auch die offene Zirkulation von Informationen, Ideen und Innovationen im Sinne von »Open Source« ist in einer regenerativen Ökonomie unverzichtbar. Schließlich ist sogar die **Zirkulation von Empathie** notwendig, um Bewusstsein und Vertrauen zu bilden und einen gesunden Dialog zu unterstützen.

8. Suche nach Gleichgewicht: Für die systemische Gesundheit ist ein dynamisches Gleichgewicht unerlässlich. Wie ein Einradfahrer befinden sich auch regenerative Systeme stets in einem delikaten Tanz auf der Suche nach Gleichgewicht. Um diese Harmonie zu erreichen, sollte zunächst paradox erscheinenden Widersprüchen mit einem »**Sowohl-als-auch-Denken**« begegnet werden anstatt mit striktem »Entweder-oder-Denken«. Gesunde Systeme sind in der Lage, mehrere Variablen in ein einheitliches Ganzes zu integrieren, anstatt einzelne Variablen auf Kosten anderer zu optimieren. So gilt es, männliche und weibliche Qualitäten, analytisches und intuitives Wissen sowie Wettbewerb und Kooperation in Einklang zu bringen. Im Dienst der Gesundheit des Ganzen lassen sich auf diese Weise auch Effizienz und Resilienz sowie Diversität und Kohärenz bis zu einem gewissen Grad miteinander verbinden.

Durch die konsequente Berücksichtigung dieser zentralen Lebensprinzipien zusammen mit all den anderen in diesem Buch erwähnten Eigenschaften komplexer lebender Systeme ließe sich unendliches menschliches Potenzial im Sinne einer prosperierenden regenerativen Wirtschaft entfesseln. Allerdings steht uns dieses Potenzial nur dann offen, wenn wir lernen, synergistisch mit diesen Mustern und Prinzipien zu leben, die wiederum nicht ganz zufällig in weiten Teilen mit den jahrtausendealten Weisheitstraditionen der Menschheit in Einklang stehen.

In der Tat muss sich eine regenerative Ökonomie erst bewähren, während die neoliberale Ökonomie des »**Raubtierkapitalismus**« bereits längst versagt hat. Was mich irritiert, ist, dass man zum Teil trotzig an dem Begriff des »Kapitalismus« festhält, welcher Definition man dabei auch immer folgen mag. Kapitalismus ist aufgrund seines zentralen **Leitprinzips der »Akkumulation«** und des damit verbundenen angestrebten Wirtschaftswachstums in seinem Kern extraktiv ausgerichtet. Die ökologisch-ökonomische Entkopplung, also eine Trennung von Wirtschaftswachstum und Umweltschäden, Biodiversitätsverlust, Luftverschmutzung etc. ist bisher nirgends auch nur annähernd gelungen. Für eine absolute Entkopplung liegen aktuell weder bezüglich der CO_2-Emissionen noch des Materialverbrauchs empirische Belege vor. Tatsächlich erreichten etwa im Jahr 2021 die weltweiten CO_2-Emissionen trotz aller Zielsetzungen, Versprechungen und rechtsverbindlicher Klimaabkommen ein Rekordhoch.

Es wird leider allzu selten berücksichtigt, dass **exponentielles Wirtschaftswachstum vor allem auf der Verfügbarkeit von billiger Energie beruht**. Die globale wirtschaftliche Entwicklung während der letzten 200 Jahre, insbesondere aber während der letzten siebzig Jahre ist daher weniger auf die Überlegenheit des kapitalistischen Wirtschaftssystems zurückzuführen als vielmehr auf die reichliche Verfügbarkeit billiger fossiler Energie, allen voran Erdöl.

Aber egal, ob Kapitalismus, Neoliberalismus, Keynesianismus, Sozialismus oder Kommunismus, sie alle haben während der letzten hundert Jahre mehr oder weniger große ökologische (und menschliche) Schäden angerichtet, weil diese und andere Ideologien eben nicht auf den Prinzipien der Natur aufbauen, sondern der reduktionistischen menschlichen Denkweise einiger weniger entsprungen sind. Sie dienten und dienen daher nicht dem Leben im Allgemeinen und dem kollektiven menschlichen Wohlergehen im Speziellen.

Dass sich alternative Wirtschaftsmodelle, so erfolgreich sie zum Teil im Kleinen bereits sind, global noch nicht durchgesetzt haben, liegt vor allem in den Mechanismen der Propaganda jener, die vom derzeitigen System fürstlich profitieren. Sie werden auch weiterhin alles dafür tun, ihre Macht zu erhalten und Ungleichheit und Dissonanz innerhalb der Gesellschaft zu fördern. Und obwohl das System sein eigenes Limit erreicht hat, wird derzeit mit aller Gewalt versucht, seine Grenzen zu erweitern und auszudehnen.

Was die globale Gesellschaft jetzt dringender denn je benötigt, ist eine radikale **Entschleunigung**, um unsere Lebensgrundlagen wiederherzustellen und aufzubauen, anstatt sie weiter auszubeuten und zu zerstören. Wenn der soziale Frieden gewahrt bleiben soll, muss die Ökonomie für die Gesellschaft arbeiten und darf weder Menschen noch natürliche Ressourcen ausbeuten. Klassische neoliberalen Kenngrößen wie *Return of Investment* und *Shareholder Value* stehen diesen Bemühungen diametral entgegen. Auch ein Finanzsystem, das auf Krediten, Zinsen und Zinseszinsen aufbaut, ist lediglich das Konstrukt der menschlichen Fantasie und findet in der Natur keinerlei Entsprechung. Die »unsichtbare Hand« des kapitalistischen Markts ebenso nicht. Erst wenn wir das verinnerlicht haben, gibt es Hoffnung auf Heilung.

Derzeit geht der internationale Trend weiter dahin, die Pools der meisten Kapitalformen zu erschöpfen, um gleichzeitig die Menge an Finanzkapital exponentiell zu erhöhen. Diese **Monokapital-Entwicklung** hat, wenn ihr nicht rasch Einhalt geboten wird, vernichtende Auswirkungen auf das Leben heutiger und allfälliger zukünftiger Generationen.

Denn neben **Finanzkapital** in Form von Geld, das den Austausch von Waren und Dienstleistungen ermöglicht, und **materiellem Kapital in Form** nicht lebender physischer Objekte wie Holz, Mineralien, Metallen, fossilen Brennstoffen, Kunststoff- und Elektronikprodukten, Infrastruktur und Technologien existieren noch einige andere Kapitalformen!

Unser derzeitiges System scheint vergessen zu haben, dass **Sozialkapital** in Form von Verbindungen und Beziehungen innerhalb der Gemeinschaft, **ökologisches Kapital** in Form von Boden, Wasser, Tieren, Pflanzen, menschlicher Gesundheit und der Gesundheit anderer Organismen, **intellektuelles Kapital** in Gestalt von Ideen, Konzepten und Wissen, **Erfahrungskapital,** aufgebaut aus jahrelanger persönlicher Erfahrung und erworbener »Weisheit«, **spirituelles Kapital** in Form von Werten, Glauben, Lebenssinn, der Fähigkeit zur Selbstreflexion und einer höheren Bewusstseinsebene sowie **kulturelles Kapital** in Form von Geschichten, Mythen,

Liedern, Handwerk und Kunst infolge des komplexen zwischenmenschlichen Austauschs existieren. Kunst und Kultur sind greifbare Manifestationen des menschlichen Potenzials und oft komplex mit spirituellem Kapital verflochten. All diese **Werte jenseits von Finanzkapital** machen individuelle und gesellschaftliche Entwicklung sowie ein erfülltes Leben erst möglich. Denn niemand ist ärmer als jemand, der nur Geld besitzt.

Regeneratives Management in Unternehmen

»Der Schmerz, den wir fühlen, kommt von etwas Altem, das jetzt stirbt, während etwas Neues geboren wird.«

– Frédéric Laloux (Autor von *Reinventing Organisations*, *1969)

Es würde den Rahmen dieses Buches sprengen, wenn ich an dieser Stelle das Prinzip des regenerativen Denkens und Gestaltens im Managementbereich ausführlich abhandeln wollte. Darüber hinaus existieren hierzu bereits einige interessante Bücher, wenngleich bisher vorwiegend nur in englischer Sprache.[79]

Ich denke aber, dass du dir die Grundlagen des regenerativen Managements und eines langfristig prosperierenden, resilienten Unternehmens mittlerweile selbst recht gut ausmalen kannst, denn auch sie orientieren sich an den bereits ausführlich dargelegten zeitlosen Prinzipien langfristig erfolgreicher natürlicher Systeme. Und sie sind zweifelsohne auch eng mit einer regenerativen Ökonomie verbunden, denn eine regenerative Volkswirtschaft braucht regenerative Unternehmen mit regenerativem Management.

Möglicherweise wäre der weniger ansprechende Begriff der **regenerativen Betriebs- und Mitarbeiterführung** sinnvoller, denn gerade das klassische Managen selbst oder das, was viele darunter immer noch verstehen, ist das Problem vieler Unternehmen. Man könnte fast sagen, dass manche Unternehmen ihren eigenen Untergang mit der Zeit gewissermaßen »herbeimanagen«. Die vielerorts immer noch bestehenden linearen Wertschöpfungsketten und trägen hierarchischen Kontroll- und Kompetenzstrukturen verhindern ganzheitlich, selbstorganisierend und sinnerfüllend operierende Unternehmen.

Während der letzten Jahre hat sich der regenerative Zugang sogar bis in einflussreiche Management-Magazine wie *Harvard Business Review* und *Forbes Magazine* durchgesprochen.[80]

Allerdings sollte mittlerweile auch klar sein, dass regeneratives Management keine rasch und ohne Weiteres umsetzbare 10-Punkte-Checkliste oder einen ausgeklügelten Changemanagement-Plan darstellt, um betriebswirtschaftliche Kennzahlen quasi über Nacht zu verbessern. Wie bei allen regenerativen Unternehmungen müssen zunächst ein zutiefst empfundener **transformativer Paradigmenwechsel** in der Innenwelt und ein **Loslassen alter Überzeugungen** stattfinden, bevor der regenerative Weg in der Außenwelt fortgeführt werden kann, um aus maschinenartig strukturierten Organisationen ein lebendiges System mit emergenten Eigenschaften entstehen zu lassen.

Bisher wurde im Management vor allem auf Dominanz, Optimierung, Straffung und Maximierung der Humanressourcen geachtet. Nicht zuletzt deshalb wird es immer schwieriger, gute, intrinsisch motivierte und innovative Mitarbeiter zu rekrutieren, die nicht über kurz oder lang an Stress und Burn-out leiden und wochenlang in Krankenstand gehen. Arbeitswillige Menschen von heute sind zunehmend auf der Suche nach dem, was *Frédéric Laloux* eine **sinnstiftende Organisation** bezeichnet. Weder Menschen noch Organisationen sind mechanische Maschinen, sondern komplexe Systeme, die wachsen und gedeihen möchten, um ein erfüllendes und selbstbestimmtes Leben zu führen. Ein regeneratives Management fördert daher selbstorganisiertes Arbeiten in kleinen Gruppen und individuelles Potenzial anstatt des bisherigen zwanghaften Kontroll- und Planungsparadigmas.

Regenerativer Tourismus

Auch die Art und Weise, wie wir heute reisen und urlauben, ist charakteristisch dafür, wie viele Menschen die Welt um sich herum sehen. Angetrieben durch Billigflüge und Sonderangebote, boomt eine Form des globalen Instagram-Tourismus und des »Bucket List-Tourismus«, der seit Jahrzehnten auch den Keim der ökologischen wie kulturellen Degeneration und Zerstörung in sich trägt. Man will in der kürzesten Zeit den maximalen Profit genießen, sprich so viel sehen wie möglich, ohne sich dem Ort in seiner Essenz allzu sehr widmen zu müssen, und um so viel – zumeist gestellte – Fotos wie möglich für den eigenen Social-Media-Kanal zu schießen. Die Welt, so könnte man meinen, wird als gigantisches Disneyland gesehen.

So sind manche Regionen und Orte außerhalb der Tourismuszeiten praktisch ausgestorbene Zonen. Einst von Einheimischen frequentierte Stadtkerne mit den unterschiedlichsten Geschäften des täglichen Bedarfs wurden zu touristischen Shoppingzonen mit entsprechenden Wucherpreisen. Der Handel, mittlerweile in Form von Shoppingmalls und Einkaufszentren, verlagerte sich während der letzten Jahrzehnte an die Peripherie. Fast überall auf der Welt bietet sich das gleiche Bild.

Ein trauriges Beispiel sind mittlerweile auch viele alpine Regionen geworden. Mit zunehmender Beliebtheit als Urlaubsdestinationen während der 1970er- und 80er-Jahre wurde die gesamte Infrastruktur für den Tourismus ausgerichtet und optimiert. In Landstrichen, in denen bis vor Kurzem kleinbäuerliche Landwirtschaft betrieben wurde, regionale Bräuche hochgehalten wurden und die Bewirtschaftung der Almflächen im Kreislauf der Jahreszeiten ablief, entstanden in einem relativ kurzen Zeitraum massentaugliche Bettenburgen und konsumfreundliche Skigebiete samt dazugehörigen Liften und Gastronomiebetrieben, die mittlerweile Großteils durch billiges ausländisches Personal betrieben werden. Landschaft und kulturelles Erbe wurden ebenfalls zu einer Ressource, die es seither gilt, nach allen Regeln des Kapitalismus und der liberalen Marktwirtschaft auszubeuten. Freilich hat das vielen Regionen und der einheimischen Bevölkerung in kurzen Zeiträumen einen bedeutenden wirtschaftlichen Aufschwung gebracht, doch steht am Ende häufig eine ausgeräumte Einheitslandschaft, die vorwiegend aus touristischer Infrastruktur besteht.

Während im Zuge der Pandemie der Tourismus vorübergehend fast zum Erliegen kam, zeigten sich rasch die Probleme einer Wirtschaft, die wesentlich auf diesem Standbein beruht. Österreichische Bundesländer wie Tirol oder Salzburg, die einen beträchtlichen Teil ihrer wirtschaftlichen Wertschöpfung aus dem Tourismus beziehen, sahen sich über Nacht vor einem Problem. Auch im internationalen Tourismus, vor allem in Asien, führten die weitreichenden Einreiseverbote für ausländische Gäste de facto zum Stillstand (im Jahr 2021 mit einem Minus von 94,2 Prozent gegenüber 2019).[81]

Das Geschäft hat sich seither zwar wieder deutlich erholt, jedoch hat uns dieser vorübergehende Einbruch gezeigt, dass die derzeitige stark auf Flug- und Fernreisen basierende Tourismusbranche einer hochgetakteten Spaß- und Wellnessgesellschaft äußerst anfällig ist für unvorhersehbare Schockereignisse.

Doch es geht auch anders und wird vermutlich anders gehen müssen, denn in einer Welt von Morgen, in der emissionsstarke und daher potenziell umweltschädliche Fernreisen möglicherweise bald der Vergangenheit angehören werden, gilt es, vor allem auf den entschleunigten Nah- und Qualitätstourismus zu setzen. Das Kapital sind in diesem Fall vor allem **intensive und sinnliche Natur- und Kulturerlebnisse**, die eben auch auf dem Vorhandensein einer diversen Landschaft und einer reichhaltigen Kultur aufbauen.

Bei einem regenerativ ausgerichteten Tourismus geht es aber nicht nur um die derzeit zunehmenden *Slow-Travel-* und *Slow-Tourism-*Trends wie Langsamkeit und Nachhaltigkeit, Sinnhaftigkeit und Sinnlichkeit, die ein authentisches Urlaubserlebnis ermöglichen sollen.

Die zukünftige Aufgabe besteht vielmehr darin, Tourismus und Fremdenverkehr so zu gestalten, dass sie nicht nur nachhaltig sind, sondern den jeweiligen Ort mit der Zeit aufbauen, ihn verbessern und der autochthonen Bevölkerung wie auch der regionalen Landschaft mit Fauna und Flora etwas zurückgeben, sprich regenerativ ausgerichtet sind.

Es versteht sich von selbst, dass diese Form des Tourismus mit regenerativer Landwirtschaft und Landschaftsgestaltung genauso eng zusammenhängt, wie mit regenerativer Ökonomie, Politik, Architektur und einem regenerativen Lebensstil im Allgemeinen.

Analog zu der von Carlo Petrini Ende der 1980er-Jahre ins Leben gerufenen *Slow Food Initiative*, der es vor allem um die Erhaltung der Biodiversität, traditioneller Landschaften, regionaler Produkte und traditioneller Methoden geht, kann ein regenerativer Tourismus diese Aspekte zusätzlich durch eine ganzheitliche Sichtweise auf das komplexe Netzwerk einer Region fördern, wobei Partizipation und regionales Gemeinwohl genauso im Vordergrund stehen wie das Naturkapital der Ökosysteme. Auch hier gilt: Qualität vor Quantität. Der besuchte Ort wird nicht »konsumiert«, sondern dessen Resilienzpotenzial und das seiner Besucher gefördert. Beschädigtes wird wiederhergestellt und Neues entsteht.

17. Regenerative Energiewende?

»Das eigentliche Problem der Menschheit ist Folgendes:
Wir haben paläolithische Emotionen,
mittelalterliche Institutionen und
gottähnliche Technologie.«
– **Edward O. Wilson** (US-amerikanischer Biologe, 1929–2021)

Energie ist seit Anbeginn des Lebens auf der Erde dessen wichtigste Währung. Die Effektivität der Energiegewinnung ist daher für alle biologischen Systeme von zentraler Bedeutung, denn jede Bewegung, jede Aktivität und jedes Ereignis in der Natur erfordert Energie. Mehr verfügbare Energie (zum Beispiel für Wachstum, Reproduktion, Verteidigung, Wartung und Reparatur) verleiht einem Organismus einen gewissen Wettbewerbsvorteil gegenüber anderen Arten. So weit, so gut.

Bis zur industriellen Revolution war der Mensch vorwiegend auf Muskelarbeit, entweder seine eigene oder die seiner Arbeitstiere, angewiesen. Dabei verrichtet ein durchschnittlicher Arbeiter eine Leistung von etwa 0,6 Kilowattstunden pro Tag. Die plötzlich zur Verfügung stehenden großen Mengen billiger fossiler Energie im Verlauf der Industrialisierung veränderten unsere Beziehung zur Energie in kurzer Zeit substanziell. Denn in einem Barrel Rohöl stecken etwa 1700 Kilowattstunden Arbeitsleistung. Obwohl der menschliche Organismus erheblich energieeffizienter arbeitet als ein Verbrennungsmotor, stecken in einem Barrel Rohöl (ca. 159 Liter) zumindest vier bis fünf Jahre menschliche Arbeitsleistung![82] Dass das zu einem exorbitanten Wettbewerbsvorteil des Menschen gegenüber seiner Umwelt führte, steht daher wohl außer Zweifel.

Um 1800 lebten rund eine Milliarde Menschen auf der Erde, hundert Jahre später waren es etwa 1,6 Milliarden, 1950 bereits 2,5 Milliarden und seit 2022 bevölkern acht Milliarden Menschen diesen Planeten. Auf globaler Ebene hat uns das zu einem **energiehungrigen Superorganismus** gemacht, den die Welt bis dahin noch nicht gesehen hat. Und nicht nur dass acht Milliarden Menschen schon allein rein zahlenmäßig mehr Energie benötigen, der Mensch des 21. Jahrhunderts hat im Zuge des Fortschritts auch noch einen bedeutend größeren Pro-Kopf-Energiebedarf als noch vor 200 Jahren.

Das Land mit dem höchsten jährlichen Primärenergieverbrauch pro Kopf war im Jahr 2022 das Emirat Katar mit knapp 200 000 Kilowattstunden. Dagegen nehmen sich Länder wie die Vereinigten Staaten mit knapp 80 000 Kilowattstunden und Deutschland oder Österreich mit ca. 40 000 Kilowattstunden pro Kopf und Jahr beinahe wie Zwerge aus.[83]

Und dennoch sind die heute verbrauchten Energiemengen kaum vorstellbar. Das schlägt sich freilich beziehungsweise Gott sei Dank nicht alles in der jährlichen Heizkostenabrechnung nieder. Auch all unsere Konsumgegenstände brauchen zumindest bei der Herstellung, viele davon aber auch während des Betriebes Unmengen an Energie. Dagegen fällt der tägliche Energiebedarf eines Menschen kaum ins Gewicht. Wir nehmen täglich etwa drei Kilowattstunden Energie mit der Nahrung auf, das sind gerade einmal etwas mehr als 1000 Kilowattstunden pro Jahr und hat sich seit der Steinzeit vermutlich nicht nennenswert geändert. Ungefähr noch einmal dieselbe Energiemenge verbraucht in Mitteleuropa heute unser mittlerer jährlicher Pro-Kopf-Heizbedarf. Die zwei menschlichen Grundbedürfnisse Nahrung und Wärme machen also nur etwa 2000 Kilowattstunden pro Jahr aus. Und wofür benötigt der österreichische oder deutsche Durchschnittsbürger die restlichen 38 000 Kilowattstunden? Für alle materiellen und immateriellen Dinge unseres Wohlstands, von der Behausung, der Mobilität, der Bekleidung bis hin zu Tiefkühltruhe, Computer, Handy und Beleuchtung. Es scheint so, als bräuchte heute alles in unserem Leben Unmengen an Energie. Doch trotz rasantem Anstieg der Produktion an erneuerbaren Energien (wie Sonnen-, Wind- und Wasserkraft) ist deren Anteil am globalen **Primärenergieverbrauch** (nicht nur des Stromverbrauches!) mit ca. 14 Prozent (2022) aber immer noch vergleichsweise gering (Abbildung 7).[84]

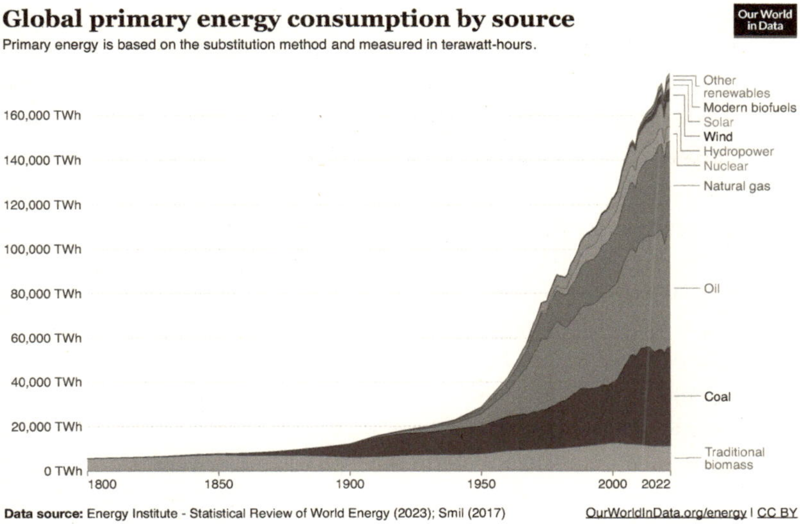

Abbildung 7 Primärenergieverbrauch weltweit (= Verbrauch an noch nicht weiterverarbeiteten Energieträgern). Deutlich erkennbar ist der immer noch überwältigend große Anteil fossiler Energieträger. Dabei handelt es sich keineswegs nur um Energie für Strom- und Wärmeerzeugung. Der größte Anteil fließt in die Produktion von Waren und das verarbeitende Gewerbe – die Grundlage der Weltwirtschaft und des Wirtschaftswachstums.

Hinzu kommt, dass der Begriff »erneuerbar« nur bedingt zutreffend ist, denn Windkraftanlagen und Solaranlagen samt Batteriespeicher sind nicht nur rohstoffintensiv in der Herstellung, sondern haben auch nur eine begrenzte Lebensdauer. So sind Windenergieanlagen aktuell für eine Lebensdauer von etwa zwanzig Jahren ausgelegt und benötigen bei der Errichtung reichlich Stahl und Beton sowie Glas- beziehungsweise Carbonfaser und Kunstharze für die Rotorblätter. Solaranlagen, die ebenfalls einem natürlichen Alterungsprozess unterliegen, sollten bei entsprechender Wartung gut dreißig Jahre überdauern. Neben vielen anderen offenen, aber interessanterweise selten konstruktiv und unaufgeregt diskutierten Fragen ist derzeit noch völlig unklar, wie ein Stromnetz, dass vom stark fluktuierenden Stromangebot erneuerbarer Energien abhängig ist, stabil gehalten werden kann (Stichwort: Dunkelflaute).

Elektrofahrräder, elektrische Fahrradpumpen, elektrische Milchschaumquirler, elektrische Fensterheber, elektrische Lenkrad- und Sitzheizung, batteriebetriebene »selbstvorlesende« Kinderbücher, elektrische Küchenwaagen und Pfeffermühlen, Mikrowellengeräte und Wäschetrockner sowie »Smart Homes«, »Smart Watches«, Internetsuchanfragen, E-Mails, Streamingdienste bis hin zu Amazons Alexa sind alles Dinge eines vermeintlichen Fortschritts, die Energie benötigen, die aber bisher keinen Menschen glücklicher gemacht haben und die bis vor Kurzem auch niemandem abgegangen sind. Die Liste der an sich ohne Weiteres entbehrlichen, aber Energie verbrauchenden Dinge unseres Alltages ließe sich noch endlos fortsetzen. Sie sind aber nicht nur entbehrlich, sondern führen auch zu unangenehmen Abhängigkeiten. Ist der Strom einmal weg, dann steht im Leben vieler Menschen heute alles still.

Interessanterweise wirkt hier eine kapitalistische Wirtschaft beziehungsweise Gesellschaft selbstverstärkend. Je mehr energieabhängiger vermeintlicher Fortschritt stattfindet, desto mehr energiehungrige Erfindungen besitzen die Menschen und desto größer ist schließlich der resultierende Energiebedarf. Selbst eine zunehmende Effizienzsteigerung der Energienutzung bereitet dieser Entwicklung kein Ende. Denn technischer Fortschritt, der die effizientere Nutzung eines Rohstoffes erlaubt, führt letztlich zu einer erhöhten Nutzung dieses Rohstoffes, anstatt sie zu senken. Dieser Umstand ist auch als *Rebound-Effekt* oder *Jevons Paradoxon* bestens bekannt.

Es bleibt mir hier leider keine andere Rolle als die des *Party-Crashers* und Spielverderbers. Ich möchte zwar gar nicht prinzipiell Kritik an erneuerbaren Energien üben, denn wir brauchen sie, aber bei allem Optimismus sollten wir mit etwas Realismus auch deren Einschränkungen und Schattenseiten betrachten.

Mit dem Ausbau der Erneuerbaren entwickelte sich, von der Öffentlichkeit weitgehend unbemerkt, eine Rohstoffschlacht um Erze, Metalle und seltene Erden. So sind Elemente wie Kupfer, Lithium, Nickel, Neodym, Silizium, Indium, Gallium, Tantal, Silber, Platin und andere eng mit dem Ausbau erneuerbarer Energie und der Elektrifizierung unseres Lebens verbunden. Sie kommen weltweit in sehr ungleichmäßiger mineralischer Konzentration vor und werden in der Regel durch Bergbau gewonnen. Doch ein nachhaltiger Bergbau existiert bis heute nicht, und er geht häufig auf Kosten der indigenen Bevölkerung und deren Umwelt. Zudem existiert reichlich Konfliktpotenzial. So finanzieren sich beispielsweise auch afrikanische Warlords mit den Profiten des zur Tantal-Herstellung benötigten Coltan-

Abbaus. Satte 98 Prozent der weltweit geförderten seltenen Erden stammen aus Ländern wie China, Russland und Brasilien. Da der Abbau aufgrund der geringen mineralischen Konzentration immer aufwendiger wird und die Nachfrage ungebrochen hoch ist, steigen mittlerweile auch auf diesem Sektor die Weltmarktpreise stark an.

Selbst wenn in Europa einzelne Vorkommen erschlossen werden sollten, so stellt sich insgesamt die Frage, ob die Rohstoffe für eine umfassende globale Energiewende überhaupt in den benötigten Mengen auf der Erde existieren, und falls ja, wie lange man für deren Abbau überhaupt benötigen würde. Auch die Anzahl entsprechender, dafür benötigter Kraftwerke sprengt genauso wie die vermutliche Dauer ihrer Errichtung jegliche Vorstellungskraft. Eine lesenswerte finnische Studie aus dem Jahr 2021, die mit Sicherheit nicht von der Erdölindustrie gesponsert wurde, äußert sich bezüglich des Ausbaus erneuerbarer Energien einigermaßen diplomatisch:

»Die aktuellen Erwartungen gehen davon aus, dass globale Industrieunternehmen ein komplexes industrielles Energiesystem ersetzen werden, das zu errichten mehr als ein Jahrhundert gedauert hat. Das aktuelle System wurde mit der Unterstützung der Energiequelle mit der höchsten Kaloriendichte gebaut, die die Welt je gekannt hat (Öl), billig und in reichlichen Mengen vorhanden, mit leicht verfügbaren Krediten und scheinbar unbegrenzten mineralischen Ressourcen. Der Ersatz muss [jetzt] *in einer Zeit erfolgen, in der Energie vergleichsweise sehr teuer ist, ein mit Schulden gesättigtes, zerbrechliches Finanzsystem existiert, nicht genügend Mineralien vorhanden sind, eine bisher nie dagewesene Weltbevölkerung existiert, eingebettet in eine sich verschlechternde natürliche Umwelt. Die größte Herausforderung dabei ist, dass dies innerhalb weniger Jahrzehnte geschehen muss. Es ist die Auffassung des Autors, basierend auf den hier vorgestellten neuen Berechnungen, dass dies wahrscheinlich nicht vollständig wie geplant verlaufen wird.* […] *Es existieren weder genug Zeit noch Ressourcen, um dies mit dem aktuellen Ziel der einflussreichsten Nationen dieser Welt zu erreichen. Was daher erforderlich sein könnte, ist eine deutliche Verringerung der gesellschaftlichen Nachfrage nach allen Ressourcen aller Art. Dies impliziert einen ganz anderen Gesellschaftsvertrag und ein radikal anderes Governance-System als jenes, das heute existiert.«*[85]

Mit einem Satz: zu wenig Rohstoffe, zu wenig Geld und zu wenig Zeit. Wir sollten uns daher bei aller Euphorie im Zuge der herbeigesehnten

Energiewende keine allzu großen Illusionen machen. Kaum jemand spricht gerne darüber, aber die Schlussfolgerung ist so simpel, dass sie ein Kind versteht: **Wir brauchen im Zuge unseres imperialen Lebenswandels schlicht zu viel Energie!** Und das zu einem erklecklichen Teil für sinnlose Dinge, die uns wertvolle Lebenszeit rauben.

Und weil fossile Energieträger auch keine Alternative sind, bleibt also neben der Hoffnung auf bessere Technologien nur eine Lösung: so wenig Energieverbrauch wie möglich und vor allem: weniger andere rohstoff- und energieintensive Produkte. Weniger Flugzeuge, Schiffe und Autos, weniger Handys, Computer, Trockner, weniger Rechenzentren, Plastik, Unterhaltungselektronik und Maschinen – kurz: einfach weniger von allem! **Nur eine rasche, umfassende soziale und ökologische Transformation mit erheblich (!) geringerem Primärenergieverbrauch kann uns aus diesem Dilemma herausbringen.** Eine derartige **Simplifizierung unseres Lebensstils** (Nate Hagens nennt es *The Great Simplification*[86]) ist aber keinesfalls zwingend mit Entbehrungen verbunden, sondern könnte in vielen Aspekten auch eine große Befreiung und Erleichterung sein.

Sich aber wie ein unreifes Kind gegen die unbestreitbare Realität limitierter Ressourcen aufzulehnen, bringt uns genauso schnell in die Katastrophe, wie der Glauben an unendlich vorhandene, billige fossile Energie in Verbindung mit der Leugnung ihrer ökologischen und etwaigen klimatischen Folgen. Der Wandel und die Einsicht werden zwangsweise kommen, die Frage ist nur ob »by Design« oder »by Desaster«. Ich plädiere für Ersteres, obwohl die Vergangenheit gezeigt hat, dass Katastrophen oft zu einem rascheren Wandel führen, wenngleich auch mit deutlich unsichererem Ausgang.

18. Regenerative Gesundheitssysteme[87]

»Der Arzt der Zukunft wird keine Medikamente verabreichen, sondern seine Patienten für die Pflege des menschlichen Körpers, die Ernährung sowie für die Ursache und Vorbeugung von Krankheiten interessieren.«
– Thomas A. Edison (US-amerikanischer Erfinder, 1847–1931)

»Der ist ein Arzt, der das Unsichtbare weiß, das keinen Namen hat, das keine Materie hat, und hat doch seine Wirkung.«
– Paracelsus (deutscher Arzt und Reformator der Medizin, 1493–1541)

Seit dem 18. Jahrhundert hat sich die Auffassung breitgemacht, wir Menschen funktionierten gleich allen anderen Lebewesen wie eine Maschine. Selbst heute, 200 Jahre später, scheint sich diese Auffassung in naturwissenschaftlichen Publikationen und biomedizinischen Fachzeitschriften fortzusetzen. Die darin enthaltenen Abbildungen vermitteln häufig den Eindruck, als wären selbst die Zellen als kleinste Bestandteile unseres Körpers Maschinen oder winzige komplizierte Fabriken. Die bunten, ausgeklügelten Darstellungen lassen den Betrachter glauben, wir wüssten bereits alles über Aufbau und Funktion dieser kleinen Maschinen. Selten wird dabei kommuniziert, dass es sich (notwendigerweise) um rein mechanistische Darstellungen einer reduktionistischen Sichtweise auf das Leben handelt. Die ganze moderne Medizin ist nach diesem Vorstellungsbild von unterschiedlichen, miteinander verbundenen mechanisch-biochemischen Maschinen strukturiert. Hals-Nasen-Ohren-Heilkunde, Augenheilkunde, Dermatologie, Kardiologie, Gastroenterologie, Neurologie … Jeder Arzt ist, so scheint es, Spezialist für ein Element in dieser Maschine Mensch, und jeder betrachtet in der Regel auch nur den ihm anvertrauten Bauteil. Der Rest wird mehrheitlich nicht oder nur sehr mangelhaft mitberücksichtigt.

Ein Großteil der sogenannten Therapien basiert auf der reduktionistischen Vorstellung einer mechanischen Rezeptor-Agonist- beziehungsweise

Rezeptor-Antagonist-Interaktion oder einem Zuwenig oder Zuviel des einen oder anderen Moleküls oder Elements. Tatsächlich handelt es sich dabei aber in den seltensten Fällen um eine nachhaltige Behebung der zugrundeliegenden Krankheitsursache, sondern lediglich um den Versuch, Krankheitssymptome zu beseitigen.

Viele chronische Krankheiten sind die Folge von einem aufgrund von unterschiedlichen Umwelteinflüssen dysfunktional gewordenen komplexen System, das wir bis heute nur unzureichend in all seinen Funktionen und Beziehungen verstehen. Das ist insofern einigermaßen ernüchternd, als die biomedizinische Wissenschaft im Verlauf der letzten hundert Jahre bereits eine schier unglaubliche Menge an Wissen über dieses System und seine Bestandteile akkumuliert hat. Und dennoch tappen wir bei so vielen Krankheiten Großteils im Dunkeln. Wie ist das möglich?

Durch die an sich begrüßenswerte, aber häufig falsch verstandene Innovation der sogenannten evidenzbasierten Medizin kam es während der letzten zwei Jahrzehnte zu einem Verschwinden der klassischen ärztlichen Heilkunst, die den Menschen ganzheitlich betrachtet, zugunsten einer alles dominierenden modernen mechanistischen wie reduktionistischen Auffassung unseres Körpers.

Die evidenzbasierte, ausschließlich auf Daten beruhende standardisierte Medizin, wie sie heute praktiziert wird, entspricht im Großen und Ganzen der reduktionistischen Illusion der Dominanz über ein komplexes System. Es ist darüber hinaus äußerst naiv, zu glauben, dass die Erhebung und Auswertung dieser Daten gänzlich frei von Interessenkonflikten seien. Im Gegenteil. Die Instrumentalisierung und Zweckentfremdung der medizinischen Heilkunst für wirtschaftliche oder politische Interessen wurde während der letzten Jahrzehnte zu einem wesentlichen Bestandteil der Meta-Krise.

Es liegt nahe, dass ein Grund für die zu verzeichnende Stagnation des medizinischen Fortschritts auch darin zu suchen ist, dass **das Lebewesen Mensch** – wie andere Lebensformen auch – ein ziemlich komplexes System **mit einer mehr als 3,5 Milliarden Jahre langen Vergangenheit** darstellt. Es handelt sich auch hier um eine hinreichend belegte Tatsache, die im medizinischen Denken und klinischen Alltag kaum Berücksichtigung findet. Unser gesamtes Körpersystem, bestehend aus den ineinander verschachtelten Subsystemen wie Immunsystem, Blutgerinnungssystem, Nervensystem, Verdauungssystem bis hin zu den Systemen in jeder einzelnen Körperzelle, ist das vorläufige Endergebnis eines bis dato nur teilweise enträtselten Prozesses namens organismischer Evolution.

Die stetig wachsende Zahl an Publikationen und Lehrbüchern aus dem Bereich der **evolutionären Medizin** gibt uns einen kleinen Einblick darüber, was es bedeutet, als ein komplexes Lebewesen mit einer derart langen Vergangenheit in einer modernen, zunehmend lebensfeindlichen Welt zu leben, die wir uns selbst geschaffen haben. Darüber hinaus ist unser Körper wie jedes andere offene Ökosystem auch auf vielfältige Weise mit den Systemen seiner Umgebung verbunden beziehungsweise steht in stetigem Austausch mit diesen. Dies wird uns insbesondere im Zuge der voranschreitenden Erforschung des Mikrobioms und seiner Bedeutung für Gesundheit und Krankheit immer deutlicher vor Augen geführt.

Ich habe in meinem letzten Buch *Das unsichtbare Netz des Lebens* versucht, diese Tatsache und ihre weitreichende Bedeutung für Gesundheit und Krankheit zu umreißen, und musste dabei vermutlich bis zu einem gewissen Grad scheitern. Zu umfangreich sind die derzeit bekannten Verknüpfungen in diesem komplexen Netzwerk. Es lässt sich aber zumindest resümieren, dass es sich bei unserem Körper um ein hochkomplexes adaptives System handelt, das trotz all seiner Schwächen unter normalen, sprich artgerechten Bedingungen für die meisten Menschen die meiste Zeit lang recht gut funktioniert, sprich gesund ist.

»Adaptiv« bedeutet auch hier, dass das System durch Selbstregulation in der Lage ist, innerhalb gewisser Grenzen mit wechselnden Umweltbedingungen und schädigenden Einflüssen fertigzuwerden und sich selbst zu reparieren beziehungsweise zu regenerieren. Und wie wir das mittlerweile von komplexen Systemen kennen, geschieht all dies auf geheimnisvolle Weise ohne zentrale Steuerung. Und selbst wenn manche Steuerungsmechanismen über Nerven und Hormone von unserem Gehirn ausgehen, so muss man sich auch hier fragen, wer das Zusammenspiel der schätzungsweise hundert Milliarden Nervenzellen innerhalb des vermutlich kompliziertesten Organs, das die Natur je hervorgebracht hat, koordiniert? Die Funktion einer einzelnen Nervenzelle erklärt uns nicht die Funktion des gesamten Gehirns. Unser Bewusstsein und unsere kognitiven Fähigkeiten sind ein emergentes Phänomen der Selbstorganisation! Auch der Mensch an sich ist ein Resultat der **Autopoiesis**, des geheimnisvollen Prozesses der Selbsterschaffung und -erhaltung eines lebenden Systems.

Die **Medizin der Zukunft** sieht den Menschen daher nicht als einen defekten fragmentierten Mechanismus, sondern versteht ihn ganzheitlich als ein komplexes offenes System. Genauso wie ein regenerativer Bauer die Bedingungen schafft, damit sich die selbstorganisierenden Systeme der Natur entfalten können, um wiederum selbst lebensförderliche Bedingungen zu schaffen, versucht eine **regenerativ ausgerichtete Medizin** durch die Schaffung der richtigen Bedingungen die systeminhärenten Regenerationsprozesse im Sinne der Salutogenese zu fördern. Oder noch besser: die Bedingungen zu schaffen, um das System von vornherein in der delikaten Balance namens Gesundheit zu erhalten. Wir nennen dieses Konzept, das so alt ist wie die Medizin selbst, **Präventions- beziehungsweise Präventivmedizin.**

Derzeit werden im OECD-Durchschnitt weniger als drei Prozent (!) der Gesundheitsausgaben für präventivmedizinische Maßnahmen ausgegeben, wovon wiederum weniger als ein Drittel für die Gesundheitsbildung der Bevölkerung eingesetzt wird. Diese absolut verschwindend geringe Investition in die Prävention von Krankheit auf Bevölkerungsebene ist insofern bemerkenswert, als aus gesundheitsökonomischer Sicht schon lange bekannt ist, dass jeder investierte Euro ein Vielfaches an wirtschaftlichem Nutzen bringt, denn eine chronisch kranke Bevölkerung verursacht Kosten auf zahlreichen volkswirtschaftlichen Ebenen. Dabei wäre der überwiegende Teil der sogenannten nichtübertragbaren Krankheiten prinzipiell vermeidbar! **Das, was wir vielfach als chronische Krankheiten bezeichnen, sind Symptome eines tiefer liegenden Problems: Der Mensch des 21. Jahrhunderts lebt losgelöst von seinem ursprünglichen natürlichen Habitat.**

Derzeit werden ganzheitliche medizinische Behandlungskonzepte durch den stark linkshemisphärisch beeinflussten **Szientismus** unserer Zeit zunehmend als esoterische Methoden ohne wissenschaftliche Evidenz gebrandmarkt, obwohl sie, wie sich zeigt, auf der einzig vernünftigen Betrachtung von Leben beruhen – der **holistisch-systemischen Sicht.**

Das englische Wort für Gesundheit, *health*, ist verwandt mit dem griechischen *holos*, dem altnordischen *hala*, dem altfranzösischen *haler* und dem altenglischen *hāl* und *hale*, was alles so viel wie *heil* beziehungsweise *ganz* (*whole*) bedeutet. Auch das englische Wort *holy* und seine deutsche Entsprechung *heilig* gehen auf diese gemeinsame Wurzel zurück. **Gesund-**

heit, so scheint es, wurde also schon vor langer Zeit mit dem **Prinzip der Ganzheit** verbunden.

Diese Ganzheit betrifft auch den Menschen und seinen ursprünglich innigen Bezug zur Natur, der aus evolutionsbiologischer Sicht erst vor relativ kurzer Zeit, vor allem durch den modernen zivilisatorisch-technischen Fortschritt, unterbrochen wurde. Die vielfältigen gesundheitsförderlichen oder gar heilsamen Eigenschaften eines **intensiven menschlichen Naturkontaktes** wurden in den letzten Jahren durch zahlreiche biomedizinische Studien verdeutlicht und lassen sich in ihrer Gesamtheit hier nicht wiedergeben. Manches davon habe ich in meinem letzten Buch ausführlich dargelegt, der bei Weitem größere Teil wird aber noch zukünftiger Bücher bedürfen.

Aber nicht nur die unmittelbare Gesundheit wird durch den Naturkontakt beeinflusst, sondern offenbar auch unser Zeitempfinden und unsere Entscheidungsfindungen. So haben Untersuchungen gezeigt, dass die Exposition gegenüber natürlichen Umgebungen dazu führt, dass Menschen die Zeit langsamer erleben und dass sie bei ihren Entscheidungen mehr an die Zukunft denken als Menschen in Städten, die schneller leben und häufiger sofortige Befriedigung bevorzugen. Ein möglicher Grund hierfür könnte laut den Studienautoren darin liegen, dass der Anblick natürlicher Landschaften den Eindruck ausreichender Ressourcen vermittelt und damit verbunden weniger Wettbewerbsgefühl entsteht.[88] Ähnliche Untersuchungen zeigten, dass diese geänderte Zeitwahrnehmung in der Natur auch zu einer geringeren Impulsivität führt als in städtischer Umgebung.[89]

Diese Ergebnisse sind einigermaßen erstaunlich und sollten uns im Rahmen dieses Buches und angesichts unseres zunehmend irrationalen Verhaltens gegenüber unseren vielfältigen Problemen zu denken geben! Die zunehmende Trennung von der Natur scheint die Menschheit in die Falle des Kurzzeitdenkens und der Impulsivität zu führen und damit diese Trennung weiter zu beschleunigen. Offenbar benötigen nicht nur die Ökosysteme vielerorts ein »Rewilding«, sondern auch jeder Einzelne von uns. Diese Wiederentdeckung der »Wildnis in uns« mit vielfältigem Gesundheitspotenzial kann in Form von **naturbasierten Therapieansätzen** (engl. *Nature-Based Therapy* oder *Ecotherapy*) wie »Green Care«, Gartentherapie und Waldtherapie (jap. *Shinrin-yoku*), aber auch bereits durch eine lebensförderliche Gestaltung des eigenen Wohnbereichs erfolgen. Wer glaubt, dass diese Therapie- und Interventionsformen esoterischer Schnee von gestern sind, der sei eines Besseren belehrt. So hat das Horizon Europe Projekt *RESONATE* (RESilience thrOugh NATurE-based therapies) unter Federführung der Universität Wien im Jahr 2023 eine EU-Förderung von sage und schreibe 6,3 Millionen Euro erhalten, um das Potenzial dieser Therapieformen global weiter zu erforschen.[90]

Allein die Tatsache, dass man sich zunehmend der empirischen Erforschung dieser Therapieansätze und der dahinterliegenden Mechanismen annimmt, zeigt, dass die Not und der Mangel groß sind. Die geforderte Evidenz ist jedenfalls bereits in vielen Aspekten vorhanden, das grundsätzliche Verständnis für den Umgang mit komplexen adaptiven Systemen und deren Eigenschaften ebenso. Es liegt jetzt an der Medizin selbst, die Transformation zu einem regenerativ ausgerichteten Gesundheitswesen zu vollziehen. Auch in diesem Fall braucht es dazu den von vielen so schwierig empfundenen Abschied vom alten Narrativ der Fragmentierung, Trennung, Standardisierung und Dominanz und die Hinwendung zu einem »Tanz« mit den überlegenen Systemen der Natur, deren Teil auch der Mensch ist.

In Übereinstimmung mit den Prinzipien des Regenerativen Designs kann dies nur durch einen partizipativen, co-kreativen Prozess zwischen Arzt und Patient und unter Berücksichtigung der jeweils einzigartigen Ausgangssituation gelingen.

19. Regenerative Architektur und Städteplanung

»Ich versuche nicht, die Natur nachzuahmen, ich versuche, die Prinzipien zu entdecken und anzuwenden, die sie verwendet …«

– BUCKMINSTER FULLER (US-amerikanischer Architekt, Visionär, Designer, Philosoph und Schriftsteller, 1895–1983)

»Wir formen unsere Gebäude; danach formen sie uns.«

– SIR WINSTON CHURCHILL (britischer Staatsmann, 1874–1965)

»Die Verbindung zwischen der Gesundheit und den Wohnungen der Bevölkerung ist eine der wichtigsten, die es gibt.«

– FLORENCE NIGHTINGALE (britische Krankenschwester, Statistikerin und einflussreiche Reformerin des Sanitätswesens, 1820–1910)

»Nur unter einem ganzheitlichen und globalen Überbau stehen Mensch und Kultur im Mittelpunkt des Bauens und Siedelns (und nicht etwa Prestige, Parteipolitik, ökonomische oder sonstige einseitige Belange). Fehlt dieser Überbau, gehen Baukultur (Summe menschlicher Leistungen, natürliche oder gebaute Umwelt zu verändern) und Baukunst zugrunde, das Baugeschehen wird banal, seelenlos, unmenschlich, verantwortungslos. In einer solchen Umgebung können Menschen seelisch – geistig – körperlich verkümmern und erkranken.«

– PROF. DR. ANTON SCHNEIDER (Gründer des Instituts für Baubiologie und Nachhaltigkeit, 1931–2015)

Auch in der Art und Weise, wie wir unsere Behausungen, Arbeitsstätten und öffentlichen Gebäude gestalten, spiegelt sich die zunehmend kollektive linkshemisphärische Sichtweise unserer modernen Zivilisation wider. Was vor gar nicht allzu langer Zeit als ganzheitlich gedachter Lebensort sowohl nach praktischen als auch ästhetischen Gesichtspunkten entworfen und gebaut wurde, entspricht heute vielfach abstrakten, seelenlosen Zweckbauten ohne Einfallsreichtum und ohne die seit Jahrhunderten geltenden Regeln der Ästhetik. Das Drama unserer Zivilisation ist auch hier seit einigen Jahrzehnten mit zunehmender Dynamik zu erkennen.

Ausschließlich effizienzgetriebene und auf reduktionistischen Berechnungen beruhende Energieausweise sind heute wichtiger als das Wohlergehen der Menschen, die innerhalb dieser Gebäude ihr Leben verbringen. Auch das Wohlergehen der Umwelt scheint nur wenige zu kümmern. Häuser werden in kürzester Zeit mit Stahlbeton errichtet, mit Styropor zugeklebt und durch Kunststofffenster versiegelt. Die geplante Lebenszeit derartiger Gebäude beträgt in vielen Fällen gerade einmal fünfzig Jahre oder weniger. Freilich benötigen derart diffusionsdicht gebaute Häuser ein ausgeklügeltes Belüftungssystem, um ein halbwegs adäquates Raumklima zu ermöglichen.

Farben, Bau- und Dämmstoffe bestehen heute aus unzähligen chemisch-synthetischen Komponenten, die ihre Inhaltsstoffe über die Jahrzehnte an den Innenraum, seine Bewohner und an die Umwelt abgeben. Werden derartige Häuser abgerissen, entsteht eine Halde von Sondermüll, für die es oft keine vernünftige Weiterverwertung gibt. Baustoffe und Materialien wie Asbest wurden in der Vergangenheit als Fortschritt gefeiert und in allen erdenklichen Ausführungen verbaut, jetzt sind sie krebserregender Sondermüll. Viele vor Kurzem noch angepriesene und verkaufte Baustoffe werden nur mehr als Sondermüll oder gar nicht von den Bauhöfen zurückgenommen.

Die Möblierung der Wohnräume besteht vorwiegend aus kurzlebigen kunststoffbeschichteten Pressspanplatten, die ihre Formaldehyd-Dämpfe kontinuierlich an die Raumluft abgeben. Das vollständig vernetzte Smarthome weist in jedem Stockwerk WLAN-Box oder WiFi-Router auf. Hochfrequente elektromagnetische Felder, wohin man sein Messgerät auch hält.

Hässliche und einfallslose Aluminium- und Gabionenzäune aus dem Einheitskatalog umgrenzen die Häuser ebenso wie bis zu drei Meter hohe, nackte Schalsteinmauern, die auf tonnenweise versenktem Beton als Fundament ruhen. Statt einer biodiversen Wiese findet sich in vielen Gärten nur mehr »schön« dekorierter Schotter.

Wir spülen Exkremente mit Trinkwasser in die Kanalisation. Regenwasser wird anstatt in den Boden ebenfalls in die Kanalisation geleitet. Das Wasser fehlt dann dem sinkenden Grundwasserspiegel. Ist es im Sommer zu heiß, werden entsprechend energiehungrige Klimaanlagen eingebaut. Im Keller stehen ebensolche Tiefkühltruhen. Wo waren die noch vor dreißig, fünfzig oder hundert Jahren? Sieht so unser Fortschritt aus?

Die Hässlichkeit vieler Gebäude hinterlässt vermutlich auch tiefe Spuren in der Psyche ihrer Bewohner und jener, die sich diese Gebäude täglich ansehen müssen. Die Frage ist, ob die hässlichen Häuser ein Ausdruck der inneren Leere ihrer Bewohner sind, oder ob die innere Leere eine Folge der unbeseelten Architektur dieser wenig menschenfreundlichen Habitate ist. Es sind vielfach simple »Schuhschachteln«, die einander fast aufs Haar gleichen und die wohl jeder Architekturstudent im zweiten oder dritten Semester entwerfen könnte. Im Grunde genommen sind es aber menschen-, lebens- und naturverachtende Gebäude.

Allerdings fahren die Menschen nicht ohne Grund in Scharen in Städte mit historischem Stadtkern wie zum Beispiel Zürich, Salzburg und Venedig oder besuchen ländliche Siedlungsgebiete wie Hallstatt im Salzkammergut. Der optische Reiz, der vom Großteil dieser Gebäude ausgeht, scheint viele Besucher auf unterschiedliche Weise anzusprechen. Aber was macht ihn aus, diesen Reiz? Eine Gemeinsamkeit ist sicher, dass es sich um **organisch *gewachsene* Orte** handelt, die nach den unmittelbaren Anforderungen der Zeit ohne entsprechende Baunormen entstanden sind. Die Häuser sind nach den alltäglichen **Bedürfnissen der Menschen** entstanden, und wir empfinden viele von ihnen auf Anhieb heimelig, oft ohne genau sagen zu können, warum. Und noch etwas haben sie gemein: Sie bestehen lediglich aus Stein, Ziegel, Kalk, Lehm und Holz und haben dennoch die Jahrhunderte überstanden. Man könnte diese Gebäude jederzeit vollständig zerlegen und recyceln, ohne sich dabei über gesundheitsschädliche Materialien den Kopf zerbrechen zu müssen.

Viele moderne Wohnanlagen werden schlicht nach den Prinzipien der Effizienz gebaut. Kosten*effizienz*, Flächen*effizienz*, Temperatur*effizienz* und Profit des Bauträgers stehen an vorderster Stelle. Dabei werden oft entscheidende Fragen vergessen: Wie geht es den Menschen in diesen Gebäuden und Wohnungen? Fühlen sie sich wohl, sind sie glücklich, sind sie gesund, fühlen sie sich sicher und geborgen in ihrem Zuhause? Haben sie genügend

Privatsphäre? Gibt es ausreichend Möglichkeiten der Begegnung und des sozialen Miteinanders?

Während monatelanger Lockdowns in der Corona-Pandemie zeigte sich für viele Menschen der **Bedarf an einem gesunden und menschengerechten Wohnumfeld** wohl deutlicher als die Jahrzehnte davor. Grundsätzlich verbringt der moderne Mensch (auch ohne Lockdowns) einen erschreckend großen Anteil seiner Lebenszeit innerhalb von Gebäuden, sei es zu Hause, am Arbeitsplatz, in öffentlichen Gebäuden, und die Zeit dazwischen in Transportmitteln wie PKW. So verbringen heute die meisten von uns gut neunzig Prozent ihrer Lebenszeit in mehr oder weniger geschlossenen Räumlichkeiten. Es liegt auf der Hand und ist wissenschaftlich solide untermauert, dass auch das Tier Mensch ein artgerechtes Lebensumfeld braucht, um sich als Individuum mit seinen speziellen Bedürfnissen einerseits und als soziale Gemeinschaft andererseits frei entfalten zu können. Davon hängt auch maßgeblich die psychische und körperliche Gesundheit ab.

Kaum Tageslicht, Freisetzung chemischer Verbindungen aus Farben, Möbeln und Dichtstoffen, Schimmelpilze und baupsychologisch schlecht gelöste Wohnverhältnisse, die dem Sozialleben eines *Homo sapiens* nicht gerecht werden, sind nur ein paar der Probleme moderner Effizienzbauten. So erlangte auch der Begriff des »***Sick Buildings***« (krankes Gebäude) während der letzten Jahrzehnte zunehmend umweltmedizinische Bedeutung. Dabei handelt es sich in der Regel um krankmachende »Nebenwirkungen« der »fortschrittlichen« Bauweise, die selten mitgedacht werden.

Auch die **Umweltbilanz** vieler Bauten ist problematisch. Neben der rasant voranschreitenden Flächenversiegelung und der Zerstörung ökologischer Systeme stehen vor allem die von der Bau- und Gebäudewirtschaft verursachten Rekordemissionen (knapp vierzig Prozent der globalen Treibhausgasemissionen) in der Kritik.[91]

Ein beträchtlicher Anteil entfällt dabei auf die Zement- und Betonindustrie. Und da Beton zum Großteil aus Sand besteht, könnte dieser Baustoff in absehbarer Zeit sogar knapp werden (tatsächlich!), weil sich Wüstensand für die Betonherstellung nicht eignet. Aus all dem leitet sich wenig überraschend ab, dass wir auch dringend eine regenerative Form des Bauens und Wohnens brauchen.

Regenerative Habitate erschaffen

»Die Biophilie ist die leidenschaftliche Liebe zum Leben und allem Lebendigen; sie ist der Wunsch, das Wachstum zu fördern, ob es sich nun um einen Menschen, eine Pflanze, eine Idee oder eine soziale Gruppe handelt.«

– Erich Fromm (deutsch-US-amerikanischer Psychoanalytiker und Philosoph, 1900–1980)

»Um den zeitlosen Weg zu suchen, müssen wir zuerst die Qualität ohne Namen kennen. Es gibt eine zentrale Qualität, die das Grundkriterium für Leben und Geist in einem Menschen, einer Stadt, einem Gebäude oder einer Wildnis ist. Diese Qualität ist objektiv und präzise, kann aber nicht benannt werden.«

– Christopher Alexander (US-amerikanischer Architekt, 1936–2022)

Auch eine Architektur, die nach den Prinzipien des Regenerativen Designs nachhaltige und gesunde Lebensräume für den Menschen gestaltet, orientiert sich wiederum an natürlichen Elementen, ökologischen Prozessen, ganzheitlichen bauphysikalischen Prinzipien und anderen Determinanten der menschlichen Lebensqualität.

Als Vorreiter der modernen **»organischen Architektur«** gilt der US-amerikanische Architekt Frank Lloyd Wright (1867–1959). Er propagierte bereits in dem 1939 erschienenen Buch *An Organic Architecture*[92] die Integration von Themen wie Klima, Sonnenlicht, die nachhaltige Nutzung lokaler Materialien und die harmonische Einbindung der Gebäude in die unmittelbare Umwelt. Seine Ideen und Entwürfe machten ihn zu einem Wegbereiter der heutigen **»*Green Building*«-Bewegung**, die sich um ästhetische, umwelt- und menschengerechte Gebäude bemüht.

Um dem Anspruch der Regeneration gerecht zu werden, ist es das Ziel von **regenerativer Architektur**, Gebäude zu schaffen, die nicht nur nachhaltig oder umweltfreundlich sind, sondern auch die vielfältigen ökologischen Prozesse der Natur unterstützen und verbessern. Im Gegensatz zu traditioneller Architektur, bei der die Hauptaufgabe darin besteht, den Innenraum vor den Elementen zu schützen, geht es bei regenerativer Architektur darum, **die ökologischen Aspekte der Umgebung zu bereichern,** das Gebäude in die Umgebung zu integrieren und gleichzeitig hinsichtlich Energie und Ressourcen eine **netto-positive Bilanz** zu erreichen.[93]

Neben der Wahl von natürlichen und umweltfreundlichen Baumaterialen nach den **Kriterien der Baubiologie** kann dies durch den Einsatz natürlicher Belüftung und natürlicher Beleuchtung erreicht werden, wobei die Natur als Vorbild dient.

Der erste diesbezüglich umfassende Wertekatalog wurde bereits 1992 von William McDonough und Michael Braungart, den Schöpfern der mittlerweile weltbekannten ***Cradle to Cradle*-Zertifizierung** und Autoren des gleichnamigen Buches, unter dem Titel **Hannover-Prinzipien** publiziert.[94]

Mittlerweile existiert unter der Bezeichnung ***»The Living Building Challenge«*** ein internationales anspruchsvolles Zertifizierungsprogramm für nachhaltiges Bauen, das weit über herkömmliche grüne Baustandards hinausgeht.[95] Es strebt danach, Gebäude zu schaffen, die in Bezug auf Energie, Wasser, Materialien, Gesundheit und soziale Auswirkungen netto-positiv sind und die Umwelt regenerieren.

Regeneratives Bauen strebt aber nicht nur eine netto-positive Umweltbilanz an, sondern berücksichtigt auch die zunächst von Erich Fromm[96], später von Stephen R. Kellert und Edward O. Wilson[97] postulierte **Biophilie** des Menschen (altgriech. *bios* für *Leben* und *philia* für *Liebe, Freundschaft*), wonach der Mensch ein evolutionär tief verwurzeltes Zugehörigkeitsempfinden zur Natur besitzt.

Unter Federführung von Yale Professor Stephen R. Kellert entstand in der Folge das Konzept des ***Biophilen Designs*** (engl. *Biophilic Design*), das einen Gestaltungsansatz beschreibt, bei dem Naturformen oder Elemente aus der Natur in den Bau und die Gestaltung von Gebäuden einfließen.[98] Die dadurch erzeugte natürliche Atmosphäre soll das Wohlbefinden der Menschen fördern, ihre Kreativität, Lern- und Leistungsfähigkeit, Motivation und Konzentration steigern und sogar **Genesungsprozesse** in Gang setzen. Biophile Architektur stellt somit ein Gesamtkonzept des gesundheitlichen Wohlbefindens dar, für das mittlerweile fundierte wissenschaftliche Literatur existiert. Öffentliche Gebäude wie Schulen, Krankenhäuser und Altenheime profitieren daher besonders von biophilen Gestaltungselementen.[99]

Kaum ein menschlicher Lebensbereich hat einen größeren Einfluss auf unser Dasein als unsere Behausungen. Sie dienen dem Menschen seit jeher als sicherer Rückzugsort, Schlaf- und Arbeitsstätte und Ort des sozialen

Austausches innerhalb der Familie. Die vielen unterschiedlichen, stark von der jeweiligen Kultur sowie dem Ort und der natürlichen Landschaft geprägten Baustile folgen weltweit, das sollte uns an dieser Stelle nicht mehr wundern, universellen Gestaltungsmustern, die auf den tief verankerten Grundbedürfnissen des Tieres Mensch beruhen.

Bereits in den 1970er-Jahren publizierte der Architekt Christopher Alexander (1936–2022) das bis heute als Klassiker der Bauästhetik gefeierte Buch *A Pattern Language* (*Eine Mustersprache*).[100] Er beschrieb darin die sich wiederholenden und die menschlichen Bedürfnisse offenbar zutiefst befriedigenden Grundmuster (*design pattern*) der Architektur aus allen Regionen und Epochen der Menschheit. Es waren vor allem seine ganzheitliche Sicht auf das Wohnen, die Betonung generativer Prozesse und die Orientierung an der Natur selbst, die Alexander in seinem vierbändigen philosophischen Spätwerk *The Nature of Order* zusammenfasste.[101]

Im ganzheitlichen Sinne geht es auch in der **Baubiologie** darum, das **Gleichgewicht herzustellen zwischen Natur, gebauter Zivilisation und dem Menschen**, mitzuwirken an der ästhetischen Gestaltung einer menschenwürdigen, sozialen und ökologischen Bau- und Siedlungskultur für eine gemeinsame lebenswerte Zukunft. **Allein aufgrund des derzeitigen Ausmaßes der negativen Umweltbilanz des Bausektors ist die Baubiologie in Verbindung mit einer regenerativen Architektur und Städteplanung in einer ökologisch ausgerichteten Zukunft quasi alternativlos.** Und langfristig unter Berücksichtigung der wahren Kosten auch erheblich günstiger, möchte ich hinzufügen. Allerdings verhält es sich auf dem Bausektor nicht anders als bei allen anderen einträglichen Wirtschaftszweigen, wie der Lebensmittelindustrie, der Agrarindustrie, der Pharma- und Krankheitsindustrie: Man will schließlich seine »innovativen«, aber leider oft nicht ganz unproblematischen Produkte auf dem lukrativen (künstlich geschaffenen) Markt teuer verkaufen. Und das, obwohl viele davon in einer ganzheitlich und ökologisch verstandenen Welt gänzlich überflüssig wären!

Ein weiterer wichtiger Aspekt des Regenerativen Designs betrifft auch die **Städteplanung** der Zukunft, denn in einer zunehmend urbanisierten und technologisch geprägten Welt wird die Schaffung von Umgebungen, die **die biophile Verbindung Mensch-Natur nähren**, immer wichtiger. Beispielsweise ließe sich im urbanen Raum mit der konsequenten Etablierung einer reichhaltigen Vegetation (unter anderem durch Fassaden-

und Dachbegrünungen sowie Urban Gardening) in Verbindung mit einer umfassenden Flächenentsiegelung nicht nur die Temperatur signifikant senken, sondern auch die Exposition der Bewohner gegenüber einer gesundheitsförderlichen mikrobiellen Diversität fördern. Dieses Konzept, das das ursprüngliche, natürliche Habitat des Menschen simulieren soll, wurde unter dem Namen ***»Microbiome Rewilding«*-Hypothese** bekannt und hat das Potenzial, sowohl die Funktionalität des urbanen Ökosystems als auch die öffentliche Gesundheit nachhaltig zu fördern.[102]

Biomimikry

»Biomimikry ist im Grunde genommen, eine Design-Herausforderung anzunehmen und dann ein Ökosystem zu finden, das diese Herausforderung bereits gelöst hat …«

– Janine Benyus (US-amerikanische Wissenschaftsautorin und Schöpferin des Begriffes Biomimikry, *1958)

Die erwähnte **Orientierung am Vorbild der Natur** wird häufig durch den von Janine Benyus in ihrem gleichnamigen Buch bekannt gemachten Begriff des ***»Biomimikry«*** zusammengefasst, wobei als Synonym häufig auch die Begriffe **Bionik, Biomimetik und Ecomimikry** benutzt werden.

Vereinfacht gesagt, greift dabei der Mensch auf die seit mehr als 3,5 Milliarden Jahren arbeitende »Forschungs- und Entwicklungsabteilung« der belebten Natur zurück, um Lösungen für konkrete menschliche Designanforderungen zu finden. So kommen beispielsweise die kalkhaltigen Stützskelette vieler Lebewesen mit sehr wenig Baumaterial aus und sind dennoch äußerst stabil. Die Anwendungsbeispiele des Biomimikry sind mittlerweile äußerst vielfältig und umfassen alle Bereiche unseres Daseins, von antimikrobiellen Oberflächen bis hin zur Konstruktion von Fahrzeugen. Allerdings lohnt es sich, auch hier genauer hinzusehen, denn nur weil etwas »nach den Formen und Mustern der Natur« gefertigt wird, so beutetet das hinsichtlich Umweltverträglichkeit (Stichwort *»cradle-to-cradle«*) noch lange nichts. Erst wenn wir uns die Baumaterialen der abfallfrei arbeitenden Natur zu eigen machen, können wir von regenerativem Design sprechen. Unzählige faszinierende Biomimikry-Innovationen und Anwendungsbeispiele sowie darüber hinaus gehende Ressourcen bietet das *Biomimicry Institute* auf der Website www.asknature.org.[103]

Selbst eine ausgeklügelte **Transportlogistik** können wir uns von der Natur abschauen. Während die unterschiedlichen Strategien eines optimal abgestimmten Nahrungstransports verschiedener Ameisenarten schon recht faszinierend sind und mittlerweile unter der Bezeichnung *Ant Colony Optimization* (ACO) wissenschaftlich ausführlich untersucht wurden, ist es vor allem die Leistung eines unscheinbaren **Schleimpilzes** namens *Physarum polycephalum*, der die Wissenschaft besonders zu faszinieren scheint.

Es handelt sich um einen Einzeller, der bei Nahrungssuche so weit heranwachsen und sich ausbreiten kann, dass man ihn mit freiem Auge als Netzwerk wahrnehmen kann. Der »Blob«, wie er in Wissenschaftskreisen auch bezeichnet wird, bewegt sich mit ca. einem Millimeter pro Stunde vorwärts und kann ganz ohne Gehirn und Nervensystem Entscheidungen treffen, die kürzeste Distanz zwischen Nahrungsquellen bestimmen und sich gewisse Dinge merken – er ist also auf seine Weise intelligent.

In einem Experiment legten japanische Wissenschaftler Haferflocken auf jede Station einer Karte des U-Bahnnetzes von Tokio und beobachteten das Wachstum von *Physarum.*[104] Das erstaunliche Ergebnis war, dass der gigantische Einzeller das tatsächlich existierende Schienennetz nach dem *Versuch und Irrtum-Prinzip* in guter Übereinstimmung mit dem existierenden Schienenverlauf nachvollzog. Was im Falle der Tokioter U-Bahn viele Ingenieure und reichlich Computerrechenleistung benötigte, um das Schienennetz zu optimieren, schaffte der Blob innerhalb von 26 Stunden gänzlich ohne Gehirn!

Derzeit wird versucht, die Entscheidungsalgorithmen von *Physarum polycephalum* zu entschlüsseln und mathematisch zu formulieren, um diese Problemlösungsfähigkeit der Natur in Zukunft auf selbstfahrende Autos, Schienenverkehr, Lieferwege, Wasserleitungen und Stromnetze anzuwenden.

Der Umstand, dass ein hirnloser Einzeller auf seine eigene Art und Weise zu demselben Ergebnis kommt wie der Mensch, sollte uns zum Nachdenken anregen. In ähnlicher Form existieren noch viele andere Arten von Intelligenz bei Tieren, Pflanzen und anderen Lebensformen auf der Erde, die wir in unserer reduktionistischen wie arroganten Weltsicht bisher missachtet haben.

Wir sollten daher bei unserem Weg in die Zukunft, wie der Autor James Bridle in seinem Buch *Ways of Being*[105] vorschlägt, unsere Definition von Intelligenz erweitern, um mit unserer nicht-menschlichen Mitwelt eine auf Solidarität und kognitiver Vielfalt aufbauende, sinnvolle Beziehung zu pflegen.

20. Regeneration des Gemeinwohls

Unter **Gemeinwohl** versteht man das Wohl, das aus sozialen beziehungsweise gesellschaftlichen Gründen möglichst vielen Mitgliedern einer Gesellschaft zugutekommen soll. Es orientiert sich an den Gemeinwohlwerten des Grundgesetzes wie Menschenwürde, Freiheit, Rechtssicherheit, Frieden und Wohlstand. Die Dinge, die der Allgemeinheit nützen und auf denen unsere Gesellschaft aufbaut (!), sind vielfältig und umfassen unter anderem soziale Einrichtungen und ein funktionierendes Sozialsystem, Gesundheitsversorgung, öffentliche Schulen, das Straßennetz, öffentliche Verkehrsmittel, öffentliche Parks, Infrastruktur im Allgemeinen, natürliche Ökosysteme und eine intakte Natur, gesunde Nahrung, saubere Luft und sauberes Wasser, Polizei und öffentliche Sicherheit, Gerichte und das Justizsystem, Museen und Kultureinrichtungen, Demokratie und Politik, das Recht auf faire Arbeit, bürgerliche Freiheiten wie Redefreiheit und Versammlungsfreiheit, das Eigentumsrecht und die nationale Verteidigung, aber auch die Wirtschaft, das Finanzsystem, die Technologie und objektive öffentlich-rechtliche Medien. Kurzum, Gemeinwohl umfasst einen Großteil dessen, was unser Leben lebenswert macht.

Doch das Gemeinwohl scheint während der letzten Jahrzehnte immer mehr aus der Mode gekommen zu sein. Das **Vertrauen** gegenüber einer Vielzahl von Institutionen wie etwa Regierungen und Politik, Medien, Finanzsystem und großen Unternehmen ist bei einem großen Teil der Bevölkerung verloren gegangen. Auch viele andere Bereiche des Gemeinwohls haben während der letzten Jahrzehnte deutliche Schieflage erlitten.

Wir sollten daher *alles* daransetzen, *alle* Bereiche des Gemeinwohls umfassend zu regenerieren und das Vertrauen wiederherzustellen, wenn wir gemeinsam in eine gedeihliche Zukunft gehen wollen.

Ohne Vertrauen und eine **Verlagerung von den Eigeninteressen hin zu gemeinschaftlichen Interessen** wird diese Reise zum Scheitern verurteilt sein. Da die meisten Aspekte des Gemeinwohls ineinandergreifen und sich gegenseitig bedingen, muss die Regeneration *alle* Ebenen betreffen.

Die bevorstehende Arbeit scheint eine Herkulesaufgabe zu sein. Einfache lineare vordergründige Problemlösungen und das alte Narrativ der Trennung können hier nichts mehr bewirken. Der Zeitpunkt ist gekommen, wo wir uns über eine **dauerhafte Transformation** der Strukturen unseres gesellschaftlichen Zusammenlebens Gedanken machen müssen. **Der Weg dorthin führt über den co-kreativen, regenerativen Designpfad unter Einbeziehung aller Mitglieder der Gesellschaft.** Geld und finanzielle Investitionen alleine reichen dafür nicht aus, wir müssen vor allem die Art und Weise, wie wir die Welt und unseren Platz darin sehen, sowie unsere Identität und unser Denken radikal ändern. Denn das alte Narrativ der Trennung (von der Natur, von unseren Mitmenschen und von uns selbst) hat uns schlussendlich erst in die gegenwärtige Zwangslage gebracht.

Regenerative Politik

»Die ganze Kunst des Regierens besteht in der Kunst, ehrlich zu sein.«

– THOMAS JEFFERSON (dritter amerikanischer Präsident und Verfasser der Unabhängigkeitserklärung, 1743–1826)

Derzeit vertrauen immer weniger Menschen in demokratisch organisierten Staaten darauf, dass sie von ihren gewählten politischen Repräsentanten mit Verantwortung und Weisheit in eine unsichere Zukunft manövriert werden. Leider hat sich in der Politik vieler demokratischer Länder ein toxischer Elitismus breitgemacht. Slogans von Spindoktoren und Halbwahrheiten bestimmen das tägliche Geschehen. Tatsächlich ist das Modell der **repräsentativen Demokratie**, in dem für wenige Jahre gewählte Volksvertreter, die sich in der Regel aus den etablierten Parteien rekrutieren und vorranging mit der eigenen Machterhaltung beschäftigt sind, ein Musterbeispiel für Kurzzeitdenken. Es würde im Rahmen dieses Buches zu weit führen, alle rezenten Verfehlungen und offensichtlichen Regelverstöße in den mir besser bekannten politischen Systemen aufzuzählen, ich denke aber, du hast den Verlust an demokratischen Werten während der letzten Jahrzehnte selbst hautnah miterlebt. Schließlich steckt hinter vielen politischen Dramen und der gegenwärtigen Demokratiekrise neben einer gewissen Hybris dasselbe reduktionistische linkshemisphärische Denken und Trennungsnarrativ wie bei all unseren übrigen Krisen. Zudem hat sich das Kräfteverhältnis zwischen Macht und legitimer demokratischer »Herrschaft« durch allgegenwärtiges Lobbying und handfeste Korruption immer mehr zu den einflussreichen und finanzkräftigen Eliten im Hintergrund verschoben. Sie verfolgen ihre eigenen Interessen, die kaum mit jenen der Bürger und der Umwelt übereinstimmen.

Unser Aufbruch in eine regenerative Zukunft ist daher zweifelsohne auch der Beginn eines neuen politischen Weges, denn eine blühende Gesellschaft beruht auf politischer Teilhabe, sozialer Fairness, generationsübergreifender Gerechtigkeit und Solidarität, langfristigem Denken und synergistischen Beziehungen zwischen der Gesellschaft und den lebensspendenden Systemen der Erde. Derzeit scheinen die politisch verantwortlichen Parteien wohin man auch blickt mit dieser Aufgabe überfordert zu sein. Doch eine liberale Demokratie basiert auch und vor allem auf der Grundlage der Partizipation beziehungsweise Teilhabe des Volkes, dem Souverän (!), an der politischen Willensbildung.

Gemäß den regenerativen Entwicklungskriterien wäre also eine gestärkte partizipatorische Demokratie mit Bürgerräten und Bürgerbeteiligung auf Gemeindeebene (die »Essenz des Orts«) ein wichtiger Schritt. Schlussendlich folgt auch eine **regenerativ ausgerichtete Politik** den gleichen Lebensprinzipien wie beispielsweise die regenerative Landwirtschaft, das regenerative Management und eine regenerative Ökonomie. Im Kern ist es stets die holistische Sicht auf die komplexen Systeme des Lebens, das **Erkennen und Fördern von Potenzial** im jeweiligen Kontext und das cokreative, schrittweise Entstehenlassen von Neuem und Lebendigem entlang eines regenerativen Entwicklungspfades. Dabei kommt es zunächst vor allem auf die **innere Arbeit** als Grundlage für die **äußere Arbeit** an, denn die äußere (sichtbare) Situation reflektiert stets den inneren (unsichtbaren) Zustand. Es ist eine lebensfreundliche **Politik des *Seins*** und weniger des Habens, wie sie von Thomas Legrand in seinem Buch mit dem analogen Titel *Politics of Being – Wisdom and Science for a New Development Paradigm* ausführlich dargelegt wird.[106]

Politik ist in ihrem Wesen ein *»unendliches Spiel«* (*infinite game*), bei dem es (abgesehen von Wahlen) weder Gewinner noch Verlierer geben kann. Nach dem Bestseller *Finite and Infinite Games*[107] von James Carse nimmt man an unendlichen Spielen teil, um so lange wie möglich am Spiel teilnehmen zu können und nicht wie in endlichen Spielen zu gewinnen oder zu verlieren. Es existiert kein definiertes Ende, lediglich die Regeln, Rahmenbedingungen und sogar die Teilnehmer können sich ändern. Während *»endliche Spiele«* (*finite games*) Reichtum, Status, Macht und Ruhm bieten können, eröffnen *»unendliche Spiele«* laut Carse *»etwas viel Subtileres und viel Größeres«*. Schließlich entspricht das Leben selbst und alles, was es lebenswert macht, einem (fast) endlosen, in seiner Gesamtheit aber stets unendlichen Spiel. Leider betreiben viele Politiker und Parteien ihr Geschäft, als sei es ein endliches Spiel, das es mit allen Mitteln zu gewinnen gilt, um Macht zu erhalten. Das muss sich rasch ändern, wenn sich unsere Situation bessern soll.

»Stop consuming, start producing«

In seinem Buch *The Power of Just Doing Stuff: How local action can change the world*[108] zeigt der Aktivist und Gründer des *Transition Town Movements*, Rob Hopkins, anhand von zahlreichen Beispielen, welche transformative Kraft ein gemeinschaftlicher Aufbruch in das Tun für das Gemeinwohl innerhalb von unterschiedlichen Gemeinschaften und Gemeinden haben kann. Es sind Menschen wie du und ich, die, anstatt auf die Erlaubnis der Politik zu warten, einfach die Ärmel hochkrempeln, sich mit Freunden und Nachbarn vernetzen und beginnen, etwas Sinnvolles in ihrem Leben zu tun. Egal, ob sie dabei klein oder groß anfangen, sie stellen am Ende alle fest, dass allein die Dinge in Angriff zu nehmen und am Gelingen des gemeinschaftlichen Projektes zu arbeiten ihre Nachbarschaft, ihre Beziehungen und ihr Leben verändert hat. Auch die innovativen Tüftler der aufstrebenden *Maker-Bewegung* und die vielen regionalen Reparatur- und Näh-Cafés machen aus Konsumierenden wieder Produzierende, was sinnlosen Konsum verhindert, die Gemeinschaft stärkt und die Selbstwirksamkeit des Individuums fördert.

Der Beginn eines **regenerativen Lebensstils,** bei dem wir bewusst an den lebenden Systemen teilnehmen, von denen wir ein Teil sind, kann in diesem Zusammenhang fast wie eine Neugeburt verstanden werden, eine

Regenesis in der tieferen Bedeutung des Wortes: Der Ausstieg aus der täglichen, beinahe ausschließlich von negativen Nachrichten dominierten, Medienmatrix. Das stets erhebende und sinnstiftende Gefühl, an einer Verbesserung und einem gemeinschaftlichen Aufbau einer gerechten und sicheren Zukunft mitzuwirken, anstatt nur weniger vom Schlechten zu tun, um den Schaden zu begrenzen. Mit Wertschätzung und Respekt gegenüber der belebten Mitwelt einen aktiven Beitrag zu einem größeren Ganzen zu leisten und Bedingungen zu schaffen, die der Entfaltung und der Vielfalt des Lebens in all seinen Ausformungen förderlich sind. All das resultiert schließlich auch in der Regeneration des eigenen Lebens, des eigenen Körpers und der Psyche.

Dafür müssen wir eine unserer wichtigsten Fähigkeiten wiederbeleben: die unserer grenzenlosen Vorstellungskraft. Dass die Kraft unserer Gedanken sprichwörtliche Berge versetzen kann, zeigte Rob Hopkins eindrücklich in seinem letzten Buch mit dem Titel *From What Is to What If: Unleashing the Power of Imagination to Create the Future We Want.*[109]

Bei Kindern entsteht diese Begeisterung für das Neue quasi wie von selbst während der Interaktion untereinander und mit der Umwelt. Wir sollten daher die körperliche und seelische Kompetenz unserer Kinder um jeden Preis fördern und sie vor dem Fluch der Meritokratie und dem krankhaften Anerkennungswahn unserer Social-Media-Gesellschaft schützen.

Die Beschäftigung mit dem Konzept des regenerativen Entwicklungspfades und ein komplexes Verständnis für das Lebendige können auch dein Leben von Grund auf verändern. Es geht schließlich um die Essenz deines eigenen Daseins. Das ist auch das Mächtige an der regenerativen Sichtweise: Sie verändert uns von Grund auf und befreit uns von den Grenzen der althergebrachten Narrative unserer Vergangenheit. Es ist eine nicht absehbare Reise auf der Suche nach uns selbst und unserem Platz im Universum.

21. Paradigmenwechsel und eine neue Erzählung

»Wenn du die Art und Weise änderst, wie du die Dinge betrachtest, ändern sich die Dinge, die du betrachtest.«

– MAX PLANCK (Physiker und Nobelpreisträger, 1848–1947)

Ein praktisch jedem bekanntes Beispiel eines fundamentalen Paradigmenwechsels, der auf einer simplen Änderung des Blickwinkels beruhte, ist die **kopernikanische Revolution.** Sie führte schließlich zur Abkehr vom geozentrischen Weltbild. Bis dahin war es unumstößliches Faktum und Mehrheitsmeinung, dass die Erde den Mittelpunkt des planetaren Systems bildete. **Die Realität unseres Sonnensystems hat sich durch diese Feststellung kein bisschen verändert, unser Weltbild aber ganz erheblich.**

Die kopernikanische Wende wurde durch das 1543 im Druck erschienene Hauptwerk *De revolutionibus orbium coelestium* von Nikolaus Kopernikus ausgelöst und vollzog sich äußerst langsam bis in das 17. Jahrhundert. Tatsächlich dauerte es mindestens hundert Jahre (!), bis das heliozentrische System (die Sonne im Mittelpunkt) gegen Ende des 17. Jahrhunderts allgemeine Anerkennung fand. Bis dahin sah man unwidersprochen die Erde, von rotierenden himmlischen Sphären umgeben, im Weltmittelpunkt, und die katholische Kirche besaß die absolute Deutungshoheit in allen lebensweltlichen Belangen. Kein Wunder also, dass sie zunächst heftigen Widerstand leistete und sogar ein Inquisitionsverfahren gegen den Unterstützer des heliozentrischen Weltbilds, Galileo Galilei, einleitete, denn das Ende der mit dem geozentrischen Weltbild verbundenen, weitreichenden Vorstellungen in der Religion des ausgehenden europäischen Mittelalters änderte die Stellung des Menschen in der Welt. Damit schwanden auch zusehends der Einfluss und die Deutungshoheit der Kirche.

Weil dieser Machtverlust befürchtet wurde, verbot die Kirche per Dekret jede Kosmologie, in der entweder die »*Beweglichkeit*« der Erde oder die

»*Unbeweglichkeit*« der Sonne vertreten wurde. Auch Galilei wurde damals von der katholischen Kirche verurteilt, weil einige seiner Theorien dem damaligen Weltbild widersprachen. Eigentlich fast absurd erscheint heute der Umstand, dass die Kirche Galileo Galilei erst im Jahre 1992 (!) rehabilitierte.

Die Mechanismen und Folgen in diesem Fall eines revolutionären Paradigmenwechsels sind bemerkenswert aktuell. Hast du es bemerkt? Falls nicht, dann möchte ich noch Johann Wolfgang von Goethe zitieren, der 1810 in den Materialien zur Geschichte der *Farbenlehre* auf die *Causa Kopernikus* einging (Unterstreichung von mir):

»*Doch unter allen Entdeckungen und Überzeugungen möchte nichts eine größere Wirkung auf den menschlichen Geist hervorgebracht haben, als die Lehre des Kopernikus. Kaum war die Welt als rund anerkannt und in sich selbst abgeschlossen, so sollte sie auf das ungeheure Vorrecht Verzicht tun, der Mittelpunkt des Weltalls zu sein. Vielleicht ist noch nie eine größere Forderung an die Menschheit geschehen: denn was ging nicht alles durch diese Anerkennung in Dunst und Rauch auf: ein zweites Paradies, eine Welt der Unschuld, Dichtkunst und Frömmigkeit, das Zeugnis der Sinne, die Überzeugung eines poetisch-religiösen Glaubens; kein Wunder, daß man dies alles nicht wollte fahren lassen, daß man sich auf alle Weise einer solchen Lehre entgegensetzte, die denjenigen, der sie annahm, zu einer bisher unbekannten, ja ungeahnten Denkfreiheit und Großheit der Gesinnungen berechtigte und aufforderte.*«

Nicht nur, dass die Gelehrten, die eine der Realität entsprechende Feststellung machen, wie so oft in der Wissenschaftsgeschichte in der absoluten Minderheit waren. Auch die unlautere und perfide Art und Weise, diese neuen Erkenntnisse von der machtausübenden Establishment-Seite her zu bekämpfen, findet heute wie in der Vergangenheit zahlreiche Parallelen.

Und schließlich finden wir auch den Grund für diese von Machtverlustangst angetriebene Aggressivität von offizieller Seite: dass nämlich jene, die von der Quelle der neuen Erkenntnis trinken, *zu einer bisher unbekannten, ja ungeahnten Denkfreiheit und Großheit der Gesinnungen* gelangen, um Goethe zu paraphrasieren.

Du siehst also, dass naturwissenschaftliche Erkenntnisse und Einsichten, die das Individuum ermächtigen und befreien, immer schon auf das Heftigste von den Nutznießern des Systems bekämpft wurden. **Der kluge, frei denkende und psychisch wie physisch gesunde und unabhängige**

Mensch mit einem eigenen differenzierten Weltbild war seit jeher das Feindbild der Machteliten. Er lässt sich nur schwer kontrollieren, einschüchtern und für die eigenen Zwecke missbrauchen.

Die große Frage ist nun, wie es zu einem Paradigmenwechsel in einem großen Teil der Bevölkerung kommen kann. Die mediale Omnipräsenz, die Verkündigung von drohenden Katastrophen und politischer Kurzzeitlösungen, der Aufruf zum permanenten Konsum und das alles dominierende, aber oft wenig effektive Beschäftigtsein unseres Alltages verhindern bei vielen Menschen, dass sie sich mit den tiefer liegenden Problemen unserer Existenz auseinanderzusetzen.

Dass ein rascher Paradigmenwechsel dringend notwendig ist, sollte mittlerweile klar sein. Ihn bei den Menschen in modernen Gesellschaften anzustoßen, ist allerdings eine gänzlich andere Sache. Derartig fundamentale Änderungen in unserer Wahrnehmung der Umwelt, der Realität und schließlich der Auffassung von uns selbst können nur aufgrund von tiefen Einsichten, also von innen heraus, entstehen.

Die Motivationsforschung hat schon lange erkannt, dass eine derartige von innen heraus kommende **intrinsische Motivation** viel mehr Kraft und Nachhaltigkeit besitzt als jede extrinsische Motivation – zum Beispiel durch Geld oder verordnete Gesetze. Wer von einer Sache zutiefst beseelt ist, braucht weder Belohnungen noch Gesetze, um am Gelingen derselben und langfristig am gemeinsamen Erfolg zu arbeiten.

Eine neue Erzählung

»Wir befinden uns nicht auf unserer Reise, um die Welt zu retten, sondern um uns selbst zu retten. Aber indem wir das tun, retten wir die Welt.«

– Joseph Campbell (US-amerikanischer Professor und Publizist auf dem Gebiet der Mythologie, 1904–1987)

Die Mythologien und Erzählungen der Menschheitsgeschichte beschäftigen sich stets mit den zentralen Lebensfragen: *»Wo kommen wir her?«*, *»Wer sind wir?«* und *»Wo werden wir eines Tages hingehen?«* Nach dem bereits erwähnten amerikanischen Mythenforscher Joseph Campbell folgt jede **Heldenreise** in den vielen Mythen, Geschichten, Legenden und Märchen aus allen Kulturen dieser Welt einem bestimmten Muster, das den Weg eines Helden oder einer Hauptfigur durch verschiedene Stadien des Abenteuers und der **Transformation** beschreibt. Die Parallelen zu vielen Aspekten unseres Lebens sind, im Kleinen wie auch im Großen, einigermaßen verblüffend. Das sollte uns aber nicht verwundern, spiegeln sie doch das seit Ewigkeiten bestehende menschliche Streben nach innerem Wachstum, Selbsterkenntnis und Veränderung wider.

Bevor das Abenteuer beginnt, lebt der Held (oder die Heldin!) in seiner alltäglichen Umgebung, der »gewöhnlichen Welt«. Doch eines Tages ereilt ihn der Ruf zu einem Abenteuer, das schlussendlich sein Leben verändern wird. **Anfänglich verweigert der Held, aus seiner Komfortzone auszubrechen.** Aus **Angst vor dem Unbekannten** oder den schier **unbewältigbar erscheinenden Herausforderungen** zögert er zunächst, dem Ruf zu folgen.

In der Folge begegnet der Held aber seinem **Mentor** oder einer weisen Figur, die ihm Ratschläge, Anleitung und Werkzeuge für die bevorstehende Reise mitgibt. Er akzeptiert daraufhin die Herausforderung, tritt in die unbekannte Welt oder das Abenteuer ein und beginnt seine **Reise ins Ungewisse.** Diese Überquerung der ersten Schwelle markiert den Beginn der Veränderung.

Im Verlauf der mythischen Reise begegnet der Held neben **Verbündeten** auch verschiedenen **Prüfungen** und Feinden. Diese Tests fordern seine Fähigkeiten und drängen ihn dazu, **über sich selbst hinauszuwachsen.** Das führt zunächst zu einer **inneren Krise**, weil der Protagonist befürchtet, der Herausforderung nicht gewachsen zu sein. Schließlich überwindet der Held jedoch seine Schwächen, erfährt eine **innere Transformation** und übersteht die Krise, wofür er eine Belohnung erhält, die oft Weisheit, Kraft oder ein **neues Bewusstsein** symbolisiert.

Mit diesen neuen Eigenschaften (dem Elixier) kehrt der Held wieder in seine Welt zurück, um sein neues Wissen oder seine neuen Fähigkeiten anzuwenden. Er nutzt seine eigene Transformation, um seine Welt zu verbessern, wieder aufzubauen oder zu heilen.

Alle **großen Erzählungen der Menschheit**, seien sie nun religiös oder weltlich, basieren bei genauerer Betrachtung auf dieser zeitlosen mythischen Erzählstruktur und weisen einen sehr ähnlichen Verlauf auf. **Der Held und die Heldin unserer dringend notwendig gewordenen neuen Erzählung des Aufbruches in ein neues ökologisches Zeitalter ist jeder Einzelne von**

uns – und die Gesellschaft als Ganzes. Die Prüfungen und Widerstände für uns und unsere Gefährten werden auch auf dieser Reise enorm sein, ebenso wie die dadurch hervorgerufenen inneren Krisen. Doch am Ende der transformativen Reise wartet auch diesmal wieder die Belohnung in Form von Weisheit und einer neuen Bewusstseinsebene. Wir sollten dabei nicht vergessen, dass **unsere Zukunft maßgeblich von jenen Geschichten geprägt sein wird, die wir uns über uns selbst erzählen.**

Es verhält sich wie **in *Hermann Hesses*** metaphysischem Roman *Das Glasperlenspiel*, der die allegorische Reise des Protagonisten **von Unwissenheit zu spiritueller Erkenntnis** und innerem Frieden beschreibt.[110] Der Held sehnt sich nach einem tieferen Kontakt mit dem realen Leben und erkennt am Ende, dass die Antworten auf die tiefsten Fragen des Lebens in ihm selbst zu finden sind. Ganz unterschiedliche Themen wie Bildung, intellektuelle Entwicklung, Kunst, Spiritualität, persönliche Entfaltung und die Balance zwischen rationalen und emotionalen Aspekten des menschlichen Lebens spielen bei dieser Entwicklung eine zentrale Rolle. Sie führen in ihrem Zusammenwirken (!) zur **transformativen Einsicht** und nicht durch eine fragmentierte Betrachtungsweise.

Im Zustand der Liminalität

»Die alte Welt liegt im Sterben, die neue ist noch nicht geboren.
Es ist die Zeit der Monster.«
– **Antonio Gramsci** (italienischer Schriftsteller, 1891–1937)

Liminalität (lat. *limen = Schwelle*) ist ein Begriff, der ursprünglich aus der Anthropologie stammt und die unbestimmte Qualität von Mehrdeutigkeit oder Desorientierung bezeichnet, die in der mittleren Phase eines **Übergangs- oder Initiationsritus** (zum Beispiel vom Jüngling zum Mann) auftritt. In dieser Phase des Übergangs haben die teilnehmenden Individuen ihren ursprünglichen, prärituellen Status zwar bereits verloren, ihren neuen, mit den damit verbundenen neuen Rechten und Pflichten aber noch nicht angetreten. Oder anders ausgedrückt: **Das Alte ist in Auflösung begriffen oder bereits Vergangenheit, das Neue aber noch nicht zur Gänze hier.**

Der Begriff wurde in jüngerer Zeit auch auf politische, gesellschaftliche und kulturelle Veränderungen ausgeweitet, wo er jene unfertige und formbare Situation charakterisieren soll, in der sich die alte Ordnung auflöst und sich neue Strukturen, Organisationen und Bräuche beginnen zu etablieren. Während liminaler Perioden aller Art können soziale Hierarchien umgekehrt oder aufgelöst und bisherige Kontinuitäten aufgebrochen werden.

In der menschlichen Geschichte waren es bisher vor allem Kriege, Revolutionen, Naturkatastrophen oder sonstige Krisen, im Rahmen derer sich ein **Zusammenbruch der alten Ordnung** anbahnte. Die Dauer derartiger Liminalperioden kann Tage, Monate, Jahre oder vielleicht sogar ganze Epochen beziehungsweise Jahrhunderte betragen. Im Unterschied zur Liminalität im Zuge eines geplanten Übergangsritus, dessen Ausgang in der Regel bekannt ist und bei dem die Teilnehmer durch einen Zeremonienmeister geführt werden, **ist die Zukunft bei ungeplanten liminalen Perioden, insbesondere wenn sie die gesamte Gesellschaft betreffen, völlig unbekannt, und es existiert kein Zeremonienmeister, der den Weg kennt.** Derartige Phasen der gesellschaftlichen Liminalität sind daher (analog der Freisetzungs- und Reorganisationsphase des adaptiven Zyklus und der inneren Krise im Zuge der Heldenreise) eine **Zeit der Unsicherheit** und durchaus mit Gefahren behaftet. Ein Niemandsland, in dem die konkrete Gefahr besteht, dass selbst ernannte Zeremonienmeister auf den Plan treten, um im Zuge der allgemeinen Orientierungslosigkeit ihre persönliche Agenda zu verwirklichen.

Perioden der Liminalität können aber auch äußerst konstruktiv sein. **Neue Ideen und gesellschaftliche Strömungen** können sich manifestieren und zu einem bedeutenden sozialen und ökologischen Wandel führen. **Was immer sich in einer derartigen Periode der Reorganisation manifestiert, bestimmt maßgeblich die Qualität und Struktur der darauffolgenden Ära.**

Lebenssinn und Transzendenz

»Hat man sein Warum? des Lebens, so verträgt man sich fast mit jedem Wie?«

– Friedrich Nietzsche (deutscher Philosoph, 1844–1900)

Auch wenn wir in einer gewaltigen gesellschaftlichen Wahrnehmungs- und Sinnkrise stecken, so bin ich auch davon überzeugt, dass sich jeder Mensch tief in seinem Inneren auf der Suche nach einem bedeutungsvollen Leben, auf der Suche nach dem Sinn befindet.

Der bis in das 14. Jahrhundert der japanischen Kultur zurückgehende Begriff des *Ikigai* ist eng mit einer gründlichen Selbsterforschung und der Suche nach dem eigenen Lebenszweck verbunden und bedeutet frei übersetzt *»das, wofür es sich zu leben lohnt«* oder schlicht *»Lebenssinn«*. Ein Leben mit Identität, Lebensfreude, Lebenssinn und damit innerer Zufriedenheit ist auch ein gesünderes und längeres, wie in medizinischen Untersuchungen gezeigt werden konnte.[111]

Die Bedeutung eines erfüllenden Lebenssinns, der Menschen in die Lage versetzt, selbst in Krisenzeiten seelisch heil und resilient zu bleiben, war auch der Forschungsmittelpunkt Viktor Frankls (1905–1997), des Begründers der Logotherapie. In Anlehnung an Friedrich Nietzsche war auch Frankl überzeugt: *»Wer ein Warum zu leben hat, erträgt fast jedes Wie.«* Logotherapie und Existenzanalyse betrachten das existenzielle **Streben nach Sinn** im ständigen Wandel des Lebens als größte Motivationskraft des Menschen. Der Sinnfrage vorgelagert, gewissermaßen als Voraussetzung zur Sinnfindung, stehen Qualitäten wie Sicherheit, Vertrauen und Kompetenz, das Erleben von Beziehungen und Zugehörigkeit sowie die authentische Entfaltung der eigenen Individualität und Autonomie.

Auch der Autor Simon Sinek legte in seinem inspirierenden Bestseller *Start with Why* die simple Frage nach dem Warum jeglichem langfristig erfolgreichen menschlichen Handeln zugrunde.[112] Laut Sinek ist nicht das, *was* wir tun, sondern der tiefere Grund, *warum* wir etwas tun, von größter Bedeutung für den Erfolg einer menschlichen Unternehmung. Die intrinsische Motivation, bedingungslos am Erfolg einer Sache zu arbeiten finden Menschen erst dann, wenn sie beginnen, das Warum dahinter zu verstehen.

Von innen heraus, prinzipienorientiert proaktiv zu handeln (intrinsische Motivation) bedeutet, dauerhaft zu handeln. Von außen beeinflusstes reaktives Handeln ist hingegen meist von kurzer Dauer. Die Verantwortung für das eigene Leben wird dabei auf andere Menschen geschoben oder auf die widrigen Umstände. Von innen heraus zu leben, heißt aber auch, mit sich selbst zu beginnen, nach den eigenen Grundsätzen und Prinzipien zu leben und **Verantwortung zu übernehmen**.

Ich postuliere im Rahmen dieses Buches nicht weniger, als dass die unermüdliche Arbeit am Gelingen unserer gemeinsamen Zukunft und dem aus meiner Sicht eng damit verbundenen Aufbruch in ein neues, alle Facetten des Lebens förderndes, regenerativ ausgerichtetes, ökologisches Zeitalter ein derartiges Warum, ein gemeinsames *Ikigai* sein kann, wofür es sich lohnt, im 21. Jahrhundert zu leben.

Wir müssen **das alte, nutzlos gewordene »konventionelle« Modell der wahnhaften, zutiefst egoistischen und zerstörerischen Wachstumslogik hinter uns lassen**, um, gegebenenfalls nach Durchlaufen eines schmerzhaften Transformationsprozesses, unseren höchsten Lebenszweck als *Homo biologicus* zu verwirklichen. Das allein scheint nun unsere Existenzberechtigung als Spezies auf diesem Planeten geworden zu sein. Dabei sollten wir uns von der Tyrannei der Metrik, die besessen versucht, alles in Zahlen zu fassen, lossagen und stattdessen der »Qualität ohne Namen« unserer rechten Hemisphäre folgen.

22. Epilog

»Ich kann freilich nicht sagen, ob es besser wird, wenn es anders wird; aber so viel kann ich sagen, es muß anders werden, wenn es gut werden soll.«

– Georg Christoph Lichtenberg (deutscher Physiker und Schriftsteller, 1742–1799)

Mehr als jemals zuvor in der Geschichte der Menschheit ist es an der Zeit, über uns und die Art und Weise, wie wir die Welt sehen, ernsthaft nachzudenken.

Unser Versuch, losgelöst von der Natur und der Umwelt zu leben, ist völlig gescheitert und hat eine umfassende Krise verursacht, die gleichzeitig politisch, militärisch, wirtschaftlich, ökologisch, ethisch, psychologisch und spirituell ist. Wir haben unser evolutionäres Erbe und die Natur missachtet und sind so zum Autor unseres eigenen potenziellen Untergangs geworden.

Allzu gerne sehen wir unseren Wohlstand als die Folge unserer Genialität, doch tatsächlich basiert unser Wohlstand zu einem beträchtlichen Teil auf der Entdeckung, Verfügbarkeit und Nutzung billiger fossiler Energie. Diese Party ist, so scheint es jedenfalls, vorüber. Der so genannte Carbon Puls verschaffte uns für kurze Zeit einen riesigen Überschuss an Energie, der allerdings ursprünglich sehr, sehr langsam über die Sonne und die Photosynthese aufgebaut wurde. Es ist äußerst unwahrscheinlich, dass wir den stetig anwachsenden Energiehunger des globalen menschlichen Superorganismus mit erneuerbaren Energien stillen werden können. So wie wir heute leben, ist schlicht eine Anomalie in unserer menschlichen Historie. Das sollten wir uns rasch eingestehen, so schmerzlich diese Einsicht auch sein mag, und wir werden auf vieles verzichten müssen. Aber um es mit dem deutschen Philosophen Martin Heidegger zu sagen: *»Der Verzicht nimmt nicht. Der Verzicht gibt. Er gibt die unerschöpfliche Kraft des Einfachen.«*

Fast schon klischeehaft ist die repetitive Feststellung, dass die Menschheit über 99 Prozent ihres Daseins in Jäger und Sammler-Gesellschaften lebte. Diese Klischeehaftigkeit darf uns aber nicht darüber hinwegtäuschen, dass gerade die überaus rasche kulturelle Entwicklung und der damit einhergehende technische Fortschritt des modernen Menschen im Vergleich zur trägen evolutionsbiologischen Entwicklung unserer Gehirne einen wesentlichen Anteil an unserem gegenwärtigen Dilemma hat. Unsere alten Jäger- und Sammler-Hirne sind der modernen beschleunigten Konsum- und Informationskultur einfach nicht gewachsen. Die heutige Gesellschaft ist überdurchschnittlich gestresst, polarisiert und leidet an einer Informationsflut, die es in dieser Form seit Menschengedenken noch nicht gegeben hat. Wir scheinen geradezu in einer Welt der Zahlen und Fakten unterzugehen. Nur hier können wir ansetzen, wenn wir aus der Lethargie und Verzweiflung ausbrechen und stattdessen unser menschliches Potenzial ausschöpfen wollen. Denn eine besonders erfolgversprechende Eigenschaft des Menschen ist seine prinzipielle Anpassungsfähigkeit an sich ändernde Umstände. Das hat unsere lange Vergangenheit immer wieder gezeigt.

Hören wir daher vielmehr in uns selbst hinein: Wer bin ich, und was ist mein Platz in der Natur und in dieser Welt? Was sind meine tiefer liegenden menschlichen Bedürfnisse? Was ist mein Wofür? Wie stehe ich zu meiner unausweichlichen Vergänglichkeit, meinem sicheren Tod? Will ich ein guter Vorfahre sein?

Wir werden dann rasch erkennen, dass wir permanent einer Blendung unterliegen, die das wahre Leben vor uns verbirgt und uns daran hindert, unser menschliches Potenzial zu verwirklichen. Natürlich werden wir nie eine abschließende, definitive und allgemeingültige Antwort auf alle Fragen erlangen, denn wir alle leben *in* der Welt und können daher als solche das gesamte System des Werdens und Vergehens niemals objektiv von außen betrachten und vollumfänglich erfassen. Auch die Ratio der größten Denker und Philosophen der Menschheit reicht hierfür nicht aus. Unser Leben ist voller Widersprüche, die vor allem auf der Veränderlichkeit von Zeit und Raum basieren und ein und dasselbe Phänomen immer wieder anders, ja eben zum Teil sogar widersprüchlich erscheinen lassen.

Demütige Bescheidenheit ist daher das, was wir als reifes erwachsenes Individuum praktizieren sollten in Anbetracht der Tatsache, dass vollumfängliches Wissen keine menschliche Größenordnung ist, sondern einzig und allein in dem größeren System verortet werden kann, dessen Teil der Mensch seit Ewigkeiten ist.

Wir müssen schließlich der einzigen großen Wahrheit ins Auge sehen: Es wird niemand kommen, um uns zu retten. Weder der sprichwörtlich »starke Mann« aus der Politik noch der technische Fortschritt.

Es kommt lediglich auf uns an, auf jeden Einzelnen. Begeben wir uns gemeinsam (!) auf eine regenerative Heldenreise in eine unsichere Zukunft. Brechen wir gemeinsam auf in ein neues ökologisches Zeitalter der vielfältigen Möglichkeiten und Potenziale. Man wird sich in der fernen Zukunft daran erinnern, dass die Menschheit das zerstörerische, nur relativ kurz andauernde Anthropozän von selbst beendet und durch eine altruistische und lebensbejahende Sicht auf das Leben die lebenserhaltenden Systeme der Erde regeneriert hat, um **das neue Zeitalter des Ökozäns** einzuläuten.

Der Weg, der vor uns liegt, ist mit Intelligenz alleine nicht zu bestreiten. Wir brauchen vor allem Vorausblick, Empathie, Vorstellungskraft, Intuition und allen voran Weisheit. Wir werden vermutlich nie alle auf diese Reise mitnehmen können, aber das ist nicht entscheidend. Es kostet zu viel Energie, Mitmenschen mit innerlich großem Widerstand gegen eine Veränderung um jeden Preis gewinnen zu wollen. Fokussieren wir uns lieber auf jene Mitmenschen, die den Weg mit uns gehen wollen, wohin auch immer er uns führen mag. Meinungsfreiheit, kritisches Hinterfragen und ein offener Diskurs in einer altruistischen und angstfreien Gesellschaft sind heute mindestens ebenso wichtig wie das Anerkennen der prinzipiellen Unvorhersagbarkeit von dynamischen, selbstregulierenden lebenden Systemen. *»Egoistische Individuen haben innerhalb von Gruppen Erfolg. Doch Gruppen, die aus altruistischen Individuen bestehen, sind Gruppen von egoistischen Individuen überlegen«*, erklärte der bekannte Soziobiologe Edward O. Wilson. *»Die Gruppenselektion ist der Ansatz, wo die sogenannten Stärken und Tugenden der menschlichen Gesellschaft zum Zuge kommen.«*

Von pessimistischer Seite höre ich immer wieder, dass vieles von dem, was ich in diesem und meinen anderen Büchern geschrieben habe, eine Illusion, ja geradezu eine Utopie sei. Vielleicht trifft das tatsächlich auf das eine oder andere zu, doch der menschliche Geist ist grenzenlos, und vieles von dem, was heute Realität ist, war einst eine Utopie. Der grenzenlose Geist hat sich in unserer Vergangenheit im Guten wie im Schlechten immer wieder gezeigt.

So war man in früheren Zeiten beispielsweise der Auffassung, dass der Mount Everest mit seinen 8848 Metern unbesiegbar sei, da diese Höhe nicht mit menschlichem Leben vereinbar sei. Doch ein Mensch wusste davon nichts:

der Neuseeländer Edmund Hillary. Nach seiner spektakulären Erstbesteigung im Jahr 1953 zusammen mit dem Sherpa Tenzing Norgay erklommen in der Folge unzählige weitere Bergsteiger den höchsten und schwierigsten Gipfel der Erde. Hillary und Tenzing brauchten dafür noch Sauerstoffmasken. Als Reinhold Messner gemeinsam mit Peter Habeler 1978 auch die letzten 2000 Meter, die sogenannte Todeszone, ohne künstlichen Sauerstoff erklomm, war auch diese Barriere ein für alle Mal überwunden. Einerseits ein Triumph des Menschen über sich selbst, andererseits ein Symbol menschlichen Irrsinns, denn mittlerweile ist der Mount Everest zu einem ständig anwachsenden Friedhof und zur höchstgelegenen Müllhalde der Welt geworden.

Ähnlich verhielt es sich lange Zeit mit der als unmöglich zu unterbietenden Laufzeit von vier Minuten für eine Meile (ca. 1,6 Kilometer). Es galt in der Sport- und Medizinwelt als für den Menschen physiologisch schlicht unmöglich. Als der Brite Roger Bannister am 6. Mai 1954 auf der Leichtathletikbahn der University of Oxford gegen jegliches wissenschaftliche Diktum die Meile in drei Minuten und 59 Sekunden lief, war der Bann gebrochen. Der neue Weltrekord hielt erstaunlicherweise nur sehr kurz. Noch im selben Jahr liefen gleich mehrere Sportler die Meile unter vier Minuten.

Dieses als **Roger-Bannister.Effekt** bekannte Phänomen ist auf zwei Ebenen bemerkenswert: Erstens schaffte es Bannister, mit mentalem Training und Vertrauen auf tiefer sitzende Kräfte, den alten, fest verankerten Glauben an ein unüberwindliches Hindernis zu überwinden, und zweitens schien die Überwindung einer lange geltenden Machbarkeitsgrenze sofort auf andere Menschen abzufärben. Bannister hatte mit der Durchbrechung der magischen Vier-Minuten-Marke ein gänzlich neues Bild des Möglichen für andere Sportler geschaffen.

Sobald Menschen sehen, dass etwas erreicht werden kann, das zuvor aufgrund mentaler Barrieren als unmöglich gegolten hat, kann sich ihre Einstellung ändern, und sie können motiviert werden, ähnliche Leistungen zu erbringen. Das führt in der Folge häufig auch zu Fortschritten auf kollektiver Ebene. Wir sollten uns daher unbedingt der immer größer werdenden Gemeinschaft von Träumern und Utopisten zuwenden, die uns täglich vor Augen führen, was alles möglich ist, wenn man sich einmal von hinderlichen Glaubenssätzen befreit hat.

Wir haben gesehen, dass die reduktionistische **fragmentierte Weltsicht** ausgedient hat und dass unsere während der letzten zwei Jahrhunderte offenbar dominant gewordene linke Hemisphäre des Gehirns ein Weltbild voller Probleme geschaffen hat. Wir haben aber auch festgestellt, dass eine **holistische systemische Sicht** auf das Leben und seine vielfältigen verschachtelten Prozesse, wie sie unsere rechte Hemisphäre wahrnimmt, viel mehr der lebendigen Realität der Biosphäre entspricht. Auch wir müssen uns wieder als Lebewesen mit all seinen Bedürfnissen ganzheitlich verstehen und uns nicht fragmentiert und abgetrennt von der Natur betrachten.

Die wertvollste Einsicht ist aber schlussendlich, dass ein regenerativer Zugang und eine systemische Sicht auf das Leben unsere derzeitige Zwangslage am ehesten beseitigen oder zumindest erheblich abmildern und unsere Resilienz auf regionaler Ebene gegenüber zukünftigen Schockereignissen stärken können. Ohne einen **einhergehenden tiefgreifenden kulturellen und spirituellen Wandel**, wie er von James Gustave Speth gefordert wurde, ist dieses Unterfangen jedoch höchstwahrscheinlich zum Scheitern verurteilt.

Ich habe dieses Buch auch und vor allem deshalb verfasst, um für unsere gegenwärtige oder vielleicht erst unmittelbar bevorstehende Liminalitätsperiode nach einem kleineren oder größeren Kollaps einen brauchbaren »Kompass samt Werkzeugkoffer« zur Verfügung zu stellen. Es ist mein Versuch eines Beitrages zu einer gedeihlichen und prosperierenden Zukunft, der aufzeigen will, womit wir es bei komplexen sozial-ökologischen Systemen zu tun haben, was wir auf unserer regenerativen Reise berücksichtigen sollten und wovor wir uns unbedingt in Acht nehmen müssen.

Die dargelegte Vielfalt der möglichen Zukünfte, die sich ergeben, wenn man »mit Systemen tanzt« anstatt sie dominieren zu wollen, soll den Plänen der sich bereits in Stellung befindlichen, »selbst ernannten Zeremonienmeister« und ihren als alternativlos suggerierten, aber zutiefst unmenschlichen wie undemokratischen Plänen etwas Lebensbejahendes entgegensetzen.

Unsere Möglichkeiten sind vielfältig und unser menschliches Potenzial ist groß, vor allem dann, wenn wir gemeinschaftlich aufbrechen, um aus der Dämmerung des Anthropozäns in ein friedlicheres neues Zeitalter des Ökozäns zu gelangen.

Wenn etwas anders werden muss, muss man es wagen. Ob es gut wird, hängt von dem Mut, der Weisheit und der Klugheit jedes Einzelnen von uns ab.

Danksagung

Besonderer Dank gebührt meiner Frau Lisa für die zahlreichen wertvollen Diskussionen zu den vielfältigen Themen des menschlichen Daseins und die kritische Durchsicht des Manuskripts sowie meiner ganzen Familie, die mich während des Schreibens wieder einmal nur selten zu Gesicht bekommen hat. Für wertvolle Hilfe bei der Korrektur des Manuskripts danke ich zudem Herrn Christian Heider, der mit mir viele Stunden über die möglichen Zukünfte des *Homo sapiens* philosophiert hat. Mein Dank gebührt auch den vielen, mir zum Teil namentlich unbekannten Mitmenschen, durch die ich im Rahmen unzähliger Gespräche mein Weltbild erweitern und meine Gedanken schärfen konnte. Meiner Verlegerin Claudia Romeder vom Residenz Verlag danke ich für ihr neuerliches Vertrauen. Die Verantwortung für eventuelle Fehler in diesem Buch trage selbstverständlich ich ganz alleine.

Weiterführende Quellen

Im Folgenden finden interessierte Leserinnen und Leser einige Quellenverweise zur Vertiefung. Wo es möglich war, habe ich bei Büchern, die ursprünglich in englischer Sprache erschienen sind, die deutsche Übersetzung angegeben.

Gehirn und Kognition

Ian McGilchrist (2019) The Master and His Emissary: The Divided Brain and the Making of the Western World. Yale University Press; New Expanded Edition. ISBN: 978-0300245929

Ian McGilchrist (2021) The Matter With Things: Our Brains, Our Delusions, and the Unmaking of the World. Perspectiva, ISBN: 978-1914568060

Antonio R. Damasio (2004) Descartes' Irrtum: Fühlen, Denken und das menschliche Gehirn. List Taschenbuch, ISBN: 978-3548604435

Antonio Damasio (2023) Feeling and Knowing: Making Minds Conscious. Robinson, ISBN: 978-1472147349

Steven Sloman & Philip Fernbach (2018) The Knowledge Illusion: The myth of individual thought and the power of collective wisdom. Pan, ISBN: 978-1509813087

Komplexität, Resilienz und Systemdenken

Dietrich Dörner (1989) Die Logik des Mißlingens: Strategisches Denken in komplexen Situationen. Rowohlt, ISBN: 978-3499615788

Frederic Vester (2019) Die Kunst vernetzt zu denken: Ideen und Werkzeuge für einen neuen Umgang mit Komplexität. Pantheon Verlag, ISBN: 978-3570554296

Donella H. Meadows (2019) Die Grenzen des Denkens: Wie wir sie mit System erkennen und überwinden können. oekom verlag, ISBN: 978-3962381356

Dennis Noble (2008) The Music of Life. Oxford University Press, ISBN: 978-0199228362

Steven Johnson (2002) Emergence: The Connected Lives of Ants, Brains, Cities and Software. Penguin, ISBN: 978-0140287752

Melanie Mitchell (2011) Complexity: A Guided Tour. Oxford University Press, ISBN: 978-0199798100

Daniel J. Nicholson & John Dupre, Hrsg. (2018) Everything Flows: Towards a Processual Philosophy of Biology. Oxford University Press, ISBN: 978-0198779636

Brian Walker, David Salt (2006) Resilience Thinking: Sustaining Ecosystems and People in a Changing World. Island Press. ISBN: 978-1597260930

Jeremy Rifkin (2022) Das Zeitalter der Resilienz: Leben neu denken auf einer wilden Erde. Campus Verlag, ISBN: 978-3593506647

Fritjof Capra & Pier Luigi Luisi (2016) The Systems View of Life: A Unifying Vision. Cambridge University Press, ISBN: 978-1316616437

Regeneratives Design

Pamela Mang & Ben Haggard (2016) Regenerative Development and Design: A Framework for Evolving Sustainability. Wiley, ISBN: 978-1118972861

John Tillman Lyle (2008) Regenerative Design for Sustainable Development. John Wiley & Sons, ISBN: 978-0471178439

Daniel Christian Wahl (2022) Regenerative Kulturen gestalten. Phänomen Verlag, ISBN: 978-8412587777

Janine M Benyus (2002) Biomimicry: Innovation Inspired by Nature. William Morrow Paperbacks. ISBN: 978-0060533229

David Holmgren (2016) Permakultur. Gestaltungsprinzipien für zukunftsfähige Lebensweisen. Drachen Verlag, ISBN: 978-3927369764

Satish Kumar & Lorna Howarth, Hrsg. (2022) Regenerative Learning: Nurturing People and Caring for the Planet. Global Resilience Publishing, ISBN: 978-1913738464

Sarah Ichioka & Michael Pawlyn (2022) Flourish: Design Paradigms for Our Planetary Emergency. Triarchy Press, ISBN: 978-1913743260

Joe Brewer (2021) Design Pathway For Regenenerating Earth. Chelsea Green Publishing, ISBN: 978-1736908204

Christian Sarkar, Philip Kotler, Enrico Foglia (2023) REGENERATION: The Future of Community in a Permacrisis World. Idea Bite Press, ISBN: 978-1734244137

Wirtschaft und Management

Giles Hutchinson (2022) Leading by Nature: The Process of Becoming A Regenerative Leader. Wordzworth Publishing, ISBN: 978-1783242429

Laura Storm & Giles Hutchins (2023) Regenerative Führung: Die DNA von lebensbejahenden Organisationen des 21. Jahrhunderts. Phänomen Verlag, 978-8412630985

Carol Sanford (2017) The Regenerative Business: Redesign Work, Cultivate Human Potential, Achieve Extraordinary Outcomes. Mobius, ISBN: 978-1473669109

Frédéric Laloux (2015) Reinventing Organizations: Ein Leitfaden zur Gestaltung sinnstiftender Formen der Zusammenarbeit. Vahlen, ISBN: 978-3800649136

Michael Braungart, William McDonough (2014) Cradle to Cradle: Einfach intelligent produzieren. Piper Taschenbuch, ISBN: 978-3492304672

John Elkington (2020) Green Swans: The Coming Boom in Regenerative Capitalism. Greenleaf Book Group, ISBN: 978-1732439122

L. Hunter Lovins, Stewart Wallis, Anders Wijkman, John Fullerton (2018) A Finer Future: Creating an Economy in Service to Life. New Society Publishers, ISBN: 978-0865718982

Christian Felber (2018) Gemeinwohl-Ökonomie: Das alternative Wirtschaftsmodell für Nachhaltigkeit. Piper, ISBN: 978-3492312363

Regenerative Landwirtschaft

Dietmar Näser (2021) Regenerative Landwirtschaft. Verlag Eugen Ulmer, ISBN: 978-3818613662

Mark Shepard (2013) Restoration Agriculture: Real-World Permaculture for Farmers. Acres U.S.A. Inc., ISBN: 978-1601730350

Eric Toensmeier (2016) The Carbon Farming Solution: A Global Toolkit of Perennial Crops and Regenerative Agriculture Practices for Climate Change Mitigation and Food Security. Chelsea Green Publishing Co, ISBN: 978-1603585712

Ken Mudge & Steve Gabriel (2014) Farming the Woods: An Integrated Permaculture Approach to Growing Food and Medicinals in Temperate Forests. Chelsea Green Publishing Co, ISBN: 978-1603585071

Martin Crawford (2022) Creating a Forest Garden: Working With Nature to Grow Edible Crops. Green Books, ISBN: 978-0857845535

Dave Jacke & Eric Toensmeier (2005) Edible Forest Gardens Vol 1&2. Chelsea Green Publishing Co, ISBN: 978-1931498791 und 978-1931498807

Gabe Brown (2020) Aus toten Böden wird fruchtbare Erde: Eine Familie entdeckt die regenerative Landwirtschaft. Kopp Verlag, ISBN: 978-3864457326

Erik Ohlsen & Penny Livingston (2023) The Regenerative Landscaper: Design and Build Landscapes That Repair the Environment. Synergetic Press, ISBN: 978-1957869087

George Monbiot (2022) Regenesis: Feeding the World without Devouring the Planet. Allen Lane, ISBN: 978-0241447642

Paul Hawken (2021) Regeneration: Ending the Climate Crisis in One Generation. Penguin Books, ISBN: 978-0143136972

Rewilding

Isabella Tree & Charlie Burrell (2023) The Book of Wilding: A Practical Guide to Rewilding, Big and Small. Bloomsbury Publishing, ISBN: 978-1526659293

Cain Blythe & Paul Jepson (2021) Rewilding – The Illustrated Edition: The Radical New Science of Ecological Recovery. Icon Books, ISBN: 978-1785787539

Charles Clover (2023) Rewilding the Sea: How to Save our Oceans. Witness Books, ISBN: 978-1529144055

Simone Böcker (2023) Rewilding: Auf der Suche nach einem Gleichgewicht zwischen Mensch und Natur. Aufbau, ISBN: 978-3351041830

Regenerative Architektur & Biophilic Design

Urban Persson (2022) Construction for a Regenerative Future. Routledge, ISBN: 978-1032003658

Rob Roggema (2022) Design for Regenerative Cities and Landscapes: Rebalancing Human Impact and Natural Environment. Springer, ISBN: 978-3030970222

Maibritt Pedersen Zari, Peter Connolly, Mark Southcombe, Hrsg. (2022) Ecologies Design: Transforming Architecture, Landscape, and Urbanism. ISBN: 978-0367491055

Stephen R. Kellert, Judith Heerwagen, Martin Mador (2008) Biophilic Design: The Theory, Science and Practice of Bringing Buildings to Life. Wiley, ISBN: 978-0470163344

Stephen R. Kellert (2018) Nature by Design: The Practice of Biophilic Design. Yale University Press, ISBN: 978-0300214536

Endnoten

1 Online unter: https://reflections.yale.edu/article/crucified-creation-green-faith-rising/dean-s-desk.

2 Laurence J. Peter und Raymond Hull skizzierten bereits in Ihrem 1972 erschienen Buch »Das Peter-Prinzip oder die Hierarchie der Unfähigen« die gesellschaftlichen und psychologischen Ursachen und Mechanismen der in modernen Gesellschaften zu beobachtenden Herrschaft einfältiger und unfähiger Menschen. Laurence J. Peter und Raymond Hull (1972) Das Peter-Prinzip oder die Hierarchie der Unfähigen. Rowohlt Verlag GmbH, ISBN: 978 3 499 61351 7.

3 Byung-Chul Han (2020) Palliativgesellschaft: Schmerz heute. Matthes & Seitz Berlin, ISBN: 978-3957572691.

4 Herrington, G (2021). »Update to limits to growth: Comparing the World3 model with empirical data«. Journal of Industrial Ecology. 25 (3): 614–626.

5 Millennium Ecosystem Assessment; Online unter: www.millenniumassessment.org.

6 https://livingplanet.panda.org.

7 Hallmann CA, Sorg M, Jongejans E et al. (2017) More than 75 percent decline over 27 years in total flying insect biomass in protected areas. PLoS One. 18;12(10): e0185809.

8 Anders Pape Møller (2019) »Parallel declines in abundance of insects and insectivorous birds in Denmark over 22 years«. Ecology and Evolution. 9 (11): 6581–6587.

9 »Bugs Matter survey finds that flying insects in Kent have declined by over 70% in less than 20 years«. Kent Wildlife Trust. 5 May 2022. www.kentwildlifetrust.org.uk/news/bugs-matter-survey-finds-flying-insects-kent-have-declined-over-70-less-20-years.

10 PanEuropean Common Bird Monitoring Scheme. Online unter: https://pecbms.info.

11 www.nabu.de/natur-und-landschaft/landnutzung/landwirtschaft/artenvielfalt/vogelsterben/index.html.

12 Gore AC, Chappell VA, Fenton SE, et al. (2015) EDC-2: The Endocrine Society's Second Scientific Statement on Endocrine-Disrupting Chemicals. Endocr Rev. 36(6): E1–E150.

13 1 in 6 people globally affected by infertility. Online unter: www.who.int/news/item/04-04-2023-1-in-6-people-globally-affected-by-infertility.

14 Levine H, Jørgensen N, Martino-Andrade A, et al. (2023) Temporal trends in sperm count: a systematic review and meta-regression analysis of samples collected globally in the 20th and 21st centuries. Hum Reprod Update. 29(2): 157–176.

15 Im öffentlichen Diskurs wird nur selten erwähnt, dass es sich bei dem »Wirtschaftsnobelpreis« nicht um einen von Alfred Nobel gestifteten Preis handelt, sondern um den von der schwedischen Reichsbank gestifteten Alfred-Nobel-Gedächtnispreis für Wirtschaftswissenschaften. Er wird lediglich zusammen mit den »echten« Nobelpreisen verliehen.

16 Stiglitz, Joseph (24 November 2019). »It's time to retire metrics like GDP. They don't measure everything that matters« (Opinion). The Guardian.

17 Eine gute Abhandlung über die Verknüpfung von Politik und Psychopathologie findet der geneigte Leser in dem lesenswerten Buch: Political Ponerology: The Science of Evil, Psychopathy, and the Origins of Totalitarianism des polnischen Psychiaters Andrew M. Łobaczewski.

18 McFarland MJ, Hauer ME, Reuben A. Half of US population exposed to adverse lead levels in early childhood. Proc Natl Acad Sci U S A. 2022;119(11): e2118631119.

19 Interessanterweise werden Minderheitsmeinungen auf anderen Gebieten, jenseits der Wissenschaft (siehe Gender-Debatte) nicht nur akzeptiert, sondern praktisch zum höchsten moralischen Gut erhoben.

20 Mischel W, Ebbesen EB (1970) Attention in delay of gratification. Journal of Personality and Social Psychology. 16(2): 329–337.

21 Mischel W, Shoda Y, Rodriguez MI (1989) Delay of gratification in children. Science. 244(4907): 933–938. Ayduk O, Mendoza-Denton R, Mischel W et al. (2000) Regulating the interpersonal self: strategic self-regulation for coping with rejection sensitivity. J Pers Soc Psychol. 79(5): 776–792. Schlam TR, Wilson NL, Shoda Y et al. (2013) Preschoolers' delay of gratification predicts their body mass 30 years later. J Pediatr. 162(1): 90–93. Shoda Y, Mischel W, Peake PK (1990) Predicting adolescent cognitive and self-regulatory competencies from preschool delay of gratification: Identifying diagnostic conditions. Developmental Psychology. 26(6): 978–986.

22 Kidd C, Palmeri H, Aslin RN (2013) Rational snacking: young children's decision-making on the marshmallow task is moderated by beliefs about environmental reliability. Cognition. 126(1): 109–114.

23 Martin E. P. Seligman, Peter Railton, Roy F. Baumeister, Chandra Sripada (2016) Homo prospectus. Oxford University Press, ISBN: 978-0199374472.

24 Asch SE (1951). Effects of group pressure upon the modification and distortion of judgment. In: H. Guetzkow (Hrsg.) Groups, leadership and men. Pittsburgh, PA: Carnegie Press.

25 Most SB, Simons DJ, Scholl BJ et al. (2001) How not to be seen: the contribution of similarity and selective ignoring to sustained inattentional blindness. Psychol Sci. 12(1): 9–17. Die millionenfach gesehen Videos zu den psychologischen Experimenten findest du auf dem YouTube-Kanal von Daniel Simons: www.youtube.com/watch?v=vJG698U2Mvo und www.youtube.com/watch?v=IGQmdoK_ZfY.

26 Drew T, Võ ML, Wolfe JM (2013) The invisible gorilla strikes again: sustained inattentional blindness in expert observers. Psychol Sci. 24(9): 1848–1853.

27 Auf Deutsch erschienen unter dem Titel: Denken hilft zwar, nützt aber nichts: Warum wir immer wieder unvernünftige Entscheidungen treffen. Droemer 2015, ISBN: 978-3426300886.

28 ORF, Menschenbilder, Sendung vom 08.03.2015.

29 Auf Deutsch erschienen unter dem Titel: Descartes' Irrtum: Fühlen, Denken und das menschliche Gehirn. List Taschenbuch, 2004, ISBN: 978-3548604435.

30 Ian McGilchrist (2019) The Master and His Emissary: The Divided Brain and the Making of the Western World. Yale University Press; New Expanded Edition. ISBN: 978-0300245929.

31 Ian McGilchrist (2021) The Matter With Things: Our Brains, Our Delusions, and the Unmaking of the World. Perspectiva, ISBN: 978-1914568060.

32 Auf Deutsch erschienen unter dem Titel: Mit einem Schlag. Wie eine Hirnforscherin durch ihren Schlaganfall neue Dimensionen des Bewusstseins entdeckt. Knaur MensSana, ISBN: 978-3426656242.

33 Weiterführend empfehle ich hierzu die Bücher: Teaching for the Two-Sided Mind: A Guide to Right Brain / Left Brain Education von Linda Verlee Williams (Touchstone; Reprint Edition 1986) und Out of Our Minds: Learning to be Creative von Sir Ken Robinson (Capstone; 2. Edition 2011).

34 Ernst Mayr: Das ist Biologie – Die Wissenschaft des Lebens. Spektrum Akademischer Verlag Heidelberg / Berlin 2000, ISBN 3-8274-1015-0, 403.

35 Dennis Noble (2008) The Music of Life. Oxford University Press, ISBN: 978-0199228362.

36 David Bohm (2018) Die implizite Ordnung – Grundlagen eines ganzheitlichen Weltbildes. Crotona, ISBN: 978-3861911005.

37 Dietrich Dörner (1989) Die Logik des Mißlingens: Strategisches Denken in komplexen Situationen. Rowohlt, ISBN: 978-3499615788.

38 »Wir können die Systeme nicht kontrollieren. Aber wir können mit ihnen tanzen!« Online unter: https://donellameadows.org/archives/dancing-with-systems/.

39 www.forbes.com/sites/stevedenning/2020/01/05/why-stakeholder-capitalism-will-fail, https://mises.org/wire/problem-stakeholder-capitalism, www.ft.com/content/f7f76d7c-2d01-4129-b87d-fcc9815e3a77.

40 Michael Braungart, William McDonough (2014) Cradle to Cradle: Einfach intelligent produzieren. Piper Taschenbuch, ISBN: 978-3492304672.

41 Janine M Benyus (2002) Biomimicry: Innovation Inspired by Nature. William Morrow Paperbacks. ISBN: 978-0060533229.

42 Hopkins R (2013) The Power of Just Doing Stuff: How local action can change the world. Green Books; ISBN 978-0857841179, auf Deutsch erschienen 2014 unter dem Titel: Einfach. Jetzt. Machen!: Wie wir unsere Zukunft selbst in die Hand nehmen. oekom verlag; ISBN 978-3865814586.

43 Wilson E.O. (2015) The Meaning of Human Existence. Norton, ISBN 978-1631491146.

44 David Holmgren (2016) Permakultur. Gestaltungsprinzipien für zukunftsfähige Lebensweisen. Drachen Verlag, ISBN: 978-3927369764. Bill Mollison (2012) Handbuch der Permakultur-Gestaltung. Permakultur-Akademie im Alpenraum. ISBN: 978-3200012585.

45 Brian Walker, David Salt (2006) Resilience Thinking: Sustaining Ecosystems and People in a Changing World. Island Press. ISBN: 978-1597260930.

46 Ugo Bardi (2017) Der Seneca-Effekt: Warum Systeme kollabieren und wie wir damit umgehen können. oekom verlag. ISBN: 978-3960060109.

47 Gunderson LH & Holling CS (2002) Panarchy: understanding transformations in human and natural systems. Island Press, Washington, D.C., USA.

48 Krznaric R (2020) The Good Ancestor: How to Think Long Term in a Short Term World. WH Allen, ISBN 978-0753554517.

49 Wang Y, Ge J, Zhang H et al. (2020) Altruistic behaviors relieve physical pain. Proc Natl Acad Sci U S A. 117(2): 950–958. Post SG (2005) Altuism, happiness, and health: it's good to be good. Int J Behav Med. 12(2): 66–77. Post SG (2009) It's good to be good: science says it's so. Research demonstrates that people who help others usually have healthier, happier lives. Health Prog. 90(4): 18–25.

50 »The thickness of your skin shall be seven spans — which is to say that you shall be proof against anger, offensive actions and criticism […]. Look and listen for the welfare of the whole people and have always in view not only the present but also the coming generations, even those whose faces are yet beneath the surface of the ground — the unborn of the future Nation.« www.indigenouspeople.net/iroqcon.htm.

51 Rameka, L (2016). Kia whakatōmuri te haere whakamua: »I walk backwards into the future with my eyes fixed on my past.« Contemporary Issues in Early Childhood, 17(4): 387–398.

52 Wade-Benzoni KA, Tost LP, Hernandez M, Larrick RPb (1012) It's only a matter of time: death, legacies, and intergenerational decisions. Psychol Sci. 23(7): 704–709. Wade-Benzoni KA (2019) Legacy motivations & the psychology of intergenerational decisions. Curr Opin Psychol. 26: 19–22.

53 Zaval L, Markowitz EM, Weber EU (2015) How will I be remembered? Conserving the environment for the sake of one's legacy. Psychol Sci. 26(2): 231–236.

54 Joseph Campbell (2022) Der Heros in tausend Gestalten. Insel Verlag, ISBN: 978-3458643432.

55 B. Birke: Ende des Wachstums in den Anden. »Gutes Leben« per Verfassung. Deutschlandfunk Kultur, Weltzeit 03.12.2018 www.deutschlandfunkkultur.de/ende-des-wachstums-in-den-anden-gutes-leben-per-verfassung-100.html.

56 Gabor Maté & Daniel Maté (2023) Vom Mythos des Normalen: Wie unsere Gesellschaft uns krank macht und traumatisiert – Neue Wege zur Heilung. Kösel-Verlag, ISBN: 978-3466347988.

57 Hans-Joachim Maaz (2020) Das falsche Leben: Ursachen und Folgen unserer normopathischen Gesellschaft. C.H. Beck, ISBN: 978-3406705557.

58 Mattias Desmet (2023) Die Psychologie des Totalitarismus. Europa Verlag, ISBN: 978-3958905429.

59 Bill Plotkin (2008) Nature and the Human Soul: Cultivating Wholeness and Community in a Fragmented World. New World Library, ISBN: 978-1577315513.

60 Richard Louv (2006) Last Child in the Woods: Saving Our Children From Nature-Deficit Disorder. Algonquin Books, ISBN: 978-1565125223.

61 Nassim Nicholas Taleb (2018) Der Schwarze Schwan: Die Macht höchst unwahrscheinlicher Ereignisse. Pantheon Verlag, ISBN: 978-3570553923.

62 Philip E. Tetlock (2017) Expert Political Judgment: How Good Is It? How Can We Know? Princeton University Press, ISBN: 978-0691175973.

63 Charles Handy (2016) The Second Curve: Thoughts on Reinventing Society. Random House Business, ISBN: 978-1847941343.

64 Zum Beispiel: Van Bruggen AHC, He MM, Shin K, et al. (2018) Environmental and health effects of the herbicide glyphosate. Sci Total Environ. 616-617: 255–268. Vázquez MB, Moreno MV, Amodeo MR, Bianchinotti MV (2021) Effects of glyphosate on soil fungal communities: A field study. Rev Argent Microbiol. 53(4): 349–358. Newman MM, Hoilett N, Lorenz N, et al. (2016) Glyphosate effects on soil rhizosphere-associated bacterial communities. Sci Total Environ. 543(Pt A): 155–160. Helander M, Jeevannavar A, Kaakinen K, et al. (2023) Glyphosate and a glyphosate-based herbicide affect bumblebee gut microbiota. FEMS Microbiol Ecol. 99(7): fiad065. Fuchs B, Saikkonen K, Damerau A et al. (2023) Herbicide residues in soil decrease microbe-mediated plant protection. Plant Biol (Stuttg). 25(4): 571–578.

65 Smith DFQ, Camacho E, Thakur R et al. (2021) Glyphosate inhibits melanization and increases susceptibility to infection in insects. PLoS Biol. 19(5): e3001182. Kiefer JST, Batsukh S, Bauer E, et al. (2021) Inhibition of a nutritional endosymbiont by glyphosate abolishes mutualistic benefit on cuticle synthesis in Oryzaephilus surinamensis. Commun Biol. 2021;4(1): 554.

66 Montgomery DR, Biklé A, Archuleta R et al. (2022) Soil health and nutrient density: preliminary comparison of regenerative and conventional farming. Peer J. 10:e12848. Manzeke-Kangara MG, Joy EJM, Lark RM et al. (2023) Do agronomic approaches aligned to regenerative agriculture improve the micronutrient concentrations of edible portions of crops? A scoping review of evidence. Front Nutr. 10: 1078667.

67 Rossi et al. (2006) Preliminary survey on composition and quality of conventional and organic wheat. Italian Journal of Food Science 18 (4): 355–366. Edwards SG (2009) Fusarium mycotoxin content of UK organic and conventional oats. Food Addit Contam Part A Chem Anal Control Expo Risk Assess. 26(7): 1063–9. Edwards SG (2009) Fusarium mycotoxin content of UK organic and conventional wheat. Food Addit Contam Part A Chem Anal Control Expo Risk Assess 26(4): 496–506. Bernhoft A, Clasen PE, Kristoffersen AB & Torp M (2010) Less Fusarium infestation and mycotoxin contamination in organic than in conventional cereals. Food Addit Contam Part A Chem Anal Control Expo Risk Assess 27(6): 842–52.

68 Moroccan 2000 Year Old Food Forest with Geoff Lawton, Online unter: www.youtube.com/watch?v=NKIgqa49rMc.

69 Agenda Götsch, Online unter: https://agendagotsch.com/en/.

70 Rathmann J, Korpela KM, Stojakowits P (2022) Pleistocene Hypothesis – Moving Savanna Perceptual Preference Hypothesis Beyond Savanna. Front Psychol. 13: 901799.

71 Stefan Schwarzer & Ute Scheub (2023) Aufbäumen gegen die Dürre: Wie uns die Natur helfen kann, den Wassernotstand zu beenden. Alles über regenerative Landwirtschaft, Schwammstädte, Klimalandschaften & Co. Bekomm Verlag GmbH.

72 Auf Deutsch erschienen unter dem Titel: Wildes Land: Die Rückkehr der Natur auf unser Landgut. DuMont, 2022, ISBN: 978-3832181826.

73 Simone Böcker (2023) Rewilding – Auf der Suche nach einem Gleichgewicht zwischen Mensch und Natur. Aufbau Verlag, ISBN: 978-3351041830.

74 www.handelsblatt.com/politik/international/ukraine-wiederaufbaukonferenz-blackrock-und-jp-morgan-bereiten-investitionen-vor/29217966.html.

75 Christian Felber (2018) Gemeinwohl-Ökonomie: Das alternative Wirtschaftsmodell für Nachhaltigkeit. Piper Taschenbuch; 6. Edition.

76 Richardson K, Steffen W, Lucht W, et al. Earth beyond six of nine planetary boundaries. Sci Adv. 2023; 9(37): eadh2458.

77 Regenerate Forum, Online unter: www.regenerateforum.org.

78 https://capitalinstitute.org.

79 Giles Hutchinson & Laura Storm (2019) Regenerative Leadership: The DNA of life-affirming 21st century organizations. Wordzworth Publishing, ISBN: 978-1783241194. Giles Hutchinson (2022) Leading by Nature: The Process of Becoming A Regenerative Leader. Wordzworth Publishing, ISBN: 978-1783242429. Carol Sanford (2017) The Regenerative Business: Redesign Work, Cultivate Human Potential, Achieve Extraordinary Outcomes. Mobius, ISBN: 978-1473669109. Frédéric Laloux (2015) Reinventing Organizations: Ein Leitfaden zur Gestaltung sinnstiftender Formen der Zusammenarbeit. Vahlen, ISBN: 978-3800649136.

80 Harvard Business Review, Online unter: https://hbr.org/2014/11/the-7-laws-of-regenerative-enterprises. Forbes Magazine, Online unter: www.forbes.com/sites/forbescoachescouncil/2023/04/18/ceos-are-you-ready-to-become-regenerative-leaders/.

81 www.wifo.ac.at/jart/prj3/wifo/resources/person_dokument/person_dokument.jart?publikationsid=69629&mime_type=application/pdf.

82 Hagens NJ (2020) Economics for the future – Beyond the superorganism. Ecological Economics. 169: 106520.

83 https://de.wikipedia.org/wiki/Liste_der_Länder_nach_Energieverbrauch_pro_Kopf.

84 Statistical Review of World Energy 2023, online unter: www.energyinst.org/__data/assets/pdf_file/0004/1055542/EI_Stat_Review_PDF_single_3.pdf.

85 Simon P. Michaux (2021) Assessment of the Extra Capacity Required of Alternative Energy Electrical Power Systems to Completely Replace Fossil Fuels. Geological Survey of Finland Circular Economy Solutions KTR. Online: https://tupa.gtk.fi/raportti/arkisto/42_2021.pdf.

86 Nate Hagens ist Autor des sehenswerten Animationsfilmes »The Great Simplification«, online unter: www.thegreatsimplification.com.

87 Ich habe diesen Abschnitt bewusst »regenerative Gesundheitssysteme« genannt, um die Inhalte von dem als »Regenerative Medizin« (engl. regenerative medicine) bezeichneten Sachgebiet abzuheben. Dieses neue Feld der Biomedizin befasst sich vorwiegend mit der Heilung verschiedener Erkrankungen durch die Wiederherstellung funktionsgestörter Zellen, Gewebe und Organe durch Stammzelltransplantation, Gentherapie und die »Züchtung« neuer Gewebe und Organe (Tissue Engineering). Im weiteren Sinne gehört zur regenerativen Medizin natürlich auch die sogenannte Lebensstilmedizin, die versucht, Regenerationsprozesse im Körper zu aktivieren, indem dafür ein optimales biologisches Umfeld (Ernährung, körperliche Aktivität und psychosoziale Faktoren) geschaffen wird. Sie entspricht daher inhaltlich dem Begriff »Regeneration«, wie er in diesem Buch benutzt wird.

88 van der Wal AJ, Schade HM, Krabbendam L, van Vugt M (2013) Do natural landscapes reduce future discounting in humans? Proc Biol Sci. 280(1773): 20132295.

89 Berry MS, Repke MA, Nickerson NP et al. (2015) Making Time for Nature: Visual Exposure to Natural Environments Lengthens Subjective Time Perception and Reduces Impulsivity. PLoS One. 10(11): e0141030.

90 https://medienportal.univie.ac.at/en/media/recent-press-releases/detailansicht-en/artikel/university-of-vienna-to-lead-new-4-year-eu-project-on-nature-based-therapies, https://resonate-horizon.eu.

91 UN Environment Programme (2020) 2020 Global Status Report for Buildings and Construction. Online unter: https://wedocs.unep.org/bitstream/handle/20.500.11822/34572/GSR_ES.pdf?sequence=3&isAllowed=y.

92 Frank Lloyd Wright (2017) An Organic Architecture: The Architecture of Democracy. Lund Humphries Publishers Ltd; New Edition, ISBN: 978-1848222328.

93 Urban Design Lab. Online unter: https://urbandesignlab.in/replacing-sustainability-with-regenerative-design, Arch Daily. Online unter: www.archdaily.com/993206/what-is-regenerative-architecture-limits-of-sustainable-design-system-thinking-approach-and-the-future, Whole Building Design Guide. Online unter: https://wbdg.org/resources/living-regenerative-and-adaptive-buildings.

94 The Hannover Principles – Design for Sustainability. Online unter: https://mcdonough.com/wp-content/uploads/2013/03/Hannover-Principles-1992.pdf.

95 International Living Future Institute und Living Future Europe. Online unter: www.living-future.org und www.living-future.eu.

96 Erich Fromm (1977) Anatomie der menschlichen Destruktivität. Rowohlt-Verlag, ISBN: 978-3499170522.

97 Stephen R. Kellert & Edward O. Wilson (1995) The Biophilia Hypothesis. GB Gardners Books, ISBN: 978-1559631471.

98 Stephen R. Kellert, Judith H. Heerwagen, Martin L. Mador (2008) Biophilic Design: The Theory, Science and Practice of Bringing Buildings to Life. Wiley, ISBN: 978-0470163344.

99 Tekin BH, Corcoran R, Gutiérrez RU. A Systematic Review and Conceptual Framework of Biophilic Design Parameters in Clinical Environments. HERD. 2023; 16(1): 233–250. Tekin BH, Urbano Gutiérrez R. Human-centred health-care environments: a new framework for biophilic design. Front Med Technol. 2023; 5: 1219897. Barbiero G, Berto R. Biophilia as Evolutionary Adaptation: An Onto- and Phylogenetic Framework for Biophilic Design. Front Psychol. 2021; 12: 700709.

100 Christopher Alexander, Sara Ishikawa & Murray Silverstein (1978) A Pattern Language: Towns, Buildings, Construction. Oxford University Press, ISBN: 978-0195019193.

101 Christopher Alexander (2020) The Nature of Order – The Phenomenon of Life: An Essay on the Art of Building and The Nature of the Universe. The Center for Environmental Structure, ISBN: 978-0972652919, sowie drei weitere Bände in dieser Serie.

102 Mills JG, Weinstein P, Gellie NJC et al. (2017) Urban habitat restoration provides a human health benefit through microbiome rewilding: the Microbiome Rewilding Hypothesis. Restor Ecol, 25: 866–872. Watkins H, Robinson JM, Breed MF et al. (2020) Microbiome-Inspired Green Infrastructure: A Toolkit for Multidisciplinary Landscape Design. Trends Biotechnol, 38(12): 1305–1308. Bruno A, Fumagalli S, Ghisleni G, Labra M (2022) The Microbiome of the Built Environment: The Nexus for Urban Regeneration for the Cities of Tomorrow. Microorganisms 10(12): 2311.

103 Die Website des Biomimicry Institues bietet ebenfalls eine Vielfalt von Ressourcen. Online unter: https://biomimicry.org

104 Tero A, Takagi S, Saigusa T, et al. (2010) Rules for biologically inspired adaptive network design. Science. 327(5964): 439–442.

105 James Bridle (2023) Ways of Being: Animals, Plants, Machines: The Search for a Planetary Intelligence. Penguin, ISBN: 978-0141994260

106 Thomas Legrand (2021) Politics of Being – Wisdom and Science for a New Development Paradigm. Ocean of Wisdom Press, ISBN: 978-2957758302

107 James Carse (2013) Finite and Infinite Games: A Vision of Life As Play and Possibility. Free Press, ISBN: 978-1476731711. Eine etwas leichter lesbare und auf Deutsch verfügbare Variante ist das vor allem für die Unternehmenswelt konzipierte Buch von Simon Sinek (2019) Das unendliche Spiel: Strategien für dauerhaften Erfolg. Redline Verlag, ISBN: 978-3868817461.

108 Auf Deutsch erschienen unter dem Titel: Einfach. Jetzt. Machen!: Wie wir unsere Zukunft selbst in die Hand nehmen. ISBN: 978-3865814586.

109 Auf Deutsch erschienen unter dem Titel: Stell dir vor …: mit Mut und Fantasie die Welt verändern. Löwenzahn Verlag, ISBN: 978-3706626989.

110 Hermann Hesse (2012) Das Glasperlenspiel: Versuch einer Lebensbeschreibung des Magister Ludi Josef Knecht samt Knechts hinterlassenen Schriften. Suhrkamp Verlag, ISBN: 978-3518463574.

111 Menschen, die angaben, ein Ikigai zu besitzen, wiesen ein um 31 Prozent geringeres Risiko der Entwicklung einer funktionellen Behinderung und ein um 36 Prozent geringeres Risiko der Entwicklung einer Demenz auf. Okuzono SS, Shiba K, Kim ES et al. (2022) Ikigai and subsequent health and wellbeing among Japanese older adults: Longitudinal outcome-wide analysis. Lancet Reg Health West Pac. 21: 100391. Bereits in einer früheren prospektiven Untersuchung an über 40 000 japanischen Erwachsenen konnte gezeigt werden, dass Menschen, die kein Ikigai empfanden, ein höheres Gesamtsterblichkeitsrisiko aufwiesen, insbesondere durch Herz-Kreislauf-Erkrankungen. Sone T, Nakaya N, Ohmori K, et al. (2008) Sense of life worth living (ikigai) and mortality in Japan: Ohsaki Study. Psychosom Med. 70(6): 709–715.

112 Simon Sinek (2009) Start with Why: How Great Leaders Inspire Everyone to Take Action. Portfolio, ISBN: 978-1591842804.

Abbildungsnachweis

Seite 9: Flammarions Holzstich, aus: Camille Flammarion: L'atmosphère. Météorologie populaire. Paris 1888, S. 163.
Seite 36: Abbildung 1: Creative Common
Seite 61: Abbildung 2: Martin Grassberger
Seite 83: Abbildung 3: Martin Grassberger
Seite 92: Abbildung 4: Zeitschrift Fliegende Blätter, Nr. 2465, S. 145, 1892
Seite 124: Abbildung 5: Martin Grassberger
Seite 154: Abbildung 6: Martin Grassberger
Seite 253: Abbildung 7: Creative Common